대만 문학

식민의 기행부터
문화의 지평까지

한국외국어대학교
대 만 연 구 센 터
오늘의 대만총서 4

대만 문학

식민의 기행부터 문화의 지평까지

임대근 · 천궈웨이(陳國偉) 엮음

HU:iNE

머리말 1

대만은 우리에게 무엇인가? 어쩌면 누군가에게는 아무 의미 없는 질문일지도 모른다. 그러나 적어도 내게는 매우 중요한 질문이었다. 그 중요성은 무엇보다 개인적 경험에서 비롯됐다. 1970년에 태어난 나는 성년이 될 때까지 대만을 '중국', 아니 '자유중국'으로 알고 살았다. 그러나 1992년 대학 4학년, 졸업을 앞둔 마지막 여름방학이 끝날 무렵 전격적으로 이뤄진 한국과 중국의 수교, 다시 말하면 한국과 대만의 단교로 인해 이런 인식에 균열이 생기기 시작했다. 여기에 일일이 다 밝힐 수는 없지만 그에 따라 개인적 삶의 여정도 크게 수정될 수밖에 없었다.

그리고 한 동안 나는, 아니 우리는 중국에 몰두했다. 사람들은 새롭게 열린 대륙으로 몰려갔다. 비단 경제만의 일이 아니었다. 강단의 학자들도 모두 그랬다. 인문학과 사회과학을 막론하고 중국을 배우기 위해 그들의 논리가 동원됐다. 그렇게 벌써 25년이 흘렀다. 하지만 내 마음 한 편에는 언제나 바로 '대만'이라는 질문이 맴돌고 있었다. 왜 우리는 그토록 열정을 다 바쳐 '혈맹'이라고 고백했던 대상을 이토록 무시하게 됐는가? 다른 데서도 말한 것처럼 대만은 어느덧 우리에게 "존재하지만 형상(image)은 없는 대상"이 되고 말았다.

한국외국어대학교에 대만연구센터를 설립한 데는 이런 고민이 있었다. 2011년 5월, 대만 교육부의 지원을 받아 창립 기념 학술대회를 열 수 있었다. 그 뒤 센터를 중심으로 여러 활동을 수행했다. 대만과 관련한 다양한 주제로 국내·국제 학술대회를 개최했고, 국내 유일의 대만 전문 학술지 『대만연구』도 발간했다. 전문가를 초빙하여 강연을 듣고 토론하는 '포르모사포럼'과 대만영화제, '꽃보다 대만학교' 등과 같은 대중문화 활동도 펼쳤다.

이 과정에서 대만 국립중흥대학 인문사회과학연구소는 우리의 가장 친한 벗이 되었다. 인문사회과학연구소는 대만연구센터를 설립한 뒤 현지 대학의 유사한 연구소와 교류가 필수적이라는 인식을 갖고, 여러 기관에 의사 타진을 하던 중에 만나게 됐다. 인문학과 사회과학을 모두 아우르는 대만 연구를 지향했던 우리 센터와 방향도 잘 맞았다. 상호 학술 교류를 위한 협약은 자연스럽게 이뤄졌다. 그리고 우리는 2012년 하반기부터 '셔틀 컨퍼런스'(shuttle conference)를 시작했다. 1년에 두 번씩 서로 자리를 함께 했다. 한번은 한국에서, 한번은 대만에서였다. 마침 중흥대학의 노력으로 대만 교육부에서 "한국에서의 대만 문학과 영화 연구를 위한 착근: NCHU-HUFS 상호 협력 계획"(推動臺灣文學與電影研究在韓國植根: NCHU-HUFS雙邊合作計畫)을 승인받았기에 가능한 일이었다.

여기 모인 글들은 2017년 6월까지 모두 10차례 열린 '셔틀 컨퍼런스'에서 발표한 뒤, 고치고 다듬어 학술지에 출판한 것을 다시 모았다. 컨퍼런스에서는 지난 5년 동안 120여 편의 논문이 발표됐으나, 이 책의 편집을 맡은 중흥대학 천궈웨이(陳國偉) 교수와 나는 상호 교류와 논의의 취지에 가장 부합하는 글을 우선 골라 묶기로 했다. 무엇보다 '계획'의 큰 주제가 '대만 문학과 영화'였으므로 '문학'과 '영화'를 대표하는 편저를 각각 1권씩 출판하고자 했다. 이런 계획은 사실 교류를 시작한 지 얼마 되지 않아 서로 흔쾌히 합의된 것이었다. 따라서 이 중 어떤 글은 당초부터 이 책을 엮기 위한 목적으로 쓰인 경우도 있다.

모인 글은 모두 10편이고, 한국과 대만의 학자가 각각 5편을 집필했다. 임대근은 대만문학을 논의하기 위한 큰 틀의 개괄을 위해 한국에서의 대만문학 연구사를 식민, 정체성, 여성, 장르라는 시각에서 정리했다. 나아가 한국적 대만문학 연구의 주체위치 설정과 대만 내부의 갈등 문제를 극복할 수 있는 가능성이 있는지를 검토했다. 천궈웨이는 '식민'의 맥락 속에서 대만 학자들의 자국 문학 연구를 검토하고 이에서 나아가 초국적(transnational) 관점에서의 문화번역의 문제와 문학에서 문화로 나아가는 넓은 항로를 개척해 주고 있다.

황선미는 대만 최초의 근대 소설가이자 항일 운동가였던 셰춘무(謝春木)의 문학 인생과 당시 조선 땅을 여행하고 쓴 그의 기행문을 바탕으로 식민의 풍경에 갇힌 '조선 인식'을 역사적으로 반추하면서 오늘날 한국과 대만 교류의 어떤 기원을 탐구해내고 있다. 가오지아리(高嘉勵)는 일본인 작가 사타 이네코(佐多稻子)가 쓴 '조선 기행문'과 '대만 기행문'을 독해하는 과정을 통해 식민과 여성, 개인과 집단 등의 키워드를 추출하고 이런 텍스트를 읽어내는 과정은 매우 복잡한 정치·사회·역사적 맥락을 검토해야 한다고 말한다. 랴오전푸(廖振富)는 이토 히로부미를 살해한 안중근 의사를 바라보는 대만의 시각을 대만인의 일기, 언론 보도, 문학작품(시) 등을 통해 고찰하면서 그에 대한 긍정적, 부정적 시선이 교차하고 있음을 밝혀내고 이것은 동시대 양국 교류의 역사적 거울과도 같은 현상으로 이해하고 있다.

김양수는 일제 식민 시기 대만에서 나고 자랐으나, 젊은 시절 대륙에서 생활했고, 이후 다시 대만에 정착한 소설가 중리허(鍾理和)의 작품을 통해 대만과 대륙의 관계를 고향과 타향이라는 수사로 환원하면서 작가의 정체성 문제까지도 함께 검토하고 있다. 이 과정에서 중리허는 이분법적 민족주의로는 포획되지 않는 한 작가의 복잡한 정체성의 구성을 문제화하고 있다. 김순진은 1980-90년대 주로 활동했던 대만의 외성인 2세 작가인 장다춘(張大春), 주톈신(朱天心), 핑루(平路)의 소설을 통해 "은유적이고 간접적인 서술 방식"으로 역사를 대하는 그들의 작가적 태도를 분석한다. 특히 이들은 1987년 대만의 계엄 해제 이후에 등장했다는 점에서 동시대 대만문학의 중요한 일면을 구성하고 있다. 대만문학 중에서도 시 연구에 집중해 온 김상호는 1980년부터 2006년까지 동아시아, 즉 한국, 대만, 일본을 중심으로 펼쳐진 시인 교류를 소개하고 있다. '아시아시인회의'와 시집 출판, 시서전 등을 통해 이뤄낸 각국 시인의 성취와 교류를 통해 아시아 각국 사이에 선행돼 온 문학 교류의 한 전형적 모델을 제시했다.

왕쥔옌(汪俊彥)은 1980년대 대만의 주요 극작가였던 라이성촨(賴聲川)의 극작 분석을 통해 대만과 중국 사이의 정치적 상상, 문화 상상이라는 문제를 살펴본다. 라이성촨은 전통적인 형식인 '상성'을 극작으로 창조함으로써 계엄령 해제를 전후하여 대만 정치의 주체성 형성을 지속적으로 문제 삼았다. 이를 통해 그의 예술적 고민과 정치적 고민이 교차하는 맥락을 검토한다. 우페이루(吳佩如)의 글은 문학에서 한 걸음 나아가 대만의 뮤지컬을 의제화한다. 그는 2000년 이후 제작된 대만의 순수 창작 뮤지컬 중에서 근·현대사의 중요한 사건을 다룬 사례를 통해 그 창작 양식과 정서적 요소, 대만 내부의 정치적 맥락, 대만 외부의 경제적 흐름 등을 살펴보고 있다. 이를 통해 대만 뮤지컬의 특수성과 세계성을 향한 전망을 보여준다.

여기에 모인 글들이 한국과 대만 내부의 대만문학 연구를 전형적으로 대표한다고 할 수는 없을지도 모른다. 그러나 이런 형식은 한국과 대만의 학자들이 처음으로 시도한 결과라는 데 대해 의미를 부여하고 싶다. 결코 단편적이거나 즉흥적인 기획이 아니라 5년 동안 이어진 상호 교류의 결과물이기 때문이다. 또한 이 책이 한국과 대만에서 동시에 한국어와 중국어로 각각 출판된다는 점 또한 우리의 큰 자부심이다. 앞으로 이런 노력이 하나의 모델이 되어 더 나은 모델을 만들어내는 계기가 되길 바란다.

이 책이 만들어지기까지 수고를 아끼지 않은 모든 분께 감사드린다. 학술대회에 참석했던 양국의 학자와 학문후속세대 대학원생들, 열띤 질의와 답변으로 주어진 시간을 넘기기 일쑤였던 발표자와 토론자들, 그리고 무엇보다 묵묵히 '행사'를 준비했던 많은 도움의 손길에 감사한다. 이 책의 한국어판이 나오기까지 번역과 윤문과 교열을 위해 헌신해 준 황선미, 정원대, 우쥐안(吳娟) 선생에게 감사한다.

그리고 마지막으로 그 누구보다 오늘의 성과를 위해 봉사와 희생을 마다 않은 나의 친구, 대만 국립중흥대학 천귀웨이 교수에게 감사한다.

2017년 6월

임대근

머리말 2

한국의 대만 연구, 새로운 시대를 열다

2011년 말, 대만 국립중흥대학 인문사회과학연구소와 한국외국어대학교 대만연구센터는 상호 학술교류 추진을 위한 교류협정을 체결했다. 2012년 7월에는 공동으로 대만 교육부에 「한국에서의 대만 문학과 영화 연구를 위한 착근: NCHU-HUFS 상호 협력 계획」(推動臺灣文學與電影研究在韓國植根: NCHU-HUFS雙邊合作計畫: 이하 '계획')을 신청해 프로젝트를 수행하기 시작했다. 이 '계획'은 대만 교육부의 대만 연구를 위한 국제 협력 프로그램의 지원을 받았다. 그 목적은 대만 연구를 국제적으로 전문화, 대중화하는데 있다. 두 대학의 협력은 6년 동안 지속되면서 큰 성취를 이뤘다.

오랜 시간 동안 대만과 한국은 동아시아에서 가까운 지리적 위치에 있어왔다. 뿐만 아니라 매우 비슷한 역사적 경험과 민주화 과정을 겪었다. 그런데도 실제적인 교류는 많이 부족했다. 문학과 문화 영역에서는 더욱 그러했다. 글로벌 시대를 맞이하여 동아시아 지역의 정치가 중요한 문제로 대두되면서 대만과 한국은 산업과 문화 발전의 여러 측면에서 유사한 도전에 직면하면서 상호 교류와 협력도 시급한 요구가 되었다.

중흥대학과 한국외대는 '계획'을 통해 국제 학술 교류의 장을 마련했다. 지난 5년 동안 대만과 한국에서 공동으로 주관한 학술대회가 10차례였고, 논문 발표자는 연인원 120명을 넘어섰다. 의제 또한 문학, 영화, 다큐멘터리, 연극, 역사, 언어, 국족, 성별, 환경운동, 문화, 지역 연구 등을 포괄함으로써 대만 연구의 새로움과 풍요로움을 확인할 수 있었다.

이러한 기조 위에, 상호 학술회의에서 발표한 논문은 한국외대 대만연구센터의 학술 간행물인 『대만연구』에 게재되기도 했다. 뿐만 아니라 이제 '문학'과 '영화'를 주제로 한 단행본을 대만과 한국에서 각각 중국어판과 한국어판으로 출판하고자 한다. 이는 한국 학자의 대만 연구를 소개함으로써 다른 학문적 시각을 대만 학계에 제공하기 위해서이다. 또 한편으로는 한국어로 번역된 대만 학자의 연구를 통해 최근 새로운 대만 연구가 한국 학계에 소개되기를 바라기 때문이다. 이를 통해 대만 문학과 영화 연구가 한국에서 더 보편화되고 전문화되기를 바라마지 않는다.

첫 번째로 출판되는 이 책에는 10편의 논문이 수록됐다. 이를 통해 대만 학자와 한국 학자가 주목하고 있는 학문적 문제들을 잘 발견할 수 있다. 학문 분야마다 저자들은 서로 다른 특징을 갖고 있을 뿐 아니라, 상호 학습을 통한 유사성도 가지고 있다. 한국 학자들은 초국적 연구 및 비교 연구의 시각을 지속해 왔고 이를 큰 틀에서 서술하려고 한다. 또한 대만의 외성인과 중국 회고 문화를 깊이 있게 관찰하기도 한다. 나아가 대만의 동시대 모습에 관심을 가지고, 한국적 맥락으로 연구에 진입한다. 대만 학자는 과거의 영역과 비교적 작은 의제들을 강조한다. 식민지 문학, 현대 극장, 뮤지컬 등의 새로운 의제들이 개발되었다. 문화 번역과 같은 새롭게 유행하는 이론 방법과 에세이, 신문 보도 등 매체 연구도 시도되었다.

이러한 차이는 대만과 한국의 문화연구의 특징을 반영할 뿐 아니라 전통을 타파하려는 노력을 보여준다. 또한 광범위한 시각의 관찰을 통해 상호 전망과 다원적 시야를 확보함으로써 스스로 전체를 충분하고 진실되게 볼 수 있도록 도와준다. 이는 두 학계가 대만 연구의 초국적 학술 교류를 확산하고 그 노력이 목표를 향해 충분히 이루어질 수 있도록 할 것이다.

마지막으로 중흥대학 연구소를 대표해서, 주한타이베이대표부의 지원와 협력에 감사한다. 그리고 이 국제 협력 프로젝트를 위해 애쓰신 한국외대 대만연구센터 임대근 센터장과 국제학술대회참가자, 한국의 모든 대만 연구자에게 감사를 표한다. 모두의 노력과 빛나는 발표가 있었기에 오늘날 비로소 이러한 풍성한 학문적 성취가 태어날 수 있었다.

2017년 6월

천궈웨이

목차

머리말 1 _ 5

머리말 2 _ 11

제1부 대만문학과 문화연구 _ 17

제1장 한국의 대만문학 연구
임대근 한국외대 교수 _ 19

제2장 문화 번역과 트랜스내셔널 담론
천궈웨이(陳國偉) 대만국립중흥대학 부교수 _ 55

제2부 식민의 '기행': 조선과 대만의 식민 경험과 상호 인식 _ 79

제3장 셰춘무(謝春木)의 기행문에서 나타난 조선인식
황선미 아시아문화콘텐츠연구소 책임연구원 _ 81

제4장 제국 반도와 감정의 섬
가오지아리(高嘉勵) 대만국립중흥대학 교수 _ 107

제5장 이토 히로부미(伊藤博文)를 암살한 안중근에 대한 대만의 관점
랴오전푸(廖振富) 국립대만문학관 관장 _ 137

제3부 식민의 '기행': 조선과 대만의 식민 경험과 상호 인식 _ 171

제6장 중리허(鍾理和)의 대륙 노스탤지어와 그 정치적 왜곡의 문맥
김양수 동국대 교수 _ 173

제7장 과거의 구원과 현재의 수용
김순진 한신대 교수 _ 197

제8장 동아시아 시문학 교류 고찰(1980~2006)
김상호 대만슈핑(修平)과학기술대학 부교수 _ 221

제4부 지평의 확장: 대만 연극과 뮤지컬의 전통과 현대 _ 263

제9장 번역되어진 '중국'
왕쥔옌(汪俊彥) 대만사범대학 교수 _ 265

제10장 대만 뮤지컬에 나타나는 세계성
우페이루(吳佩如) 대만국립중흥대학 조교수 _ 303

참고자료 _ 331

찾아보기 _ 353

제1부
대만문학과 문화연구

제1장 임대근_ 한국의 대만문학 연구: 주체 위치의 설정과 대만 내부 갈등 극복 가능성

제2장 천궈웨이(陳國偉)_ 문화 번역과 트랜스내셔널 담론: 대만문학과 문화연구의 당대적 방향 전환

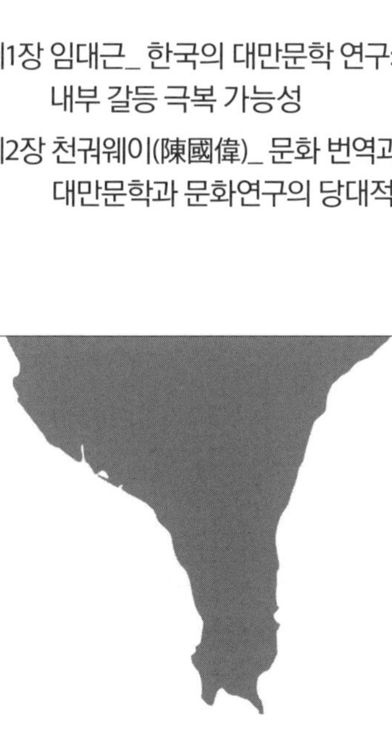

제1장

한국의 대만문학 연구
:주체 위치의 설정과 대만 내부 갈등 극복 가능성

임대근 한국외대 교수

1. 한국 학계의 양대 '사건'

한국의 대만문학 연구를 살펴보기 위하여 반드시 다루어야 할 역사적이고 상징적인 두 가지 중요한 사건이 있다. 하나는 1992년 한국중국현대문학학회가 개최한 국제학술대회이다. 1985년 설립된 이 학회는 한국에서 지연과 학연을 초월하여 매우 '젊은' 방식으로 중국 근·현대 문학연구를 선도해온 단체였다. 1992년은 공식적으로 학회를 설립한 지 7년 밖에 되지 않은 시기였으므로, 유년의 시기에 대만문학과 관련한 국제학술대회를 개최하였다는 사실은 적지 않은 의미를 갖는다. 그런데 공교롭게도 학술대회가 열린 때는 한국과 대만이 오랜 정치적 우방 관계를 청산하고, 단교를 단행한 바로 그 직후였다.[1] 한국과 대만 사이에 역사적인 단교 조치가 이뤄진 직후에

1) 한국중국현대문학학회의 학술대회는 1992년 10월 9일부터 10일까지 2일간 국립국제교

한국의 학계에서 대만문학과 관련한 최초의 전문적 국제학술대회를 개최한 것은 매우 기묘한 풍경이었다. 물론 이를 두고 학문과 정치의 분리라는 입장에서, 전혀 별개의 사안이라고 평가할 수도 있을 것이다. 그럼에도 당시 학술대회는 결과적으로 한국과 대만의 결별이라는 역사적, 정치적 행위에 대한 학문적 층위의 반응, 즉 일종의 고별의식이라고 해석될 수도 있다. 그 때 바로 한국 사회와 학계에서는 각각 대만과의 고별과 새로운 시작이라는 역설적인 상호 교차의 현장이 구성되고 있는 중이었다.

한국의 대만문학 연구는 이 학술대회와 더불어 본격적인 면모를 갖추어 나가기 시작했다고 해도 과언이 아니다.[2] 당시 학술대회에서는 한국과 대만, 중국, 일본 등지에서 참석한 연구자 10인의 발표가 있었다. 한국에서는 김시준(「臺灣現代文學概況與研究意義」), 김정욱(「1930年代朝鮮與臺灣的工人題材小說初探」), 김경남(「解放後韓臺兩國文學課題與文壇現況」), 유중하(「60年代文學的地形: 韓國"民族文學論"與臺灣"鄉土文學論"交叉對比), 허세욱(「50年代臺灣現代詩之矛盾現象」)이 참여하였고, 대만에서는 천잉전(陳映眞: 「臺灣近現代文學思潮之演變」), 뤼정후이(呂正惠: 「戰後臺灣知識分子與臺灣文學」), 린루이밍(林瑞明: 「國家認同衝突下的台灣文學研究」)이 참여하였으며, 중국과 일본에서는 각각 김종수(金宗洙: 「試論大陸與臺灣的新文學早

육원에서 '대만현대문학국제학술대회'(臺灣現代文學國際學術會)라는 이름으로 개최되었다. 한국과 대만은 이에 앞서 1992년 8월 24일 한중수교와 동시에 단교 조치를 단행하였다.

2) 1992년 이전 한국의 대만문학연구에 관해서는 이미 박재우의 관련 논문이 발표된 바 있으므로, 이 글은 주로 그 이후 상황에 초점을 맞추어 서술하고자 한다. 박재우, 「韓國的臺灣文學研究的歷史與特點」, 『중국현대문학』 제32호, 2005, 231-252쪽. 또한 이 글은 한국에서 발표된 해외 학자들의 대만문학연구, 또한 해외에서 발표된 한국 학자들의 논의에 대해서는 다루지 않고, 한국 내에서 한국 학자들에 의해 수행된 연구 성과를 주요 논의 대상으로 삼는다. 또한 주로 학문 연구의 성과를 다루고자 하므로 한국에서 수행된 대만문학 번역 성과에 대해서도 구체적으로 언급하지 않는다.

期主題結構及其特點」)와 마쯔나가 마사요시(松永正義:「關於日本的臺灣文學研究」)가 참여하였다.

흥미로운 점은 당시 학술대회와 이후 관련 논문들을 수록하여 특집으로 발간한 학술지[3]가 모두 '대만현대문학'이라는 용어를 쓰고 있다는 사실이다. 이러한 사정은 김시준의 글[4]을 통해 유추할 수 있는데, 이 글은 17세기 이후 대만에 문학이 전해진 때부터 당시에 이르기까지 대만문학의 역사적 흐름을 개괄하면서 주요 작가를 소개하고 있다. 당시 한국 학계가 자각적으로 '대만현대문학'이라는 용어를 선택하였는지는 정확하지 않지만(예컨대 대만의 천잉전도 같은 학술대회에서 '대만근현대문학'이라는 용어를 쓰고 있으므로), 이는 대만의 문학도 고전문학과 '신문학'(新文學) 이후 '현대문학'으로 구분할 수 있다는 잠정적 가정의 결과임과 동시에, 한국 학계에서 광범위하게 활용되고 있던 '중국현대문학'이라는 개념에 대하여 대만문학의 상대적 독립성을 부여하려는 모종의 시도로 해석된다.

또한 당시 학술지에 특집으로 편성된 한국 학자들의 연구 결과를 살펴보면, 대부분 한국과 대만의 문학현상을 비교하는데 중점을 두고 있었다. 김정욱은 1930년대 조선과 대만의 노동자 제재 소설을, 신진호는 역시 1930년대에 발표된 양쿠이(楊逵)와 박영준의 유사 제목 소설을, 김경남은 해방 직후 한국과 대만 문단의 현황과 과제를, 유중하는 1960년대 한국의 민족문학론과 대만의 향토문학론을 비교, 분석하고 있다. 이러한 구성은 1930년대부터 1960년대에 이르는 대만문학의 흐름을 통시적 방식으로 망내로 포섭하려는 기획에서

3) 학술대회에서 발표된 논문들에 더해 한국 학자인 신진호의 「楊逵的「模範村」與朴榮濬的「模範耕作生」」등 모두 11편의 논문이 이듬해인 1993년 학회가 간행한 학술지 『중국현대문학』 제7호에 '대만현대문학특집'(臺灣現代文學特輯)이라는 제명 하에 수록되었다.

4) 김시준, 「대만현대문학의 역사와 동향」, 『중국현대문학』 제7호, 1993, 1-32쪽.

비롯된 것으로 판단된다. 한국 학계가 당시 대만문학에 관한 국제학술대회를 준비하면서 양국 문학을 비교, 분석하는데 초점을 맞추려고 했다는 점은 두 가지 측면에서 해석해 볼 수 있다. 첫째는 당시 한국 학계가 당시 대만문학 자체만을 본격적으로 다루기에는 역량이 부족했다는 점이다. 이것은 실제 당시 발표된 다른 학자의 글들 또한 전반적으로 대만문학 혹은 그 연구 상황을 정리하여 소개하는 층위에서 작성되었다는 사실을 보아도 알 수 있다. 특히 해외에서 참가한 학자들도 대강의 문단 개요나 연구 개황 등을 발표하는 정도에 그치고 있다는 점은 당시 대만문학 연구에 대한 한국 학계의 논의 수준을 가늠할 수 있게 해 준다. 두 번째 측면에서 보면, 당시 한국 중국현대문학 학계가 학술 연구의 주체성을 매우 강조한 결과였다. 특히 외국 국적의 문학을 연구함에 있어 그 과정과 결과를 통해서 우리 내부의 문제의식을 개입할 수 있는 모종의 상호 참조 체계를 구성하고자 했으리라는 점을 유추해볼 수 있다. 이와 같이 한국 학계가 주체 위치(subjective position)를 강조하는 입장 혹은 경향은 그 이후 지금까지도 대만문학 연구의 주요한 특징을 형성하고 있다. 한국 학계에서 최초로, 그러나 지금까지 유일한 대만문학 관련 국제학술대회가 개최된 지 20년이 지난 뒤, 즉 2013년에 이르러 한국 학계는 또 하나의 사건을 경험한다. 바로 한국에서 최초로 '대만문학사'가 번역, 출판되기에 이른 것이다. 한국에서 『대만문학사』의 최초 출판은 대만 소설가이자 문학평론가인 예스타오(葉石濤)가 쓴 『대만문학사강』(臺灣文學史綱)을 김상호가 번역함으로써 이루어졌다.[5] 예스타

5) 葉石濤 지음, 김상호 옮김, 『대만문학사』, 서울: 바움커뮤니케이션, 2013. 물론 그 이전에도 유사한 저작의 번역, 출판이 없었던 것은 아니다. 천완이(陳萬益) 등의 저서 『대만문학대강』이 대표적인 사례인데, 이 저서도 내용적으로는 문학사적 성격을 갖고는 있으나 '대강'이라는 제명에서도 알 수 있듯 특정한 관점을 채택한 본격 문학사 서술이라고 보기에

오의 원저는 1987년 초판되었다가 2010년에 이르러 개정판을 출판했는데, 김상호에 의하면 역서는 개정판을 저본으로 하였다. 예스타오의 문학사는 종족과 역사, 풍토라는 세 가지 관점에서 네덜란드 점령 시기 이후부터 당대까지 약 300년 간 이어져 온 대만문학 역사를 하나의 통일체로 간주하고 '완전하게' 기술하려는 노력을 기울인 역작이다.[6]

『대만문학사』의 번역, 출간을 하나의 '사건'으로 간주하려는 이유는 다음과 같다. 무엇보다 앞서 말한 대로 대만문학사가 한국 학계에서 대만문학 국제학술대회가 열린지 20년이나 지난 뒤에 출판됐다는 사실이다. 이 같은 시간적 이격(離隔)은 무엇을 의미하는가? 학계의 20년은 적어도 특정 분야에서 한 연구자가 전문가로서 충분히 성장할 수 있을만한 시간을 의미한다. 그럼에도 예의 국제학술대회 이후 대만문학사가 20년이나 지나서 번역, 출판됐다는 점은 그 동안 한국 학계의 대만문학 연구가 국제학술대회의 성과를 주도적으로 계승하지 못했음을 뜻한다.

더불어 이후 살펴볼 한국 내 대부분의 대만문학 연구가 2000년 이후에 등장했다는 사실은 한국 최초의 국제학술대회가 역사적 역할을 감당하기는 했지만 일회성에 그치고 말았다는 아쉬움을 뒷받침한다. 이러한 상황은 물론 국제학술대회가 선도적으로 열어놓은 성과가 아니었다면 더욱 연기됐을지도 모를 일이다. 그러나 학술대회의 영향력은 분명한 한계를 노정하고 있었다. 사실 당시 한국 학계에서 학술대회에 참가했던 학자들 가운데 극히 일부를 제외하고는

는 어려운 점이 있다. 陳萬益 등 지음, 김원 옮김, 『대만문학대강』, 고양: 학고방, 2008.

6) 林玲玲, 「歷史、種族與風土: 葉石濤的台灣文學史分期」, 『黃埔學報』 第五十二期, 2007, 43-64쪽.

이후 지속적이고 집중적으로 대만문학에 관한 연구를 수행한 경우는 없었다. 이러한 현상은 1992년 이후 한국 중국현대문학계의 상황을 추적해 보면 알 수 있다. 앞서 말한 대로 1992년은 대만과 단교를 단행한 해였고 그 원인은 주지하는 바와 같이 대륙 중국과의 수교 때문이었다. 이후 한국의 중국현대문학 연구는 수교와 더불어 개방, 물밀듯이 몰려온 대륙 중국 학계의 인적, 물적 정보들을 수용하는 데 집중하게 되었고, 그와 더불어 자연스럽게 대륙 중국과의 교류가 학계의 주요한 과제이자 현안으로 떠올랐던 점과 무관치 않았다. 게다가 충분히 성숙되지 않은 학계의 분위기로 인해 대만문학에 초점을 맞추어 연구를 수행하는 경향은 자리 잡기 어려웠다. 물론 그것은 대만문학을 중국문학의 일부로 볼 것인가 그렇지 않으면 독립적인 문학의 범주로 간주할 것인가에 관한 논의가 내부에서 충분히 수행되지 못했기 때문이며, 그에 따라 동시에 대만문학을 중국문학의 지류 정도로 간주하려는 비자각적 태도 또한 낯선 상황이 아니었기 때문이기도 하다.

물론 다시 상술하겠지만 국제학술대회 이후 한국 학계에서 대만문학 연구는 다양한 방식으로 분화하면서 성숙해 왔다. 특히 2005년에는 역시 한국중국현대문학학회의 기관지 『중국현대문학』이 기획특집으로 대만문학을 다루기도 했다. 이 특집의 '기획의도'에서 김양수는 "왜 타이완문학에 주목하는가. 타이완문학에 대한 관심은 국내의 중국문학 연구계에 있어 대륙일변도적 경향에 대해 균형을 환기하는 것일 수도 있고, 동아시아 문학 연구에 있어 구체적 실천의 한 방안이라 할 수도 있을 것"이라고 언급한 뒤, "타이완은 일제 강점시기 및 군부독재 시기 등에 있어 우리와 유사한 독특한 역사적 경험들을 갖고 있"으며, "국내의 학계에서 '동아시아'를 새로운 대안적 연구범주로 내세운 지도 꽤 되었지만, 아직도 당위론적 초기 상황에서 많이 나아가지 못한 것 같다. 타이완과 같이 가까운 나라의 역사와 문학을 잘 알아가는 작업으로부터 동아시아의 연구적 내실을 갖출 수 있는 실마리를 찾아가야 할 것이라 생각한다"[7]고 말함으로써 대만문학 연구의 주체 위치를 규정한다. 그러나 이 특집 또한 대만문학과 관련된 일관된 모종의 의제에 의해 이루어졌다기보다는 한국과 대만의 주요 학자들의 개별 성과를 집합해 놓은 듯한 측면이 강하다.

근대적 문학 연구의 틀을 받아들인다는 전제 하에, 문학사 출간은 특정한 국적문학(national literature)을 연구하는 가장 기본적이면서 동시에 총체적인 중요한 작업이다. 그러한 의미에서 한국 학계가 아직 저술로서 대만문학사가 아닌 번역으로서 출판했다는 사실 또한 지난 20년 간 한국 학계의 대만문학 연구가 여전히 성숙한 시기에 접어들지는 못했음을 반증한다. 오히려 이러한 상황은 김상호의 이와 같은 노력을 매우 값진 성과로 평가할 수 있는 근거가 된다. 한국 학계는 비록 국제학술대회만큼 시끌벅적하게 세간의 이목을 끌지는 못한 채 조용하게 대만문학사의 출간을 맞이했지만, 오히려 이제부터 그 학문적 영향력은 더욱 오랫동안 확장되어 갈 것임에 분명하다. 이제 한국 학계는 대만문학의 역사를 보는 이와 같은 기본적인 관점에 대하여 더욱 의미 있는 논의를 전개해 나가야 하는 과제를 안게 되었다.

물론 그 동안 한국 학계에 대만문학사에 관한 연구가 전무했던 것은 아니다. 앞서 말한 김시준의 글 역시 대만문학의 흐름을 역사적으로 정리하여 소개해주고 있으므로 그러한 범주에 속한다고 할 수

7) 김양수, 「'타이완문학특집' 기획 의도」, 『중국현대문학』 제34호, 2005, 2쪽.

있다. 그 이후에도 문학사와 관련한 연구 성과는 주재희,[8] 송승석,[9] 임우경,[10] 김원[11] 등에 의해 시도되어 왔다. 이 중 김원의 연구는 대만문학을 '1920년대 신문학' 이후로 간주하면서 중립적 입장에서 그 역사를 정리하는데 중점을 두고 있다. 요컨대 김시준의 글 이후 10여 년이 지난 뒤에도 여전히 한국 학계는 대만문학의 전반적인 흐름을 논의하고 있는 단계에 머물러 있으며, 또한 한국 학자로서 대만문학을 바라보는 특정한 주체 위치를 설정하지 못한 채 중립적 입장을 선택할 수밖에 없는 단계에 놓여 있는 것이다.

물론 이와 달리 조금 더 심도 있는 논의가 전개되기도 했다. 주재희는 1945년 이후 대만문학의 큰 흐름을 검토하는 바탕 위에서 천잉전을 대만 문단의 상징적인 표상으로 간주함과 동시에 '제3세계문학론'으로 대변되는 그의 현실주의 문학관이 "대만문학의 지평을 넓히는데 공헌하였다"고 평가한다. 송승석은 대만문학의 개념을 놓고 벌어진 1970년대 대만 내부의 향토문학논쟁 가운데 예스타오와 천잉전을 중점적으로 검토하는 과정에서 '대만문학사'에 관해 다루고 있다. 그는 이 글을 통해 "타이완 내부에서 민족통합의 당위성을 둘러싸고 문제가 제기되는 근본적인 원인이 무엇이고, 그 원인을 가능케 했던 중국과 타이완의 역사적 경험의 차이"를 전제로 삼아 이후 "정치적 통독논쟁(統獨論爭)과 문화적 남북분열로 이어지는 단초를

8) 주재희, 「진영진 문학관의 전후 대만문학사적 의의」, 『중국연구』 제28권, 2001, 167-190쪽.

9) 송승석, 「'타이완문학'의 중국결(中國結)과 타이완결(台灣結): '타이완문학 본토론'과 '중국문학론'의 대화」, 『중국어문학논집』 제18집, 2001, 433-448쪽.

10) 임우경, 「민족의 경계와 문학사: 타이완 신문학사와 장애령을 중심으로」, 『중국어문논집』 제25호, 2003, 293-315쪽.

11) 김원, 「대만문학 발전과정을 통해 본 대만문학의 전망」, 『아세아문화연구』 제10집, 2006, 183-216쪽.

마련하게 되었는지를 검토"하고 있다.

한편 임우경은 "독립된 국민국가 상상의 기제로서 독자적인 타이완신문학사가 기술되어야 한다는 요구"가 "다양한 딜레마에 직면해 있"음을 전제로 하여 "타이완에서 태어나지도 않았고, 타이완 땅에서 산 적도 없"으며, "타이완의 현실에 관심을 가진 적도 없거니와 타이완에 대해 쓴 적도 없"었지만 오히려 "타이완 사회에 뿌리내린 영향은 타의 추종을 불허"하는 작가 "장아이링(張愛玲)을 어떻게 평가할 것인가의 문제"가 이러한 "딜레마를 전형적으로 보여준다"고 보고 이에 대한 문학사 서술의 세 가지 중요한 입장, 샤즈칭(夏志淸), 천팡밍(陳芳明), 추구이펀(邱貴芬)의 논의를 검토하고 있다. 그는 이러한 논의의 검토를 통해 "근대 문학제도의 다양한 형태들이 정치사회적 민족 선언에 깊이 개입되어 있"으나, 오히려 이들이 "그려내는 민족의 경계가 사실은 모호한 것"이라고 결론짓는다.

이들의 논의[12]는 대만에서 문학사 서술이 갖는 다양한 정치적 입장, 그에 따른 문학사관의 입장들을 드러내면서 그 길항 관계의 의미들을 파악하려고 노력한다는 점에서 한국 학계가 대만문학사 서

12) 이 밖에도 본격적인 문학사에 관한 연구라 할 수는 없지만, 임춘성은 포스트 냉전 시대 대만의 문학과 문화에 관한 연구에서 '대만문학'의 개념과 문학사 기술 등에 대하여 다루고 있으며, 최말순은 1950년대 냉전 체제가 대만문학에 미친 영향을 고찰함으로써 이후 대만 모더니즘 문학의 형성 배경을 살핀 연구 결과를 선보이기도 했다. 그는 "전후 세계냉전체제가 대만문학에 미친 영향을 고찰하기 위해 1950년대 반공문학의 내용과 그 변화의 모습을 살펴봄으로써 냉전대만의 문학풍경을 그"림으로써, 이후 "모더니즘 문학이 형성되는 배경이 이차대전 후 미국의 냉전전략인 문화외교정책의 강력하고 직접적인 영향에서 이루어"졌다는 사실을 확인해 주고 있다. 임춘성, 「포스트냉전 시대 타이완문학/문화의 정체성」, 『대만연구』 제1호, 2011, 69-86쪽; 최말순, 「민족에서 개인으로: 1950년대 냉전대만의 문학풍경」, 『중앙사론』 제38집, 2013, 339-365쪽. 또한 신정호는 대만의 현대사 속에서 '2·28문학'의 위치를 검토하는 글을 발표하여 대만문학사의 주요한 한 지점을 다루기도 하였다. 신정호, 「타이완의 현대사 전개와 2·28문학」, 『인문과학연구』 제30집, 2012, 295-319쪽.

술을 관찰하는 진일보한 시각을 보여주고 있다. 이러한 노력들의 축적을 통해서 향후 한국 학계만의 독자적인 대만문학사의 기획도 가능할 수 있을 것이라 기대해 본다.

2. 키워드: 식민, 정체성, 여성, 장르

한국의 대만문학 연구와 관련된 키워드를 추출해 보면 식민, 정체성, 여성, 장르 등으로 집약될 수 있다. 이는 주로 1990년대 중반 이후 한국에서 발표된 학술논문을 중심으로 주요 논점을 분류한 결과다. 이 키워드들은 대만문학을 규정하기 위해 동원되는 논쟁적인 개념들이다. 동시에 이들은 대만 내부의 문학 연구에서도 자주 등장하는 개념들이기도 하다. 즉 한국의 대만문학 연구 경향은 대만 내부에서 수행되고 있는 문학연구와 모종의 동질성, 동궤적 특징을 형성하고 있는 것으로 유추할 수 있다.

1) 식민

식민과 식민성에 대한 문제는 대만문학을 논의함에 있어 핵심적인 개념이라 할 수 있다. 식민(성)은 전전(戰前)과 전후(戰後)를 막론하고 근대 이후 대만 사회를 규정하는 매우 중요한 개념이다. 특히 일제 치하 대만을 '식민'으로 규정하는 데는 아무런 이견이 없으나 전후 국민당 정권의 통치도 '식민'으로 규정하게 되면[13] 이 개념은 대

13) 예컨대 천팡밍(陳芳明)은 20세기 이후 대만의 역사를 크게 세 시기, 즉 일제 식민기(1895-1945), 전후 재식민기(1945-1987), 계엄 해제 이후 후식민기(1987-)로 구분한다. 陳芳明, 「臺灣新文學史的建構與分期」, 『聯合文學』 第178期, 1999, 167쪽; 陳芳明, 「後現代或後殖民: 戰後台灣文學史的一個解釋」, 美國哥倫比亞大學東亞學系, 『文學台灣五十年: 台

만 현대사는 물론 대만문학 전체를 관통하게 된다. 일본 제국주의에 의한 식민이 근대 이후 서구 제국주의에 의한 아시아, 아프리카 침략에 따른 일종의 세계적 공통성 아래 놓여 있던 정치·경제적 식민의 요소가 더욱 강한 유형으로서 '분명한 식민'(distinct colonization)이었다면, 국민당 정권의 경우에는 지역적, 역사적, 문화적으로 다양한 요소들이 착종돼 있는 상황에서 발발한 문화적 식민 요소가 강력하게 작동했던 다소 '모호한 식민'(ambiguous colonization)이었다고 간주할 수도 있을 것이다. 식민의 문제가 대만문학을 이해하는 핵심적인 개념 가운데 하나라면, 그 하위 층위에서는 이를 설명하기 위하여 '민족', '근대', '국가', '언어' 등의 개념들이 다시 동원된다. 즉 식민을 핵심 개념으로 하는 대만문학의 설명 체계는 위와 같은 하위 개념들이 구체적으로 문학 현상 속에서 어떠한 양상으로 드러나는가에 의해 뒷받침됨과 동시에 그들 속에서 다시금 부각되는 다양한 쟁점들에 대한 검토를 통해 이러한 설명이 수행되고 있다.

한국의 대만문학 연구가 주목하는 식민의 문제는 특히 일제 치하 문학에 대한 관심으로 이어진다. 예컨대 송승석은 「수탈과 저항의 신화: 타이완 '황민문학'(皇民文學) 연구에 대한 일고찰」[14]에서 대만 '황민문학' 논쟁을 검토하면서 "식민지 수탈과 민족적 저항이라는 이분법적 인식 구조 하에서 황민문학을 민족주의적 저항이라는 지선(至善)의 가치로부터 일탈한 혹은 그것을 도외시한 반민족적·비주체적인 문학적 기형아로 인식"하는 태도가 그 동안 주류 의견이었다면, 최근에는 대만 본토 민족주의의 대두로 인해 이러한 태도에

灣經驗的再現與書寫策略』.

14) 송승석, 「수탈과 저항의 신화: 타이완 '황민문학'(皇民文學) 연구에 대한 일고찰」, 『중국어문학논집』 제23집, 2003, 317-338쪽.

균열이 가해지면서 '황민문학'의 범주와 그에 대한 입장, 나아가서는 '황민문학' 자체가 존재했었는지에 대한 근본적 물음까지 진행되고 있다고 진단한다.

송승석은 식민지 대만의 문학적 상황을 살펴본 또 다른 글, 「식민지타이완의 이중어상황과 일본어글쓰기」[15]에서 "타이완의 언어적 중층성과 그 실질적 결과물인 일본어 글쓰기"를 검토한다. 그는 "식민지 타이완에서의 일본의 언어 정책과 그에 대한 타이완인의 반응과 대응, 제국언어에 대한 욕망과 좌절"을 살펴보는데, "제국과 식민지의 경계를 넘나드는 과정 속에서 일본어 글쓰기는 그야말로 일본문학에도 속하지 않고 타이완문학에도 속하지 않는 매우 이질적이고 혼종적인 문화공간을 창출할 수 있었"다고 보면서 "일본어 글쓰기는 제국과 식민지를 이어주는 월경의 공간을 생성하기도 했지만, 동시에 제국과 식민지의 '차이'를 끊임없이 노출하는 담론의 공간을 형성"함으로써 "일본어 글쓰기가 타이완 지식인들에게 글쓰기의 공간 확대뿐만 아니라 사고의 지평을 타이완 너머에까지 확대시킨 것은 분명하다"고 주장한다. 이와 같이 일본 제국주의에 의한 대만의 통치와 당시 대만문학의 형성 과정은 식민의 문제를 살펴봄에 있어 민족 대 반민족이라는 이항 대립적 상황을 용인할 수 없다는 복잡한 의식의 지평으로까지 확대된다. 그것은 대체로 '식민'의 계기와 과정을 부정함으로써 그러한 식민의 현실 자체를 거부하고자 하는 태도를 취하는 한국적 상황과는 달리 '식민'을 기정 사실로 받아들이고 그 전제 하에서 다양한 변인들을 추적하려는 태도라 할 수 있

15) 송승석, 「식민지타이완의 이중어상황과 일본어글쓰기」, 『중국현대문학』 제60호, 2012, 127-158쪽.

다.[16]

이러한 태도는 한편에서는 '황민문학'을 옹호한다는 비판을 받는 예스타오의 입장과 그를 탐구하는 과정에서도 드러난다. 이와 같은 입장 차이에 대한 검토는 특히 한국과 대만 양국이 공통으로 체험했던 식민 시대를 각각 어떠한 태도로 설명하고 있는가에 관한 문제로까지 이어진다. 예컨대 양태근은 「예스타오(葉石濤)를 통해 본 강제된 문명으로서 식민지 대만과 '대만문학'」[17]이라는 글에서 "식민지 지배를 받고 있던 대만 지식인들의 한 전형이라고 할 수 있는 [⋯] 예스타오와 관련한 역사적 환경들을 이해"하는 작업을 통해 "우리가 동아시아에서 식민 지배를 받았던 지식인들을 이해하고 특히 문학사적 가치를 재발견하는데 아주 중요한 분석의 시점일 수 있다는 사실"을 강조한다. 즉 식민지 대만의 문학에 대한 검토는 단지 대만 자체의 특수성만을 염두에 두고 설명되어야 하는 현상이 아니라, 동아시아적 상황과 맥락 속에서 비교, 검토될 필요가 있다는 것인데, 동아시아적 상황이라고 하면 이는 곧 한국적 상황을 의미함에 다름이 아닐 것이다.[18]

따라서 식민지 대만문학을 논의하는 많은 한국의 연구 성과들이

16) 이 밖에도 식민지 시기 대만 종족 정체성에 따른 다중어 글쓰기 전략을 다룬 글로는 다음과 같은 연구가 있다. 이숙연, 「臺灣文學文本的多語書寫策略」, 『중국현대문학』 제41호, 2007, 55-82쪽.

17) 양태근, 「葉石濤를 통해 본 강제된 문명으로서의 식민지 대만과 '대만문학'」, 『중국현대문학』 제56호, 2011, 147-171쪽.

18) 이 밖에도 식민지 시기 구체적인 대만문학 텍스트를 소개하고 분석하는 글로는 다음 연구를 참고할 수 있다. 김양수, 「鄭清文 「三脚馬」裏的殖民地記憶」, 『중어중문학』 제39집, 2006, 453-465쪽; 송승석, 「순혈주의에 대한 패배/도피: 천훠취안(陳火泉)의 「도(道)」를 중심으로」, 『중국어문학논집』 제42집, 2007, 149-166쪽; 김원, 「라이허의 작품세계와 타이완 신문학」, 『아시아문화연구』 제20집, 2010, 113-136쪽; 신민영, 「타이완 소설 「道」에 나타난 이중 억압 기제와 식민지인의 자기 정체성 연구」, 『인문연구』 제69호, 2013, 319-350쪽.

한국과 대만을 비교, 분석하는데 집중하고 있는 것은 새삼스러운 일이 아니다.

예컨대 위에서 논의한 바, '일본어 글쓰기'에 관한 문제를 다룸에 있어 김양수는 「일제시대 한국과 대만 작가의 이중 언어 문학」[19]이라는 글을 통해 특정한 작가와 작품의 사례 분석을 시도함으로써 논의를 구체화한다. 당시 '제도'(帝都)에서 일본어로 창작을 감행했던 조선의 김사량과 대만 양쿠이의 대표작을 비교, 분석하면서 "조선의 경우 일본어와 한국어의 대립인 반면, 대만의 경우 일본어와 중국어의 대립 내부에 또 대만어 문제가 존재"하기 때문에 "그만큼 대만의 상황은 단순하지 않다"고 말한다. 아울러 이들의 이러한 글쓰기가 단지 '친일' 대 '항일', '민족' 대 '반민족', '우익' 대 '좌익' 등의 이항 대립적 기준에 의해 평가될 수 없는 복잡한 맥락 속에 놓여 있다고 주장한다. 한편 김계자는 「근대 일본 문단과 식민지의 문학자: 김사량과 룽잉쭝을 중심으로」[20]에서 예의 조선의 김사량과 대만 룽잉쭝(龍瑛宗)의 일본에서 문단 활동과 작품 창작을 비교하면서 이들이 각각 창작 결과로 "제국의 문단에 식민지 조선인이 일본어로 글을 쓴다는 것의 의미를 되"물음과 동시에 "식민지 지식인의 '경계'적 사유를 환기시키고 있"으며(김사량), 또한 한편으로는 "'제국'과 '식민지'를 경계 짓는 것 자체가 무의미한 혼종적인 공간을 표현해"냄(룽잉쭝)으로써 양국 문학자의 '식민지적 연대'가 이뤄지고 있다고 설명한다.

이러한 '연대'가 '제국의 도시'를 중심으로 한 일본 '내지'에서 주

19) 김양수, 「일제시대 한국과 대만 작가의 이중언어 문학」, 『중국어문논총』 제23집, 2002, 368-381쪽.

20) 김계자, 「근대 일본문단과 식민지의 문학자: 김사량과 룽잉쭝을 중심으로」, 『아시아문화연구』 제22집, 2011, 1-24쪽.

로 이뤄졌다면, 당시 동아시아의 또 다른 식민지였던 '만주'를 중심으로 한 특수한 방식의 '문학적 연대'에 대한 관찰도 찾아볼 수 있다. 즉 한국의 연구자들은 대만 작가 중리허(鍾理和)가 1930년대 후반부터 1940년대에 이르는 '만주 체험'과 이를 통해 발현된 조선인 제재 소설 「버드나무 그늘」(柳蔭)을 통해 '문학적 연대'의 고리를 찾고자 하였다. 김양수[21]는 이 소설을 분석한 뒤 그의 "내셔널리즘은 중국에 대한 일방적 애국주의의 공허함을 호소하는 것이었"으며, "그의 조선 인식도 일본 '제국주의'와 중국 '중화주의'에 의한 '타자'라고 하는 동일한 처지에 대한 발견의 수준에서 크게 더 나아가지는 못하고 있을 뿐"더러 "만주에서 만난 조선인들을 통해 비록 '동병상련'의 감정을 느꼈지만, 작품 속 대만인과 조선인의 사이에서 희망과 연대의 실마리는 찾아지지 않는"다고 말한다. 박재우[22]는 역시 중리허의 조선인 제재 소설을 통해 당시 동아시아의 식민지였던 "대만과 한국, 만주 사이에 어떠한 문화적 교류 관계가 있었고, 그것이 한인제재문학 작품의 탄생을 가져왔는가 하는 점을 추적"하고 있다. 그러나 이 같은 '한인제재문학'에 대한 탐색의 결과가 한국적 주체의 문제와 어떻게 긴밀한 상관관계를 맺고 있는가에 관한 점은 다소 회의적이다.

홍미로운 점은, 한국과 대만의 식민지 문학을 비교, 분석하는 한국의 연구들은 또한 텍스트 분석이라는 전통적인 문학 연구 방법론을 취하고 있는데,[23] 그러한 방법론 중에서도 유독 사회·역사적 비

21) 김양수, 「타이완 작가 중리허(鍾理和)의 만주 체험과 조선인」, 『중국현대문학』 제39호, 2006, 391-410쪽.

22) 박재우, 「일제시기 한국과 대만 문화 상호작용의 또 다른 공간: 중리허(鍾理和)의 만주체험과 한인제재소설 『버드나무 그늘』의 의의」, 『외국문학연구』 제25호, 2007, 109-133쪽.

23) 물론 텍스트 분석 이외에 당시 양국의 문학 환경을 비교, 분석하고 있는 연구도 있다. 앞

평의 입장을 중요하게 여기고 있다는 사실이다. 1930년대 양국 노동자 소설을 비교하고 있는 김정욱,[24] 역시 같은 시대 농촌의 현실 문제를 다루고 있는 신진호,[25] '광복'에 대한 양국 문학의 형상화를 비교, 분석하는 김양수,[26] 양쿠이와 장혁주의 프로 소설,[27] 혹은 이광수와 루쉰(魯迅)의 이른바 '민족개조소설'에 대한 비교 연구[28]를 수행하고 있는 김상호 등의 연구가 대표적인 사례들이다. 이와 같은 일련의 연구들이 사회·역사적 맥락 속에서 대만문학을 논의하는 기초를 세우고 있다는 점은 한국과 대만 공통의 유사한 식민 경험이 어떻게 문학적 형상화를 성취하고 있는지에 대한 탐구라고 할 수 있을 것이다. 그럼에도 예컨대 미학적 성취라든가 독자 반응 등과 같은 텍스트 내·외부 다양한 비평 방법론 등을 모두 제외하고 이같이 사회·역사적 맥락을 강조하고 있는 현상은 한국 학계가 대만문학을 인식하고 있는 중요한 한 가지 흐름을 형성한다. 그 흐름이란 한국 학계 내부에서 축적된 현실 중시 전통이 반영된 결과임과 동시에 문학 현상이 단지 내부 동인으로만 구성되는 것이 아니라, 모종의 내·외부

서 말한 바, 김경남은 해방 직후 양국의 문단 상황과 과제를 검토하는 글에서 "해방 직후는 양국 문학사에서 공히 의미심장한 전환기"였음에도 "식민 잔재의 청산을 비롯한 민족적 과제 해결에 부응하려는 문학적 노력"이 각각 '무산' 혹은 '침잠'되었던 상황을 논의한다. 김경남, 「해방 직후의 한국 대만 양국의 문학적 과제와 문단 현황」, 『중국현대문학』 제7호, 1993, 171-201쪽.

24) 김정욱, 「1930년대 조선과 대만의 노동자제재 소설 초탐: 인물형상과 갈등의 성격을 중심으로」, 『중국현대문학』 제7호, 1993, 105-147쪽.

25) 신진호, 「양규의 「모범촌」과 박영준의 「모범경작생」: 1930년대 대만과 조선 농촌 현실의 형상화」, 『중국현대문학』 제7호, 1993, 150-170쪽.

26) 김양수, 「한국과 타이완 문학 속 '광복'의 기억」, 『중어중문학』 제48집, 2011, 67-92쪽.

27) 김상호, 「與張赫宙楊逵與張赫宙普羅小說之比較研究: 以「送報伕」與「餓鬼道」爲例」, 『중국현대문학』 제30호, 2004, 393-414쪽.

28) 김상호, 「李光洙與魯迅的民族改造小說之比較研究: 以『無情』和『吶喊』爲例」, 『동아인문학』 제8호, 2005, 143-157쪽.

조응 관계를 통해 구성되고 있음을 인정하는 결과일 것이다.[29]

2) 정체성

대만 사회를 이해하고 설명함에 있어 이른바 '정체성' 문제는 회피할 수 없는 핵심 주제 가운데 하나다. '식민'이 근대 이후 경험과 그로 인해 형성된 현재 문제를 주로 다룬다면, '정체성' 문제는 일제 식민 시대가 종식되고 현대로 진입한 뒤 본격적으로 제기된 문제라 할 수 있다. 문학 연구에 있어서도 '정체성'을 핵심 의제로 삼는 것은 대만 학계도 크게 다르지 않다. 한국 학계 역시 이와 동궤적 특성을 갖추면서 대만문학 연구를 수행해 왔다.

주지하듯이 정체성이란 다양한 층위에서 규정되고 설명될 수 있는 개념이다. 그렇다면, 한국 학계가 주목하는 대만문학의 '정체성'에 관한 문제는 주로 어떠한 층위에서 탐구되고 있는가?

김미란[30]은 이러한 정체성의 문제를 "중화민족주의와 타이완민족주의라는 두 민족주의 담론"으로 규정하고 그 "전유 방식을 타이완의 탈냉전기에 나타난 특성"으로 보아 검토한다. "구체적으로는 양안 개방에 대한 외성인, 본성인, 외성인 2세대의 귀속감이 재구성되

29) 이 밖에 대만이 주체적으로 한국 혹은 한국의 문학을 어떻게 인식하고 수용했는가 하는 연구도 역시 이러한 경향에 경도되기는 마찬가지다. 최말순은 1930년대 대만에서 수용된 조선 문인 장혁주에 관해 논의를 펼친 바 있으며, 신정호는 대만의 지식인들이 한국의 근대를 수용했던 방식에 대해 탐구한 바 있다. 또한 대륙 중국을 공통 매개로 하여 김양수는 한국과 대만이 루쉰(魯迅)을 수용했던 상황을 비교하고 있으며, 천현경은 대륙 중국의 대만문학 연구 상황을 검토하기도 하였다. 신정호, 「臺灣文學之韓國認識: 二十世紀前半期東亞文學的一風景」, 『중국현대문학』 제32호, 2005, 209-230쪽; 최말순, 「1930년대 대만문학 맥락 속의 장혁주」, 『사이間SAI』 제11권, 2011, 61-92쪽; 천현경, 「중국의 대만문학 연구 초탐」, 『중국현대문학』 제20호, 2001, 345-369쪽; 김양수, 「日帝時期韓國和臺灣接受魯迅之比較」, 『國際中國學硏究』 제7집, 2004, 139-157쪽.

30) 김미란, 「탈냉전기 타이완의 '중국상상'과 민족주의: 개방담론과 귀속감을 중심으로」, 『중국현대문학』 제60호, 2012, 159-190쪽.

는 맥락과 그러한 변화가 일어나는 담론장이었던 중화민족주의와 타이완민족주의, 그리고 이 담론을 수면으로 떠오르게 한 양안의 개방정책을 분석"하는 과정에서 특히 대만 내부의 '문화회귀론자'들과 '타이완 민족주의자들' 사이 갈등을 살펴보면서 이러한 갈등이 결국은 "국민국가 경계 '밖'에서 국민국가 '안'을 비추는 것이었기 때문에 민족주의가 지닌 본질적 특징인 내적 균질성의 결여라는 치명적 약점을 지니"게 되었고, "그런 점에서 이 두 민족주의는 국민국가 내부 모순에 의하여 분화하고 재편될 가능성이 있는 상황적인 범주이자, 탈냉전기 특징을 담고 있는 범주"라고 결론짓는다. 즉 그는 대만 내부에서 대륙 중국이라는 상대적 범주를 놓고 벌어진 '민족주의' 논의를 통하여 오늘날 여전히 대만 사회 내부를 편제하고 있는 강력한 이원 대립항이 본성인(本省人) 대 외성인(外省人) 구도라는 점을 역설하고 있다.

이러한 구도에 대한 탐구는 텍스트 분석을 통해서도 잘 드러나고 있다. 김순진은 「타이완 문학에서 드러나는 에스닉 상상과 국가 정체성」[31]이라는 글에서 이를 '종족 정체성'(물론 이 용어에 대하여 김순진은 '에스닉'이 갖고 있는 다양한 개념의 결을 언급하면서 특정한 번역을 취사선택하지 않고 '에스닉 정체성'이라는 용어를 사용한다.)으로 규정한다. 그는 "1980년대 이후 다원화된 사회에 진입하였다고 자타가 공인하는 타이완을 이해하기 위한 중요한 키워드 중 하나는 '에스닉'이다. 개개인의 '결핍된 욕망'으로 결속된 사람들은 동일한 압박과 차별의 기억으로 공동의 문화를 만들어냈고, 이러한 과정에서 그들만의 정체성을 형성해냈다"고 말한다. 이러한 정체성 문제는 '식민 경험'에 뿌리를 두고 있

---

31) 김순진, 「타이완 문학에서 드러나는 에스닉 상상과 국가 정체성」, 『중어중문학』 제53집, 2012, 315-341쪽.

으며, 이후 발생한 본성인과 외성인 사이에 형성된 서로 다른 '종족 상상'이 국가 정체성에 관한 각자 입장을 구성하고 있다고 본다. 물론 그는 이러한 입장들이 대만문학에 어떻게 재현되고 있는지를 함께 살핀다. 그러나 이러한 갈등은 모종의 '텅 빈 기호'일 수도 있으며, 대만 작가들의 종족 상상의 글쓰기 역시 "불필요한 굴레이면서도 찾아 헤맬 수밖에 없는 텅 빈 기호"이자 그 속에서 "발버둥치는 자기 탐색의 과정"일 것이라고 결론짓는다.

김순진의 또 다른 글,[32)]「과거의 구원과 현재의 수용: 타이완 외성인 2세 작가 張大春, 朱天心, 平路의 작품을 중심으로」는 이러한 '종족 정체성' 문제가 대만문학 내부에서 어떻게 유전되는지를 다룬다. 1980-90년대를 대표하는 대만 외성인 작가, 즉 장다춘(張大春), 주톈신(朱天心), 핑루(平路)가 역사를 대하는 태도와 그에 따른 글쓰기 양상을 살펴본 뒤 이를 각각 '냉소적인 울분'(장다춘), '억누른 평온'(주톈신)으로, '약한 열망'(핑루)으로 규정한다. 작가들이 이렇게 "과거의 이미지에 관심을 기울이는 이유"는 "1987년 계엄해제를 전후해 위기의식을 맞게 된 외성인 정체성" 문제와 관련 있으며, 이 문제를 풀기 위해 "자연스럽게 과거의 목소리에 귀를 기울"였다고 분석한다.

이숙연은 외성인 작가의 문학 창작을 집중적으로 탐구함으로써 일련의 성과를 내고 있다. 특히 그는 이 작가들의 창작 기법이 어떻게 서사적 특성을 구축하면서 현실적 내함을 창출하고 있는지에 관해 밀도 있게 탐구하고 있다. 외성인 작가(연구자는 '화교 작가'라는 용어를

32) 김순진, 「과거의 구원과 현재의 수용: 타이완 외성인 2세 작가 張大春, 朱天心, 平路의 작품을 중심으로」, 『중국현대문학』 제65호, 2013, 35-57쪽. 이 밖에도 김순진의 관련 연구로는 다음을 참조할 수 있다. 김순진, 「朱天心小說的邊緣意識: 以「我的朋友阿里薩」爲中心」, 『중국현대문학』 제34호, 2005, 183-199쪽.

쓰고 있다.) 핑루의 소설을 분석한 글[33]은 1980년대 중반 이후 대두된 '대만 주체성' 쟁점을 중심으로 '대만 서술' 창작의 열풍과 더불어 "서로 다른 문화적 위치에서 기억을 재정립하고 역사를 탐색"하는 방식을 취하는 맥락 안에서 구축한 "독특한 관점과 서사 기법"을 통해 '향토' 개념의 모호성을 드러내고 "시간과 공간을 전환시키는 수법", "과학적인 환타지 수법을 통해 대만 사회의 문제점을 제시"함과 동시에 "반향적으로 풍자"하고 있다고 분석한다. 또한 장다춘의 소설을 분석한 다른 글[34]에서도 역시 대만문학 지형 변화의 중심에 위치한 작가가 "'소설의 본질'에 대한 탐색이라는 이름으로 '인류', '언어', '진실'의 관계를 사색하고 있"으며, "그 결과 작가와 독자와 텍스트 관계를 새로이 조정함으로써 소설의 형태를 가일층 변모시켰다"고 평가한다. 그는 장다춘의 작품을 "작가와 진실, 독자와 텍스트, 언어와 권력, 신미학 등 네 가지 각도에서 탐색하고, 그의 작품이 문학비평 지형을 어떻게 변화시켰는지" 탐구함으로써 "텍스트 안에서의 작가의 권력을 해체하며 습관화된 부호나 독해 방식을 타파하는 방식으로 독자들에게 언어가 실제가 아님을 인식하도록" 유도한다고 결론짓는다. 바이셴융(白先勇), 주톈원(朱天文), 주톈신 등 외성인 작가들의 '타이베이 서사'를 분석한 글[35]에서는 '소실된 고향', '텅 빈 기호의 타이베이', '세기말 타이베이' 등 개념을 원용하여 "각기 다른 서사 양식을 운용하여 풍부하고도 다각적으로 타이베이의 문화

33) 이숙연, 「家國·歷史·性別: 平路小說的臺灣關懷」, 『중국인문과학』 제48집, 2011, 309-324쪽.

34) 이숙연, 「小說新視野: 張大春的『公寓導遊』·『四喜憂國』」, 『중국인문과학』 제30집, 2005, 411-429쪽.

35) 이숙연, 「浮城·台北: 外省作家的"台北"書寫策略與屬認同探索」, 『중국인문과학』 제33집, 2006, 319-337쪽.

정신을" 표현하고 있다고 평가한다. 이숙연의 연구가 다른 학자들의 경우와 구별되는 점은 역시 주로 외성인 작가들에 주목하고 있다는 연구 대상의 범주를 넘어서서, 이들의 텍스트 속에서 '종족 정체성' 갈등을 문제 삼고 있는 다른 연구 경향과는 달리 문학적 일반론, 즉 서사 비평의 방식으로 추출해내는 서사적 특성들을 근거로 하여 분석을 수행한다는 사실이다. 물론 그 결과가 간혹 문학 외부의 사회·역사적 문제에 대한 분석과 추론으로 이어지고 있는 점 또한 사실이지만, 대부분 경우는 문학 내부에서 그들의 텍스트가 유통되면서 발휘되는 효과, 예컨대 미학적 효과를 통한 작가와 독자 사이 상호작용 등 문제에 집중하고 있다. 즉 대만문학 내부의 주요한 외성인 작가들의 창작을 문학일반론의 관점에서 분석함으로써 이들이 갖고 있는 사회·역사적 문제들을 문학 내부의 맥락 속으로 흡인하는 효과를 유도하고 있는 셈이다. 물론 이는 그가 대만 출신으로서 중국어로 글쓰기를 하는 연구자라는 자신의 정체성과도 긴밀한 관련을 맺고 있을 것이다.[36]

물론, 본성인 작가들의 창작에 대한 탐구도 없지 않다. 조영현은 리차오(李喬)의 소설 분석[37]을 통해 이른바 '문화대만독립론'(文化台獨論)과 '문화실천'을 문제 삼고 있다. 그는 리차오의 문학이 "대만의 본토성 상상에 1차적 목표를 두고 있"으며 이를 위하여 "고착화된 중국 대륙과의 관계에 균열을 내"고자 했다고 분석한다. 즉, 그는 "현

36) 윤은정은 대만의 외성인 시인의 텍스트 분석을 통해 대만의 시문학 흐름을 소개하고, 1950-60년대 미국 유학파 '디아스포라' 시인들의 핵심 정서가 '향수'였으며, 이 시인들이 당대 대만의 시를 발전케 하였다는 연구 결과를 내놓기도 하였다. 윤은정, 「재타이완(在臺灣) 중국인 시문학에 나타난 문화적 정체성: 1950-60년대 향수시를 중심으로」, 『세계문학비교연구』 제18호, 2007, 29-49쪽.

37) 조영현, 「李喬의 「泰姆山記」에 나타난 타이완 본토성 탐구」, 『중국문학연구』 제42권, 2011, 177-196쪽.

재 자신의 관점으로 과거를 다시 들여다보고, 끊임없이 과거를 해체하며, 하나의 민족이라는 틀을 강요하는 중화주의를 부정하기 위해", "대만의 대지, 그 중심에 있는 타이무산(泰姆山)이라는 상상"을 통해 "중국 대륙 본위의 중심과 병치되는 또 다른 중심의 존재에 대한 작가의 문학적 신념과 실천적 표현"을 나타냈다고 간주한다.

오늘날 대만 정체성 문제의 문학적 기원을 논의함에 있어 빼놓을 수 없는 문학사적 현상은 바로 '향토문학논쟁'이라 할 수 있다. 향토문학논쟁이 대만문학은 내부의 '본토성', '대만의식'을 자각하는 계기가 되었기 때문이다. 즉 이로 인해 1980년대 이후 본격적으로 제기된 성적(省籍) 갈등이 대만 사회의 모순을 규정하는 주요한 대립축으로 구성되었기 때문이다. 이러한 상황을 탐구하기 위한 논의로서 고운선[38]은 향토문학의 대표 작가 중 하나인 왕전허(王禎和)의 작품을 분석한다. 그는 작가의 "시대적, 세대적 위치를 바탕으로 교육적 환경과 문단 상황을 살펴"본 뒤, "청년 세대의 눈에 비친 1960-70년대 타이완의 자화상"을 묘사하고 있다고 분석한다. 아울러 주제의식 측면에서는 작가의 작품을 리얼리즘으로 규정하고, 문학 기법 측면에서는 "내적 독백, 언어유희, 외설적인 비유법 등 모더니즘적 성향을 띤다"고 보고 있다. 이러한 분석을 바탕으로 작가에 대한 수식과 규정의 시도를 유보할 필요가 있다고 말한다.[39]

한편, 본성인이기는 하지만 중화민족의 통합을 주장해 온 천잉전 문학에 대한 탐구는 한국 학계가 주목하는 주요한 주제 가운데 하

---

38) 고운선, 「1960-70년대 王禎和의 초기 단편소설 연구」, 『중국현대문학』 제59호, 2011, 247-291쪽.

39) 이 밖에 향토문학논쟁을 대만의 '새로운 영화들'(新電影)과 연계하여 고찰한 연구도 있다. 장동천, 「대만 '향토문학' 서사와 '신전영' 운동: 본토주의 문화의식의 형성과 확산」, 『중국어문논총』 제31집, 2006, 459-486쪽.

나였다. 주재희는 천잉전의 소설을 탐구한 글[40]에서 "대만인의 좌절과 분노, 대륙인의 갈등과 방황을 통해 그들 각자가 대만에서 정체성을 찾아가는 과정, 작가가 지향하는 민족통합에 의한 중국인으로의 최종적인 정체성 확립에 대한 염원을 살펴"봄으로써 1950-60년대 대만 사회의 성적(省籍) 갈등으로 비롯된 '본성인의 좌절', '외성인의 방황', '성적 간 화해' 등을 "국가와 민족이라는 혼란과 갈등"이라는 층위에서 분석하고 있다.[41] 김양수[42]는 "천잉전이 줄곧 대만 문제를 중국 혁명과 연계하여 사고하고 표현했"으나, 이미 1970년대 향토문학 논쟁 이래로 '대만의식'과 '중국의식'의 분리가 진행되었고, 그 이후 국제 정세, 대만 내부 정세 등의 변화로 '대만의식'이 더욱 강화되고 있어 그의 논지는 새로운 도전에 직면하고 있다고 보았다.

이와 같이 대만문학의 정체성 문제를 다룬 한국의 연구들은 주로 향토문학논쟁 이후에 촉발되어 오늘날 대만 사회를 규정하는 주요하고도 핵심적인 이원 대립항으로 설정된 성적 문제, 즉 본성인 대 외성인 간 문제를 둘러싸고 수행되었다. 이 연구들에서 한국 학자들은 대체로 표면적으로는 외성인 작가들 혹은 그 후세들의 문학을 주로 연구대상으로 삼고는 있지만, 그렇다고 하여 이들의 입장을 전적으로 수용하는 것은 아니며, 적어도 중립적 태도에서 상황을 검토하

---

40) 주재희, 「'대만 중국인'의 정체성 미망: 陳映眞 소설을 중심으로」, 『중국연구』 제27권, 2001, 265-287쪽.

41) 이 밖에도 주재희는 주로 천잉전의 소설들을 분석하는 다음과 같은 일련의 연구 성과를 선보이기도 했다. 주재희, 「진영진 전기소설의 서사특색」, 『중국학연구』 제22권, 2002, 1-21쪽; 주재희, 「진영진(陳映眞)의 「충효공원(忠孝公園)」을 통해 본 타이완의 일제(日帝) 잔영(殘影)」, 『중국연구』 제53권, 2011, 1-20쪽; 주재희, 「理念的相殘·希望的敍事: 試論黃皙暎的『悠悠家園』和陳映眞的三篇'鈴瑠花系列小說'」, 『중국현대문학』 제34호, 2005, 161-181쪽.

42) 김양수, 「戰後臺灣文學與中國現代文學的傳統: 以陳映眞爲個案」, 『國際中國學硏究』 제6집, 2003, 309-321쪽.

려는 입장을 취하고 있다. 외성인 작가에게 경도되거나 본성인 작가에게 경도되는 경우도 없는 것은 아니지만, 대체로는 그 내부의 복잡한 갈등 관계를 설명하고자 하는데 중점을 두고 있다. 이는 역설적으로 한국 학계가 아직 대만을 바라보는 명확한 주체 위치 설정에 관해 모종의 학문적 합의에 도달하지 못했음을 의미하는 것이기도 하다.[43)]

3) 여성

한국의 대만문학 연구가 구성하고 있는 또 다른 키워드 가운데 하나는 여성이다. 비록 앞의 다른 두 키워드에 비하여 연구 성과로 출판된 절대 수량은 현저하게 뒤떨어지지만, 특정한 학술 연구의 흐름을 형성하고 있음을 부인할 수는 없다.

대만문학 연구에 있어서 여성문학을 가장 먼저 논의의 대상으로 삼은 것은 이숙연의 글[44)]이다. 이숙연은 일찍부터 이에 대한 관심을 표명하면서 특히 1980년대 이후 대만 문단에서 여성 소설이 다수 등장하고 있는 상황에 주목하여 이를 검토하는 작업을 수행하였다. 특히 당시 이들에 대한 문학적 판단이 주로 '규수문학'(閨秀文學)으로 폄하되고 있던 상황을 반박하면서 당대 여성소설들이 "보수적이고 나약한 목소리를 지닌 것이 아니라 특색 있는 다양한 서사 방식, '욕

---

43) 이 밖에도 본격적인 '정체성' 문제를 다룬 것은 아니지만 그와 관련된 방계 연구로는 21세기 초반, 대만 원주민 작가들에 의해 창작된 '원주민 대하소설'을 주체적 역사 서사라는 입장에서 탐구한 사례와 강한 사회주의 사상을 바탕으로 소수자에 대한 동정과 권력에 대한 비판을 작품화했다고 평가되는 정칭원(鄭清文)의 초기 소설을 분석한 사례도 있다. 이숙연, 「歷史·文學與主體性: 多元文化視域下的臺灣原住民長篇史詩小說研究」, 『중국인문과학』 제55집, 2013, 443-460쪽; 김상호, 「論鄭清文小說裡的悲劇性: 以「永恆的微笑」與「黑面進旺之死」爲中心」, 『동아인문학』 제11호, 2007, 63-81쪽.

44) 이숙연, 「閨秀文學之外: 臺灣80年代以後女性小說觀察」, 『중국어문학지』 제11권, 2002, 391-420쪽.

망 서술', '색정 유토피아 서술', '여성적 역사 서술', '비판적 서술', '반낭만적 애정 서술' 등"을 보여주고 있다고 평가하면서 "새로운 문학미학의 가능성을 제시하고 은어 혹은 우화의 방식으로 사회 문화 형성에 참여"하고 있다고 보았다. 물론 이 때까지만 해도 '여성 문학'을 단지 '남성 문학'에 대응하는 개념으로 보고 있는 측면도 없지 않았지만, 한국 학계에서 일찍이 이와 같은 새로운 학문적 출로를 제시한 것은 매우 큰 의미가 있다고 하겠다.

이후 본격적으로 대만의 여성문학에 대한 논의는 김순진의 성과를 통해 살펴볼 수 있다. 김순진은 주로 대만의 여성문학을 대표하는 리앙(李昂)의 텍스트 분석 과정을 통해 그 문학적 성취가 어떻게 대만문학 내부에 전복적 균열을 가하고 있는지를 탐구한다. 리앙의 소설 「살부」(殺夫)를 독해하고 있는 글[45]에서는 리앙을 "성(性)을 빌어 낡은 제도의 붕괴를 꿈꾸고 새로운 합리적 문화의 탄생을 표현하고자 한 작가"라고 평가하고 같은 맥락에서 "「살부」 역시 성적으로 괴롭힘을 받던 아내가 남편을 살해할 수밖에 없었던 과정을 묘사함으로써 가부장제뿐만 아니라 인간의 원시적이고 근원적인 폭력성을 고발하고, 여성을 주체로 인정하지 않는 사회 권력의 폭력성을 밝히고자 한 작품"이라고 보았다. 즉 기성 가치관으로 보았을 때에는 사회적, 윤리적으로 수용되기 어려운 여성의 선택에 새로운 의미를 부여함으로써 여성 주인공의 행위에 윤리적 정당성을 부여하고 오히려 그것이 가치 긍정적이라고까지 주장하는 것이다. 따라서 작가의 이와 같은 글쓰기는 기존의 고정된 가치관에 균열을 가함으로써 새로운 사회적, 윤리적 가치를 구성하기 위한 행위로 평가된다. 즉 "리

45) 김순진, 「殺夫와 救母 그리고 왜곡된 진실: 타이완 여성 작가 리앙의 殺夫 읽기」, 『외국문학연구』 제28호, 2007, 9-29쪽.

앙은 「살부」를 통해 죽어버린 여성의 이름을 복원하는 동시에 가부장제적 사회와 폭력적이고 집단적인 사회에 의해 죽어가는 여성들의 영혼을 살리고자 하는 작업을 하였다고 평가"하고 있는 것이다.[46)]

김순진은 또한 리앙의 『미로의 정원』(迷園)을 분석한 진일보한 연구[47)]에서 그 동안 대만 사회를 설명하는 유용한 틀이었던 역사에 대한 복원, 식민에 대한 관점 등이 모두 남성중심주의적이었음을 비판하고, 이 작품이 이러한 패러다임을 극복하는 새로운 성별(젠더)적 담론을 형성하는데 이바지하고 있다고 평가한다. 그는 "대만이 이제는 만들어진 민족 주체성에서 탈주하기를 바라고 있다"고 말하면서, 그렇다고 하여 "리앙의 창작 목적이 […] 어떠한 '여성'의 모습을 만들어 내도록 하는데 있지도 않으며, […] '여성적' 자아를 회복하는데 있지도 않다"고 주장한다. 왜냐하면 "가부장제에 의해 '만들어진 여성'을 거부하고 '여성'의 자아를 추구하는 현상은 이미 남성화의 경향으로 갈 위험성을 내포하고 있기 때문이다." 나아가 작가가 주인공인 주잉홍에게 "새로운 여성의 모습을 부과하지 않는다"고 분석하면서, "양성 대립적 사유는 남성 중심이든 여성 중심이든 구조적으로는 가부장제를 되풀이"한다는 사고는 그 동안 일부 페미니즘적 주장이 남성 가부장제를 비판하면서 새로운 '여성 중심 사회'를 구성해야 한다는 입장보다는 더욱 개방적이다. 연구자는 이 과정을 '해체', '탈주체화', '이원대립에서의 탈주', '혼종성의 수용' 등과 같은

46) 이 밖에도 노혜숙은 리앙의 같은 작품을 분석하고 그 "문학적 의의는 여성주의문학으로써 확고한 자리매김을 하고 있을 뿐만 아니라, 전통 남성주의로 형성된 사회규범에 대한 비판의식이 강하므로 사회소설의 의의도 또한 평가받고 있다"고 말한다. 노혜숙, 「李昂의 「殺夫」」, 『중국문화연구』 제17집, 2010, 426-441쪽.

47) 김순진, 「李昂 소설을 통해 본 국가와 섹슈얼리티: 『迷園』을 중심으로」, 『중국현대문학』 제45호, 2008, 81-110쪽.

개념어들로 정리하고 있다.

대만 여성문학에 대한 이와 같은 한국 학계의 관심은 물론 한국 내부 페미니즘 연구 성과에 힘입은 것임은 두말할 나위 없다. 아울러 대만 여성 문제를 문학 외부 범주에서 탐구하고 있는 연구들[48] 또한 이 같은 문학 내부 연구와 상호작용하고 있는 측면도 분명히 있다. 그러나 여전히 그에 대한 학문적 관심이 활발한 편이라고 할 수는 없다. 그러나 향후 대만문학 연구에 있어서 성, 여성, 성별 등과 같은 주제가 폭넓은 확장 가능성을 가지고 있는 점만은 분명하다.

4) 장르

한국의 대만문학 연구에 있어 중요한 키워드 가운데 하나로 장르를 선택한 까닭은 대만문학 가운데 시를 중심으로 한 연구 결과가 다수 축적되어 있기 때문이다. 물론 다수 연구자들이 소설 장르에서 연구를 수행했다. 그러나 1980년대 이후 동시대 소설에 관해서는 장르적 접근이 그다지 많지 않다. 물론 1980년대 이후 소설을 장르적으로 살펴보고 있는 경우도 있다. 즉 1980년대 대만 소설을 '도시소설'이라는 장르적 관점에서 분석하고 이를 '좌표 없는 초공간 글쓰기', '공간 소외의 글쓰기', '이질 공간 글쓰기' 등으로 설명한 사례가 그것이다.[49] 또한, 본격문학은 아니지만 대만의 대중문학 작가 지

---

48) 예컨대 김미란은 대만 사회 내부에서 대륙 출신 배우자를 선택하는 행위를 검토하는 연구를 발표함으로써, 그 정치적, 사회적 함의를 분석하고 있다. 김미란, 「타이완의 '대륙상상'과 양안(兩岸) 결혼: 대륙출신 배우자에 대한 시민권 논의를 중심으로」, 『중국현대문학』 第54호, 2010, 271-314쪽; 김미란, 「타이완의 젠더화된 新·舊이민과 양안(兩岸)결혼」, 『중국어문학논집』 第68호, 2011, 215-246쪽.

49) 이숙연, 「80年代臺灣都市小說中的新空間書寫策略」, 『중국인문과학』 第36집, 2007, 287-303쪽.

미(幾米)의 그림책을 연구대상으로 삼아 그 도시 인식과 상상력을 살펴본 사례도 있다.[50]

그러나 한국 학계의 대만문학에 대한 관심 가운데 장르적 측면에서 연구 성과가 가장 많은 영역은 시라 할 수 있다. 대만 시에 대한 연구는 주로 대만에 체류하고 있는 연구자 김상호에 의해 주도되어 왔다. 2000년대 초반부터 본격적으로 발표된 그의 연구는 크게 대만 시의 흐름과 구체적인 시인을 소개하는 성과와 한국과 대만의 시에 대한 비교 연구 성과로 대별할 수 있다.

김상호의 연구 가운데 대만 현대시의 전반적인 흐름을 개괄하고 있는 성과로는 「전후 현대시인의 대만 상상과 현실」[51]을 들 수 있다. 그는 이 연구에서 일제 강점기 '신시'(新詩)에 재현된 '향수'(鄉愁)의 의미를 검토하는 전제 위에서 1950년대 이후, 즉 전후 대만 시인들이 갖고 있는 역사의식을 분석하고, 1980년대 이후에 수행된 '본토화' 과정까지 살펴보고 있다. 이 과정에서 각 시대별 주요한 시인들, 즉 장둥팡(張冬芳), 궈수이탄(郭水潭), 우융푸(巫永福), 잔빙(詹冰), 천첸우(陳千武), 두판팡거(杜潘芳格), 정처우위(鄭愁予), 리쿠이셴(李魁賢), 바이추(白萩), 리민융(李敏勇), 자오톈이(趙天儀) 등을 열거하면서 이들의 주요한 시작을 소개, 분석하고 있다. 만일 우리가 여기서 열거한 시인들을 시대 순으로 재배열한다면, 그것은 곧 대만 현대시사의 큰 흐름을 형성하게 될 것이다. 그러나 연구자는 근대 이후 이와 같은 시의 흐름 속에서 나타난 대만 사회의 중요한 갈등 문제, 즉 민족주의, '본토화' 등 문제들에 대해서는 다소 중립적인 태도를 취하고 있다. 이

50) 박남용, 「지미(幾米) 그림책에 나타난 도시인식과 상상력 연구」, 『세계문학비교연구』 제41집, 2012, 89-116쪽.

51) 김상호, 「戰後現代詩人的台灣想像與現實」, 『중국현대문학』 제34호, 2005, 43-67쪽.

러한 연구 태도는 대만문학을 어떠한 태도와 입장에서 설명할 것인가 하는 점에 있어서 대만 내부와 외부 연구자들이 각각의 주체 위치를 가지고 있으며, 그 경계에 선 연구자의 주체 위치 또한 편향적으로 설정되기 어렵다는 일종의 문학정치학적 입장을 보여준다고 할 수 있다.[52] 그러나 거꾸로 생각하면 이러한 태도는 그 동안 대만 내부에서 문학에 대한 가치 평가나 대만문학의 전체상에 대한 이해가 오히려 성적 갈등으로 인행 외성인/본성인 등의 대립 구도 속에서 편협하게 수행되어 왔음에 대한 새로운 출구 역할을 할 수도 있을 것이다. 성적 출신을 모두 아우름으로써 이들을 대만문학을 구성하는 중요한 각각의 축으로 인정함으로써 '총체적'이고 '정합적'인 대만문학에 대한 기술을 가능하게 하는 것이다. 이러한 상황이 대만 내부에서 극복되지 않는다면, 그것은 외부 연구자들의 몫으로 돌아갈 수도 있을 것이다.

김상호에 의해 소개된 대만 시는 주로 『삿갓』(笠) 동인을 중심으로 이뤄져 왔다. 동인지의 중심 시인이라 할 수 있는 천쳰우[53]와 우융푸[54] 등이 대표적이며, 또한 '고독'의 시어로 대표되는 저우멍뎨(周夢蝶)[55]도 여기에 포함돼 있다. 특히 『삿갓』은 1964년 창간된 대만의 시

52) 이 밖의 연구 성과로는 다종족 사회인 대만의 다양한 민담을 소재로 한 사례도 있다. 즉 대만 현대시에 나타난 민담을 연구대상으로 하여 그에 재현된 민담의 이미지를 '단순 이미지'와 '복합 이미지'로 분석하고 있다. 김상호, 「想像的美學: 新詩呈現的民間故事意象」, 『동아인문학』 제16집, 2009, 195-211쪽.

53) 김상호, 「論『笠』詩刊創辦期陳千武的詩」, 『중국현대문학』 제24호, 2003, 103-126쪽; 김상호, 「包容的美學: 論九·年代初期陳千武的詩」, 『중국현대문학』 제27호, 2003, 59-79쪽.

54) 김상호, 「'內心'的獨白, '外界'的故事: 論巫永福詩中的節制和觀照」, 『중국현대문학』 제26호, 2003, 53-73쪽; 김상호, 「論巫永福的詩: 從祖國意識談起」, 『중국현대문학』 제38호, 2006, 239-259쪽.

55) 김상호, 「孤獨與想像的美學—論周夢蝶的詩集『孤獨國』」, 『동아인문학』 제20호, 2011, 261-276쪽.

동인지로서 “사실상 영리를 추구하지 않는 문학잡지로서 30년 넘게 이어온 세계 문단의 드문 사례”이며 “대만 작가와 시인들에게 대만의 역사, 토지, 인민들에게 대만문학의 독립과 자주라는 분명한 입장을 보여주었다”[56]고 평가된다.

한국과 대만의 시인과 시작을 비교하는 연구 성과 또한 주목된다. 이러한 비교는 주로 구체적인 시인들을 대상으로 수행되는데 비교대상은 김광림/천첸우, 백석/룽잉쭝, 라이허/한용운 등으로 짝지워진다. 김광림과 천첸우에 대한 비교[57]는 주로 전쟁의 결과로 인한 상흔을 주제로 이뤄진다. 두 시인은 공히 “약소민족의 고통과 비애의 운명을 보여주고 있다”는 것이다. 백석과 룽잉쭝,[58] 라이허와 한용운[59]에 대한 비교는 앞서 살펴본 ‘식민’에 대한 한국 학계의 태도가 주로 양국 상황을 비교함으로써 공통된 경험을 전유하려고 하는 바와 대체적으로는 유사한 맥락에 놓여 있는 것으로 판단된다. 물론 백석과 룽잉쭝, 두 시인은 당대의 ‘노골적인’ 저항을 추구하던 시인들과는 달리 “독특한 스타일과 예술관을 가진 창작자들로서, 낭만적 시풍에 따라 완곡한 방식으로 그 이상을 표현했다”고 평가된다. 그러나 이는 “그들이 경험했던 식민의 시대, 정치적 압박의 한계로 말미암아 간접적 문학형식으로 비판”을 수행한 것이며, “민족 사상의 내용과 민족 현실에 대한 굳은 의식이 드러나 있다”고 본다. 한용운과

56) 葉石濤, 『台灣文學入門台灣文學五十七問』, 高雄: 春暉出版社, 1997, 130쪽; 김상호, 「論『笠』詩刊創辦期陳千武的詩」, 위의 글, 104-105쪽 재인용.

57) 김상호, 「痛苦的美學: 陳千武和金光林的戰爭傷痕詩之比較研究」, 『중국현대문학』 제23호, 2002, 329-351쪽.

58) 김상호, 「白石與龍瑛宗詩所呈現的內心意識比較研究」, 『동서비교문학저널』 제29호, 2013, 61-82쪽.

59) 김상호, 「賴和與朝鮮‘詩僧’韓龍雲民族意識新詩之比較研究」, 『동아인문학』 제13호, 2008, 179-212쪽.

라이허에 대한 비교를 통해서는 그들의 문학이 "전통주의적 역사의식과 식민시대의 저항 정신, 독특한 창작태도를 가지고 있으며 이는 당대 문단과 문학의 모범이 되었다"고 평가한다. 나아가 연구자는 '21세기 비교문학'이 직면한 문제를 언급하면서 "어떻게 세계 각국의 문학이 오랫동안 축적해 온 경험과 이론을 총괄하여 서로 다른 각도에서 문학에 있어서 인류가 조우한 문제를 해결할 수 있는가" 하는 질문을 제기한다. 이는 한국과 대만의 문학 비교에 있어서도 역시 적용해야 할 질문이라 아니할 수 없을 것이다.

대만 시에 대한 연구가 대만문학 연구에서 중요한 비중을 차지한다는 사실 자체는 의문의 여지가 없을 것이다. 따라서 대만문학 연구가 깊이 있는 단계로까지 발전하지 못한 상황에서 대만 현대시를 소개하고 중요한 흐름과 작가의 맥락을 고찰하는 연구 또한 매우 소중하다고 할 것이다. 그러나 이에 대한 한국의 연구는 향후 더욱 폭넓은 학계 내부 대화를 이끌 수 있는 학문적 의제를 개발하는데 중점을 두어야 할 것이다.

3. 특징과 의미

지금까지 살펴본 바, 한국에서 수행된 대만문학에 관한 학문적 연구는 일정한 성과와 더불어 동시에 뚜렷한 한계도 보여주고 있다.

첫째, 한국에서 수행된 대만문학 연구에 관한 학술논문 가운데 1992년 한국중국현대문학학회 국제학술대회 이후 발표된 60여 편을 살펴본 결과에 따르면, 한국의 대만문학연구는 2000년대 이후에 본격적으로 시작되었다고 할 수 있다. 1993년, 한국중국현대문학

학회 국제학술대회에서 발표된 연구들이 같은 학회의 기관지인『중국현대문학』에 게재된 이후, 대만문학에 대한 첫 단편논문이 발표된 것은 2001년에 이르러서였다. 이것은 곧 대만문학에 대한 한국 학계의 관심이 부재했음을 의미한다. 그 까닭이 1990년대 중반 이후 한국 학계가 주로 대륙 문학 연구에 경도되었기 때문임은 물론이다. 또한 2000년대 이후에 이르러 등장한 연구들 역시 거시적 계획이나 학계의 합의 과정을 거쳤다기보다는 개인 연구자들의 관심에 따른 결과로 볼 때, 한국 학계에서 대만문학 연구는 이제 약 10여 년 성과를 축적했을 뿐이며, 학계 내부의 중요한 의제 형성이라는 공유 수준까지는 아직 도달하지 못하고 있다고 볼 수 있다.

둘째, 한국의 대만문학 연구를 정리하는 과정에서 한국 학자의 관점을 분석하는 과정에서 주요한 키워드를 '식민', '정체성', '여성', '장르' 등과 같이 추출할 수 있었다. 이들 키워드 가운데 '장르'를 제외한 나머지 셋은 연구 주제를 중심으로 추출한 것이다. 물론 이 키워드들이 편의상 분류에 따르기는 했으나, 내부적으로는 복잡한 상호연관성을 구성하고 있음은 물론이다. 이 가운데 더욱 활발하게 연구가 수행되고 있는 주제는 역시 '식민'과 '정체성'이라 할 수 있다. 이는 한국 연구자들이 대만문학을 바라보는 주요한 의제를 근대 이후 역사적 경험의 공통성에서 찾고 있기 때문이자, 나아가 이를 통해 대만만의 고유한 특수성을 발견해 보고자 하는 의도 때문으로 판단된다.

셋째, 이러한 연구 주제의 설정은 자연스럽게 한국, 대만 양국 문학 비교라는 연구 방법론의 선택으로까지 이어진다. 양국 문학 비교연구는 당연히 한국적 주체 위치를 설정하려는 노력으로 판단할 수 있다. 그러나 한국의 대만문학 연구가 어느 정도 심급에서 한국 학자들 자신에게 주체 위치 설정에 관한 자각성의 기초 위에서 수행되고 있는가는 다소 의문이다. 특히 '정체성' 문제를 논의하는 과정에서는 다수 연구가 대만 내부 논쟁을 중립적으로 전달하는 경향을 보여주고 있으며, 특정한 대만 내부 입장을 대변하고 있어 '입장 전환의 축소판'이라 해도 과언이 아닐 수 있다. 이는 주체 위치의 자각적 설정이라기보다는 '형식적 전치'의 결과를 유도할 수도 있을지 모르기에 이에 대한 더욱 자각적인 노력이 필요하다고 판단된다.

넷째, 그렇다 하더라도 한국의 대만문학 연구의 전반적 경향은 사회·역사적 맥락을 강조하는 관점을 보여주고 있고, 전체적으로 보아서는 소수인(minority)에 관심을 보여주는 등 탈식민적 연구 경향을 나타내고 있다. 이러한 경향은 특히 '정체성', '여성' 등에 대한 키워드를 통해 확인할 수 있는 바이다. 그러나 이에 대한 연구 경향은 이제 막 첫발을 내디뎠을 뿐이며, 향후에는 더욱 확장되어야 할 필요성이 있을 것으로 보인다. 즉 종족, 민족, 국가, 성별 등에 관한 문제를 넘어서서 언어, 종교, 생태, 세대, 지역, 환경 등과 같이 대만 내부를 구성하는 다양한 탈식민적 입장과 논제들을 지속적으로 발굴하고 학문적 의제로 설정해 나갈 필요가 있다.

다섯째, 대만문학 내부의 연구 의제 설정과 관련하여, '장르'적인 측면에서 보았을 때 그 영역을 더욱 확장할 필요가 있다. 즉 지금까지 한국의 대만문학 연구는 주로 소설 장르를 중심으로 수행되어 왔으며, 부분적으로 시에 관한 연구 성과가 축적되었다고 할 수 있다. 그러나 대만문학 내부에도 문학 일반이 논의하는 다양한 장르들, 즉 희곡, 수필, 보고문학 등이 포진해 있음은 물론이다. 또한 동시대적으로 이뤄지고 있는 대만문학의 다양한 현상들에 대해서도 탐구를 시도할 필요가 있다. '향토문학' 등과 같은 의제에 비하여 모더니즘, 포스트모더니즘[60] 등에 관한 논의는 현저히 적은 것이 사실이다. 또한 오늘날 다종 다기한 방식으로 장르 간 간섭을 시도하고 있는 대중문학 현상들에 대한 논의도 확대할 필요가 있다. 다시 말하면, 한국의 대만문학 연구는 '대만문학'을 여전히 하나의 전칭(全稱)으로 부르는 단계를 벗어나, 연구 대상과 범주를 분화할 필요가 있다는 뜻이기도 하다.

여섯째, 그렇다고 하여 한국의 대만문학 연구가 모종의 총체성을 담보하고 있다고 볼 수는 없다. 즉 한국의 대만문학 연구는 여전히 하나의 그물로 엮어져 있는 상태라고 말할 수는 없다. 그것은 연구가 다소 개인적 관심을 중심으로 수행되고 있다는 의미이며, 이러한 관심들을 한 걸음 더 나아간 학문적 의제로 기획할 수 있는 구조가 구축되지 않았음을 의미한다. 예컨대 한국의 대만문학 연구는 학문 제도의 측면에서는 여전히 '중국현대문학' 연구의 한 분과 내지는 지류로 인식되는 경향이 강하며, 이는 대만문학 연구를 독립적인 학술 기획이나 제도로 수립하지 못한 채, 다수 연구가 중국현대문학학회를 통해 발표되고 있는 점과도 무관치 않을 것이다. 학문 제도와 더불어 더욱 중요한 문제를 보여주는 현상은 한국의 연구들이 거의 내부 간 상호 참조를 수행하고 있지 않다는 데 있다. 이는 향후 한국 학자들이 더욱 자각할 필요성이 있는 문제라고 판단된다. 내부 상호 참조가 활발하게 이뤄진다면, 곧 앞서 제기한 다양한 문제들이 해결될 실마리도 찾을 수 있게 될 것이다.

---

60) 물론 국내 대만 포스트모더니즘에 관한 연구로서 이숙연은 계엄 해제 전후 시기 대만 소설에 나타난 현상을 분석하기도 하였다. 이는 포스트모더니즘에 대한 논의가 대만 학계에서는 주요한 한 축이었음에도 불구하고 한국 학계에서는 아직 탐구되지 못하고 있음을 의미한다. 이숙연, 「臺灣解嚴前後小說文本裏的後現代呈現: 以戰後第三代文學家的文本爲主的研究」, 『중국현대문학』 제34호, 2005, 101-135쪽.

일곱째, 대만 학자들의 연구가 한국 내 연구에 다양한 영향을 끼쳤음은 물론이다. 한국 학자들은 대만 내부에서 수행된 다양한 연구 성과들을 참조함으로써 자신의 연구 결과를 도출하기도 했지만, 동시에 한국에 발표된 대만 및 해외 학자의 연구 성과를 다수 참조하기도 했다. 한국에 발표된 대만 및 해외 학자의 연구 성과에 대해서는 참고자료에 별도 목록을 제시하였다. 이 중에는 중국어로 발표된 것뿐만 아니라 한국어로 번역되어 한국의 국문학계에 소개된 경우도 있다. 비록 이 글에서는 이 부분을 상세히 다루지 않았지만, 특히 1993년과 2005년에 한국중국현대문학학회 기관지 『중국현대문학』에 기획특집으로 수록된 다수 논문은 한국 내 대만문학 연구에 작지 않은 학문적 도움을 주었던 것이 사실이다. 그러나 여기에 그치지 않고 대만문학 연구가 더욱 심도 있게 수행될 수 있으려면, 다양한 형태의 학문적 교류가 수행될 필요가 있을 것이다.

4. 맺음말: 2010년 이후 동향과 전망

2000년대부터 본격적인 학문 연구 풍토가 자리 잡기 시작한 한국의 대만문학 연구는 2010년대로 들어서면서 새로운 활성화를 기대하고 있다. 우선 국내에서는 최초로 대만연구에 관한 전문 학술지인 『대만연구』가 창간되었기 때문이다. 이 학술지는 한국외국어대학교 대만연구센터에 의해 국내 대만연구를 선도함과 동시에 학술적 지평 확대를 위한 다양한 학문적 논의를 꾀하겠다는 의도 아래 창간되어 연간 2회 발간을 지속, 2013년 현재 제6호까지 출간하였다. 물론 대만문학에 관해서만 학술논문을 게재하는 것은 아니며, 대만연구와 관련된 전방위적 분야를 다루고 있으며, 현재까지 대만문학 관련 주제가 다수 다루어졌다고 할 수는 없으나, 향후 대만문학 연구에 관한 중요한 학술적 진지가 마련됐다는 점은 고무적이다.

2010년대를 전후하여 특기할만한 또 다른 현상은 국내 학자들에 의한 번역서가 단행본으로 다수 출간되기 시작했다는 점이다. 예의 김상호에 의해 번역된 『대만문학사』 외에도 김원,[61] 송승석,[62] 최말순,[63] 김순진[64] 등에 의해 주요한 대만문학 관련 저서들이 번역, 출판되기 시작한 것이다. 이 글은 주로 한국 학자들이 수행한 연구를 다루었기 때문에 관련 내용을 상술하지는 않았지만, 대만 학계 내부에서 수행된 주요한 논의들이 한국의 대만문학을 이끌어 온 주요한 연구자들에 의해 번역, 출판되고 있다는 사실은 이제 한국의 대만문학 연구가 학술논문 중심의 집중적이고 단편적 주제 중심의 연구에서 이들을 종합하고 총괄하고자 하는 노력을 기울이고 있다는 점을 의미한다. 물론 국내 연구자들이 직접 저술한 단행본의 출현은 여전히 더 기다려야 할 것 같다. 그럼에도 한국에서의 대만문학 연구의 중요성에 대한 인식이 더욱 확산되고 있고, 이를 통해 한국 사회와 역사의 참조 체계를 수립하려는 목소리도 커지고 있으므로, 향후 이에 관한 학문적 의제 설정과 논의가 더욱 치열하게 수행되리라 기대한다.

---

61) 陳萬益 외 지음, 김원 옮김, 『대만문학대강』, 고양: 학고방, 2008.

62) 柳書琴 지음, 송승석 옮김, 『식민지문학의 생태계』, 서울: 역락, 2012.

63) 陳芳明 외 지음, 최말순 편역, 『타이완의 근대문학』1-3, 서울: 소명출판, 2013.

64) 須文蔚 편, 김순진 외 옮김, 『타이완@문학』, 서울: 역락, 2014.

제2장

문화 번역과 트랜스내셔널 담론
: 대만문학과 문화연구의 당대적 방향 전환

천궈웨이(陳國偉) 대만국립중흥대학 부교수

1. 제국 그림자 속의 대만 문학 연구

'대만문학'이라는 단어는 일찍부터 대만역사에서 찾아볼 수 있는데, 1941년에 장원환(張文環), 중산유(中山侑), 천이송(陳逸松) 등이 창간한 『대만문학(台灣文學)』 잡지[1]에서 처음으로 사용했고, 뒤이어 1948년에 양쿠이(楊逵)가 창간한 『대만문학총간(臺灣文學叢刊)』잡지, 1964년에 우줘류(吳濁流)가 창간한 『대만문예(臺灣文藝)』에서 모두 같은 개념으로 사용되었다. 또한 1977년부터 1978년까지 향토문학 논쟁을 거친 이후 1980년대에는 명실상부하게 독립된 주체성을 얻었다. 하지만 '대만문학'이 확실히 하나의 학술연구의 영역으로 규정된 것은

1) 사실은 1935년에 양쿠이(楊逵), 예타오(葉陶)가 이미 『대만신문학(臺灣新文學)』이라는 잡지를 창간하고 중 일본문학작품을 실었다. 하지만 정식으로 '대만문학'이라는 이름은 1941년의 『대만문학(臺灣文學)』에서 쓰인 것이다.

역시 대학에서의 제도화와 밀접한 관계를 맺으면서 가능했다.

최초의 대만문학학과는 1997년에 단수이(淡水)의 공상관리대학교(工商管理學院)(지금의 진리대학교(眞理大學))에서 처음으로 개설하였지만 이는 국가 교육체제의 허가를 받았기 때문에 가능한 일이었다. 1999년에 이르러서는 국립청궁대학교(國立成功大學)에 대만문학연구소 석사반이 생기고, 또한 2000년 8월에는 교육부가 19개의 국립대학에 대만문학 석사반 개설을 공식적으로 책려해서 칭화대학교(淸華大學), 타이베이교육대학교(台北教育大學), 대만사범대학교(臺灣師範大學), 중정대학(中正大學), 중싱대학교(中興大學), 정즈대학교(政治大學), 대만대학교(台灣大學)에 석사반이 개설됐고,[2] 현재에는 대만대학교, 청궁대학교, 정즈대학, 대만사대 4곳에 박사반이 개설되었다. 또한 2003년에는 국가대만문학관(현재에는 국립대만문학관으로 개명)이 운용되기 시작하면서, 국가교육문화 방면에서 체계화 단계에 도달했고, 대만문학 역시 그 잠재력과 발전 가능성을 보이면서 학술 영역에서 인기 있는 연구 주제가 되었다.[3]

물론 이러한 발전은 대만에서 1980년대 이래로 지식계가 대만 본토로 관심의 방향을 돌린 것과 큰 관계를 맺고 있다. 대만 역사학계에서는 중국을 주시하고 있던 시각을 대만으로 돌리는 동시에 원래 대만에서는 현·당대문학에 참여도가 높은 외국문학학계, 특히 비교

---

2) 應鳳凰, 「一九九〇年代台灣文學的體制化—國家台灣文學館及台灣文學系所之設立」, 聯合報副刊編輯, 『台灣新文學發展重大事件論文集』, 台南: 國家台灣文學館, 2004, 276-301쪽.

3) 장바오산(張寶三)은 2005년 8월부터 2006년 7월까지 행정원국가과학위원회에서 진행한 조사보고를 언급하며 '근 오년간 중문학계에서 가장 인기 있는 화제는 대만 문학의 연구이다.'라고 했다. 또한 2000년 이후 대만문학은 확실히 중문학계에서 중요하고 새로운 연구의제이며 현재까지 쇠퇴하고 있지 않다고 했다. 자세한 것은 장바오산의 글을 참고하기 바란다.「文學一(中文)學門調查計畫成果報告」, 『人文與社會科學簡訊』 8卷2期, 2007.3, 9-16쪽, 혹은 다음을 참고하기 바란다. http://www.nsc.gov.tw/hum/public/Data/732710375371.pdf

문학 연구자[4]도 본토문학에 대해 이론적 차원에서 사고와 대화를 전개한 것이다. 그중에 가장 대표적인 것은 1990년대 중엽의 포스트콜로니얼리즘에 대한 논쟁이다.

이러한 쟁론의 장은 사실 1992년에 이미 서막을 올렸다. 당시 추구이펀(邱貴芬)은 '전국 비교문학학회'에서 발표한 「대만 발견: 대만 포스트콜로니얼리즘 형성에 관한 논술(發現台灣: 建構台灣後殖民論述)」이라는 글에서 포스트콜로니얼리즘을 통해 문화와 식민 문제에 대한 성찰을 시도했다. 본토파 입장에서 대만문학의 정위에 대한 이론적 가능성을 제기했고,[5] 이로 인해서 그는 랴오차오양(廖朝陽)과 언어와 내셔널리즘(國族主義)에 대해서 논쟁했다. 무엇보다 포스트콜로니얼리즘과 본토 담론의 결합의 합리성은 확실히 긍정적인 효과가 있었다.[6] 하지만 실제로 논쟁이 절정에 이른 것은 1995년 당시 『중외문학(中外文學)』의 주편이었던 랴오빙후이(廖炳惠)가 일으켰다. 거기에는 천자오잉(陳昭瑛), 천팡밍(陳芳明), 황치춘(黃琪椿), 랴오차오양, 장궈칭(張國慶), 추구이펀, 랴오셴하오(廖咸浩) 등 중문, 역사, 대만문학, 외국문학 등 각기 다른 영역의 학자가 참여했다.[7] 이처럼 학과를 초월한

---

4) 1950년대부터 외국문학계의 학자는 현당대문학의 발전에 상당히 깊게 개입되기 시작하였다. 예를 들면 1956년 창간한 『문학잡지』는 당시 대만대학교 외국문학과의 책임교수인 샤지안(夏濟安), 우루친(吳魯芹)이 발기하고, 샤지안이 주편집을 맡았다. 1960년대 샤지안은 대만대학교 외국문학과의 학생인 바이셴융(白先勇), 왕원(王文)과 같이『현대문학(現代文學)』을 창간해서 모더니즘(modernism)을 받아들이고 소개하는데 상당한 공헌을 했다. 그리고 대만대학교에서 미국의 신비평(New critism)에 관련한 이론과 실천 방식을 단계별로 강의하였다.

5) 邱貴芬, 「發現臺灣: 建構臺灣後殖民論述」, 『仲介台灣·女人: 後殖民女性觀點的台灣閱讀』, 台北: 元尊文化, 1997.

6) 자세한 사항은 다음의 논문을 참고하기 바란다. 邱貴芬「'咱攏是臺灣人'—答廖朝陽有關臺灣後殖民論述的問題」, 『中外文學』21卷3期, 1992.08: 廖朝陽, 「評邱貴芬'發現臺灣: 建構臺灣後殖民論述'」, 『中外文學』21卷3期, 1992.08: 廖朝陽, 「是四不像, 還是虎豹獅象?—再與邱貴芬談臺灣文化」, 『中外文學』21卷3期, 1992.8.

7) 자세한 내용은 다음 논문에서 확인하기 바란다. 邱貴芬, 「後殖民」的台灣演繹」, 『後殖民及

영역의 논쟁은 신분 정체성, 민족구성, 에스닉(族群) 융합 혹은 항쟁, 언어 등의 문제까지 미쳤다. 이로 인해 논쟁은 더 복잡해졌고, 그 중 가장 특별한 것은 천자오잉이 대만과 중국의 민족 주체성의 문제를 혈연식의 관점으로 처리하는 것에 대해 랴오차오양이 '공백주체'설을 제시한 것이었다. 이것은 주체의 자유성을 각기 다른 역사 단계의 대만인이 외재하는 환경 조건의 제한에 따라 나가거나 들어오는 정체성을 가지고 주체와 구분한다는 것이라는 설명을 시도한 것인데,[8] 추구이펀은 이에 대해 포스트모던 신분 이론의 입장에서 의문을 제기했다.[9] 신분정체성 구성의 측면에서는 한편으로 전쟁의 화마가 포스트모던 지식영역까지 번져, 포스트모던을 대만에 전파한 뒤, 포스트콜로니얼리즘과 한 차례 대결을 일으킨 것이라고도 할 수 있다.

사실 포스트모더니즘은 1980년대에 대만에 수용되었다. 주로 당시 대만 사회에서 국가 체제와 이데올로기 통제에 반대하는 역량이 무르익어가던 것과 공업사회로의 전환도 밀접한 관계가 있다. 이들의 힘은 1980년대 앨빈 토플러(Alvin Toffler)의 『제3의 물결(第三波)』이 출판되기 시작하고, 1986년 프레드릭 제임슨(Fredric Jameson), 이합 하산(Ihab Hassan) 등 미국학자들이 연이어 대만에서 강의를 하면서 고조되었다. 포스트모더니즘은 지식체계에서 돌풍을 일으켜, 1986년 5월에 창간한 『당대』제 1기와 4기에서 각기 미셸 푸코(Micheal Foucault), 자크 데리다(Jacques Derrida)의 특정한 테마를 다룬 것 외에도, 뤄칭(羅靑)이 장 프랑소와 료타르(Jean-François Lyotard)의 『포스트

其外』, 台北: 麥田, 2003, 262쪽.

8) 廖朝陽, 「中國人的悲情: 回應陳昭瑛並論文化建構與民族認同」, 『中外文學』23卷10期, 1995.3.

9) 邱貴芬, 「是後殖民, 不是後現代—再談台灣身份/認同政治」, 『中外文學』23卷11期, 1995.4.

모더니즘: 지식연구에 관한 보고』, 스티븐 헨리 매도프(Steven Henry Madoff)의 『포스트모더니즘 회화』, 이합 하산의 『포스트모더니즘주의 개념 초탐(後現代主義觀念初探)』을 번역 소개하여 철학, 회화, 문학에 이론적 가능성을 제공했다. 그러나 당시의 포스트모더니즘은 사실 철학, 사회, 문학, 희곡, 뮤지컬, 영화, 예술, 촬영, 건축 등 지식과 문화영역을 망라하는 하나의 현상이었다. 또한 문학 분야의 뤄칭, 린야오더(林燿德), 멍판(孟樊), 중밍더(鍾明德)가 중요한 역할을 했다고 할 수 있다.

그러나 일부 다른 지식인들은 포스트모더니즘의 도입에 대해 우려를 드러내기도 했다. 예를 들면 뤼정후이(呂正惠)는 1988년 10월 18일에 『자립만보(自立晩報)』부간에 발표한 「대만의 '포스트모더니즘' 지식인(臺灣的'後現代'知識份子)」에서 대만사회는 아직 후기자본주의 단계로 진입하지 못했다고 간주한다. 이러한 이유로 대만은 포스트모더니즘 사회의 기초가 없고, 뿐만 아니라 지식인이 대만의 현재 상황에 대한 이해로부터 도피하는 문제가 생길 수 있다고 주장했다. 뤼정후이는 포스트모더니즘의 가치에 대해 의문을 제기했고, 멍판과 뤼정후이간에 포스트모더니즘사회의 조건이 충족되었는가에 대한 논쟁이 일어나기도 했다.

그러나 포스트모더니즘과 포스트콜로니얼리즘의 본격적인 논쟁은 1989년에 천팡밍의 『포스트모더니즘 혹은 포스트콜로니얼리즘: 전후 대만 문학사의 해석(後現代或後殖民: 戰後台灣文學史的一個解釋)』에서 1980년대 이후 대만은 포스트콜로니얼 시기에 속해있으며, 포스트모던은 당시의 문화적 처지를 형용하기에는 부족하다고 주장했을 때에서야 이루어졌다. 그는 포스트모던의 구조와 주체의 해체라는 주장으로는, 대만이 일본과 국민당 정부의 통치체제를 겪은 이후를 해결할 수가 없으니, 어떻게 주체성 있는 정치적 의제를 재건할 수 있겠는지를 문제로 삼았다. 포스트모더니즘은 대만문학의 성격을 개괄할 수도, 작가의 사상과 입장을 장악할 수도 없을 뿐만 아니라, 서양의 포스트모더니즘은 모던과 직접적으로 연결된 것인데, 대만은 이러한 역사적 맥락이 전혀 없다. 따라서 계엄해제 이후 여성, 동성애, 권촌(眷村), 원주민 등 신분과 주체성에 관한 재고를 포함하여, 사실은 식민체제시기의 권력의 고정된 지배를 벗어난 이후에 발전한 중심을 제거한 사유이기 때문에 응당 포스트콜로니얼이라는 것이다.[10)]

그리고 랴오빙후이는 「대만: 포스트모더니즘 혹은 포스트콜로니얼리즘?(台灣: 後現代或後殖民?)」에서 천팡밍이 1980년대 대만이 미국과 프랑스의 포스트콜로니얼리즘을 편향적으로 들여온 것을 비판하였다고 보았다. 이러한 이유로 그는 주로 대중매체, 대중문화, 다원적 성별 정체성, 문학창작 등의 범위에서 주체중심을 제거하는 운동으로 인해 간략화되고 역사맥락이 빠진 포스트모더니즘 통속 텍스트에 관심을 가진다. 또한 랴오빙후이는 포스콜로니얼은 유럽, 미국사를 좌표로 삼은 사고의 여정으로, 인도, 아프리카, 중남미와 같은 틀을 가지고 대만에 적용하는 것에 대한 문제를 제기했다. 그는 당시의 포스트모더니즘의 도입에 대해서 일종의 문화적 무의식의 욕구가 있다고 여기는 경향이 있었다. 그리고 대만에서의 장기간의 신분혼란과 경계설정의 불가능함, 또한 중화정치권에서 멀어지고 국제사회에서 인정을 받지 못한다는 2중의 주변화의 상황에 처해있는 것 때문에 거기에 대응할 수 있는 구조를 찾고자 했다. 따라서 당시 대만사회에서 나타나고 있던 신사회 현상을 이해하고자 했다. 그리고 뤄

10) 陳芳明, 「後現代或後殖民: 戰後台灣文學史的一個解釋」, 台北: 麥田, 『後殖民台灣』, 2002.

칭, 린야오더 등은 포스트모더니즘의 번역 중에 당시의 정치, 사회의 조건을 한꺼번에 집어넣어, 비평이론, 마르크스, 신여성주의, 환경운동과 포스트모더니즘의 열기를 촉발했다. 이는 오랜 정통적인 서술체제와 그 권력구조를 느슨하게 만들었고, 또한 대학과 출판계의 생산에 상당한 활력을 불어넣었다. 당시 진정한 식민 후기는 아직 오지 않았기 때문에 포스트모더니즘을 일종의 사유 대체방식으로 여기고 다원적 사회의 맥락을 상상하고 개척하였다. 따라서 랴오빙후이는 사실 포스트모더니즘의 홍기가 여전히 대만의 다중적 식민사와 관계가 있다고 본 것이다. 또한 '다른 현대성'을 주장하면서 이렇게 해야만 대만사회와 문화맥락의 복잡성을 분명하게 드러낼 수 있다고 개괄적으로 말하였다.[11)]

이러한 논쟁을 통해 '포스트콜로니얼리즘'은 학술장의 영역 내에서 중요한 지위와 의의를 얻었다. 이는 '대만본토언술'이 '포스트콜로니얼리즘'과 같은 정도의 주도성을 갖도록 만들었고, 혹은 간과할 수 없는 연구 방법이 되었다고도 할 수 있다.[12)] 천팡밍이 그가 '포스트콜로니얼리즘'사관에 근거해 대만 문학사를 저술하겠다고 선포한 바로 그 때 최고조로 치달았고, 심지어 천잉전(陳映眞)이 그와 국민당 정부 시기는 과연 '재식민'(천팡밍)인가 '후식민'(천잉전)인가 하는 역사단계에 대한 논쟁을 벌이기까지 하였다. 포스트콜로니얼논쟁이 시작된 이래 랴오빙후이의 『현대 회고: 포스트모더니즘과 포스트콜로니얼리즘 논문집(回顧現代: 後現代與後殖民論文集)』(1994), 추구이펀의 『대만, 여성 중개: 포스트콜로니얼리즘 여성 관점으로 대만 읽기(仲介台灣·女人: 後殖民女性觀點的台灣閱讀)』(1997), 천팡밍의 『포스트콜로니얼리즘 대

11) 廖炳惠, 「台灣: 後現代或後殖民?」, 周英雄·劉紀蕙 編, 『書寫台灣』, 台北: 麥田, 2000.
12) 邱貴芬, 「'後殖民' 的台灣演繹」, 262쪽.

만(後殖民台灣)』(2002), 류량야(劉亮雅)의 『포스트모더니즘과 포스트콜로니얼리즘: 계엄 이래 대만 소설 전론(後現代與後殖民: 解嚴以來台灣小說專論)』(2006), 천광싱(陳光興)의 『탈제국: 방법으로서의 아시아(去帝國: 亞洲作爲方法)』(2006) 등을 포함한 중요한 학술 전문서들이 출판되었고, 그 영향력은 가히 크다고 할 수 있다.

2. 문화번역 맥락에서 트랜스내셔널 읽기

포스트콜로니얼리즘의 관점에서 보면 무한한 '차이'의 관점을 추구하게 된다. 대만문학과 역사의 심층 속에 매장되어 있는 각각의 유산을, 중국, 일본, 심지어 서양의 것을 막론하고 모두 부정적인 것으로 여기며 청산해야 하는 것으로 본다. 그러나 이러한 서술은 중심과 주변의 이원화 논리를 대만에 과도하게 적용한 것이다. 대만의 역사와 문화 경험은 반드시 각기 다른 정치체제 속에서 계속적으로 다른 형태의 제국중심에 대한 '저항'으로 정의되며, 단지 '반제국, 반봉건'이라는 유일한 가치만을 획득할 수 있을 뿐, 그 과정에서 모든 다른 문화와의 접촉 장소에서 야기된 충격 에너지와 본토문화 맥락에서 계발된 창조적 번역과 생산을 희생시키는 것이다.

1990년대 줄곧 '포스트콜로니얼'을 학술의 주요한 사상으로 여겼던 추구이펀은 2002년에 발표한 논문에서 이러한 점에 대해 반성했다. 그녀는 식민지적 관점에서 지역문화와 외래문화가 교차하는 것을 볼 때 지역문화(본래문화)가 외래식민문화에 의해서 제재 혹은 억압받는 측면이 쉽게 강조된다는 점에 유의했다. 이러한 이유로 지역 전통의 중요성을 주장하면서 문화란 끊임없이 교류하고 변화하는 과정이라는 것을 경시한다고 주장했다. 두 번째는 지역문화와 식민문화를 대립하게 만들어, 식민문화의 권위성에 도전하고 그것을 전복하는 과정 속에서, 외래문화가 현지문화에 모두 안 좋은 영향만을 끼치지만은 않는다는 점을 경시한다고 보았다. 또한 대만 포스트콜로니얼리즘 논쟁이 그 중점을 국내문학 생태계의 변화에만 두어, 전지구화의 시각으로 대만문학을 논할 수가 없게 되고, 나아가 세계의 문학의 흐름 속에서 대만 문학이 맡을 역할에 대해 볼 수도 없게 된다고 보았다.[13)]

이러한 이유로 2004년 이후 대만의 학계에서 갈수록 '문화번역'의 시각으로 대만문학과 문화 속의 각종 문제에 대한 새로운 의견이 나타나기 시작했다. 예를 들면 리위린(李育霖)은 번역의 시각을 통해 라이허(賴和)의 모어(母語)와 한어(漢語)작문, 왕전허(王禎和) 소설의 트랜스언어/복잡언어의 문제 및 식민지시기 일본어 문학이 식민시기 어떻게 현지의 문제에 개입했는가를 새롭게 이해했다.[14)] 주후이쭈(朱惠足)는 구전과 서면 등을 통한 다른 문학 형태의 고찰을 통해 번역의 시각에서 일제치하의 식민 현대성 문제를 논했고,[15)] 천즈판(陳芷凡)은 문화번역을 통해 대만 원주민 작가의 한어작문의 실천을 논했다.[16)] 영화방면에서는 린젠광(林建光)이 발터 벤야민의 번역이론을 통해서 허우샤오셴(侯孝賢)의 <카페 뤼미에르(珈琲時光)>에 나타난 기억과 역사의 문제를 읽어냈다.[17)] 또한 추구이펀은 장샤오홍(張小虹)이 중국현

13) 邱貴芬, 「後殖民之外——尋找台灣文學的'台灣性'」, 『後殖民及其外』, 台北: 麥田, 2003, 120-121쪽.

14) 李育霖, 『翻譯閾境: 主體,倫理,美學』, 台北: 書林, 2008.

15) 朱惠足, 『'現代'的移植與翻譯: 日治時期台灣小說的後殖民思考』, 台北: 麥田, 2009.

16) 陳芷凡, 「語言與文化翻譯的辯證——以原住民作家夏曼·藍波安,奧威尼·卡露斯盎,阿道·巴辣夫爲例」, 新竹: 國立淸華大學臺灣文學硏究所碩士論文, 2006.

17) 林建光, 「東京的憂鬱: 『珈琲時光』與記憶的策略」, 『中外文學』, 36卷2期 2007, 155-179쪽.

대성에서 서양으로부터 가져온 '현대성의 상처'와 'shame 시대성'을 논한 것을 기초로 하여 대만의 1960년대부터 1980년대까지 문학사의 해석의 토대를 다시 세우고 서로 단절되어 있고 분리되어 있다고 여겨진 모더니즘과 향토문학을 문화 번역의 동일한 이론적 시각 위에 놓았다. 현대파는 서양이 만들어낸 '낙후'의 응어리 때문에 '서양 번역'의 발전 동력이 생겼고 향토파의 번역의 동력은 현대성이 향토에 침략하는 데에서 생기며, 본토의 언어와 문화를 '낯선 타자'로 바꾸기 때문에 번역을 통해서 반드시 되돌려야 한다고 제시했다.[18)]

대만의 유명한 비교문학학자 단더싱(單德興)의 시각에 따르면 역자의 실천인 번역을 통해 시간과 공간 각각의 영역에 다른 의의를 만든다.

> 시간상으로는, 번역자는 근원을 거슬러 올라가 원래의 의미를 찾아야하지만, 그 역자 또한 다른 하나의 언어문화 환경이 파생시키거나 새로이 창작한 문학과 문화의 의의 속에 있다고 할 수 있다. 공간상으로는 번역자는 이미 원래의 언어 환경으로 들어가 원래의 의미를 이해하고 흡수하면서, 또한 자신의 언어와 문학과 문화능력을 활용하여 그것을 다른 언어의 환경으로 들어가게 하는 것이다……[19)]

여기서 그가 강조한 '번역'관이 이미 원문만을 최고기준으로 여기는 전통을 부정하는 것은, 원문으로의 소급과 원문과 번역문 차이

---

18) 邱貴芬, 「翻譯驅動力下的臺灣文學生産——1960-1980現代派與鄉土文學的辯證」, 陳建忠, 應鳳凰, 邱貴芬, 張誦聖, 劉亮雅 수록, 『台灣小說史論』, 台北: 麥田, 2007, 198-273쪽.

19) 單德興, 「翻譯·經典·文學——以Gulliver's Travels爲例」, 收入馮品佳主編, 『通識人文十一講』, 台北: 麥田, 2004, 89-90쪽.

를 비교하는 데에만 국한된다. 더 중요한 것은 번역의 과정 중에 역자 자신의 지역 언어와 문학, 문화의 함의를 집어넣어 외국의 문학을 지역 언어의 경계를 뛰어넘어 새로운 의의를 만들어낸다는 데에 있다.

그런데 이러한 사유는 류허(劉禾, Lydia Liu)가 제시한 '언어횡단적 실천(translingual practice)' 개념으로 이해할 수 있다. 『언어횡단적 실천』(1995)에서 그녀는 중국의 20세기 초 서양문학 고전 번역을 고찰한 뒤 중국의 현대성은 번역 중에 생긴 것이라 주장한다. 이런 종류의 번역은 포스트콜로니얼리즘이 생각하는 말의 권력투쟁의 과정과는 다르고, '주인 언어'가 '손님 언어'를 종합하고 접목하여 자신의 현대적 정경을 형성함으로써, 번역이 의미의 개작과, 역사적 상황이 끌어들인 언어 경계의 변천 과정에 연루되는 것이다.[20] 또한 류허는 특히 현대성이 번역 속에서 생성된다는 것을 강조했다. 따라서 지역문화 배경과 간섭이 있는 상태에서, 언어횡단적 과정 속에서 모순이 만들어지거나 해소될 수 있다. 그렇지만 다른 문화가 함유하고 있는 다른 현대적 형식 역시 이로 인해 드러나게 되며, [21] 이러한 것이 그녀가 말하는 '번역의 현대성'[22]이다. 류허가 이렇게 제시한 방법론은, 사실 근대동아시아의 각 문화체를 고찰할 때, 어떻게 번역을 통해

---

20) 류허는 특히 노신(老舍)의 『낙타샹쯔(駱駝祥子)』를 예로 들어 윌리엄 셰익스피어의 「햄릿」의 비극적 독백을, 어떻게 의도적으로 낙타샹쯔의 입에서 나오는 북경방언의 '자유간접담화(自由間接言語)(free indirect speech)'로 번역 표현해 내어 과거 중국문학형식에 일찍이 없던 형식을 창조해냈는지 분석했다. Liu, Lydia. *Translingual Practice: Literature, National Culture, and Translated Modernity-China,1900-1937.* CA: Stanford University Press, 1995, 25-27, 116-117쪽.

21) Liu, Lydia., 32쪽.

22) 책에서 류허는 특히 '번역의 현대성'이라는 단어를 이탤릭으로 '*translated modernity*'로 표기하여 자신이 사용하는 이 단어가 가지는 특정한 맥락을 강조했다. 상세한 것은 Lydia., pxix 참고.

서양의 현대성이 자신의 논술맥락으로 이식되었는지에 대해 상당히 큰 영감을 준다. 특히 중국, 한국, 일본, 대만이 모두 같은 한자문화권이자 근대역사의 갈등과 언어의 상호작용을 많이 공유하고 있었기 때문에 그 가운데 생성된 번역의 현대성은 필히 더욱 다층적 면모가 있다.

이러한 관점에서 보면 대만문학의 역사발전에서 1895년 이전의 청제국시기 고전한문학, 일제시기 1930년대와 전후 1950년부터 1960년까지 수입된 서양의 모더니즘(Modernism), 실존주의(Existentialism), 정신분석(Psychoanalysis), 상징주의(Symbolism), 이미지즘(Imagism), 초현실주의(Surréalisme), 다다이즘(DaDa), 미래주의(Futurism), 1980년대의 구조주의(Structuralism), 후기구조주의(Post-structuralism), 해체주의(Deconstruction), 포스트모더니즘(Postmodernism), 프랑스신소설(The French New Novel), 라틴아메리카 환상적 리얼리즘(Magical Realism), 게오르그 루카치(Ceorg Lukacs) 문학이론과 프랑크푸르트 학파(Frankfurt School)의 수입 등을 막론하여, 대만에서는 트랜스내셔널한 이문화 전파라는 언어 환경에서 분리될 수 있는 작가는 거의 없다시피 하다.

특히 1980년대 말 시작되어 대만문단에 일어난 '백과사전식'의 글쓰기는 소설을 하나의 지식 사회학의 토론장으로 여기고 각종 지식 체계와 이론을 구조를 지탱하고 플롯을 직조하는 중요한 원소로 삼음으로써 견고한 철학적 두께를 만들어냈다. 예를 들면 장다춘(張大春)이 움베르트 에코(Umberto Eco)의 『장미의 이름(The name of rose)』[23]에서 영감을 받아 대만의 중요한 정치암살사건인 '인칭펑 살인사건(尹淸楓命案)'을 제재로 삼아 『대령에게는 편지가 오지 않는다(沒人寫

23) 安柏托·艾可(Umberto Eco),『謝瑤玲譯, 玫瑰的名字』, 台北: 皇冠, 1983.

信給上校)』(1994)를 쓴 것이 있다. 책 이름에 안배했을 뿐 아니라 노벨 문학상을 받은 가브리엘 가르시아 마르퀴즈(Gabriel Garcia Marquez)의 1961년 소설작품『대령에게는 편지가 오지 않는다(El coronel no tiene quien le escriba); (No one writes to the colonel)』와 상호텍스트를 구성하여, 소설이 실제 사망의 수수께끼로부터 출발하는데, 처음부터 끝까지 미스테리를 해결하지는 않고 진실과 거짓말의 애매한 경계를 드러낸다. 이렇게 움베르트 에코의『장미의 이름』,『푸코의 진자』에 나타난 이성, 지식과 진리에 대한 사고에 호응하면서 소설언어의 권위와 진리성에 대한 분석으로, 진실과 거짓을 판별할 수 없는 서술적 미궁을 세운다.[24)]

또한 주톈신(朱天心)의『고도(古都)』(1997)는 가와바타 야스나리(川端康成) 의『고도(古都)』와 도연명(陶淵明)의「도화원기(桃花源記)」를 상호텍스트적으로 동시에 인용했다. 또한 각종 지식항목과 소설의 장절을 병기시키고, 마르크스『자본론(資本論)』, 베이커의『사회경제와 정치경제의 신이념(社會經濟和政治經濟的新理論)』, J.E Amoore의「입체화학 이론(立體化學理論)」, 프로이트 등 서양의 유명학자 및 폴 토마스 만(Paul Thomas Mann)의『베니스에서의 죽음(魂斷威尼斯)』, 가와바타 야스나리의『고도(古都)』, 롄헝(連橫)의『대만통사(臺灣通史)』,『프랑스 중

24) 장다춘이『푸코의 진자』를 위해 쓴 책의 리딩 가이드 중에서 말한 것처럼, '만약 독자들이 움베르토 에코가 서술자(그 박학하고 생각이 깊은 카쑤펑(卡素朋)과 비밀을 발견한 역할(박학한 베이커), 이 양자의 이성과 지식을 가차하는 것을 믿는다면 스토리 마지막 부분에 야리(雅麗)가 밝힌 '진실'(성탕(聖堂)무사와 보물이 없다는 것 등등)이 오히려 못 믿게 된다. 왜냐하면 독자들이 그냥 이 허망한 함정에 빠지고 싶어 하기 때문이다. 카쑤펑,베이얼르(貝爾勒) 그리고 보물을 좇아다니는 사람들처럼, 이 사람들의 목표가 진리를 추가하든지, 권력을 갖추든지, 도덕을 선양하든지, 신앙을 빛내고 발전시키든지, 복수하려고 하든지, 이미 상관없기 때문이다. 그들은 이성과 지식이 합쳐서 만든 논술에 잘 못 빠지는 것이 운명적인 것 같다. 자세한 내용은 장다춘의 다음 논문을 참고하기 바란다.「理性與知識的狎戲——『傅科擺』如何重塑歷史」, 收入安柏托·艾可(Umberto Eco), 謝瑤玲譯,『傅科擺』, 台北: 皇冠, 1992, 3쪽.

위의 여인(法國中尉的女人)』 등 영화 <티파니에서 아침을>, <야전 사슴 사냥꾼>, <토사자꽃(菟絲花)> 등 각종 텍스트를 대량으로 인용하여 포스트모던의 전범을 형성했다. 그 중 트루먼 카포티(Truman Capote)의 소설을 각색한 영화 <티파니에서의 아침을(Breakfast at Tiffany's)>의 동명소설 『티파니에서 아침을』은, 다이아몬드 구매를 통해서 자신의 의미를 찾기를 시도하는 타이베이 도회의 여자를 묘사하는데, 주톈신은 여자가 구매할 때의 기분과 의식을 마르크스의 『자본론』과 병렬 호문으로 자본주의사회에서 현대인 마음속에 있는 빈곤과 곤경을 명확히 드러냈다. 그리고 수많은 다이아몬드에 관한 정보가 트렌드와 유행에 대한 정보와 결합되어 마치 현대인이 구원을 받을 수 있는 주문처럼 보이는데, 상당히 깊은 사고의 편폭을 드러낸다.

또한 주톈원(朱天文)의 『황인수기(荒人手記)』(1994)에서는 소설의 층차를 철학의 층위까지 높이려고 노력했다. 한편으로 그녀는 레비 스트로스(Claude Lévi-Strauss)의 『우울한 열대』의 인류학의 구조를 원용하여 이체동구(異體同構)로 '친족의 구분' 구조를 축으로 삼아 '존재/부재'의 내재하는 친족 구조를 기초 틀로 보았다. 원시부족/외로운(단신, 고아, 주술사)을 주류이성애구조/동성애집단과 대립시켜, 동성애집단의 현대사회에서의 존재양상을 드러내면서 철학적 의미로 논했다. 이 뿐만 아니라 주톈원은 각종 포스트모던 지식, 예술 경전을 인용하여 그것을 질서/질서해체(무질서)의 대립으로 설명하였다. 예를 들면 바흐(Bach)를 바로크풍격의 대표로 하여, 연주 할 때 즉흥적이고 변화가 다원적인 재즈(Jazz)에 대립시키고(예를 들면 Miles Davis의 <Walkin'>), 구조주의의 상징주의자인 레비스트로와 후기구조주의자로 여겨지는 것에 개의치 않은 미셸 푸코를 대립시켜 철학 기본문제 중의 주체 존재의 윤리학에 대한 토론까지 나아갔다.

리위린이 말했던 것처럼 번역은 전지구화 속에서 문학과 문화연구가 발전하는 가운데 트랜스(내셔널)문화 유동의 비유의 측면을 가지고 있고, 또한 새로운 학술적 의의를 얻었다. 이것은 세계와 대화하는 장을 열어놓으며, 서로 다른 문화와 주체가 교섭하고 협상할 수 있도록 한다. 따라서 번역은 단지 언어와 텍스트 번역 등 미학방면의 문제만이 아니며 정치, 윤리, 사회 등 문화적 함의도 동시에 가지고 있다. 우리는 번역이 언어의 경계를 넘어 개념 깊이 들어갈 때, 초(국)문화 구조 하의 글쓰기 주체(예술가, 작가)를 발견할 수 있고, 다양한 텍스트 언어의 경계를 왕래하면서 자신을 표현하는 데에서, 또 반복과 차이 속에서 번역자의 의미가 생산된다는 것을 알 수 있다.[25)]

또한 이러한 이유로 문화번역을 통해서 배움을 얻어야만 비로소 대만작가가 서양, 일본, 중국 등 다른 문화체에서 받아들인 것과 자신이 있는 곳의 실천에 대해 효과적으로 토론할 수 있고, 새로운 대화 틀의 가능성을 사고할 수 있다. 나아가 이런 지식이 본토에서 발전하는 것의 의의에 대해 논할 수 있고, 혹은 대만문학 발전의 내재적 규칙을 다시 쓰며, 미학의 경전을 전이시킬 수 있다. 과거 무시되었던 문제를 예로 들면, 장다춘과 움베르트에코, 주톈원과 레비 스트로스, 주톈신과 가와바타 야스나리, 뤄이쥔(駱以軍)과 무라카미 하루키(村上春樹) 간의 대화관계와 같은 것이 있다. 혹은 지금까지 주목받지 못했던 것으로, 장다춘, 린야오더, 쑹쩌라이(宋澤萊), 간야오밍(甘耀明)이 각기 1980년, 1990년, 2000년 3개의 다른 시기에 모두 어떻게 마술적 글쓰기를 통해 대만 역사의 틀을 세우고자 시도했는지

25) 李育霖,『翻譯閾境: 主體,倫理,美學』, 4-5쪽.

와 같은 문제가 있다. 하지만 장다춘이 구조 해체로 나아간 것은 기타 3인의 구조 세우기와 확실하게 다른 의도가 있었다. 다시 예를 들면 장시궈(張系國)는 1970년대 SF소설을 통해서 중국적인 공간 상상을 실천했고 황판(黃凡)은 1980년대 SF구조가 가지는 의미를 정치우화로 연결했다. 또한 1990년대부터 오늘날의 장다춘, 양자오(楊照), 핑루(平路)가 미스테리 소설과 범죄소설을 통해서 대만의 역사와 정치 글쓰기를 구축하기도 했다. 그리고 뤄이쥔은 별자리 점성술, 일본전자게임, 만화, 애니메이션을 통해 자아와 현대인의 인생 공간학을 정립했다.[26] 그리고 탕눠(唐諾)가 언급한 주톈원은 이탈로 칼비노(Italo Calvino)의 『보이지 않는 도시(看不見的城市, Invisible Cities)』, 『미스터 팔로마(帕洛瑪先生, Mr. Palomar)』를 통해 부호화된 세계체계를 건립했다.[27] 이러한 문제들이 모두 토론되고 새로운 의의를 얻을 수 있으며, 심지어 대만문학사 중에서 과거에는 포스트콜로니얼 사관으로는 해석할 수 없었던 문제들이 분명히 정리될 수 있다.

3. 대중통속문학과 문화의 재고

엄격한 의미의 문학 이외에 사실 문화번역 연구의 영역을 통해 대만 대중의 일반적인 문학과 문화의 상관문제를 처리할 수 있다. 사실 대만은 1920년대부터 동아시아와 유럽, 미국 각국의 대중문학과 문화의 전파를 계속해서 받아들였기 때문에 대만 내부에 여러 가지

26) 뤄이쥔의 외국문화의 차용에 대하여, 필자가 한국 학술지에 등재한 논문 한 편에서 자세한 소개를 한 바 있으니, 이 논문을 참고하길 바란다. 陳國偉, 「資本,身分與文化擬象: 解嚴以來台灣小說中的新自我認同」, 『The Studies in Korea Literature』 Vol. 35, 2008.12.

27) 唐諾, 「關於'巫言'」, 朱天文, 『巫言』, 台北: 印刻, 2007, 323-365쪽.

영향과 효과 및 반응이 일어났다. 당연히 대만 역사 발전의 특수성으로 인해서 일본, 중국, 미국의 정치, 경제와 문화의 요인이 대만과 밀접한 상호연관성이 있기 때문에 과거 대다수 많은 포스트콜로니얼 혹은 포스트모더니즘의 각도에서 사고하면, 그것을 제국의 유산 혹은 자본주의 문화논리의 지배로 볼 수 있을 것이다. 그러나 이로 인해 문제를 대만본토문화구조의 변화라는 문제 및 본토에서의 생산이 함의하는 적극적 창조성을 놓치게 되고 이러한 구조로는 대만에서 영향력을 만들어낸 관련 현상을 해석할 수도 없게 된다.

필자는 대만 추리(탐정) 소설연구에 종사하는 사람으로서 전체적인 발전 과정에서 서양과 일본에서 받은 영향이 크다고 본다. 또한 추리소설이 원래 서양에서 온 것이고 그 자체가 이(국) 문화의 특질을 가지고 있기 때문에 대만의 추리창작의 실천은 사실 번역의 맥락하에서 본토의 번역 글쓰기일 가능성을 깊이 생각하게 된다. 왜냐하면 대만이나 일본을 막론하고 추리소설의 도입 이전에 현대적 형태의 경찰 계통의 편제가 없었을 뿐만 아니라, 또한 추리와 같은 역할은 실제 사회에서 없었으며, 더구나 추리소설을 지탱하는 가장 중요한 이성논리와 과학정신은 말할 것도 없이 모든 것이 표준적인 서양 현대성의 산물이기 때문이다. 또한 이러한 이유로 추리소설의 번역에서는 단지 문학서술형식 측면의 차용뿐만 아니라 원본에 존재하는 서양의 사회제도, 법률정의, 제도이성, 식민현대성, 문화맥락이 '번역'으로 들어오는 것이다. 이로 인해서 대만 추리소설의 본토화 발전을 논할 때 반드시 '번역'의 맥락에서 논해야만 하는 것이다. 또한 이러한 일종의 '번역'은 전통적인 자구 문제에 주의를 기울이는 것이 아니라 실제 '번역/전이'가 어떤 형태로 본토 맥락에서 낯선 추리소설 서술의 형식에 연결될 것인가 하는 것과 동시에 '텍스트 생산' 측면의 창조성을 어떻게 촉진하여 진정한 본토화를 이뤄낼 수 있는가의 문제이다.

대만 전체 추리소설역서 대표작들의 전이는 크게 이러한 궤도를 따랐다. 19세기말 일제강점시기 구미의 애드가 앨렌 포(Edaga allan Poe)와 아서 코난 도일(Arthur Conan Doyle)의 고전추리소설에서 시작해 1980년대 일본의 마쓰모토 세이초(松本清張)가 발전시킨 사회파가 규범이 되었고, 다시 1990년대 중기 잔훙즈(詹宏志), 푸보(傅博) 등과 같은 사람들이 출판사와 합작하여, 비교적 '추리소설문학사관'을 갖춘 작품 시리즈 번역을 하면서 구미의 하드보일드, 형사감식, 경찰소설 등 및 일본의 신본격 미스테리(新本格ミステリー), 서술성 트릭(敍述トリック) 등을 포함하면서 다원적 트랜스내셔널 맥락을 끌고 들어왔다.

이러한 번역의 '트랜스내셔널 실천'을 통해, 특히 2000년 이후 대만의 추리소설의 발전이 전개되었다. 왜냐하면 신세대 작가가 1990년대 대만 추리소설 영역 중 마쓰모토 세이초가 쓴 규칙의 주동성을 점차 몰락시키려 시도하던 때, 또 다른 새로운 글쓰기의 미학적 위치를 세워서 그들의 '본격부흥'의 이념을 진전시키고 새로운 주도논리를 만들었기 때문이다. 따라서 1988년 이후 대만으로 들어오기 시작한 시마다 소지(島田莊司)의 소설이 역서의 대상으로 선택되었다. 또한 필자는 문화번역이라는 개념에서 영감을 받아, 추리소설연구의 새로운 관점으로 '신체질서(身體秩序)'와 '문체질서(文體秩序)' 사이의 서술 대응관계라는 논의 개념을 제안했다. 이를 통해 대만 신세대의 추리작가 란샤오(藍霄), 지칭(旣晴), 렁옌(冷言)이 시마다 소지의 작품 중에 신체가 어긋나는 형식의 수수께끼를 어떻게 빌려왔고 수수께끼 속의 신체 분해를 통해 신체의 질서에 파괴를 가하여, 어떻게 소설 플롯 전개를 추동하는지, 다시 탐정이 추리로 사망자의 신체 질서를 회복하고 수수께끼를 풀고 진실을 밝히는 것을 통해 추리소설 미학의 본위인 '신체질서' 역서를 건설하고, 본격 추리소설 '문체질서'의 본토 실천을 완성했는지 탐구했다.[28)]

확실히, 우리는 문화번역이 촉발한 대만 대중문학의 새로운 연구 방향과 관련하여 추리소설 이외에 애정소설의 명작가인 충야오(瓊瑤)가 서양의 고딕 소설(Gothic Fiction)을 받아들인 것을 포함해, 무협소설 명작가 구룽(古龍)의『혈해표향(血海飄香)』(1961)에서 추류상(楚留香)이 서양 추리소설의 인용이고, 진융(金庸)의『설산비호(雪山飛狐)』(1959)에는『라쇼몽(羅生門)』의 서술형식이 나오며, 당대의 공포소설의 최고봉인 주바다오(九把刀)의『아래층 손님(樓下的房客)』(2004)은 미국공포소설의 대명사 스티븐 킹(Stephen King)의 영향을 받은 것 등이 모두 신흥연구의 관점이 된다는 것을 목격할 수 있다. 이러한 종류의 트랜스내셔널/트랜스링구얼 실천을 마주하면, 과거의 시각에 보다 넓은 관점을 줄 수 있고, 나아가 그 학술적 의의와 가치를 발굴하며 구축하여 새로운 연구 관심, 특히 당대의 동아시아에서 왕성한 문화의 트랜스내셔널이동과 전파를, 대만에 근 몇 년간 불어 닥친 '한류(韓流)'와 같은 것을 찾아볼 수 있게 된다.

과거 대만에서 1990년대 일본을 좋아하는('하르 哈日') 현상을 연구할 때 많은 학자가 습관적으로 이 현상을 대만의 식민 경험과 연결하여 대만 서민사회에 숨겨져 있는 '식민 인상'[29)]을 소환하였다. 이것이 일종의 가족 혈연과 같은 '역사 유전자'의 잔류라고 보았으며

---

28) 자세한 것은 다음 논문을 참고하기 바란다. 陳國偉,『越境與譯徑: 當代台灣推理小說的身體翻譯與跨國生成』, 台北: 聯合文學, 2013.

29) 李天鐸、何慧雯,「遙望東京彩虹橋: 日本偶像劇在台灣的挪移想像」, 收入李天鐸編,『日本流行文化在台灣與亞洲(Ⅰ)』, 台北: 遠流, 2002, 15-49쪽.

[30] 심지어 일본이 일부러 문화를 수출하면서 실은 그 우월한 지위와 아시아에 대한 경시를 합리화하고 견고화하려고 한다고 여겼다. 이로 인해 일본을 좋아하는 집단은 곧 '일본에 아첨(媚日)'하고 '망종'한다고 하기까지 했다.[31] 이러한 사유방식은 2008년 대만에서 많은 표가 팔린 영화 <하이자오 7번지(海角七號)>에서 나타나는 일본식민시기에 대한 대만의 역사 처리 방식의 논쟁에까지 이어졌다.[32] 그러나 사실 이 문제에 대해서는 이미 많은 학자가 다른 관점을 제시하길 시도했고, 연구 방식에 수정을 가하기도 했다. 일본학자 이시이 켄이치(石井健一)의 조사에 따르면 외성(外省)인(1945년 이후 국민당정권을 따라 대만으로 이민 온 자들) 젊은 세대가 일본 아이돌을 좋아하는 비율이 대만국적의 젊은이보다도 높게 나타난다.[33] 중일전쟁을 경험한 이후의 세대로서, 한편으로는 일본에 대해 배척하는 정서를 가져야만 하지만, 한편으로는 대만인으로서의 일본 식민경험을 가지지 못하여, 일본에 우호적인 정신적 혈연이 생겨날 수가 없으니, 이 조사결과는 의심할 바 없이 식민 논리의 방식의 연구에 가장 큰 질문을 던지게 된다. 리이윈(李衣雲)이 대만에서 1990년대 소비사회의 도래 이후로, 생겨난 '팬덤' 문화에 대해 탐구한 것은 상당히 효과적으로 하르족

30) 林泉忠, 「哈日,親日,戀日?——'邊陲東亞'的'日本情結'」, 『思想14: 台灣的日本症候群』, 台北: 聯經, 2010, 139-159쪽.

31) 邱琡雯, 「文化想像: 日本偶像劇在台灣」, 收入李天鐸編, 『日本流行文化在台灣與亞洲(Ⅰ)』, 台北: 遠流, 2002, 50-67쪽.

32) 대표적인 것은 2008년 9월 25일에 대만대학교 일본연구소 소장 쉬제린(許介麟)이 『聯合報』에서 발표한 「海角七號: 殖民地次文化陰影」와 2008년 10월 9일 중앙연구원 인문사회중심 부연구원 천이중(陳宜中)이 『中國時報』에서 발표한「<海角七號>的台日苦戀」으로, 이 두 문장은 이런 것이 식민지 향수(鄕愁)를 불러일으킨다고 본다. 심지어 천이중은 <海角七号>가 대만 사람의 '피식민 욕망'을 표현한다고 날카롭게 비판했다.

33) 石井健一ら,『東アジアの日本大衆文化』, 東京: 蒼蒼社, 2001.

의 세대성 문제를 해석한 것이었다.[34)]

그러나 1960년대 이래 대만에 들어온 외국대중문화와 문학 중 사실 일본은 그중의 하나일 뿐이다. 미국, 유럽, 홍콩, 태국, 한국의 대중문화 등은 모두 대만에 한자리를 차지하고 있다. 뿐만 아니라 포스트콜로니얼과 제국주의 연구 방법으로는 해석할 길을 찾을 수 없는 특별한 것이 최근 몇 년간의 '한류'현상으로, 전통적 해석 구조의 적용성에 더욱 큰 도전으로 다가왔다.

비록 한국은 역사발전상 대만과 동질성이 있지만 최근 몇 년간 대만에 들어와 유행이 된 대중문학, 영상과 음악작품에는 그런 정보를 일부러 매우 적게 담고 있기도 하고, 더 중요한 것은 대다수 대만인은 사실 한국역사와 문화에 대해서 상당히 낯설다는 것이다. 그렇지만 또한 바로 이러한 낯섦이 가져온 신선함과 한국의 오늘날의 전지구화 이미지가 가지는 이국적인 이미지로 인해 빠르게 대만독자의 지지와 환영을 받았다. 이영도의 판타지소설 <드래곤라자>(2002), 전민희의 <룬의 아이들> 시리즈(2003-), 그리고 귀여니의 인터넷 소설 <그놈은 멋있었다>(2005), <늑대의 유혹>(2005), <도레미파솔라시도>(2006)등이 있다. 그리고 드라마<겨울연가>, <가을동화>, <대장금>, <풀하우스>, <커피프린스1호점>, 음악 아이돌로 비, 슈퍼주니어, 소녀시대, 원더걸스 등이 있다. 2009년 3월에 대만에 들어온 <조강지처클럽>[35)]은 큰 환영을 받은 후, 대만에서 2010년 11월 비슷한

---

34) 李衣雲, 「解析'哈日現象': 歷史·記憶與大衆文化」, 『思想14: 台灣的日本症候群』, 台北: 聯經, 2010, 99-110쪽.

35) 대만 케이블 TV 동선종허타이(東森綜合台)에서 처음 방영해서 2009년 3월 2일부터 2009년 9월 17일까지 최고 시청률 2.95%를 기록하고 동시간대에 방영하는 프로그램 중 3위에서 5위를 차지했다. 처음 방영해서 3개월 이후 공영TV 중화덴스공스(中華電視公司)에서 2009년 12월 23일부터 2010년 8월 25일까지 두 번째로 방영했었다. 자료출처: 위키피디아 http://zh.wikipedia.org/wiki/%E5%A4%A7%E8%80%81%E5%A9%86%E7%9A

플롯을 가진 드라마 <서리인처(犀利人妻)>가 방영되기 시작하여 상당히 높은 시청률을 기록했다.[36] 그리고 대만의 음악방송 '채널V'는 원래 영어와 일본 유행가 프로그램만 방영하였으나, 오늘날 일본은 이미 우세를 잃었고, 이를 대신하여 '동양음악' 혹은 '일한음악' 의 프로그램 이름이 나타났다. 또한 한국유행가요의 방영 비율이 일본을 앞지르기 시작했다. 같은 현상이 대만의 신문, 인터넷매체와 오락 프로그램에서도 나타나고 있다. 한국에 관련된 정보가 이미 대만에서 일본의 지위를 대체했다.

또한 문화번역의 시각에서 대만, 한국, 일본 삼국이 하나의 텍스트가 국경을 넘고 번역이 될 때, 생산된 다변의 문화 번역 의제를 볼 수도 있다. 가장 대표적인 것으로는 바로 대만이 일본의 트렌디 드라마(Trendy Drama)의 영향을 받아 대만이 제작한 첫 번째 트렌디 드라마인 <유성화원(流星花園)>(2001)을 찍은 것으로, 이는 사실 일본의 만화가 카미오 요코(神尾葉子)의 작품 <꽃보다 남자(花より男子)>를 각색한 것이다. 대만에서 좋은 시청률을 거뒀을 뿐 아니라 대만 남자 아이돌 그룹 F4를 띄웠고, 도리어 일본으로 역공해 들어가는 '화류', '대류(臺流)' 풍조까지 일으켰고, 대만 관광 대사로 큰 수익을 얻었다. 이러한 풍조는 일본이 2005년에 다시 그 작품을 촬영하도록 했으며 그 후 심지어 영화판이 나오기도 했다. 이 뿐만 아니라 2009년에는

%84%E5%8F%8D%E6%93%8A

36) 《犀利人妻》는 공영방송 대만TV(台灣電視公司)와 케이블방송 산리TV(三立電視)에서 공동 제작했다.(산리TV는 대만 트렌디 드라마 제작능력이 상당히 강한 방송사이다.) 2010년 11월 5일부터 2011년 4월 15일까지 방영했고, 모두 23편이다. 평균 3.36%의 시청률을 기록했다. 그러나 특히 주목할 만한 점은 마침 드라마가 시작하기 전의 6편은 1%의 시청률을 오갔다. 그 이후에 점차적으로 상승해서 14회가 될 때(2011년 2월 11일 방영 시기) 시청률이 비약적으로 상승해서 매회 모두 1-2%의 성장률을 보였다. 종영에서는 9.45%를 보이고 최고 순간 시청률은 12.83%를 기록했다. 자료출처: 위키피디아 http://zh.wikipedia.org/wiki/%E7%8A%80%E5%88%A9%E4%BA%BA%E5%A6%BB

한국에서 <꽃보다 남자>가 각색 촬영되어, 결국에는 한 작품이 어떻게 다른 세 개의 국가에서 유행을 일으켰고, 개작하는 과정에서 어떠한 외래적인 것과 문화 번역이 현지의 맥락에 결합했는가, 한국 혹은 대만 자신만의 이야기와 문화적 판본으로 어떻게 성공을 이끌어냈는가, 또한 어떻게 도리어 원래의 최초의 발생지인 일본에서 보기엔 익숙하고도 낯선 형태로 다시 일본에 (역)수입되어 유행을 일으킨 것인지, 사실은 상당히 주목할 만한 동아시아 유행 문화의 현상과 논제거리이다.

또한 동아시아의 같은 문화유동(전이, 이동)의 문제를 대할 때, 마치 대만, 한국, 일본이 이미 이소룡의 영화의 영향을 받은 것처럼, 대만, 중국, 일본이 루쉰과 마쓰모토 세이초 문학에 대한 공동기억을 가진 것처럼, 대만과 한국이 홍콩에서 유래한 저우싱츠(周星馳)와 청룽(成龍)의 영화를 깊게 받아들인 것처럼, 대만과 일본이 한국의 유행가요에 열중하듯이, 여기에 더해 다시 현재의 대만과 중국과 한국에서 저우제룬(周杰倫) 유행이 나타나기도 한다. 이러한 동아시아에서의 초국적으로 전파되고 교류되는 문학, 문화현상, 대만 혹은 기타국가에 들어온 뒤 재생산되는 현상 등을 발견하고 보다 깊게 토론하려면, 포스트콜로니얼리즘과 포스트모더니즘의 전통적 연구 입장에서는 그 한계가 분명해 보인다. 문화번역이 바로 반드시 적절한 연구 방법이 되어야만 비로소 새로운 비교 틀을 제공하고, 한국, 일본, 중국 등 동아시아 지역 간의 연구에 보다 새로운 가능성이 열릴 것이다.

(정원대 옮김)

제2부
식민의 '기행': 조선과 대만의 식민 경험과 상호 인식

제3장 황선미_셰춘무(謝春木)의 기행문에서 나타난 조선인식

제4장 가오지아리 高嘉勵_제국 반도와 감정의 섬: 사타 이네코(佐多稻子)의 식민지 기행문 비교

제5장 랴오전푸 廖振富_이토 히로부미(伊藤博文)를 암살한 안중근에 대한 대만의 관점: 일기와 시 및 보도 자료를 중심으로

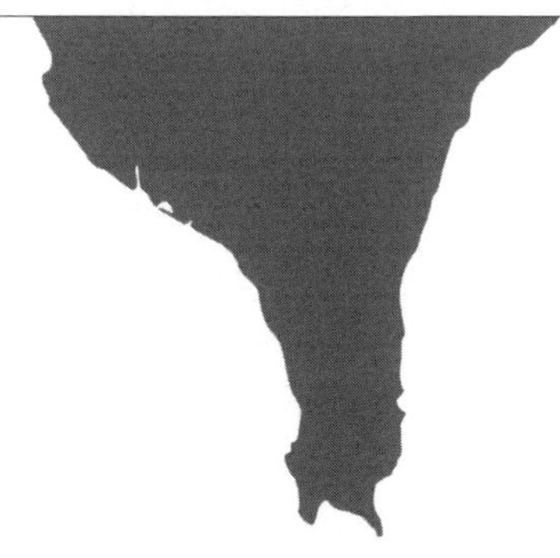

제3장

셰춘무(謝春木)의 기행문에서 나타난 조선인식

황선미 아시아문화콘텐츠연구소 책임연구원

1. 머리말

셰춘무(謝春木)는 대만 현대문학의 문을 연 주요 인물이면서 일제 강점기 항일운동에 참여한 운동가이자 사상가이기도 하다. 셰춘무는 1922년 7월에 대만 현대문학사상 최초의 일본어 소설인 「그녀는 어디에—고뇌하는 젊은 자매(彼女は何處へ——苦惱若い姉妹)」와 대만 현대문학의 최초의 일본어 단시인 「시의 모방(詩の眞似する)」을 1924년 4월에 『대만(臺灣)』[1])잡지에 발표하였다. 천팡밍(陳芳明)은 "셰춘무의 소

1) 『대만(臺灣)』잡지는 신지식인들에게 토론의 장을 제공하였을 뿐만 아니라 '민중들을 일깨우는' 역할을 담당하였다. 이 잡지의 원래 명칭은 『대만청년(臺灣青年)』이었다. 『대만청년』은 1920년 초에 차이후이루(蔡惠如)와 린셴탕(林獻堂)을 비롯한 도쿄(東京)에서 유학하고 있던 대만 학생들이 조직한 '신민회(新民會)'가 창간한 잡지였다. 1920년 7월 16일에 『대만청년』잡지가 첫 발간되었으며 1922년 2월까지 총 18회가 발간되었고, 1922년 4월에 『대만』으로 개칭하면서도 1924년 5월까지 총 17회의 잡지를 꾸준히 발행하였다. 1923년 4월에 『대만』잡지는 『대만민보(臺灣民報)』반월간을 발행했으며, 다음해부터는 일본어판

설을 대만좌익문학의 시초로 보아야 한다."[2]고 했으며, 천첸우(陳千武)는 "셰춘무의 「시의 모방」계열 작품은 '대만 신시의 원형'을 이루고 있다"[3]고 서술한 바 있다. 셰춘무는 창작뿐만 아니라 1920, 30년대에는 항일운동에 주도적으로 참여한 인물로서, 1923년부터는 '대만문화협회(臺灣文化協會)'[4]가 주최하는 '문화강연회(文化演講團)'[5]에서 식민지 정책의 문제점을 지적하고 정책의 개선을 촉구하면서, 보다 적극적이고 강도 높은 비판과 정책의 개혁을 요구하는 글을 발표하였다. 그리하여 일본내무성 경보국(內務省警保局)이나 일본영사관 등에서는 셰춘무를 특별 감시 대상으로 관리하였다. 이처럼 셰춘무는 대만 현대문학사와 항일운동사에 커다란 영향을 미친 인물로서, 그

『대만』은 『대만민보』와 합병하여 발행되면서, 더 이상 따로 발행되지 않았다.

2) 陳芳明, 『左翼臺灣——殖民地文學運動史論』, 臺北: 麥田, 1998, 30쪽.

3) 陳千武, 「光復前新詩的特性」, 『自立晩報』副刊, 1982.

4) 대만문화협회는 1921년 10월에 역사(櫟社) 회원들과 장웨이수이(蔣渭水)가 주축이 되어 대만에서 창립된 항일단체이다. '대만문화의 발전을 돕는 것을 목적으로 한다.'라는 기치를 내걸고 문화운동과 사회의 사상적 개조를 목표로 하였다. 대만문화협회는 1923년에 제3차 정기총회를 통하여 6개의 결의안을 통과시켰는데, 그 결의안은 '로마자 보급', '로마자 도서 편집 및 발행', '여름학교 개설', '체육 장려', '여성인격 존중', '폐습 혁신과 고상한 취미를 갖기 위한 영화, 음악 및 문화 연극회 개설' 등 이었다.(葉榮鐘, 『臺灣民族運動史』, 臺北: 自立晩報, 1971, 287-294쪽 참고)

5) 셰춘무는 1923년부터 1925년까지 연속 3년 간 문화강연회에 참가하여 다음과 같은 글을 발표하였다.
「我所瞭解的人格主義(上)」, 『臺灣』第4年 第2號(1923年 2月)
「前川女學校長所論讀我所瞭解的人格主義(上)」, 『臺灣』第4年 第3號(1923年 3月)
「我所瞭解的人格主義(中)」, 『臺灣』第4年 第3號(1923年 3月)
「我所瞭解的人格主義(下)」, 『臺灣』第4年 第4號(1923年 4月)
「詩の眞似する」, 『臺灣』第5年 第1號(1924年4月)
「硝子越に見た南朝鮮」, 『臺灣』第5年 第2號(1924年 5月)
「雜錄: 東京留學生夏季回臺講習日記」, 『臺灣民報』第2卷 第17號(1924年 9月)
「雜錄: 東京留學生夏季回臺講習日記(續)」, 『臺灣民報』第2卷 第18號(1924年 9月)
「雜錄: 東京留學生夏季回臺講習日記(三)」, 『臺灣民報』第2卷 第19號(1924年10月)
「共學之內容」, 『臺灣民報』第2卷 第19號(1925年 5月)
「歸去來」, 『臺灣民報』第71號(1925年 9月)
「歸去來(其二)」, 『臺灣民報』第75號(1925年10月)

런 그가 1924년 4월경에 조선을 방문한 후 기행문 한 편을 썼다. 일제강점기인 1920년대에 조선과 대만간의 교류가 많지 않았던 점을 감안하면, 셰춘무가 쓴 조선에 관한 기행문은 조선에 대한 대만인의 인식을 이해하는데 중요한 자료라고 할 수 있다.

셰춘무는 일본에서 학업과 항일운동으로 바쁜 나날을 보내는 중에 여행을 목적으로 1924년 4월경에 조선에 며칠 방문하였다. 그는 평소에도 즉흥적인 여행을 즐겼던 듯하다. "해외로 가고 싶다는 생각이 최근 3, 4년간 계속 나의 마음속에 맴돌고 있다. 비록 짧은 여행이라고 하더라도, 출발일이 다가오면 끝내지 못한 일들로 바쁘다. 예를 들어 내가 집에 없을 때 먹을 식량을 예비하고, 짐을 싸고, 선물을 준비하는 등 일이 끊이지가 않는다. 여행을 안 한지 너무 오래되어, 준비를 빨리 할 수 없다. 이제는 학생 때처럼 아침에 여행가고 싶다고 오후에 출발할 수가 없다. 가정이 생겼기 때문이다."[6] 셰춘무는 1927년 5월에 도쿄여자 의학전문학교(東京女子醫專) 출신의 차이차이쉐(蔡彩雪)와 결혼하기 전까지는 즉흥적으로 여행을 많이 다닌 것으로 보인다. 1924년에 조선 여행을 마치고 일본으로 돌아간 이후, 셰춘무가 언급한 것처럼 3, 4년간 해외여행을 할 수 없을 정도로 그 자신뿐만 아니라 대만에서도 많은 사건들이 벌어졌다. 셰춘무가 도쿄고등사범(東京高等師範)을 졸업하고 고등과(高等科)로 진학한 1925년에 대만에서는 '치경사건(治警事件)'[7]으로 체포된 인사들의 하옥과

---

6) 謝南光,『謝南光著作選(上)』, 臺北: 海峽學術, 1999, 151쪽.

7) 치경 사건은 '치안경찰법 위반 사건(治安警察法違反事件)'을 줄인 말로서, 이 사건은 1923년에 당시 대만의회 설립 운동을 하던 반일(反日) 인사가 결사 조직을 확대하려하자 이를 막으려고 했던 일본 당국과의 충돌로 인해 빚어진 사건이다. 이로 인해 구금, 수사, 소환된 인사가 총 99명이었으며, 그 중 13명이 유죄 판결을 받았다. 이 판결은 당시 많은 사람들의 주목을 끌었으며, 1925년에 민중들은 풀려난 인사들을 환영하며 일본인들을 향해 시위를 벌였다.

출옥을 환영하며 일본인들을 향해 시위를 벌였던 민중들이 수십 명이 체포되는 사건이 일어났다. 셰춘무는 "민국 14년 10월(1925년 10월)에 형제들이 반일농민폭동을 일으켜 가족들과 함께 체포"[8]되었다는 소식을 접하고 "학교를 그만두고 대만으로 돌아와"[9] 이들의 석방을 위해 애썼으며, 체포된 린청루(林呈祿)를 대신해서 『대만민보(臺灣民報)』의 편집자로 일을 하게 된다. 조선 여행을 마치고 돌아온 후 결혼, 학업 포기, 잡지사 편집자, 항일 운동 등으로 바쁘게 지냈던 셰춘무에게 여행은 잠시 멈춰서 자신을 돌아보는 시간이었다. 결혼 전에 셰춘무에게 마지막이 된 여행은 조선 여행이었다.

셰춘무는 조선 여행을 마치고 돌아간 다음 달인 1924년 5월에 일본어로 쓴 「유리너머로 본 남조선(硝子越に見た南朝鮮)」이라는 글을 『대만』제5년 제2호에 발표하였다. 그는 조선을 여행하게 된 배경이나 이유에 대해서 구체적으로 언급한 바 없다. 단지 그는 전체 글의 도입부분에 "이 글은 여행 중 친구에게 보낸 글에다 내용을 덧붙여 쓴 것이다. 그들(조선) 문화에 대한 심도 있는 비평적 연구는 후에 기회가 있을 것이라고 생각되므로 (여행) 당시 보고, 느낀 것을 솔직하게 기록한다."[10]라고 간략하게 서술하고 있을 뿐이다. 셰춘무는 조선을 "동화의 나라(御伽の國)"[11]라고 표현하였다. 조선의 단편적인 모습을 보고 판단한 경향이 없지는 않지만 셰춘무에게 조선은 "어디나 마음을 말랑하게 만드는"[12] 곳이라는 좋은 인상을 남겨주었다.

---

8) 國史館館藏, 「129000021884A, 軍事委員會侍從事, 謝南光」, 페이지 없음.

9) 위의 문서, 페이지 없음.

10) 謝春木, 「硝子越に見た南朝鮮」, 『臺灣』第5年 第2號, 1924. 5, 79쪽(인용문에서 괄호 안에 들어가 있는 내용은 가독성을 위해 필자가 임의적으로 덧붙인 것이다.)

11) 위의 글, 83쪽.

12) 위의 글, 86쪽.

여행이 목적이기는 했지만 그는 단순히 이국 풍물이나 그곳에서의 삶을 서술한 것이 아니라 조선의 역사 및 교육에 대해 많은 지면을 할애하여 대만 독자에게 소개하고 조선에 대한 새로운 정보를 제공한 것으로 보아서, 조선 여행은 역사적 소용돌이 속에서 국가의 난국을 직면하고 있는 동일한 식민지국에 대한 이해 과정이었을지도 모른다. 그리고 바로 이 점이 이 글을 기행문에만 머물게 하지 않고 조선에 대한 대만인의 인식을 알아 볼 수 있는 의미 있는 글로 보게 하는 이유이기도 하다. 본고에서는 셰춘무의 조선 기행문인 「유리너머로 본 남조선」의 글을 통해 그의 조선 인식을 고찰하는 데에 그 목적을 두고자 한다. 셰춘무가 '유리(창) 넘어 본 조선'이라 표현한 것은 단지 며칠간의 일정으로 피상적으로 바라 본 조선에 대한 개인적 감상을 적어 놓았음을 암시한다. 그럼에도 셰춘무라는 인물이 흥미로운 건 그가 대만 최초의 현대 문학을 선구했던 인물임에도 불구하고 대만에서 그다지 주목 받지 못했다는 것이다. 그에 대한 연구가 대만이 아니라 일본에서 처음으로 이루어진 것이 이를 반증한다.[13] 이는 셰춘무의 작품이 대부분 일어로 창작되었고 30세에 중국으로 건너가 본격적인 항일 운동을 하였으며 이후에도 대만과 대립하게 된 공산화된 중국에서 생을 마침으로써 중국, 대만 간 정치적 인물이 되어 버린 것에 기인한다. 셰춘무에 대한 정보가 한국에도 거의 없다는 점에 착안하여, 그의 삶의 궤적을 추적해보고자 한다. 셰춘무의 삶과 여행이 무관하지 않기 때문이다. 그런 후에 셰춘무가 조선을 어떻게 인식했는지를 그의 기행문을 바탕으로 고찰하고자 한다.

13) 木下 一郎,『謝南光(春木)氏の足跡(年表)』, 日中 4-9, 1974. 9, 59-62쪽.

2. 대만 최초 현대소설 작가 셰춘무

앞에서 서술했듯이, 셰춘무는 대만 현대문학사상 최초의 소설과 단시를 발표한 작가이다. 그의 생애는 대만 청소년 시기(1902-1921), 일본유학과 대만 사회운동 시기(1921-1932), 중국으로 건너간 시기(1932-1969) 등 크게 3등분 할 수 있다. 셰춘무는 중국으로 건너간 후에 문학 활동은 거의 하지 않고 항일 운동에 매진하였으므로 여기에서는 그가 중국으로 건너가기 전까지 시기를 위주로 다루고자 한다.

셰춘무는 1902년 음력 1월 6일[14)]에 타이중 저우베이더우군 샤산좡 루상춰(臺中州北斗郡沙山庄路上厝)[15)]에서 태어났다. 셰춘무에 대한 기록은 그의 친한 친구였던 왕바이위엔(王白淵, 1902-1965)[16)]이 1946년에 발표한 「나의 회고록(我的回憶錄)」과 셰춘무의 아내와 딸이 셰춘무 사후에 출간한 「나의 부친 셰난광(我的父親謝南光)」에 잘 기록되어있다.

---

14) 셰춘무의 출생년월에 대한 대만 학계의 의견은 분분하다. 일반적으로 대만 학계에서 받아들여지고 있는 셰춘무의 출생년월은 메이지 35년(1902) 11월 18일이다. 셰썬린 (謝森林)이 정리한 『寶樹堂謝氏閤族譜(臺灣彰化)』에도 셰춘무의 출생년월이 1902년 11월 18일로 되어있다. 하지만 셰춘무의 딸인 셰추한(謝秋涵)은 음력 1월 6일로 기록하고 있으며, 1943년 4월 10일에 셰춘무가 직접 기록한 군사위원회의 「셰난광(謝南光)」의 인사등기부를 보면 중화민국 전 10(1901)년 1월로 기재되어 있다. 이에 라이완롱(賴婉蓉)은 『臺灣歷史與文化——謝春木及其作品研究』에서 1902년 11월 18일은 아마도 호적에 늦게 올리는 습관으로 인해 빚어진 시간의 차이인 듯하다고 서술하였다.

15) 타이중 저우베이더우군 샤산좡 루상춰는 지금의 장화현 방원향(彰化縣芳苑鄕)을 가리킨다.

16) 왕바이위엔은 1918년에 얼린공학교(二林公學校)를 졸업하고 타이베이 사범학교(臺北師範學校)에 입학하여, 셰춘무와 친분을 쌓으며 친하게 지냈다. 왕바이위엔은 셰춘무보다 2년 늦은 1923년에 일본 국립 도쿄미술학교(國立東京美術學校)에 입학하였다. 일본 유학 내내 두 사람은 동고동락하면서 식민지에 처해있던 대만의 미래에 대해 걱정하며, 고통 받는 대만인의 참상에 대해 울분을 토로하기도 했다. 1931년에 왕바이위엔이 일본어 시집인 『가시밭길(棘之道)』를 발간했을 때 셰춘무는 이 책의 서문을 써서 왕바이위엔과의 우정, 일본 동화정책과 교육 방법에 대한 불만을 고스란히 드러내기도 했다. 몇 년 후에 이 책은 중국어로 번역되어 출간되었다.

왕바이위엔은 "셰춘무, 즉 이후의 셰난광이다."[17]라고 하면서 "그의 고향과 내가 살던 곳이 멀지 않았으며", "그의 부친이 일찍 돌아가셨기 때문에, 주변의 냉대를 받았다."[18]라고 서술한 바 있다. 셰춘무의 딸은 다음과 같이 아버지를 회상하였다.

> 나의 부친 셰난광(본명 셰춘무)는 광서 28년(1902년) 음력 1월 6일에 대만 장화 얼린의 루상춰에서 태어나셨다. 할아버지 셰뎬(謝滇)은 정직하고 나라를 사랑한 지식인이셨다. 할아버지는 수재(秀才)에 급제한 적이 있으나, 시험관에게 공물을 바치지 않았다는 이유로 낙방하여 평민으로 생을 마감하셨다. 할아버지는 한약방을 열어 가난한 사람들의 병을 무료로 봐주고 약을 지어주셨다. 청일전쟁 패전 후 대만을 일본에 할양한 이후로 할아버지는 비통해하고 분개하시다 한창 젊은 나이에 갑자기 심장병으로 세상을 떠나셨다. 이 때 아버지는 4살밖에 되지 않으셨다. 나의 할머니 우궤이난(吳桂蘭)은 농부의 딸로서, 24살에 과부가 되어 혼자서 힘들게 어린 아버지를 키워내셨다. 할머니는 어질면서도 강하신 분이셨다. 아버지를 많이 사랑하셨으나 엄격하게 가르치셨다. 아버지는 어렸을 때 글방에서 공부했으나, 후에 얼린공학교(二林公學校)에 진학하셨다. 아버지는 똑똑하시고, 배우는 것을 좋아하셨으며, 지식에 대한 욕구가 강하셨다. 사람을 진심으로 대하여 선생님들과 친구들 사이에서도 인기가 좋았다. 1917년에 아버지는 일등으로 타이베이 국어학교에 입학하셨다.

17) 王白淵著, 陳才崑譯, 『荊棘的道路』, 彰化: 彰化縣立文化中心, 1995, 254쪽.
18) 위의 책, 254쪽.

한약방을 운영하던 셰춘무의 부친은 대만의 지식인으로서 처지가 어려운 환자들에게 무료로 약을 지어주었던 정의로운 사람이었다. 하지만 1906년에 셰춘무의 부친이 돌연히 심장병으로 죽게 되면서 셰춘무는 4살이라는 어린 나이에 과부가 된 어머니 밑에서 자라나게 된다. 후에 셰춘무도 부친과 마찬가지로 1969년에 심장병으로 죽게 된다. 셰춘무는 어렸을 때부터 일본 근대식 교육을 받고 자랐지만, 일본의 식민지가 된 대만을 극복하고자 하는 의지가 강했다. 그가 15살에 타이베이 사범학교(臺北師範學校)에 입학하면서 곧바로 사회운동에 참여한 것이 이를 반증한다.[19] 왕바이위엔의 회고록에는 셰춘무가 사범대 학생시절 때 사상이 원숙하였으며 일본의 통치에 대하여 회의적인 태도를 보였다고 기록하고 있다.[20]

1921년에 셰춘무는 타이베이 사범학교를 우수한 성적으로 졸업하고, 총독부의 문교부 장학금으로 도쿄고등사범학교(東京高等師範學校)에 입학하게 되면서 일본으로 유학을 떠나게 된다. 셰춘무는 "도쿄 유학 시절 때 대부분의 시간을 정치운동 하는데 썼다"[21]라고 일본 유학 시절을 회고하였는데, 그의 말처럼 셰춘무는 일본에서 조직된 '신민회(新民會)'와 '대만청년회(臺灣青年會)' 등 유학생 단체에 적극적으로 참여하였다. 타이베이 사범학교에 다닐 때부터 '대만문화협회'에서 출간하는 『대만청년(臺灣青年)』잡지를 구독해서 읽었던 그는 '대만문화협회'의 지원으로 이루어지는 활동, 즉 '문화강연회'도 적극적으로 참여하였다. '문화강연회'는 대만청년회에서 주최하고, 대만문

19) 臺北總督府警務局, 『臺灣總督府警察沿革誌』, 臺北: 南天書局, 1995, 27쪽, 하지만 이 기록에 대해 셰춘무 연구자 허이린(何義麟) 교수는 『臺灣總督府警察沿革誌』의 기록이 잘 못된 것이라고 주장한 바 있다.

20) 王白淵著, 앞의 책, 254-255쪽 참고.

21) 國史館館藏, 앞의 문서, 페이지 없음.

화협회의 지원으로 추진된 도쿄유학생들이 주축이 된 강연 모임이었다. 예롱종(葉榮鐘)은 『대만민족운동사(臺灣民族運動史)』에서 "문화강연회는 대만문화협회가 추진한 계몽운동의 핵심이며…… 대만문화협회의 활동 중 가장 중시되는 것이다."[22]라고 평가하기도 했다. 당시 이 강연회에 참석한 신지식인들은 민족주의와 대만에 대한 일본의 통치에 대해 비난했으며, 대만 민중의 민족의식을 각성시키면서 민중들에게 큰 환영을 받았다.[23] 수시로 대만 섬 전체를 순회하면서 각종 '강연회'를 개체한 이들은 이 모임이 사상적 전파에 있어 핵심적인 역할을 할 것이라 기대하였다. 셰춘무는 1923년부터 1925년까지 연속 3년간 문화강연회에 참여하면서 대만인의 각성을 촉구하였으며, 특히 식민지 정책과 불합리한 지배 체제에 대해 불만을 토로했다. 바로 이 시기에 셰춘무는 봄방학을 이용하여 조선에 잠시 들른 것이다.

1924년에 조선을 방문한 후 몇 년간 여행을 못했던 셰춘무는 1929년에 쑨원(孫文)이 별세했다는 소식을 듣고 쑨원 총리의 봉안제에 참석하기 위해 롄헝(連橫)과 훙치셩(洪棄生)과 함께 난징(南京)으로 가게 된다. 셰춘무는 1개월하고 보름동안 한 중국 여행에 관하여 1929년 6월 2일부터 12월 1일까지 「여행자의 안경(旅人の眼鏡)」이라는 제목으로 『대만민보』에 연재하여 대만 독자에게 중국 상황에 대한 자료를 제공하였다. 그리고 이 글들은 1930년에 출판된 『대만인은 이렇게 본다(臺灣人は斯く觀る)』의 제2장에 「신흥중국견문기(新興中國見聞記)」라는 제목으로 수록된다. 1925년에는 『대만민보』의 편집자로 활동하였고, 1927년에는 장웨이수이(蔣渭水)와 린셴탕(林獻堂)과 함께

22) 葉榮鐘, 『臺灣民族運動史』, 臺北: 自立晚報, 1971, 303쪽.

23) 위의 책, 301-303쪽 참고.

'대만민중당(臺灣民衆黨)'을 조직하여 중요한 요직까지 맡았던 셰춘무는, 1929년 중국을 방문한 후 3년 후인 1932년에 아내와 함께 상하이(上海)로 이주하여 셰난광(謝南光)으로 개명한 후에 더욱 항일운동에 전념하였다.

3. 조선과 대만 지식인 간의 교류

셰춘무가 조선을 방문한 시기는 1924년 4월인 것으로 추정된다. 1920년대 대만 작가와 조선 작가간의 교류는 그다지 활발하게 이루어지지 않았다. 1906년에 리이타오(李逸濤)가 조선의 「춘향전(春香傳)」을 중국어로 각색, 번역하여 『한문대만일일신보(漢文臺灣日日新報)』에 연재한 것을 시작으로, 천허우성(陳後生), 예롱종, 웨이칭더(魏淸德), 셰쉐위(謝雪漁), 중리허(鍾理和) 그리고 셰춘무가 조선에 관한 기행의 글을 남겼다. 1923년부터 1924년간에 조선 항일 운동가였던 오기성과 베이징 세계어전문학교의 대만 학생이었던 장밍(張鳴)이 함께 베이징에서 항일운동 단체인 '한대혁명동지회(韓臺革命同志會)'를 조직하였으나, 후에 재정의 어려움으로 해산되었다.[24] 1926년에는 천허우성이 11월 21일에 「조선 여행에 대한 소감(遊朝鮮所感)」[25]이라는 글을 『대만민보(臺灣民報)』제132호에 발표하였다. 그는 이 글에서 조선에 대하여 느낀 점을 솔직, 담백하게 구체적으로 적었다. 예를 들면, 조선의 집이 작은 이유는 두 가지의 이유가 있는데, 첫째는 집이 작을수록 따뜻함을 유지하기 쉽기 때문이며, 두 번째는 집이 크고 화려하면 탐

---

24) 何標, 『蕃薯藤繫兩岸情』, 臺北: 海峽學術出版社, 2003, 375쪽.
25) 陳後生, 「遊朝鮮所感」, 『臺灣民報』第132號, 1926.11.21, 14-15쪽.

관오리로 낙인찍힐 수 있기 때문에 이를 피하기 위함이라고 서술하였다. 또한 조선인의 복장이 세련되고, 설비가 깨끗하며, 문화가 발달하고 교통이 대만보다 편리하며 교육기관이나 신문, 잡지 등의 매체도 대만보다 발달했다. 또한 조선어처럼 쉽고 간단한 한자를 사용하자고 주장하며 백화문을 주장하기도 했다. 조선의 교육과 경제에 대해서도 언급했는데, 교육에 대해서는 조선과 대만의 교육이 앵무새 교육과 박쥐 교육으로 동일하며, 경제적으로는 식민지로 지배를 받기 때문에 경제를 유지하기가 어렵다고 설명하였다. 경제적 어려움으로 경성 한강 철교에서 자살하는 사람들이 많이 있는데, 조선 정부에서는 이를 막기 위해 철교 위에 "잠시 기다리세요. 경찰서에 오셔서 상의하세요. 도움을 받을 수 있을 것입니다."라는 문구를 붙여 놓았다고 적고 있다.[26] 예룽종은 1933년 10월에 양자오자(楊肇嘉)와 유일한 법학 박사였던 예칭야오(葉清耀)와 함께 조선의 지방자치제를 고찰하기 위해 조선을 방문하여, 4주 간 조선에서 기거했다. 예룽종이 조선을 건너간 이유에 대해서는 그의 일기에 구체적으로 언급되어 있다. "일본이 투항하기 전에 조선과 대만은 모두 일본의 식민지였다. 시간상으로 말하자면 대만이 1895년에 먼저 식민지가 되었고 조선이 1910년에 대만보다 늦게 식민지가 되었다. 그러나 지방제도 등에 관해서 보자면, 예를 들어, 제국대학의 설립, 지방자치제도, 징병제도 등은 언제나 조선이 먼저 실행했으며, 대만이 뒤늦게 실행되곤 했다. 조선을 방문하는 이유는 이처럼 대만보다 조선에서 먼저 실행되는 제도 등을 살펴보기 위함이다."[27] 조선 시찰은 10월

26) 許俊雅, 「朝鮮作家朴潤元在臺作品及其臺灣紀行析論」, 『成功中文學報』第三十四期, 國立成功大學中文系, 2011, 38쪽.

27) 葉榮鐘, 『葉榮鐘日記』(臺中: 晨星, 2002), 65쪽.

4일부터 10월 31일까지 4주간 실행되었으나, 예청야오가 갑자기 뇌출혈로 병원에 입원하는 바람에 실질적으로는 3주 정도밖에 조선을 시찰할 수 없었다. 일정을 무사히 마친 이들은 일본을 통해 11월 중순에 대만으로 돌아갔다. 대만으로 돌아온 예룽종은 「조선유초(朝鮮遊草)」[28]라는 시를 발표하여 금강산, 구룡연 폭포, 비로봉, 신계사 등에 대해 소개하였으며, 「조선자치제도고찰보고서(朝鮮自治制度考察報告書)」를 작성하여 『대만신민보(臺灣新民報)』에 발표하였다. 예룽종이 조선 기행을 발표한 3년 후인 1936년에 웨이칭더는 「만선유기(滿鮮遊記)」라는 제목으로 6월 2일부터 7월 5일까지 26회에 걸쳐 「대만일일신보(臺灣日日新報)」에 조선 여행과 관련된 글을 발표하였으며, 여행 당시 썼던 시는 「만선음초(滿鮮吟草)」라는 제목으로 발표하였다.

조선의 경우 1920, 30년대에 대만 기행문이 간헐적으로 신문이나 잡지에 실렸다.[29] 1921년에 박윤원(朴潤元)이 대만을 방문한 후 쓴 「대유잡감(臺遊雜感)」[30]과 「대만에서 거주하는 우리나라(한국) 동포 현황(在臺灣居住的我國(韓國)同胞現況)」[31]이 『개벽』에 실렸다. 박윤원에 대해서는 잘 알려진 바는 없지만, 그는 의주 사람으로, 1930년대에 『동아일보』 의주지국을 무대로 기자로 활동했다. 「대유잡감」은 1921년 3월에 『개벽』제9호에 실린 글로서, 대만 문화와의 접촉이 이루어지면서 문명사회와 다른 식민지 원주민들에 대한 낯설고 신비

---

28) 「조선유초(朝鮮遊草)」에는 모두 16편의 시를 담고 있으며, 그 작품으로는 「中秋夜海上望月」 2수, 「海上」, 「金剛山途上」 4수, 「望毗盧峰」, 「毗盧峰上口占」 2수, 「九龍淵瀑布」, 「贈田板君」, 「神溪寺」, 「江原途上懷歸」 3수 등이 있다.

29) 1920, 30년대 신문이나 잡지에 실린 기사에 관해서는 손준식, 「식민지 조선의 臺灣 인식 — 『조선일보』(1920-1940) 記事를 중심으로」, 『중국근현대사학회』34집, 중국근현대사학회, 2007을 참고하기 바란다.

30) 박윤원, 「臺遊雜感」, 『개벽』제9호, 1921. 3.

31) 박윤원, 「在臺灣居住的我國(韓國)同胞現況」, 『개벽』제13호 창간 1주년 기념호, 1921. 7.

로운 경험을 바탕으로, 대만 원주민에 대한 문화를 자세히 소개하면서, 원주민을 빗대어 물질문명의 발달로 정신적으로 피폐해 져가는 현대인을 비판하였다. 「대만에서 거주하는 우리나라(한국) 동포 현황」은 같은 해 7월에 『개벽』제13호 창간 1주년 기념호에 실렸으며, 박윤원은 이 글에서 이민연혁과 현황, 한국인이 대만에 이주해온 시기와 거주지 등 대만에서 생활하는 한국인의 생활상을 자세하게 소개하였다. 1930년대 『동아일보』에서 기자로 활동한 박윤원은 『동아일보』에 1930년 12월 10일부터 12일까지 「대만번족과 조선(臺灣蕃族與朝鮮)」이라는 글을 연재하였다. 1930년대에는 박윤원의 글 말고도 박유진(朴有鎭)이란 사람이 대만 각지를 직접 여행하며 보고 듣고 느낀 바를 기록한 것으로 1930년 2월 15일부터 3월 20일까지 총 20회를 『조선일보』에 「대만기행(臺灣紀行)」이라는 제목으로 연재[32]한 글도 있다.

이처럼 1920,30년대 조선과 대만 지식인들 간의 교류는 활발하지 않았다. 이는 "(선착장) 입구에는 세관 공무원과 형사가 감시하고 있다. …… 입구에는 몇 명의 형사가 감시하고 있다. 곧바로 붙잡혀 여러 질문을 받는"[33] 것처럼 피식민지인으로서 여러 가지 행동 제약을 받는 것이 이유일 수도 있고, 1920, 30년대 여행이 아무리 일종의 취향으로서 유행하였다 하더라도, 여행은 일차적으로는 제국의 시선에 의해 기획되어, '제국'으로서의 지위 확인과 조선의 식민지화를 설득하고자 하는 수단으로 사용되었기 때문에, 대부분 여행에 참여하는 이는 정부의 고위 관리와 부인들로 구성되어,[34] 일반인들은 여

---

32) 손준식, 앞의 글, 117쪽 각주 10번 참고.

33) 謝春木, 앞의 글, 83쪽.

34) 곽승미, 「식민지 시대 여행 문화의 향유 실태와 서사적 수용 양상」, 『대중서사 연구』12, 대중서사학회, 2006, 233-234쪽과 252쪽 참고.

행하기가 쉽지 않았을 것이다.

4. 「유리너머로 본 남조선」을 통해 본 셰춘무의 조선인식

1) 셰춘무의 첫 조선 행보

셰춘무가 언제 조선을 방문했는지에 대해서는 구체적으로 서술하고 있지 않아 정확히는 알 수 없지만, 그의 기행문의 내용을 통해 추정할 수 있다. 셰춘무는 부산을 통해 조선에 상륙하자마자 부산의 학교를 방문하고 싶다는 의사를 밝힌 바 있다. "신학기가 시작된 지 얼마 되지 않아 교수법을 보는데 아직 면학분위기가 조성되지 않았으리라는 점도 십분 알고 있었지만 일단 찾아가 보기로 했다."[35]라고 하면서 조선의 교육에 대한 관심을 보이고 있다. 여기서 셰춘무가 말하는 신학기가 일본의 신학기인 4월인지 아니면 대만의 신학기인 9월인지는 정확하게 알 수 없지만, 인천을 방문했을 때 "벚꽃이 피어 있는 곳도 있으나 아직은 이른 시기로 20일 정도에 만개할 듯하다. 월미도는 경치가 좋은 곳으로 해수욕장도 있고 공원도 있고 벚꽃이 피는 곳이다. 불행히도 모두 시기가 아니다."[36]라고 한 말에서 알 수 있듯이 셰춘무가 1924년 4월 초 일본 봄방학 때 조선에 방문한 것으로 추정된다.

셰춘무는 "시모노세키(下關) 부두"[37]에서 관부(關釜) 연락선을 타고

35) 謝春木, 앞의 글, 81쪽.

36) 위의 글, 86쪽.

37) 위의 글, 79쪽.

조선에 들어왔다. 관부연락선은 부산과 시모노세키(下關)를 운항하던 여객선으로, 1905년 9월 11일에 일본의 산요기선(山陽汽船) 주식회사에 의해 개설되었다. 1906년에 국유화되어 일본 철도성 관할이 되었고, 1945년까지 운행되었다. 초창기에 이 연락선을 이용한 사람들은 대부분 일본인으로서 조선을 지배하려는 목적을 갖고 조선으로 건너온 반면, 일본으로 가는 조선인들은 신학문을 배우려는 유학생들이 대부분이었다.[38] 일본에서 유학 중이었던 셰춘무도 이 연락선을 타고 부산을 통해 조선에 도착했다. 그는 부산에 도착하자마자 "서점에 들어가 조선에 관한 책을 구해 얼추 조선 사정을 연구해 보자"[39]라는 생각에 부산 서점에 들어가 『조선요람(朝鮮要覽)』이라는 여행 책자를 한 권 구입하였다. 『조선요람』[40]은 조선총독부(朝鮮總督府)가 "최근 조선의 사정을 소개하기 위해 편집"[41]제작한 것으로, 1910년에서 1932년까지 매년마다 거의 한 권씩 발행하여 총 11권을 간행한 것으로, 19cm의 작은 문고판 여행 책자이다.[42] 셰춘무는 「유리너머로 본 남조선」에서 조선의 교육이나 조선의 삼한시대, 창경궁과 창

---

38) 김남일 외, 『분단의 경계를 허무는 두 자이니치의 망향가—재일한인 100년의 사진기록』, 서울: 현실문화연구, 2007, 10쪽.

39) 謝春木, 앞의 글, 81쪽.

40) 1931년에 발행된 『조선요람』의 목차는 제1장 총설, 제2장 교통, 제3장 지방행정, 제4장 사회사업, 제5장 교육, 제6장 재정 및 경제, 제7장 전매, 제8장 농업, 제9장 상업, 제10장 공업, 제11장 무역, 제12장 임업, 제13장 광업, 제14장 수산업, 제15장 제사 및 종교, 제16장 경찰, 제17장 위생, 제18장 사법, 제19장 지형도 및 지적도, 제20장 고적조사 및 조선사편찬, 제21장 군사의 순으로 되어있다.

41) 조선총독부편찬, 『朝鮮要覽』, 조선인쇄, 1931, 페이지 없음.

42) 『四方博朝鮮文庫目錄』, 東京経濟大學図書館, 2010. 6, 5쪽(『四方博朝鮮文庫目錄』는 四方博(시카타 히로시) 교수가 일제식민지 시기 때 발행된 조선 관련 문헌 자료인 4225권을 도쿄경제대학 도서관에 기증한 것을 도서관에서 1년 반 동안 정리, 작성한 것이다. 문헌은 항목별로 조선 사전, 여행, 기행 등이 포함된 총기와 철학과 종교, 역사, 사회과학, 자연과학, 공학과 광공업, 산업, 예술, 어학, 문학 등 모두 10가지로 분류하였으며, 출판사, 출판년도, 페이지 수, 크기 등의 순서로 각각 기록하고 있다.)

덕궁 등에 대한 역사적 기록을 상세하게 언급하고 있는데, 이는 조선의 지형, 기후, 교통에서부터 교육, 농업, 경찰, 고적조사 및 조선사 편찬, 사법 등에 이르기까지 다방면으로 조선의 사정에 대하여 상세하게 적어놓은 『조선요람』을 읽고 기행문에 옮겨 놓았을 가능성이 높다.

셰춘무는 조선의 교육과 역사에 대해 상대적으로 많은 지면을 할애하여 소개할 정도로 관심이 많았지만, 그가 또 하나 관심이 있었던 곳이 있었다면 그것은 '시장'이었다. 이는 그의 행적을 따라가 보면 어렵지 않게 발견할 수 있다. 셰춘무는 부산에서 시작하여 대구 → 경성 → 월미도 → 부산 → 동래 → 부산으로 이어지는 순환적 여로를 거친다. 그는 "토착민의 일상생활을 볼 때 시장만큼 안성맞춤인 곳은 없다. 이런 점에서 나는 부산에서처럼 이곳(대구)에서도 시장을 둘러보았다."[43] 라고 서술한 것처럼, 그는 잠시 방문한 도시마다 시장을 둘러보았다. 시장은 그 나라 서민들을 생생하게 접할 수 있는 곳이며, 그 고장의 생활상을 가장 잘 보여 주는 거울과도 같은 곳이다. 북적거리는 인파와 각양각색의 이채로운 물건들, 흥정을 하는 사람들을 보고 있노라면 그 나라의 한 단면과 맹렬한 삶의 에너지를 느낄 수 있다. 셰춘무는 시장을 통해 당시 조선 서민의 경제와 생활상을 엿보려고 했으며, 이는 조선에 대한 그의 호기심과 조선을 이해하고 싶은 그의 탐색 욕구에서 출발한 것이다.

---

43) 謝春木, 앞의 글, 83쪽.

2) 셰춘무의 조선인식

셰춘무는 조선을 "동화의 나라"[44]라고 다소 감상적인 단어로 표현하였다. 그가 서술한 조선의 인상을 기행문에서 살펴보면 회화적이고 다정다감하다.

> 헐렁한 바지가 바람에 한껏 부풀어 올라 있고 상투를 기묘한 갓통에 끼어 넣어 유유자적 걸어가고 있는 모습은 흡사 한 폭의 그림 같다. …… 네다섯 명이 기대어 서서 햇볕을 쬐고 있는 모습은 말로 표현할 수 없을 정도로 무사태평하다. (부산)[45]

> 긴 백의를 바람에 휘날리며 챙이 넓은 갓을 쓰고 이곳저곳을 떠돌아다니는 모습은 실로 평화롭고 우아하다. (대구)[46]

> 큰 물 항아리를 머리에 이고 양손을 저으면서 유유자적하게 담소를 나누면서 걸어가는 처녀들의 모습은 그야말로 그림 같다. (대구)[47]

> 좁은 곳에 많은 부녀자들이 옹기종기 모여 2척 정도의 둥근 방망이로 두들기면서 빨래하는 광경은 잠시 잠깐 동화의 나라에 온 듯하다. (대구)[48]

---

44) 위의 글, 82쪽.
45) 위의 글, 81쪽.
46) 위의 글, 82쪽.
47) 위의 글, 82쪽.
48) 위의 글, 82쪽.

조선인들이 아름다운 선율의 노래를 부르면서 천천히 짐을 올리는 광경은 그야말로 시적이다. (인천)[49]

"유유자적 걸어가고 있는" 조선인의 모습은 "흡사 한 폭의 그림"같고, 햇볕을 쬐고 있는 모습은 "말로 표현할 수 없을 정도로 무사태평"하게 보이며, 긴 백의를 입은 모습은 "실로 평화롭고 우아"하며, 처녀들의 모습은 "그야말로 그림"같아 마치 잠시 잠깐 "동화의 나라에 온 듯"한 편안한 느낌을 준다. 이처럼 조선은 세춘무에게 잔잔하고 평온하고 따뜻한 인상을 주었다. 하지만 조선의 실상은 그렇지 못했다. 1919년 3월 1일에 일본의 식민지 지배를 부정하고 민족의 자주독립을 지향하는 조선인의 저항운동이 전국으로 확산되자 일본은 조선인을 회유하기 위해 무단통치에서 문화통치로 정책을 바꾸었다. 문화통치 기간 동안 일본은 산미증식계획을 실행하였다. 이는 일본 내의 식량 부족 문제를 해결하기 위해 조선의 미곡을 장악하기 위한 정책으로서, 겉으로는 조선의 쌀 생산량을 증가시켜준다는 명목을 내걸었지만 실상은 더 많이 생산해서 더 많이 빼앗아 가겠다는 의도일 뿐이었다. 무단통치시기 동안 기존에 소유하고 있던 토지를 대부분 일본인 지주에게 빼앗겼던 농민들은 산미증식계획으로 인해 더더욱 처참한 가난과 굶주림에 시달려야만 했다. 따라서 1920년대 『동아일보』를 보면 거의 하루도 빠짐없이 자살 관련 기사가 실렸으며, 대부분은 쌀 수탈로 인한 생활고로 인한 자살이었다. 1922년에만 자살한 사람이 1256명에 달했으며, 이는 당시 조선 인구가 현재의 약 3분의 1이었음을 감안하면 상당히 많은 수[50]라고 할

49) 위의 글, 86쪽.

50) 천정환, 「1920년대 자살 급증, 오늘날과 닮은꼴—분에 못 이겨 목매고, 가난이 고달파 동

수 있다. 따라서 셰춘무가 본 것처럼 '유유자적'하고 '무사태평'한 모습은 당시 실제 모습과는 다소 괴리가 있다. 셰춘무가 조선을 '동화의 나라'라고 다소 과장되게 표현하게 된 연유는 대만과 달리 흰옷을 즐겨 입던 조선 사람들이 생소하면서도 미관상 깨끗한 이미지를 주었으며, 그의 짧은 여행의 대부분이 부산, 대구, 경성, 인천 등 조선의 대도시 관광지여서 실제 서민들의 삶을 살펴보기는 여건상 쉽지 않았기 때문이다. 게다가 셰춘무 자신이 서술한 것처럼 "빽빽하고 늘 긴장된 기분으로 지내야 하는 도쿄에서"[51] 겪은 긴장과 억압에서 풀려난 "해방감"[52]도 조선을 동화속의 나라로 보는 데 영향을 미쳤던 것으로 보인다.

셰춘무는 특히 조선의 역사와 교육에 대해 지대한 관심을 가졌다. 조선의 역사를 이해하기 위해 일부러 서점까지 가서 『조선요람』을 구입했으며, 조선의 명소와 옛 유적에 무엇이 있는지 알고 싶어서 명소 엽서를 사기도[53]하였다. 또한 조선의 명소를 방문하여 "창경원은 이전 고려시대의 이궁(離宮)이었다. 이성계 때는 수강궁(壽康宮)이라고 불렀으며 훗날 창경궁이라 명명했다."[54] 혹은 "창덕궁은 현재 순종의 거소이다."[55] 등과 같이 대만 독자에게 역사적 사실에 대한 정보를 제공하기도 하였다. 그러나 셰춘무는 특히 조선의 교육에 두 지면을 할애할 정도로 큰 관심을 가졌다.

반자살」, 『신동아』, 2004년 8월호 기사.

51) 謝春木, 앞의 글, 81쪽.

52) 위의 글, 81쪽.

53) 위의 글, 81쪽.

54) 위의 글, 85쪽.

55) 위의 글, 85쪽.

조선의 교육 조직은 대만과는 사뭇 다르다. 조선인과 일본인의 학교가 따로 세워져 있다. 소학교, 중여학교에서는 일본인 자녀들이 배우며, 그 교육을 위한 비용은 재류 일본인이 전액 부담하고 있다. 그러나 학교는 전부 학교조합으로 세워졌다. 학교조합은 이전의 거류민단이 변형된 것이다. 그래서 거류 중인 일본인의 교육비 부담이 한 가구당(빈부 모두 합쳐 평균적으로) 25원 33전 정도 된다. 조선인 교육은 보통학교에서 받을 수 있다. 그 비용은 학교비로 충당되고 있다. 이에 대한 조선인 각 가구의 부담은 평균 2원 17전 정도이다.[56]

셰춘무는 재조선 일본인들의 교육비 부담이 한 가구당 25원 33전 정도 되며, 조선인 교육은 보통학교에서 받을 수 있으며, 그 비용은 학교비로 충당되고 있다고 서술하고 있다. 하지만 이는 사실과 다르다. 조선총독부는 병합 이후 조선인 아동들을 위해 초등교육 단계의 보통학교와 중등교육 단계의 고등보통학교를 설립했다. 하지만 1911년 당시 보통학교는 207개교, 취학아동은 14,537명으로, 조선인 학령 아동의 취학률은 1.7%에 지나지 않았다. 반면 재조선 일본인들은 소학교 교육을 위해 학교조합을 결성하여 조합비와 총독부 보조금으로 학교를 운영했다. 이로써 일본인들의 소학교 교육은 사실상 의무교육[57]이 되어, 학비가 전혀 들지 않았다.

1920년대 당시 조선과 대만의 교육 제도는 셰춘무가 말한 것처럼 다소 달랐다. 이는 대만과 조선의 통치방침이 달랐기 때문이다. 일본 제국주의는 대만에서 겪은 시행착오를 바탕으로 조선의 통치방침을

56) 위의 글, 87쪽.

57) 박찬승, 『한국독립운동사—해방과 건국을 향한 투쟁』, 경기: 역사비평사, 2014, 37쪽.

정했다. 그것은 대만처럼 '내지'의 연장으로 삼는 것이 아니라 처음부터 '식민지'로 취급하는 것이었다. 더 넓게 보면, 1895년에 힘을 안 들이고 영유한 대만과 강화도사건 이후 조금씩 세력을 넓혀간 조선은 식민지정책의 방향성을 규정하는 초기 조건이 서로 크게 달랐다고 할 수 있다.[58] 따라서 일본제국이 대만과 조선에 실시한 교육에 대한 제도도 다소 달랐다. 조선교육령[59]보다 8년 늦게 1919년 1월에 대만교육령[60]이 칙령으로 공포되었다. 이는 조선교육령과 마찬가지로 교육칙어의 취지에 바탕을 두고 '시세(時勢)와 민도(民度)'에 적합하게 한다는 교육방침이었다. 교육제도도 초등학교 6년제를 기본으로 한 것을 제외하면 대만인 교육기관은 대략 조선을 모델로 하여 체계적으로 정비되었다. 3년 후인 1922년에 공포된 제2차 대만교육령에서 더 많은 개혁이 이루어졌다. 우선 교육칙어 및 시세와 민도에 관한 문구가 삭제되었으며, 제1조에서 "대만에서의 교육은 본령에 의한다."라고 규정함으로써 대만에 있는 일본인과 대만인의 교육을 완전히 별개로 다루었던 종래 복선형 교육제도를 통합하려 했다. 초등학교 단계에서 '국어를 상용하는 자'는 소학교, '국어를 상용하지 않는 자'는 공학교(公學校)에 진학하게 했다. 이는 조선도 마찬가지였다. 1919년 3·1민족운동 이후에 실시된 이른바 '내선융화(內鮮融和)'의 문화정책을 배경으로 하는 제2차 교육령(1922.02)에는 '국어를 상용하는 자'와 '국어를 상용하지 않는 자'를 구별하는 교육정책이 제시되

58) 고마고메 다케시 지음, 오성철 외 옮김, 『식민지제국 일본의 문화통합—조선, 대만, 만주, 중국 점령지에서의 식민지 교육』, 경기: 역사비평사, 2008, 107쪽 참고.

59) 조선총독부의 교육 정책은 4차례에 걸쳐 개정되었다. 제1차 조선교육령은 1911년에, 제2차는 1922, 제3차는 1938년, 마지막 제4차는 1943년이다.

60) 대만에 대한 교육 정책은 1895년부터 1919년까지를 제1차, 1919년부터 1941년까지를 제2차, 1941년부터 1945년까지를 제3차로 나눌 수 있다.

었다. 이 정책은 외관상으로는 일본어와 한국어교육의 동시적인 실시를 보장했으나, 실질적으로는 식민자인 '내지인'과 피식민자인 '조선인'의 차별을 명문화하는 결과를 초래했다.[61)]

셰춘무는 글 마지막 부분에 직접 방문한 경성 여고보와 대만 학교를 비교하였다. 그는 경성 여고보에 대해 다음과 같이 서술하였다.

> 경성의 여자고보(女子高普)를 참관하러 갔다. 건물은 매우 훌륭했다. 학생도 아주 쾌활했다. 잘 뛰어 다닌다. 우리 타이베이 제3이나 장화(彰化) 여학생보다 더 활발하다. 테니스를 몹시 좋아해 아이도 무서워 피할 정도라고 한다. 15분의 쉬는 시간에도 곧바로 코트로 달려가 테니스를 치곤 한다. 탁구도 아주 좋아한다. 매년 학교대항 시합도 개최한다. …… 그 뿐만이 아니다. 공부도 꽤 잘한다. 조선에서 부녀자가 발간하고 있는『개벽(開闢)』등 다양한 잡지, 신문을 보는 것은 우리 여학생 제군들이 조금이나마 흉내 낼 수 없는 부분이다.[62)]

셰춘무는 경성 여고보 학생이 공부나 체육면에서 대만 여학생들보다 더 뛰어나다고 말하면서, 대만 여학생도 조선 여학생처럼 신문과 잡지 등 다양한 미디어를 접하여 나라의 정세 및 시국에 대해 관심을 갖기를 바란다[63)]고 당부하였다. 하지만 경성 여고보 교육은 셰춘무가 생각하는 것처럼 '신여성'을 배출시키는 목적보다는 "여생도

61) 고마고메 다케시 지음, 오성철 외 옮김, 앞의 책, 167쪽.

62) 謝春木, 앞의 글, 87쪽.

63) 위의 글, 87쪽.

의 신체 발달 및 부덕(婦德) 함양에 유의하되 덕육(德育)을 베풀고 생활에 유용한 보통 지식과 기능을 가르치며, 국민 된 성격을 양성하고 국어에 숙달케 하는 것으로써 목적을 삼음"으로 되어있다.[64] 이러한 교육의 목적으로는 사회의 지도층 여성으로 활동하는 데 필요한 유용한 지식을 배우는 것은 힘들었을 것이다.

5. 맺음말

셰춘무의 조선 기행문을 살펴보면 여행을 온 젊은 청년으로 처음 보는 풍경에 즐거워하고 호기심 어린 시선을 느낄 수 있다. 하지만 자신의 조국 대만의 현실 문제에 깊은 고민에 빠져 있던 셰춘무에게 조선 여행은 호기심으로만 그치지 않았다. 그는 조선 여행을 통해 조선의 역사와 교육에 대한 이해의 폭을 넓힐 수 있었다. 또한 셰춘무는 일본에 대한 조선 민족의 강력한 저항으로 인해 철저하게 감시와 견제를 당하는 조선인들에게 "제군들은 그만큼 인정을 받고 있으니 오히려 자부심을 가져라"[65]하면서 독려하기도 했다. 그 당시 조선은 1919년 인구의 1/10인 이백만명 이상이 참가한 31독립만세운동이 일어났다. 그 이후 중국 상해에 임시정부가 정식 설립되고 1920년에 무력군대가 조직되어 조선으로 침투하여 독립운동을 전개하였으며 1926년에는 610만세운동이 일어나는 등 항일운동이 활발하던 시대였다. 그에 비해 대만의 항일운동은 1915년의 마지막 무장 항일운동이었던 '시라이안(西來庵)사건'이 참혹하게 진압되면서

64) 이상경, 『한국근대여성문학사론』, 서울: 소명출판, 2002, 81쪽.

65) 謝春木, 앞의 글, 80쪽.

지식인 계층은 이 같은 상황에서 비교적 위험이 적은 '비무장 항일' 투쟁 방식을 선택하였다. 당연히 일본은 대만보다는 조선인에 대해 감시와 통제를 강화하였다. 셰춘무의 기행문을 보면 시모노세키 대합실에서 아무런 제재를 받지 않고 오히려 "자네는 대만인인가. 아 그렇군. 그래. 자 잘 부탁해"[66]라는 인사까지 받는 등 별다른 불편을 겪지 못하였다. 대만인에 대한 조선 경찰의 특별대우에 대하여 셰춘무는 고맙게 생각하기보다는 감시와 수색을 당하는 조선인의 차별적 대우를 도리어 부러워하며 조선인들을 독려하였다. '문화강연회' 등 일본과 대만에서 항일투쟁에 참여하며 "세계 무산계급과 식민지 민중들은 그 진영을 마음속에 확고히 새기고, 대외적으로는 긴밀한 연락을 취하여 더욱더 투쟁에 힘쓰며, 용맹스럽게 앞으로 돌격하여 자본주의와의 최후의 결전을 준비하자. …… 인류 해방의 목적을 이루기 위해서는 반드시 많은 동포들이 투쟁에 참여해야만 한다."[67] 라고 설파한 셰춘무에게 있어 조선인들에 대한 독려는 어쩌면 당연한 일일지 모른다.

1920년대 일본은 조선에게 제2차 교육령을 발효하고 조선의 교육체제를 일본과 동일하게 운용할 것을 공표하였다. 19세기 말 미국, 일본, 러시아, 청의 각축장이 되었던 조선은 외국 선교사들이 설립한 학교가 적지 않았으며 이광수 등이 주창한 실력양성론 등의 영향으로 교육에 대한 관심이 지대하였다. 셰춘무는 겉으로는 대만보다 발전한 또 다른 식민지 조선의 교육환경을 부러워하였다. 그의 마음속에는 대만 민중의 각성을 위해서는 교육환경이 조선 정도는 되어야 하는 바람을 갖고 있었다.

---

66) 위의 글, 80쪽.

67) 蔡培火, 吳三連,『臺灣民族運動史』, 臺北: 自立晚報, 1987, 421-422쪽.

셰춘무는 1924년 4월경에 조선에 며칠 동안 방문했다. 그의 기행문은 대도시를 중심으로 조선의 모습을 여행의 노정에 따라 서술되어 있다. 셰춘무는 이국 풍물이나 모습을 단순히 서술한 것이 아니라 대만의 현실을 생각하면서 방문한 도시에 관한 역사적 배경을 인용하며 자신의 느낌을 때로는 재기 발랄하게 때로는 감정적인 탄식과 전문적인 소견으로 표현하였다. 셰춘무는 조선을 '동화의 나라'라고 표현하는 등 다소 감성적이고 단편적인 시각으로 바라본 측면도 있으나 「유리너머로 본 조선」은 그 당시 조국의 장래를 걱정하는 대만 지식인이 바라본 또 다른 식민지 조선에 대한 감상을 살펴볼 수 있는 귀중한 자료이다.

제4장

제국 반도와 감정의 섬
: 사타 이네코(佐多稻子)의 식민지 기행문 비교

가오지아리(高嘉勵) 대만국립중흥대학 교수

1. 머리말: 전쟁 시기 작가의 파견 여정

1985년 시모노세키조약(馬關條約)과 1910년 한일 합병조약으로, 대만과 조선은 일본 제국의 식민지가 되었다. 일본인이 쓴 식민지 여행기는 제국의 발전단계에 따라 상이한 정치적, 문화적 함의를 지닌다. 식민 초기에는 주로 모험적이고 자극적인 정벌 또는 탐험의 여행이었다. 통치 안정기에 접어든 후에는 민간문화 교류가 증가하였고, 많은 사람들이 잇따라 식민지 순례길에 올랐다. 대동아전쟁 시기에는 많은 작가들이 총동원체제(總體戰)의 요구에 따라 식민지와 격전의 장소였던 중국 및 동남아시아에 파견되어 선전 글쓰기에 종사했다. 본 논문이 다루려는 구보카와 이네코(窪川稻子, 1904-1993)[1]는 당시

1) 사타 이네코는 전쟁 시기 대만과 조선을 여행한 후 발표한 작품에서 쿠보카와 이네코라는 이름을 사용하였다. 이는 당시 그녀가 구보카와 쓰루지로(窪川鶴次郎)과 혼인관계를

파견된 작가의 일원이었다. 그녀의 대만 및 조선 기행문인 「대만 여행」(1943-1944), 「조선 자유담」(1942), 「금강산에서」(1942)는 모두 파견 여정 이후에 창작한 것들이다. 최근 사타 이네코(佐多稻子)의 식민지 여정에 관하여 전문적으로 연구한 글은 많지 않지만, 기타가와 아키오(北川秋雄)와 하세가와 게이(長谷川啓)는 사타 이네코의 전체 창작여정에 관하여 심도 있는 연구를 진행한 바 있다. 위의 두 연구자의 연구는 본고에서 시대적 맥락을 이해하는 데 중요한 기초를 제공하였다. 한편 와타나베 스미코(渡邊澄子)는 여성의 각도와 가정문제로부터 사타 이네코가 전쟁기간 중 제국을 위해 복무한 행위를 해석함으로써, 여성 창작자와 국가 기제의 관계를 이해하는 데 큰 도움을 주었다. 사타 이네코는 본디 하층민을 위해 목소리를 내던 무산계급 문학 작가였다. 그렇다면 어떤 시대적 환경과 개인의 인생 변화가 전쟁 시기 그녀로 하여금 제국의 전령인 파견 작가가 되게 하였을까? 그녀의 식민지 여행 창작을 비교해보면, 그녀의 조선 기행문이 만주, 중국, 동남아 파견 작품의 경향과 비교적 유사하여, 정치 선전의 색채가 농후함을 알 수 있다. 반면 그녀의 대만 기행문은 그와 같은 관방 주도적 창작과 달리 비판적 언론의 성격을 드러낸다. 사타 이네코의 전쟁 시기 대다수 작품들의 주요한 특징은 어째서, 그리고 어떻게 조선 기행문에서 나타나는가? 또한 대만 여행 창작이 그것들과 상이한 까닭은 무엇이고, 그 특징은 어떻게 작품 속에서 도드라지는가? 본고는 세 부분으로 나누어 그것들을 탐구하려 한다. 첫 번째 부분에서는 1940대 일본 제국의 총동원 상황과 사타 이네코 개인의

유지하고 있었기 때문이었다. 1945년 5월에 구보카와 쓰루지로와 정식으로 이혼한 후, 그녀는 동년 11월부터 사타 이네코라는 이름으로 작품을 발표하기 시작한다. 본고는 현재 상용되는 '사타 이네코'라는 칭호를 사용하였다.

삶과 창작 역정의 변화를 서술하였다. 두 번째 부분에서는 조선 기행문을 위주로 작가의 전시(戰時) 글쓰기가 어떻게 제국의 정책과 결합했는지의 문제를 살펴보고, 그 결과 조선사회의 진실한 상황을 드러낼 수 없었음을 고찰하였다. 그리고 세 번째 부분에서는 대만 기행문을 중심으로 여성이 어떻게 개인 삶의 정서적 그물망을 재건하고 제국 전쟁 협력 체제를 극복하여 제국의 세력 확장에 문제를 제기하게 되는지 살펴보았다.

2. 제국의 총동원체제와 사타 이네코의 창작

사타 이네코는 영토 확장과 군사적 침략을 목적으로 제정된 일제의 문화선전 책략을 계기로 식민지 여행 글쓰기에 종사하게 되었다. 1931년 만주사변 발발 후, 일제의 군부와 민간 신문사들은 일본 국민들에게 전방의 전쟁 상황에 관한 정보를 제공함으로써 후방을 안정화하고 전쟁의 수요를 지원하기 위해 작가들을 조직, 파견하여 전방을 시찰하고 전쟁과 관련된 제재로 작품을 창작하도록 했다. 가미야 다다타카(神谷忠孝)는 1941년 태평양 전쟁이 일어난 후, 일본정부(특히 해군과 육군부)가 독일의 '정책선전대(Propaganda Kompanien)'를 모방하여 체계적으로 작가를 조직하고 그들을 전장에 파견함으로써, 점령지에서의 정책 선전과 각종 창작을 통해 후방지역 국민의 사기를 돋우고 전쟁을 지지하게 했다고 말한다. 이러한 작가들은 자발적으로나 비자발적으로 문학 창작을 통해 전쟁 시기 군사 행동에 참여했으므로 '필부대(筆部隊)'라 불렸다.[2] 요시노 다카오(吉野孝雄) 역시

2) 神谷忠孝, 「序論」, 『南方徵用作家 戰爭と文學』, 神谷忠孝,木村一信編, 京都: 世界思想社,

당시 문학계가 전쟁 국면에 호응하여 주동적으로 1941년 12월 24일에 '문학자애국대회'를 성립시켰고, 전시 국민정신 고취와 대동아 신문화 창조를 지침으로 삼았다고 말한다.[3] 문학자애국대회는 1942년 5월에 '일본문학보국회'로 변경되어 '대정익찬회(大政翼贊會)'에 예속되었고, 그 설립취지는 황국 전통의 일본문학 확립과 황도문화(皇道文化) 선전이었다.[4] 당시 각 선전조직은 식민지 조선과 대만, 그리고 바다 건너편 만주에서 복건을 거쳐 격전지 중국 이남의 새로운 점령지인 동남아 각지로 진출하였다. 북진, 남진정책에서 한반도와 대만섬은 그와 같은 전투지역으로 가기 위한 필수적인 중계지역이었기 때문에, 문화전과 선전전 하의 글쓰기에 있어 중요한 고리가 되었다.

문학창작과 전시체제의 협력은 '일본문학보국회' 외에도 '대일본언론보국회'('일본평론가협회' 구회원을 중심으로 사상가, 평론가들을 광범위하게 결집시킨 단체), '일본편집자협회'(당시 4개의 종합잡지의 편집자들로 구성된 단체)가 잇따라 결성되었다. 이러한 조직은 완정한 사상통제조직으로, 일본 제국의 사상, 문화, 언론이 더 이상 정부 방침을 비판하지 못하고, 정책에 복종하고 정책을 선전하는 전쟁협력 시스템의 일환이 되었음을 의미했다.[5] 관방의 관점에서든 아니면 민간의 관점에서든, 대동아 전쟁은 군사적 무력에 의한 전쟁이기만 한 것이 아니라 경제, 선전, 사상, 문화에 걸친 전면전이었다.[6] 사타 이네코 역시 이러한 시대적 환경 하에서 자신의 여정과 기행문 창작을 개시했다.

1940년 6월에서 7월까지 사타 이네코는 조선총독부 철도국의 초

1996, 6-9쪽.

3) 吉野孝雄, 『文學報國會の時代』, 東京: 河出書房, 2008, 77쪽.

4) 吉野孝雄, 위의 책, 79, 83쪽.

5) 吉野孝雄, 위의 책, 87-96쪽.

6) 吉野孝雄, 위의 책, 81쪽.

청으로 조선을 여행했다. 그녀가 국가 정책 아래서 창작을 위한 초청을 받아들인 것은 이번이 처음이었다.[7) 「조선 자유담」과 「금강산에서」는 이 여행의 성과물이었다. 한편 1942년 3월과 4월, 그녀는 '대동아문예강연회'를 위해 하마모토 히로시(濱本浩), 토요시마 요시오(豐島與志雄), 무라마쓰 쇼후(村松梢風) 등과 대만에 온다. 당시의 강연 제목은 「부인의 입장(婦人的立場)」으로, 비상 시기의 여성은 국민 모성의 요구에 응해야 하고 여성 자신의 문화 수준을 향상시켜야 한다는 내용이었다.[8) 여성주체, 모성, 전쟁 등 세 가지를 결합한 이와 같은 논술은 사타 이네코의 전쟁 시기 작품에서 자주 출현했다. 「대만 여행」은 이 때 대만을 둘러보고 강연활동을 수행하면서 창작한 결실이었다. 1940년에서 전쟁이 끝날 때까지, 그녀는 군사조직, 신문사, 문학단체 등의 요청으로 식민지 외에도 만주, 중국, 동남아 전선에서 강연, 위문, 전쟁 글쓰기 등의 활동을 수행하였다. 그녀는 전쟁 시기에 매우 활동적인 여성작가였다.[9)

그러나 적극적으로 전쟁에 협력했던 사타 이네코도 본래는 무산계급 문학 작가였다. 그녀의 변화의 원인을 찾기 위해서는 그녀의 성장과 창작 배경 속으로 되돌아가야 한다. 사타 이네코는 봉건적 색

7) 佐多稲子研究会, 「佐多稲子／年譜」, 『佐多稲子』, 長谷川啓編, 東京: 日本図書センター, 1995, 263-264쪽.

8) 岡野幸江, 『女たちの記憶 〈近代〉の解体と女性文学』, 東京: 双文社, 2008, 114-115쪽.

9) 1941년 6월 그녀는 만주의 일일신문사(日日新聞社)의 초청으로 만주를 여행하였고, 돌아오는 길에 재차 조선을 방문한다. 동년 9월 조일신문사(朝日新聞社)의 청탁으로 소설가 위문부대의 일원으로 만주의 각 전장을 위문하였다. 10월에 일본으로 돌아온 후 '후방문예운동(後方文藝運動)'의 강연으로 4개국 각지를 전전했다. 1942년 5월에서 6월까지 육군보도부의 청탁을 받고 신조사(新潮社)의 특파원으로 중국 각지에서 위문을 수행했다. 1942년 10월에서 1943년 4월까지 그녀는 육군성 보도부에 소집된 남방 파견자의 일원으로 말레이시아, 싱가폴, 인도네시아 수마트라 등지에서 전쟁 위문 임무를 수행했다. 1943년 8월 그녀는 대의원의 신분으로 제2회 '대동아문학자결전대회(大東亞文學者決戰大會)'에 참석했다.(佐多稲子研究會, 위의 글, 263-264쪽.)

채가 여전히 짙었던 러일전쟁(1904-1905) 시기에 태어났다. 그녀는 모친의 이른 죽음과 부친의 낙담, 가정형편의 어려움 등으로 인해 소학교를 중퇴하고 캐러멜 공장의 여공으로 일해야 했다. 그녀가 뒤에 발표한 무산계급 문학의 성격을 띤 처녀작 「캐러멜 공장에서(在焦糖工場)」(1928) 역시 자신의 경험을 바탕으로 쓴 것이다. 후에 그녀는 니혼바시(日本橋)의 마루젠(丸善)서점 양품부(洋品部)에서 일하면서 모범 직원으로 선정된다. 상사의 신임과 보살핌으로 그녀는 케이오 대학(應慶大學)의 자본가 자제와 결혼한다. 그러나 본래 행복해야 할 결혼생활은 남편 집안의 냉담함과 음울함으로 인해 수차례 자살미수 후 이혼에 이른다. 그 후 그녀가 '코오로쿠(紅綠)'에서 여성 종업원으로 일할 때 문예지 『로바(驢馬)』의 나카노 시게하루(中野重治), 호리카와 유우(堀川雄), 구보카와 쓰루지로 등을 알게 되었고, 특히 구보카와 쓰루지로와는 서로 사랑하여 결혼한다. 1928년에 일본 무산계급 문학운동의 중요 조직인 '납보(納普)'에 가입하여 문학창작을 시작하였고, 1932년에는 공산당에 가입하였다. 그러나 마르크스주의적 사회, 문학운동에 대한 일본 정부의 강력한 억압으로 인해, 문학의 연대를 위해 분주하던 그녀는 끊임없이 검거, 구류, 기소, 재판 등의 일들과 맞닥뜨려야 했다. 그녀가 체포와 석방으로 시련을 겪던 중인 1935년에 그녀의 남편 구보카와 쓰루지로가 외도를 시작한다. 1938년에 구보카와 쓰루지로가 친구인 다무라 도시코(田村俊子)와 이 년간 불륜을 저질렀다는 사실이 밝혀지면서 부부관계는 곧 파탄에 이르게 된다. 1940년부터 그녀는 여러 요청을 수용하여 식민지와 전쟁터를 전전하면서 창작을 시작한다. 그녀와 구보카와 쓰루지로의 혼인관계는 1945년 5월에야 정식으로 종결된다.[10)]

10) 陳棨, 「早染·文緣·執著」, 『佐多稻子』, 台北: 光復書局, 1988. 29-35쪽; 佐多稻子硏究會, 위의

주요 사타 이네코 연구자인 하세가와 게이는 사타 이네코의 창작 이념의 커다란 전변이 그녀 개인의 불우한 혼인 역정과 떼려야 뗄 수 없는 관계가 있다고 지적한다. 그는 사타 이네코의 전쟁 책임에 관하여 분석할 때 그녀가 작품 속에서 부부관계의 와해와 자아 붕괴를 묘사한 부분에 반드시 주의를 기울여야 한다고 보았다. 왜냐하면 그녀와 구보카와 쓰루시로와의 부부관계는 당시 신여성과 남성의 결합을 상징할 뿐만 아니라 무산계급 문학이상을 추구하는 동지적 부부의 전형이기도 했기 때문이다. 따라서 무산계급 문학운동이 일본 정부의 강력한 억압을 받아 점차 붕괴되어간 상황은 그들 부부관계에도 심각한 영향을 미쳤다. 구보카와 쓰루지로와 그녀는 당시 일본의 많은 무산계급작가들과 마찬가지로 군경의 체포와 감시로 인해 심신이 몹시 고달팠다.[11] 하세가와는 나아가 사타 이네코의 『미요(未予)』와 전후의 자전식 사소설을 분석하여, 사타 이네코가 혁명운동에 가담함으로써 민중과 단절감을 갖게 되었고, 남편의 외도가 야기한 고독감은 그녀를 외딴 벌판에 서 있는 것처럼 만들었다고 지적한다. 그리하여 그녀는 창작 요청을 받아들였고, 출정하는 병졸의 비애를 빌어 민중과의 일체감을 형성함으로써 자신을 두려운 허무와 고립으로부터 구출해내려 했다.[12] 하세가와는 사타 이네코와 그녀의 작품을 깊이 분석함으로써 사적인 영역인 부부관계와 공적인 영역인 국가 기구의 운용 및 전쟁 협조 활동이 부단히 서로 영향을 끼쳤음을 적시하였다. 바꾸어 말하면, 사타 이네코의 작품을 탐구할 때 결혼 생활 속에서 미세하게 변조되는 개인 감정을 홀시해서

글, 261-268쪽.

11) 長谷川啓,『佐多稲子論』, 東京: オリジン出版センター, 1992, 138쪽.

12) 長谷川啓, 위의 책, 113-135쪽.

는 안 된다. 왜냐하면 그것이 총동원의 국면 속에서 사타 이네코 창작의 향방을 이끌었기 때문이다.

사타 이네코의 전쟁 시기 창작은 전후방을 막론하고 개인 감정을 일본 민중의 집단의식에 기탁하는 경향을 지녔다. 기타가와 아키오는 일본 국내 분위기의 묘사에서 사타 이네코가 전장에 나가는 사병들을 눈으로 전송하는 군중(특히 여성들) 속에서, 후방 민중들 마음속에 깃든 아쉬움, 아픔, 무력함, 격정, 그리고 전쟁을 적극적으로 지지하는 정서 등을 느끼는 듯하다고 말한다. 한편 전방의 전쟁터를 묘사하면서 그녀는 쓸쓸하게 고향을 생각하면서도 죽음을 두려워하지 않고 용감히 천황을 위해 전투를 벌이는 일본 병사들의 이미지를 새긴다. 그녀는 병사들의 신성함을 강조한다. 자신의 목숨을 건 사병들의 생명에는 숭고한 가치가 있다.[13] 또한 이 작품들이 묘사하는 후방 여성들의 마음속에는 전방의 사병들처럼 아픔과 더불어 강인한 정서가 자리하여, 전쟁 시기 여성의 독립자주적인 특징과 민중과 더불어 시대의 고통을 감내하는 의지력을 나타낸다. 그러나 이들 작품에는 심각한 문제가 있다. 그것들은 그러한 전쟁이 일본 제국이 다른 나라를 침략함으로써 초래되었다는 점을 언급하지 않는다. 그녀의 안중에는 일본 사병과 민중들만 있을 뿐 침략 받는 나라의 민중들의 고통은 존재하지 않는다. 또 그녀의 눈에 '영웅'으로 비쳐지는 일본 병사들이 휘두르는 폭력에 대해서는 침묵한다. 심지어 여성의 감성과 민중의 의식을 전쟁을 지지하는 분위기로 전환시킨다. 이는 사타 이네코의 전쟁 시기 작품이 전후에 많은 비판을 받게 된 이유가 되었다.

전후에 사타 이네코는 전심전력으로 전쟁에 협조한 자신에 대해

---

13) 北川秋雄,『佐多稻子研究』, 東京: 双文社, 1993, 258-259쪽.

부단히 비판을 가한다. 그녀는 1978년 다음과 같이 기록했다.

> 과거 나는 불법적인 당 조직에 참여하여 반전(反戰)에 대해 글을 쓴 사람이었다. 나는 이 시기 전쟁의 본질에 대해 알면서도 시류에 영합하였으므로, 그 행위는 배신이라 말할 수 있다. 이것이 내가 같은 길을 걸었던 다른 이들과 근본적으로 다른 점이다. 나의 은신복 위에는 배신이라는 두 글자가 도드라져 보일 것이다……이는 부부 갈등의 결과물이었다.[14)]

전쟁기 사타 이네코의 그와 같은 배신 과정에 대해, 와타나베 스미코는 사타 이네코의 삶의 경험과 여성 정서의 각도에서 출발하여 비교적 관용적인 태도를 취한다. 그는 사회적 약자인 여성 사타 이네코가 전쟁 시기에 겪은 고난의 경험에 주목한다. 와타나베 스미코에 따르면, 당시 구보카와 쓰루지로가 혼인 생활에서 끊임없이 비행을 저질러 심신에 커다란 상처를 입었음에도 사타 이네코는 그를 용인하는 태도를 취했다. 이는 문학운동의 여성 전우였던 미야모토 유리코(宮本百合子)를 화나게 했다. 왜냐하면 미야모토 유리코는 그녀의 용인이 자기학대와 나태함을 띤 타협적 행동이라고 생각했기 때문이다. 와타나베 스미코는 단순한 이성적 분석으로 사타 이네코의 우유부단함을 책망해서는 안 된다고 여겼다. 그 까닭은 당시 일본 정부가 전력을 다해 무산계급 문학운동을 억눌러 사타 이네코의 문학 동지들과 벗들이 연이어 떠났고, 그녀 또한 당국의 감시 하에서 정기적으로 경찰국에 나가 신고를 해야 했기 때문이다. 이토록 열악했

14) 佐多稲子, 「時と人と私のこと(3)——くぐり抜けと狎れ合いと」, 『佐多稲子全集 第三卷』, 東京: 講談社, 1978, 403쪽.

던 것은 외부적 상황뿐만이 아니었다. 남편의 배반을 깨달은 그녀는 부부관계의 파열에 직면했고, 아이의 양육과 가정경제를 오로지 혼자서 짊어져야 한다는 압박감에 절망과 고립, 고독감을 맛보아야 했다.[15] 하세가와 게이는 이처럼 절망적인 결혼생활과 문학 활동이 여성의 자주성과 정서적 출구를 찾아 헤매던 사타 이네코로 하여금 점차 국가 총동원법의 여성 능력 활용 정책과 손을 잡게 하였고, 전시체제에 저항하고 비판하는 정신을 잃어버리게 했다고 말한다.[16]

와타나베 스미코와 하세가와의 견해는 사타 이네코를 두둔하기 위함이 아니다. 물론 전후 자다의 자아비판처럼, 그녀가 전쟁에 협력하여 글을 쓴 행위는 분명 도덕적 책임을 져야한다. 그러나 두 논자는 여성의 삶과 감정 역정에서 출발하여, 전쟁시기의 개인과 국가의 관계가 일반적 인식과는 다르다는 점을 지적했다. 국가 이데올로기 기구가 개인의 애국주의를 선동하면 개인은 맹목적이고 피동적으로 그것을 따르는 것이 아니다. 오히려 '인간'이라는 개체의 생명과 감정이 바로 운명의 향배를 추동하고 결정짓는 관건인 것이다. 그리고 전시라는 환경과 제국의 정책은 늘 그러한 결정 후에 뒤따르는 출구였을 뿐이다. 그들의 견해는 개인과 제국의 관계를 단순화하지도, 감정적으로 작가의 도덕성에 평가(선하다거나 악하다고)를 내리지도 않았다. 인간이 기계가 아닌 이상, 제국 정부의 지령을 받아들인 후 곧장 그것과 생각을 일치시킬 수는 없는 일이다. 위의 두 논자는 인간 자체에 대한 탐구로 돌아가 먼저 인간 주체의 생명과 정감을 바라본 뒤에야 비로소 제국이 발동한 전쟁을 깊이 있게 들여다볼 수 있으며,

15) 渡邊澄子,『日本近代女性文學論——闇を拓く』, 東京: 世界思想社, 1998, 258-262쪽.

16) 長谷川啓,「戦時下の抵抗と屈折」,『「戦時下」の女性文学5 女性の言葉／続·女性の言葉』, 東京: ゆまに書房, 2002, 2쪽.

개별자로서의 인간과 집단의 삶이 어떻게 그로부터 심대한 영향과 아픔을 갖게 되는지를 알 수 있음을 보여준다. 이러한 각도에서 논의를 출발해야만 사타 이네코의 조선-대만 여정과 그 창작을 이해할 수 있으며, 양자 사이의 확연한 차이점이 어째서 생겨났는지 파악할 수 있다.

3. 제국의 눈에 비친 한반도

조선 여행을 시작으로 사타 이네코는 국가 정책에 부합하는 창작을 개시한다. 「조선 자유담」과 「금강산에서」이 두 편의 기행문을 선택한 이유는, 글 제목이 명확하게 조선의 지명을 표지로 삼았다는 점 외에도, 수필의 형식으로 해당 지역의 인물, 사건, 사물을 그려냄으로써, 일본 여행자의 머릿속에 전쟁 시기 식민지 조선에 대한 인상이 어떠했는지를 잘 보여주고 있기 때문이다. 「조선 자유담」은 세 부분으로 이루어져 있는데, 각 부분은 서로 연관성이 없다. 첫 번째 부분인 「수원행(水原行)」에서는 여행자와 하마모토 히로시가 조선의 고성(古城) 수원에 이르러 들판 위에 서 있는 옛 성벽과 아름다운 풍경에 찬탄을 금치 못하고, 어떤 박물관 입구의 정거장에서 역장을 만나 그의 부탁으로 막 태어난 아이에게 이름을 지어주는 내용을 담고 있다. 「언어의 그림자(語言陰影)」에서는 도쿄(東京)과 교토(京都)에 와서 일본어를 배우는 많은 조선인들에 관하여 이야기하는데, 작가는 그들이 일본어를 조선어로 전환하는 것을 우연히 듣고 특별한 느낌을 받는다. 한편 「조선인들(朝鮮人們)」에서 여행자는 자신이 쓴 어느 소설에서 도쿄의 공장거리에 사는 한 조선인 가정에 대해 묘사한 대목을 언급한다. 그녀는 외국인 펄 벅이 중국의 농촌 부녀자를 묘사한 소설 『대지』를 써냈던 것처럼, 자신 또한 미래에 조선 부녀자들의 생활을 깊이 있게 그려낸 작품을 창작할 수 있기를 기대한다.

「금강산에서」는 두 개의 부분으로 구성된다. 첫 번째 부분에서는 조선인들이 일생에 꼭 한 번은 가봐야 한다고 여기는 명산 금강산 내에 조선 철도국이 경영하는 내금강 산장에서 두 혼혈인 소녀를 만나는 이야기를 담고 있다. 소녀들의 아버지는 중국인 관원이고 어머니는 독일 여성으로, 두 소녀의 생김새는 저마다 부모의 특징들을 물려받았다. 두 번째 부분에서는 금강산에 대한 소개를 중심으로 이루어져 있다. 여행자는 금강산에 국보로 지정된 아름다운 고찰(古刹)들이 많이 있음을 설명한다. 또 금강산은 외금강과 내금강으로 나뉘는데, 각각은 남성의 웅장함과 여성의 우아함을 지닌다. 여행자는 시간의 세례를 듬뿍 받은 어떤 낡은 절에 들어가 방 안 책상 위에 일본 작가의 책이 펼쳐져 있는 광경을 본다. 외금강 입구의 사원은 소학교를 겸하는데, 여행자가 그곳을 떠날 때 어린 아이들이 일본어로 '아름답다! 일본의 국기(國旗)'를 부르는 노랫소리를 듣고 감동을 느낀다.

이 두 수필적 성격을 띤 기행문을 통해 볼 때, 식민지는 필경 전쟁의 전방이 아니며, 사타 이네코가 묘사한 양국 군대가 대치하며 살벌한 분위기로 가득했던 중국의 전장과도 다르다. 조선 기행문에서는 해당 지역의 사람과 사물들을 묘사의 주요 대상으로 삼았다. 그러나 문제는 현지의 사람과 사물 그리고 여행자 사이에 냉랭하고 엄숙하며 무거운 격절감이 나타난다는 점이다. 여행자는 현지의 환경에 녹아들지 못하고 분명한 거리를 두고 냉담하게 눈앞의 수원 고성, 고찰, 금강산, 소학생들을 응시할 뿐이다. 전투가 벌어지는 전방이 아님에도 전장과 유사한 이러한 스산한 분위기는 조선이 제국 판도의 확장에 있어 줄곧 전략적인 위치를 점하고 있었음을 반영한다. 조선과 대만은 각각 일본 제국의 '북진'과 '남진'의 중추 역할을 담당했다. 그러나 상대적으로 비주류였던 '남진론'에 비해 청(淸)과 중국으로의 진출을 목표로 하는 '북진론'은 제국 정부의 중요한 발전 노선이었다. 이로 인해 일본 정부의 입장에서 조선의 정치, 군사, 사회 정세에 대한 전면적인 통제는 필수적인 수단이었다. 따라서 조선에 대한 일본의 식민정책은 대만에 비하면 훨씬 엄격했다. 식민 초기, 대만과 달리 조선에게는 청과 일본 국적 중 하나를 선택하도록 하는 2년 간의 유예기가 없었다.[17] 일본의 강력한 군사적 역량은 1910년 조선이 '한일합병조약'에 서명하여 대한제국의 정식 멸망을 초래하게 했다. 전체 식민시기를 보면, 대만은 장기간(1919-1936) 문관 총독의 시기를 보냈고, 무관 총독 시기는 대만의 무력항쟁을 진압하던 식민 초기와 총체전을 벌인 말기에 한정되었다. 반면 조선의 경우 식민시기 전체에 걸쳐 무관 총독이 통치했고, 식민지와 해외 조선인들의 항일 및 독립운동 진압에 전력을 기울였다.[18] 조선에 대한 일본의 강압적 통치는 한 편으로 정치, 경제적 측면에서 서양 국가들과 청·중국의 영토를 분할하려는 결심을 드러내며, 다른 한 편으로

17) '시모노세키조약'(또는 하관조약 내지는 일청(日淸)조약으로도 불림)에 따르면, 대만 주민은 2년 안에 이전 국적을 선택하여 등기할 수 있었고, 기한 내에 청으로 돌아갈 수 있었다. 이전 국적에 대한 등기수속을 밟지 않으면 기한이 지난 후 일본 국적을 선택한 것으로 간주했다. 이는 주로 일본 자체의 인구 압력 때문으로, 더 많은 일본인이 대만으로 이주할 수 있도록 원주민인 대만인들이 대만을 떠나주기를 원했던 것이다. 그러나 소수 상층계급 관원이나 신사(紳士) 계층 외에 당시 대다수 대만민중들은 청으로 돌아가 생활을 영위할 돈이나 능력을 지니고 있지 못했다. 따라서 떠나기로 신고한 인구는 대만 전체 인구의 0.16%에 불과했다.(黃昭堂 2003: 53-56) 이 정책은 비록 식민지 인민들을 위해 마련된 것은 아니었지만, 정권의 과도기에 정치, 사회적으로 심각한 충돌을 완화하는 기제로 작용했다.

18) 簡江作, 『韓國歷史』, 台北: 五南, 1998, 309-414쪽.

조선인들이 제국 정부의 강력한 억압 하에 있었다 하더라도 국내외에서 무장 항일 및 독립운동이 쉴 새 없이 벌어지고 있었음을 알려준다.

1940년대의 조선과 대만은 남북의 전략적 지위, 반도 또는 도서(島嶼)라는 환경, 그리고 식민지 문화 인식에 대한 차이 등으로 인해 사타 이네코 창작의 양식과 서술태도에서 상이하게 나타났다. 전략적 지위에 관해서 보면, 조선은 주요 전장인 중국과 러시아와 직접 연결되어 음울한 전쟁의 분위기가 느껴졌지만, 사면이 바다인 도서 대만은 남진정책의 핵심적인 중계섬의 지위를 부여받았음에도, 바다로 인해 포화로 뒤덮인 중국과 동남아의 전장으로부터 이격되어 보급과 운송이 섬 대 섬, 또는 섬 대 육지의 도약적 방식으로 진행되었던 까닭에 그와 같은 분위기를 느낄 수 없었다. 조선과 대만의 서로 다른 분위기는 자연히 여행자에게 전달되었다. 토요시마 요시오는 조선 여행이 여행자에게 거리감과 조심스러운 느낌을 준 반면, 대만 여행은 비교적 자유로운 느낌을 줬다고 언급한 바 있다.[19] 사타 이네코 역시 대만 여행을 떠올리면서 한적하고 가벼운 여정이었다고 말한다.[20]

이 외에도 여행과 창작 시간의 차이 역시 고려해야 할 중요한 요소이다. 사타 이네코의 조선 여행은 1940년에 이루어졌다. 이 시기는 제국 정부의 야심이 대단했던 시기로, 태평양전쟁(1941-1945) 발발 1년 전이기도 했다. 기행문의 발표 시기는 1942년으로, 이 때 일본군은 연전연승하며 기세가 하늘을 찌를 듯했다. 따라서 그녀는 작품 속에서 일본 제국의 기상을 강렬하게 표현했고, 작품 안에서 식민

19) 岡野幸江, 위의 책, 2008, 114쪽.
20) 佐多稻子, 위의 글, 1978, 402쪽.

지 조선의 사회현실은 거의 찾아볼 수 없었다. 그러나 사타 이네코가 대만에서 강연 여행을 하던 1942년 6월, 일본은 미드웨이 해전에서 패한 후 태평양에서의 주도권을 상실하였다. 「대만 여행」이 발표된 1943년에서 1944년 초까지 일본 제국의 기세는 완전히 꺾여 있었다. 그녀는 당시 일본에 패색이 짙음을 인식했고, 이에 글 속에 자신이 들여다 본 대만 사회의 궁핍한 정황을 반영했다.

이 두 기행문은 각각 조선의 명승지인 수원과 금강산을 다루면서, 수원 고성과 그 인근의 아름다운 경관, 내외 금강산의 기이한 산세, 산속에 위치한 유구한 역사를 지닌 고찰 등을 묘사했다. 그러나 이러한 경관들은 조선 땅이나 조선 역사와 정서적으로 직접적이고 실질적인 연관을 맺지 못했다. 예를 들어 여행자는 다수의 국보급 고찰이 위치한 금강산에서 다음과 같이 서술한다.

> 내금강산 시냇가 부근에 있는 농가에선 순백색 기모노를 입은 젊은 여성이 쌀을 씻고 있는 것 같았는데, 그 풍경이 정말 아름다웠다. 시냇가 옆으로 난 도로 전면에는 다람쥐가 나무들과 바위 사이를 마치 날듯이 오르내리고 있었다.
>
> 이 같은 산 속에서 느닷없이 사찰의 한 귀퉁이가 모습을 드러냈다. 돌계단은 이미 낡아 부서졌고, 역사의 풍상을 겪은 문루와 본당은 고담한 아름다움을 보여주었다. 붉고, 푸르고, 노란 정교한 색채들이 비바람에 퇴색돼 거의 하나의 색처럼 섞여 형용할 수 없는 복잡하고 우아한 빛깔을 뽐냈다. 그 문루 위에 흰 마의를 걸친 승려가 한가로이 가부좌를 틀고 앉아 돌계단을 오르는 우리를 내려다보고 있었다. 돌계단을 오르니, 뜰 안에는 목단과

작약이 만개해 선연한 색깔을 전시하고 있었다.[21)]

인용문에서 내금강산, 시내, 여성, 다람쥐, 고찰, 승려, 꽃 등 사물들은 단편적이고 표면적인 묘사의 대상일 뿐이며, 그것들은 서로 어떤 관계도 없이 괴리되어 있다. 예를 들어 날듯이 달아나는 다람쥐와 내금강산의 아름다운 여성 사이에 어떤 관계가 있는지, 또 정원에 만개한 부귀를 상징하는 꽃 목단과 작약이 고찰이나 승려와 어떤 관계를 형성하는지 알 수 없다. 각각의 경관은 식민지 풍경이나 조선의 역사를 깊이 이해하기 위한 일련의 인상으로 엮어내기 어렵다. 고찰에 대한 묘사는 아마도 두 편의 기행문에서 가장 섬세하고 그 지역에 가장 밀착하여 서술한 장면일 것이다. 낡아 부서진 돌계단과 고담한 본당은 사찰의 역사를 짐작케 한다. 그러나 이러한 사찰의 역사는 퇴색되어 단순화됨으로써, 조선의 심원한 자연적 특색, 역사적 내함, 종교사상, 문화적 함의 등을 끌어올 수 없다. 이렇듯 여행자의 입에서 흘러나오는 사물의 아름다움에 대한 찬탄은 표면적이고 연관성 없는 묘사로 인해 설득력을 잃는다.

그와 같은 서사 수법은 조선의 역사나 문화에 대한 여행자의 낯설음을 반영하고 있다. 여행자는 이 두 기행문에서 이러한 문제를 시인한다. 그녀는 금강산을 보며 이 산을 조선인들이 일생에 한 번은 꼭 가봐야 할 성산(聖山)으로 일컫는다는 점을 언급한다. 그녀는 비록 그 산의 웅장함을 느낄 수 있었지만, 웅장함 속의 세밀한 변화는 체득하지도 서술하지도 못했다. 그녀는 조선인들을 묘사하면서도, 다음과 같은 사실을 인정한다. "나는 조선이라는 나라에 대해 거의

21) 佐多稻子, 「金剛山にて」, 『「戰時下」の女性文學5 女性の言葉／續·女性の言葉』, 東京: ゆまに書房, 2002 [1942], 278-279쪽.

아무런 지식도 없었다."[22] 국가 정책에 의한 글쓰기라는 목적과 현지에 대한 지식의 심각한 결핍으로 인해 여행자가 해당 지역을 바라보는 시각에는 모종의 거리감이 있었다. 여행자의 주관 정서가 개입되는 경우도 적어 객관적인 보도(報道)와 같은 느낌을 풍긴다.

객관적 환경과 주관적 지식의 한계 속에서, 작중 조선인을 묘사하는 부분은 편폭이 매우 적어졌다. 여행자가 금강산에서 마주친 사람은 조선인이 아니라 중국인과 독일인의 혼혈 가정이었다. 「조선인들」에서는 조선인에 대해 가장 많은 이야기를 하지만, 여행자가 현지에서 직접 만난 조선인이 아니라 대부분 자신의 소설에서 허구적으로 구성한, 도쿄에 사는 두 조선인 가정에 대한 이야기일 뿐이었다. 그리고 조선인에 대한 그녀의 묘사도 대부분은 모호한 인상의 나열에 그쳤다. 여행자는 심지어 자신을 펄 벅과 비교하고 중국인 부녀자인 아란(阿蘭)의 이야기를 기록하면서, 외국인인 자신도 미래에 조선 사회에 밀착하여 부녀자들의 진솔한 이야기를 쓰고 싶다는 바람을 피력할 따름이다.

설령 작중에 실제 조선인이 등장한다 해도, 이는 통상 제국과 관련이 있는 부분적인 경우로 그친다. 그녀는 수원에서 아홉 살 혹은 열 살 가량 된 두 명의 여아가 일본구(日本球: 毬)를 이용한 전통놀이를 즐기는 것을 보지만, 서술의 중점은 '공놀이의 노래(玩救之歌)'가 내목(乃木) 장군의 수사영(水師營)에서 부르는 노래라는 것이었고, 다시 이 노래와 연관시켜 뤼순개성(旅順開城)이라는 일본제국의 역사를 언급한다. 그녀가 만난 정거장의 역장도 조선인이긴 하지만, 그의 표정이나 행동거지는 완전한 일본 내지인 역장으로, 자신의 갓난아

---

22) 佐多稻子, 「朝鮮でのあれこれ」, 『「戰時下」の女性文學5 女性の言葉／續·女性の言葉』, 東京: ゆまに書房, 2002 [1942], 270쪽.

이를 그녀가 좋아하는 걸 보고 그녀에게 아이의 이름을 지어달라고 청한다. 「언어의 그림자」에도 도쿄나 교토에서 일본어를 배우는 많은 조선인 또는 조선 기생이 등장한다. 금강산 고찰의 승려 방 안에 펼쳐져 있던 것은 일본의 유명 작가 아베 도모지(阿部知二)와 시마키 겐사쿠(島木健作)의 작품이었다. 사타 이네코의 글에 등장하는 이러한 조선인들은 제국과 모종의 관련성을 맺고 있다. 일본식 공놀이에서 일본제국의 역사로, 내지 역장에서 일본식 이름으로, 일본어 학습에서 일본문학작품의 독서로 말이다. 조선 기행문의 이와 같은 서술 방식은 전쟁 시기 사타 이네코의 일관된 전쟁 협력 글쓰기를 보여준다. 조선인의 땅에 조선인은 존재하지 않거나 존재하더라도 일정 정도 일본 제국과 연관성을 지닌다. 이는 현실 속에서 일본인이나 일본 군대가 조선에서 야기한 문제들을 우회적으로 합리화하고, 해당 지역에 대한 식민통치를 재확인한 것이라 말할 수 있다.

이러한 창작 기법은 여행자의 조선 역사문화에 대한 낯섦과 사회지식에 대한 지나친 결핍을 반영하고 있을 뿐 아니라, 여행자가 감정을 배제함으로써 여행자와 조선인 또는 조선 땅 사이에 정서상의 직접적 상호관계가 성립될 수 없음을 느끼게 한다. 독자의 입장에서 보면, 이런 작품은 작품이 묘사하는 대상—조선—과 독자 간에 감정상의 단절을 경험하게 만든다. 식민지 현지와의 감정적 단절로 인해, 「금강산에서」의 마지막 대목은 조선 아이의 일본어 학습이나 일본 노래의 합창으로 마무리된다. 글 안에서 피식민 지배 하의 조선인에 대한 관심이나 동정, 혹은 일본어를 강제로 익히게 하는 식민정책에 대한 반성은 찾아볼 수 없다. 조선, 중국, 남방의 전장을 묘사한 사타 이네코의 기행문에는 항상 현지에 대한 냉담함이 엿보이며, 제국 경험에 기생하는 여행자의 정감이 반영되어 있다. 또한 현지의 사람,

사건, 사물들은 제국 의식을 통해 제국 통치자의 심리와 정서를 자연스럽게 드러내며, 공적 영역인 정치는 문학계를 개조하여 제국에 복무하도록 하였음을 보여준다.

4. 여성 개인 정서의 수립과 환도(環島) 여행

파편적이고 산만한 조선 기행문의 기록 방식과 달리, 「대만 여행」의 서술 구조는 완성도가 있고 피차간에 연관성을 지닌다. 대만 기행은 지룽(基隆) 해안에 도착하여 타이베이(臺北)으로 들어온 후 동쪽 해안을 따라 남쪽 최남단의 빙둥(屛東)을 거쳐 다시 서해안을 따라 북상하는, 일종의 환도 여행의 망을 형성하였다. 전체적으로 대만 기행이 전하는 사회적 함의는 매우 깊이가 있고, 여행자 개인의 정감 표현 또한 보다 풍부하다. 글은 4회로 이루어져 있는데, 1943년 9월부터 진행된 『대만공론(臺灣公論)』에서의 연재는 1944년 1월까지 이어졌다(12월에는 실리지 않음). 1회에서는 여행자가 지룽에 도착한 후 남도(南島)에 대해 느낀 특별한 정취를 서술한다. 그 후 그녀는 대만으로 이주해 살고 있던 옛 친구 후지타(藤田)부부를 타이베이에서 만나 그들과 함께 대만 신사(神社)를 참배하고, 현지 일본인에게 신사가 얼마나 중요한지를 이해하게 된다.

2회에서 여행자는 참배에서 돌아와 이틀 후 몸져눕게 되었고 후지타 부부가 그런 그녀를 정성껏 간호한다는 내용을 언급한다. 병세가 호전되자 그녀는 고찰인 룽산사(龍山寺)에서 참배하고 타이베이의 길거리를 이곳저곳 구경한다. 건강을 회복한 후 그녀는 기차를 타고 이란(宜蘭)에 도착하여 다시 차를 갈아타 화롄(花蓮)의 일본인 이

민촌인 요시노촌(吉野村)에 이른다. 그곳에서 그녀는 촌민들로부터 고된 개간 후에 남는 것은 빚뿐이고, 촌락 남자들 대부분은 일거리를 찾아 외지로 떠났으며, 이에 여성들은 혼처를 찾지 못하게 되었다는 원성을 듣는다. 이후 남쪽으로 이동하여 타이둥(臺東)에 도착한 그녀는, 한 언론인이 강연에서 천황폐하라는 단어를 발설하던 그 순간, 청년단원들로부터 흘러나온 숙연한 목소리와 그 정경으로부터 깊은 인상을 받는다. 재차 남하하여 최남단 빙둥에 다다른 그녀는 이곳에서 엽서 한 장을 부친다.

3회에서 여행자는 서해안을 따라 북상한다. 가오슝(高雄)에서는 고향 부근의 촌락에서 온 젊은 여성을 만나 어린 시절의 자신을 회상하며 삶의 변화무쌍함에 감탄한다. 여정이 진행됨에 따라 여행자 역시 점점 추억 속으로 빠져든다. 가오슝 항구에서 예전의 상사였던 요시다(吉田)을 상기하며, 그가 자신에게 결혼 대상을 소개해 준 일, 결혼에 대한 기대감과 불안감을 가졌던 소녀 시절의 자신, 그리고 20년 사이에 자신에게 찾아온 변화 등을 떠올린다. 이후 그녀는 기차를 타고 고도(古都) 타이난(臺南)에 가서 대만의 과거 역사를 일별한다.

최종회에서는 타이난의 고풍스런 경관을 묘사한다. 타이난은 그녀로 하여금 하마다 야효우에(濱田彌兵衛) 사건 등 그곳과 연관된 일본인의 역사를 떠올리게 했다. 그녀는 또한 농업을 위주로 하는 대만의 토지에서 차분한 느낌을 받았고, 대만이 물산은 풍부하지만 일본 내지로의 쌀 송출로 인해 쌀 부족을 겪고 있음을 언급한다. 북으로 이동하면서 그녀는 호미제당회사(虎尾制糖會社)에서 친한 친구의 여동생을 만난다. 그리고 마지막 역이자 일본의 정취를 지닌 타이중(臺中)에서 강연을 진행하는데, 이전에 알고 지내던 본도인(本島

人) 작가 합가(闔家)가 그녀를 찾아와 인사를 나눈다. 그녀 또한 우평린(霧峰林)의 집을 방문하여 대만의 지식인들이 전통 대만 연극의 공연금지 처분에 괴로워하고 있음을 언급한다. 기행문 말미에서 그녀는 전체 여정에서 본도인이든 내지인이든 모두 자신에게 친절했고, 조선이나 만주와 달리 대만은 여행자의 마음에 그리움과 사모의 느낌을 가져다준다고 말한다.

사타 이네코의 이 여정은 선전이라는 공무의 부담을 안고 있었기 때문에, 그녀가 선택한 여행지 역시 대부분 관방의 요구에 부합하는 것이었다. 한 편으로 그녀의 이 여정은 식민 종주국 정치와 문화 권력을 선전하는 것이었기에, 그녀가 머문 곳도 대만 신사, 일본 이민촌, 설탕공장 등지였다. 뤼사오리(呂紹理)에 따르면, 이러한 장소들은 분명한 식민통치의 상징성, 시간을 초월한 신성성, 일본 내지와의 관련성, 식민 산업의 전시성 등을 지니고 있었다.[23] 다른 한 편으로 남도 식민지의 특별한 풍경에 대한 소개는 주로 타이베이의 용산사와 고도 타이난을 중심으로 진행되었다. 따라서 대만은 일본 제국 강역 최남단의 표지로서 애초부터 객관적 묘사를 위한 지리적 대상에 불과했다. 그것은 정치 이데올로기의 강조와 식민문화(여행선전, 우편엽서, 풍경화, 사진, 문학작품 등을 포함하는)의 반복되는 서술, 야자나무, 햇빛, 더위, 고사족(高砂族) 등 '남방의 열대 도서' 형상의 시각화, 표지화 방식을 통해 두드러지게 표현되었을 뿐이다. 1940년대에는 전쟁 요인으로 인해 지리적 인식으로서의 '국경의 남쪽'이 구체적으로 제국의 확장을 위한 '남진의 도약대'가 되어 남진의 목적지인 동남아와 연결되었다.

「대만 여행」 1회에서 언급한 대만 신사는 제국의 권위를 가장 뚜

23) 呂紹理,『展示臺灣: 權力,空間與殖民統治的形象表述』, 台北: 麥田, 2005, 361-362쪽.

렷하게 전시한 대표적인 예이다. 식민 행정의 중추인 타이베이에 위치한 대만 신사는 일본 통치 시기 대만에서 유일한 관폐대사(官幣大社)였고, 일찍이 1901년 건립된 개산신사(開山神社)로서 정치와 종교의 신성한 상징물이 되었다.[24] 대만 신사는 일본 전통의 신도(神道)로서 대만의 신앙적 성지일 뿐만 아니라, 고향을 떠난 일본 이주자들의 향수를 달래주는 의지처이기도 했다. 또한 그것은 황민화 운동을 추진하고 서구 제국주의에 사상적 전투를 진행하던 시기에, 식민도서 상에 위치한 일본 정신의 가장 숭고한 상징체였다.

그러나 시간을 초월한 신성성을 지닌 신사로의 여정에서 여행자가 본 것은 참배 길에 서 있는 수많은 석등롱과 그 위에 새겨진 내지인들의 이름, 향우회들의 명칭이었다. 이것들을 보며 걸어 올라가면서, 어찌된 영문인지 그곳에서 일본인들이 겪은 온갖 고초들이 여행자의 마음 깊숙한 곳까지 전해져 슬픔을 주체할 수 없게 되었다.

> 슬픔은 석등롱 때문만은 아니었다. 마침 그 날이 토요일이었기에, 슬픔은 합가(闔家)에 참배하러 온 무리들 사이를 배회했다. 모든 사람들은 가문(家紋)의 기모노를 정식으로 입고 있었고, 아내들도 화려한 복장에 화장을 한 채 신사에 와서 참배를 했다. 고향으로부터 멀리 떨어져 이곳에 와 생활하는 사람들의 마음속에, 신사에 와서 가정의 화목과 국태민안(國泰民安)을 기원하는 사람들의 내면에, 깊은 고통과 슬픔이 깃들어 있었다. 드넓은 풍경에서 다섯 개의 커다란 가문을 가진, 우직(羽織)으로 만든 성장(盛裝)이 유독 눈에 띄었다. 그것은 마치 망향(望鄕)의 상징처럼 느껴졌다.

---

24) 曾山毅,『植民地台湾と近代ツーリズム』, 東京: 青弓社, 2003, 298쪽.

식민통치의 분명한 표지였던 이 신사는 여행자의 묘사 속에서 이향(離鄕)과 망향(望鄕)에서 오는 고통과 슬픔을 표현한다. 그것은 신도와 국가의 합일을 표시하는 '팔현일우(八紘一宇)'의 위대한 신념도, 대동아공영권 건설의 선봉이 되어 남쪽으로 전진하는 패기도 아니었다. 이는 이후 화렌의 요시노촌에서 느낀 감정과 유사하다. 여행자는 내지에서 대만(화렌)으로 와 개간에 참여한 이들로부터 남방의 하늘을 활공하는 웅지 따위를 느낄 수 없었다. 그녀가 느낀 것은 친근한 고향을 떠난 이들의 마음속에 깃든 슬픔, 연모, 쓸쓸함, 고독감 등이었다. 이러한 일본 이민자들은 후지타 부부와 마찬가지로 대부분 어쩔 수 없이 고향을 떠난 내지인들로, 그들의 향수를 달래 주는 일이란 주말에 화려한 옷을 입고 화장을 한 채 합가의 신사를 참배하거나 석등롱 위에 자신과 향우회의 이름을 새기는 일 뿐이었다. 제국의 남쪽을 웅비하는 위대한 꿈은 거기에 존재하지 않았다. 그 대신 거기에 존재했던 것은 제국의 몽상을 참으로 믿는 이민자들의 마음 깊숙이 자리한 고통과 슬픔이었다. 이처럼 남진이라는 제국의 몽상에 질의하는 서술 방법은 사타 이네코가 수원 고성에 대해 묘사할 때, 놀이 중인 조선의 여자아이들로부터 일본 제국의 개척사를 연상하는 것과 판이하다.

이 외에도 「대만 여행」과 조선 기행의 가장 큰 차이점은 여행자가 여성적 삶의 경험으로 '제국의 전시(展示)'라는 파견 여행의 정치적 목적을 대체했다는 점이다. 다시 말해, 삶이 촉발하는 개인의 정서적 역량이 국가의 이데올로기가 틀 지우는 개인 의지의 한계를 뛰어넘었다는 것이다. 여행자는 조선 여행에서처럼 자신의 감정 표현을 자제하지 않으며, 개인의 정서를 엄밀한 제국주의 선전 네트워크 속에 끊임없이 투과시킨다. 그 대표적인 예는 신사 여행의 마지막 대목이다. 신사로 가는 참배길 위에서 결혼에 한 번 실패한 시게코(茂子)는 여행자에게 현 결혼생활의 행복에 대해 이야기한다. 그러고 시게코의 행복 선언을 증명하려는 듯, 앞에 가던 후지타는 계속 아내를 돌아보며 살핀다. 그들이 서로를 보살피며 나누는 대화 속에서 여행자는 시게코가 임신 중임을 깨닫는다. 기행문 1회에 나오는 참배 여행은 여행자의 깨달음의 순간에서 마침표를 찍는다. 「대만 여행」의 전체 서술에서 글자와 행간으로부터 시도 때도 없이 흘러나오는 슬픔과 우수, 어렴풋하고 명확하게 피력되지 않았던 그 애상은, 기실 작가 사타 이네코가 불행했던 결혼(첫 번째 결혼의 불행과 두 번째 결혼생활에서 남편 구보카와 쓰루지로가 행한 불륜)을 통해 자신의 마음속에 직접 새겨 넣은 것이었다.

이러한 감정적 결합은 후지타 부부 사이의 애정이 흔치 않은 것임을 깨닫게 해주었고, 시게코의 슬픔과 기쁨이 교차하는 감정을 자신의 그것과 비교함으로써 자신의 외로움과 감개무량함을 역으로 부각시켰다. 따라서 참배 여행의 결말은 매우 특별하다. 제국 정신을 상징하는 참배길 위에서 여행자가 가장 마지막으로 본 것은 제국 최고의 정신을 상징하는 대만의 신사가 아니라 가장 성실하고 행복한 부부의 사랑과 그 결실인 임신이었기 때문이다. 여성 개인 정서의 결여와 보완 때문에 여행자와 시게코 사이에는 유사한 감정이 산출된다. 여행자는 점차 부부의 사랑에 대한 강렬한 감정으로 이끌려, 신사 참배의 여행을 여성 개인 삶의 아픔을 치유하는 여행으로 탈바꿈시킨다.

이를 통해 알 수 있는 것은, 대만 기행문에서 현지 인물을 조탁하는 방식이 조선 기행문과 확연히 다르다는 점이다. 조선 기행문 속의 조선인은 현지에 존재하지 않거나 일본 제국과 모종의 관계를 맺고 있다. 그러나 대만 기행문에서 묘사된 인물들은 주로 대만에 이민해 온 일본인이나 소수 대만인(예를 들어 양쿠이(楊逵) 가족, 우평린 일가 등 본도인이나 고사족)이다. 하지만 묘사 대상이 일본인이든 대만인이든 간에, 제국을 전시해야 한다는 표층 의식 아래에는 늘 관방으로부터 이탈하는 서술 의미가 내포되어 있다. 이러한 서술은 사타 이네코가 묘사한 전쟁시기의 중국, 조선, 혹은 동남아 지역에서 거의 찾아볼 수 없다. 어째서 식민지 대만 여행에서의 창작만이 이런 특징을 지닌 것일까? 필자는 다음과 같이 생각한다. 여행자는 환도 여행을 통해, 과거에 이미 잃어버렸던 여성 삶의 기초를 이루는 개인 정감의 그물망을 재건함으로써, 과거의 자신을 연결시키고 현재의 자아를 회복하고 재발견할 수 있었다. 이 점은 사타 이네코의 다른 전쟁 시기 작품에서 드러난 바 없는 특징이다. 식민지의 환도 여정을 따라, 과거 어떤 외재적인 원인에 의해 단절되었던 많은 친구들이 주동적으로 여행자에게 연락을 취한다. 현실 생활 속의 사타 이네코가 정치적 압제와 결혼 생활의 파열로 인해 모든 것을 잃어버렸다면, 기행문 속의 여행자는 대만 여행을 통해 문학, 이상, 일, 부부관계 등에 있어서의 감정적 연결고리를 차츰 되찾는다.

타이베이에 있던 후지타는 신문지상에서 여행자가 대만에 와 강연을 한다는 소식을 접하고[25] 직접 그녀에게 전화를 건다. 사타 이네코는 여행 중 우연히 이전의 친구를 만날 수 있다면 얼마나 기쁠까 하고 말한다. 오카노 유키에(岡野幸江)는 우수한 성적으로 제국대학을 졸업한 의사 후지타 선생이 대만에 온 까닭은 도쿄에서 영업하

25) 당시 사타 이네코가 대만에서 강연을 한다는 소식은 『대만신보(臺灣新報)』, 『조일신문(朝日新聞)』 대만판에 소개되었다. 대만에 살고 있는 사타 이네코의 지인들은 이 신문을 보고 그녀에게 연락을 취했다.(岡野幸江, 위의 책, 114쪽.)

던 병원이 '폐쇄'되었기 때문이라고 말하면서, 후지타의 사상에 '문제가 있다'는 점을 암시한다.[26] 당시 이렇게 사상에 '문제가 있'는 경우란 민중을 주체로 삼고 반(反) 제국 정부를 주장하는 마르크스주의자임을 말한다. 이 점을 이해한다면 왜 후지타 부부가 일본인들이 주로 사는 구역에 살지 않고 본도인 거주지에 병원을 개업했는지, 그리고 어째서 그곳 생활을 즐거워했는지를 알 수 있다. 따라서 비록 「대만 여행」에 등장하는 많은 장면들이 여전히 재 대만 일본인의 생활을 위주로 보여주고는 있지만, 이런 일본인들이 보여주는 대만 서민 생활의 형태는 일본 문화에 함몰된 조선인들을 그린 조선 기행문 속의 정경과 사뭇 다르다.

글 속에 후지타 선생의 우정을 투영시킴으로써, 여행자 사타 이네코는 마르크스주의 혁명 이상을 위해 투쟁하던 젊은 시절을 우회적으로 끌어들인다. 그리고 이를 통해 그녀는 정부의 압제로 하나 둘씩 떠나간 벗들과의 우정을 복구한다. 여행자는 생업으로 원예를 하는 예전에 알고 지냈던 본도인 작가(즉 양쿠이)가 아들을 통해 그녀에게 꽃을 전하고, 온 가족을 이끌고 타이중의 강연 장소에 방문한 일을 적기도 한다. 이러한 서술 내용은 이상, 창작, 우정의 혁명적 연관성을 보다 분명하게 나타낸다. 왜냐하면 양쿠이와 사타 이네코는 일찍이 무산계급 문학운동의 일원이었을 뿐 아니라, 사타 이네코가 양쿠이의 대표작 「신문배달부」(1934)의 평가위원 중 하나였기 때문이다.[27]

타이베이의 후지타 부부와 타이중의 양쿠이 일가 이외에도, 여행자가 동부의 화롄에 왔을 때 도쿄에 있던 친구 미도리카와(綠川)는

26) 岡野幸江, 위의 책, 105-106쪽.
27) 『文學評論』, 1934, 10月号, 198쪽.

일전에 자신이 그곳에 살았다는 이유로 자신이 알던 화롄의 국민학교 교장에게 그녀를 잘 보살펴달라고 당부하기도 한다. 그리고 여행자가 남부의 가오슝에 왔을 때, 과거 그녀를 데리고 있었고 그녀의 결혼 문제로 마음을 써준 상사 요시다가 그녀를 도와준다. 타이중 부근의 호미에서는 친구 미요시(三好: 마수기 시즈에(眞杉靜枝))의 여동생이 그녀를 방문한다.[28] 서로 근황 이야기를 주고받던 중, 여행자는 대만에서 생활하든 도쿄에서 생활하든 여자로서 살아간다는 것은 매우 힘든 일임을 깨닫는다.

후지타와 그의 아내에서부터 요시다, 양쿠이, 그리고 마수기 시즈에의 여동생에 이르기까지, 식민 도서에서의 만남은 여행자 개인 삶의 '과거'를 환기시켰다. 억눌린 과거의 이상, 핍박으로 떠나간 혁명 동지들, 그들과의 우정, 그리고 억압받았던 여성의 아픔 등등. 이것들의 환기는 더 이상 이국적 분위기를 통한 '상상'도, 기분전환식의 감정 치료도 아니었다. 도리어 그것은 여성 개인의 삶의 경험에서 오는 깨달음과 감정의 교류를 통해 자아가 잃어버린 과거와 자아가 억압하는 현재를 발견하고, 과거를 연결시켜 현재의 결함을 메움으로써, 개인으로서의 여성에 속하는 환도 여행의 감정망을 재구축하고 그것을 제국 선전의 그물망 위에 포개는 것이었다.

대만 여행자는 조선 여행 때와 달리 단지 제국의 눈으로 식민지를 보지 않았다. 대만 여행자는 개인의 감성으로 감각세계에 밀착하였고 여행지의 사람, 사건, 사물을 직접 접촉하였다. 이 때문에 본래 환도 여행을 통해 전시하고자 했던 제국의 권위는 식민지 사회 현실

28) 기행문에서 사타 이네코가 자신이 만난 여성의 실명을 언급하지 않았기 때문에, 하치야 노부아키(蜂矢宣朗)는 사료를 근거로 미요시의 누이가 마수기 시즈에의 여동생인 미치노 카츠요(道野勝代)일 것이라 추측했다.(蜂矢宣朗 1997: 80)

문제의 폭로로 전환되었다. 그녀는 전쟁으로 인한 물자 송출로 대만 섬 안에 양식 부족의 참상이 발생했다는 사실을 독자에게 구체적으로 보여주었다. 기행문에서 여행자는 다음과 같이 질문한다. "이는 태양이 사랑하는 아들인가? 아마도 그 풍요로 인해 도리어 귀히 여겨지지 않고 부당한 대우를 받는 것일 터다."[29] 풍요로운 자연이 받는 부당한 대우라는 표현은 이 기행문에서 전시체제와 식민제도를 가장 직접적으로 비판한 표현으로, 본래 풍요로워야 하지만 결핍으로 고통 받는 식민 도서에 동정을 표시한 것이다.

5. 맺음말: 반도와 해도(海島)의 비교와 반성

본래 무산계급 문학운동을 벌인 중견작가 사타 이네코는, 이후 일본 제국에 복무하는 필부대의 중요 성원이 된다. 그녀는 전쟁 선전의 요구에 따라 1940년대 한반도와 열대 도서인 대만으로 여행을 떠나 식민지와 관련된 문학 작품을 창작한다. 조선과 대만은 모두 식민지였지만, 양자의 전략적 지위, 지리환경, 전황의 변화, 식민지 문화 인식의 차이, 그리고 여행자의 현지 인간관계와 정서 연관성 등의 차이로 인해, 두 지역의 묘사 방식과 태도는 지극히 상이하게 나타났다. 조선 기행문에서 여행자는 개인 감정을 드러내지 않고 현지와 일정한 거리를 두는 방식으로 조선인과 지역을 서술하였다. 그로 인해 서술된 내용은 현지의 역사와 단절되었고, 사건 내지 사물들 피차의 연관성이 낮았으며, 서술된 조선인들 다수가 조선에 존재

29) 佐多稲子, 「台湾の旅」, 『日本統治期台湾文學日本人作家作品集 別卷』, 東京: 綠蔭書房, 1998 [1943-1944], 482쪽.

하지 않거나 일본 제국과 모종의 관계를 형성하고 있었다. 이러한 서술 형태는 제국의 관점으로 조선 땅과 역사를 바라봄으로써 제국의 권위를 전시하는 목적을 강하게 드러냈다. 반면 대만 기행문에서 여행자는 자신의 비애와 고통의 정서를 곳곳에서 표현하였고, 도서의 사람, 사건, 사물을 직접 접촉하여 감정적 교류를 나누었다. 또한 자신의 정감과 이상의 그물망을 재건했을 뿐만 아니라 자신의 여성적 정서의 그물망을 제국 선전의 그물망 위에 포갬으로써, 전시 대만 사회의 물질적 곤경을 폭로했다.

사타 이네코의 조선과 대만 기행문의 비교연구는 제국 작가와 그 식민지 작품의 관계를 보여주었다. 그러나 그 관계는 통일적이고 단일하며 불변하는 것이 아니었다. 또한 작가의 창작에 대한 제국정부의 영향력 역시 일방향적인 주입-수용의 성격을 띠지 않았다. 식민지에 대한 작가의 견해 역시 절대적인 멸시나 동정이 아니었다. 따라서 어떤 작품의 평가를 가지고 작가에게 선악의 딱지를 붙일 수 없다. 작가와 관련된 여러 요소들을 연관시키는 것은 매우 복잡한 일이다. 거기에는 제국 중심의 정치 변동, 각 식민지의 사회 및 역사 조건, 작가 개인의 삶의 역정과 감정 상황 등이 포함되어야 한다. 오로지 그러한 복잡한 변수들을 세심히 관찰함으로써만 제국과 식민지의 관계를 단순화하지 않고, 개인의 삶과 사회집단이 야기하는 영향과 상처를 깊이 이해할 수 있을 것이다.

(박민호 옮김)

제5장

이토 히로부미(伊藤博文)를 암살한 안중근에 대한 대만의 관점
: 일기와 시 및 보도 자료를 중심으로

랴오전푸(廖振富) 국립대만문학관 관장

1. 머리말

1909년 10월 26일에 근대 일본의 유명한 정치적 인물이자 일찍이 한국 '통감(統監)'을 역임한 이토 히로부미(伊藤博文)가 중국 하얼빈 기차역에서 한국의 지사 안중근의 총에 맞아 사망했다. 이 사건은 근대 동아시아의 중대한 역사적 사건이라 할 수 있다. 그러나 시간이 흘러도 사건은 과거가 되지 않듯 동아시아 국제 정치에서 역사는 영원히 당대사이며, 항상 각국의 정치에 민감한 영향을 미친다. 2013년 6월에 한국의 박근혜(朴槿惠) 대통령이 중국을 방문했을 때, 중국에 하얼빈 역에 안중근 기념비를 세우자는 제안을 했고, 이후에 중국 정부의 동의를 얻었다.[1] 2013년 11월, 박근혜 대통령은 한국을

1) 중국이 한국 측의 요구에 동의했는지 여부에 대해서 논쟁이 일어난 바 있다. '百年安重根,

방문한 중국 관료를 접견하는 자리에서 중국의 동의에 감사를 표했다. 뒤이어 일본 관방장관 스가 요시히데(菅義偉)가 한국의 이 같은 계획에 깊은 유감을 표했다. 그는 심지어 안중근을 '범죄자'라고 비난하며, 한국의 이 같은 행동이 한일 관계에 불리하게 작용할 것이라고 지적했다.[2] 그러나 한중 양측은 일본의 반응에 개의치 않았을 뿐 아니라, 더 나아가 본래 기념비를 세우려던 계획을 기념관 설립으로 확대시켰다.

2014년 1월 19일에 안중근 기념관이 하얼빈 역에 준공되었다. 일본 정부가 이에 매우 분노하며, 외교 채널을 통해 중국 및 남한 대사관에 항의를 표했지만[3], 남한 정부를 대표하는 방문단이 5월 초에 정식으로 하얼빈의 안중근 기념관을 방문했다.[4] 한국과 북한에서 안중근은 공통적으로 존경받는 민족영웅이며, 그의 이야기는 일찍이 양쪽 모두에서 영화로 제작되기도 했다. 최근의 신문보도에 따르면, 중국의 유명 영화감독 장이머우(張藝謀)가 한국과 합작으로 안중근의 이야기를 다시 영화로 제작할 것이라고 하는데, 시기적으로 볼 때 이는 분명 우연의 일치가 아닐 것이다. 상술한 사건을 발전시켜 당대 국제정치의 맥락에 놓고 본다면, 안중근의 역사적 위치와 해석이 이미 현재 한중일의 복잡한 국제관계의 표증이 되었음을 어렵지 않게 알 수 있다.

"重返"哈爾濱?' http://opinion.huanqiu.com/special/anzhonggen/index.html 참조

2) BBC 중국 사이트 2013년 11월 19일에 일본 특파원 통첸(童倩)의 보도 '日本不滿中韓計劃重建安重根碑' http://www.bbc.co.uk/zhongwen/trad/world/2013/11/131119_jp_china_skorea_about_monument.shtml 참조

3) '安重根紀念館哈爾濱落成, 日氣炸: 太不像話!' http://www.ettoday.net/news/20140120/317878.htm

4) '南韓政府代表團首訪哈爾濱安重根紀念館', 鉅亨網, 2014.5.9. 보도 http://news.cnyes.com/Content/20140509/KIVE3KYA5U2CA.shtml.

1895년에 중국의 갑오전쟁 패배로 인해 '시모노세키조약(馬關條約)'에 따라 대만은 일본의 첫 번째 식민지가 되었고, 이때 일본 정부 대표로 조약에 서명한 이가 바로 이토 히로부미이다. 1896년 6월에 이토 히로부미가 직접 관리를 이끌고 와 대만을 시찰한 후, 호방하면서도 의기양양함이 드러나는 한시(漢詩) 몇 수를 남기기도 했다. 한국의 경우, 일본은 러일전쟁이 끝난 뒤인 1905년 11월에 '을사조약(乙巳條約)'에 서명할 것을 한국에 강요하면서, 일본이 대한제국의 외교권을 장악하고, 대한제국에 총독부를 설치할 것을 규정했다. 당시 일본정부는 이토 히로부미를 특사로 파견하고, 뒤이어 그를 초대 통감으로 임명했다.

이로써 볼 때, 이토 히로부미는 동아시아 정치와의 관계가 밀접한 근대 일본의 정치가이자 대만, 한국, 중국과 모두 복잡하고 밀접한 관련이 있다. 당시 대만에서 일반 대중은 이토 히로부미의 이름정도는 익히 들어서 알았을 것이나, 주로 초, 중, 고등학교의 역사 교과를 통해 그가 시모노세키 조약에 서명한 일본 정부 대표자였다는 사실만 알았을 것이다. 안중근이라는 인물이나 그가 이토 히로부미를 암살한 사건에 대해서는 사건 발생 당시든 그로부터 백년이 지난 지금이나 근대 동아시아 역사를 잘 아는 사람이 아니고서는 대만의 일반 대중 가운데 아는 사람이 극히 드물다. 이는 대만인의 국제적 시야가 부족한 탓일 수도 있고, 동아시아 각국 국민들 간에 서로의 역사와 현실상황에 대한 간격이 존재하기 때문일 수도 있다. 상술한 유감스러운 점을 토대로 필자는 당시 대만이 어떻게 이 중대한 역사적 사건에 대한 토론을 진행했는지에 대해서 본문을 통해 관련 의제에 대한 사고를 시도할 예정이다. 더불어 한국 학계와 교류를 진행함으로써 서로의 이해를 증진시키고, 나아가 더 많은 교류를 이끌어

낼 수 있기를 희망한다.

2. 대만과 한국의 항일 운동의 발전과 차이

19세기부터 지금까지의 한국(조선), 일본, 중국의 정치 분쟁을 논하자면, 갑오전쟁은 하나의 지표가 되는 전쟁이다. 역사적 관점에서 볼 때, 한국은 중국, 일본 두 강대국의 쟁탈의 중추에 위치하고 있어 강대국에 의지해 자신을 보호할 수밖에 없었다. 수차례의 정변과 무력분쟁을 거쳐 1885년에 중일 양국 대표인 리훙장(李鴻章)과 이토 히로부미가 톈진(天津)에서 '중일 톈진조약(天津條約)'에 서명하고, 양국 모두 조선에서 군대를 철수하기로 했다. 더불어 '장차 조선이 유사시 청일 양국 또는 일국이 파병할 경우에는 공문을 보내 통지하고, 상황이 안정되면 더 이상 머무르지 않고 즉시 철군'하기로 약정했다. 1894년에 조선 동학당이 봉기했을 때, 중국과 일본이 잇달아 조선에 파병하고, 나아가 갑오전쟁을 야기했다. 뜻밖에 중국 청조가 대패하면서 강요에 의해 주권을 상실한 조선이 치욕스러운 '시모노세키 조약'에 서명했는데, 이 때 양국의 대표는 여전히 리훙장과 이토 히로부미가 맡았다. 조약은 중국이 조선을 독립국가로 인정하고, 대만을 일본에 할양할 것을 의정했다. 한국과 대만에 있어서 갑오전쟁의 가장 중대한 영향은 조선과 대만의 운명을 동시에 결정했다는데 있다. 대만은 이때부터 일본의 식민지로 전락했고, 중국 또한 조선에 대한 실질적 영향력을 상실했으며, 조선은 점차 일본에 의해 지배되었다.

1895년 5월에 일본이 '시모노세키 조약'에 의해 대만을 접수하고, 추펑자(丘逢甲) 등이 순무(巡撫)를 맡고 있던 탕징쑹(唐景崧)을 대통령으로 추대한 '대만민주국'의 관병이 잇달아 궤멸하며 도망치자, 대만 내에는 장사오쭈(姜紹祖), 우탕싱(吳湯興), 쉬샹(徐驤) 등이 이끄는 민간 의용군만 남아 보잘 것 없는 장비로 일본군에 대항하다가 마지막에는 각각 장렬하게 희생되었다. 일본이 대만을 지배한 이후로 지속된 중국인의 무력 저항 운동은 1915년에 일어난 '시라이안(西來庵)사건'까지 이어졌다. 1920년대에는 대만 출신인 총독부 의학교 장웨이수이(蔣渭水)와 진보인사 린셴탕(林獻堂), 차이후이루(蔡惠如) 등이 일본에서 유학중인 대만 지식인들이 조직한 '신민회(新民會)'와 연합하여 잡지 『대만청년(臺灣青年)』을 창간했다. 이들은 대중을 계몽하고, '대만의회 설치 청원운동'을 벌이는 것을 단계적 목표로 삼았다. 1921년 10월 21일에는 '대만문화협회'가 창립되어 당시 대만의 비무장 항일 민족운동의 주요 단체가 되었다. 1927년에는 문화협회가 분열된 이후에는 항일운동은 또 다른 단계에 진입했으며, 30년대 중후반에 이르러서는 점차 활동이 뜸해졌다. 2014년 2월에 상영한 대만 영화 <대도정(大稻埕)>은 1930년대 장웨이수이가 이끈 항일운동을 주요 소재로 삼았다. 대만 원주민들의 최후의 대규모 무력항쟁 사건, 즉 1930년에 발생한 우서사건(霧社事件)을 대만 감독 웨이더성(魏德聖)이 2011년에 영화로 제작했다. <시디그 발레(Seediq Bale)>라는 전체 제목 아래 각각 <태양기(太陽旗)>와 <무지개다리(彩虹橋)>의 상하 두 편으로 나눠 상영해 대만에서 커다란 반향을 불러일으켰다.

한국의 경우, 일본이 갑오전쟁에서 승리한 이후부터 조선을 마음대로 조종하기 시작했다. 1904년 러일전쟁 이후, 일본은 한국이 '한일의정서'에 서명하도록 강요함으로써 한국의 국사(國事)에 대한 간섭권 및 군사 행동권을 획득하고, 한국을 병탄(倂呑)하려는 야욕을 드러냈다. 1905년에 일본은 또 한 번 한국이 '한일보호조약'('을사조약', '제2차 한일협약'이라고도 한다.)에 서명하도록 강요해 한국을 일본의 보호국으로 만들었다. 1907년 7월 24일에 주 한국 경성의 일본조선 총독 이토 히로부미와 한국 총리대신 이완용(李完用)이 '정미7약(丁未七約)'에 서명하면서 한국은 일본의 식민지로 전락하기에 이른다.

1909년 10월 26일에 안중근이 하얼빈 기차역에서 이토 히로부미를 암살한 것은 이러한 비참한 시대적 배경 하에서 폭발한 것이다. 이토 히로부미 사후, 일본 정계에는 한국과의 즉각적인 합병을 주장하는 일파가 조선정책에 대한 주류가 되었다. 1910년 3월 26일에 안중근이 중국 뤼순(旅順) 감옥에서 순국했다. 같은 해 8월에는 일본과 한국이 '한일합병조약'에 서명했다. 조약은 한국의 모든 주권을 전부 영구적으로 일본에게 양여(讓與)한다는 것이었다. 이를 근거로 일본은 한국에 조선 총독부를 설치하여 한국을 통치하는 최고기관으로 삼고, 한국의 모든 국사를 주관했으며, 한국은 실질적으로 통치권을 잃었다.[5] 이것이 소위 '경술국치(庚戌國恥)'이고, 조선 총리 이완용이 합병 조약에 서명하는 전권위원(全權委員)을 맡았기 때문에 이완용이 '경술국치'의 최대 원흉으로 여겨진다. 비록 암살사건이 한국이 일본에 합병되는 운명을 바꾸지는 못했지만, 한국 독립운동사에 있어서 이 한 페이지의 비장한 역사는 애국시 같은 전기의 형태로 뚜렷이 기억되고, 나아가 다방면으로 재현되어 지금까지도 칭송된다.

망국의 고통을 충분히 경험한 한국인들에게 다년간 누적된 분노와 원한은 1919년에 일본이 축출한 조선 국왕 고종 이희(李熙)의 병사(독살되었다고 전해진다.)가 도화선이 되어 대규모의 반일시위활동을

---

5) '1907-1948 조선 독립 운동사' http://bbs.big5.voc.com.cn/topic-155108-1-1.html, 2014.6.16. 참조

불러일으켰다. 3월 1일 고종의 국장(國葬) 이틀 전, 정식으로 조선 망국 이후 최대 규모의 시위항쟁이 야기되었으며, 역사는 이를 '3.1 독립운동'이라고 칭한다. 시위에 참가한 군중의 총수가 200만 명이 넘었으며, 사망자가 7천여 명, 부상자가 1만여 명, 체포되어 투옥된 사람이 4만여 명에 이르렀다. 관련자의 규모나 탄압의 참혹함이 세계적으로 보기 드문 정도라고 할 수 있다.[6)]

1919년에 대한민국 임시정부가 상해에 수립되고, 1932년에는 조선 공산당의 지도자 김일성(金日成)이 중국 동북지역에서 항일 유격활동을 전개했다. 1945년에 일본이 미국과 그 동맹군에게 투항하고, 미국과 소련의 군대가 북위 38도선을 경계로 각각 한반도의 남부와 북부에서 군사점령을 실시했다. 1947년 가을, 미국이 연합국에 한반도 문제를 제기하자 연합국이 결의를 통해 한반도에 민선(民選)을 통한 정부 수립 후 미국과 소련이 철군할 것을 요구했다. 그러나 1948년의 선거는 남한에서만 시행되었고, 선거 결과를 바탕으로 8월 15일에 대한민국 성립이 선포되었다. 북한 역시 신속히 대응하면서 같은 해 9월 9일 소련의 지지를 획득해 김일성이 조선민주주의인민공화국의 성립을 선포했다. 1950년에 한국전쟁 발발이 야기되고, 1953년에 종결될 때까지 확립된 남북한 분단통치의 국면이 오늘날까지 이어지고 있다.

앞서 서술한 바와 같이, 대만과 한국의 운명이 모두 일본 강권의 제국침략사와 밀접한 관계가 있으며, 1945년 8월 15일에 2차 세계대전에서 일본이 전쟁에 패해 투항할 때에서야 비로소 식민지의 운명에서 벗어났다. 하지만 대만과 한국의 일본 식민지 시기의 저항운동

---

6) 許介鱗의 '臺灣日本綜合研究所' 사이트 참고 http://blog.nownews.com/article.php?bid=4179&tid=126405&tyid=f, 2014.6.17.

을 비교해보면 분명한 차이를 알 수 있다. 첫째, 대만은 19세기 말에 단지 중국 영토의 성(省)들 가운데 하나에 불과했으며, 독립된 국가가 아니었다. 일본 식민 통치 하의 50년 동안, 본래의 조국이 혁명의 변혁기를 겪으면서 청 제국이 중화민국으로 바뀌기는 했지만, 여전히 대만해협 맞은편에 존재했다. 대만이 당시 일본의 엄격한 통제를 받기는 했지만 여전히 중국과 왕래할 수 있었고, 많은 대만인들은 장차 강력해질 중국이 대만을 구할 것이라는데 희망을 걸었다. 반면 한국은 조국이라 부를 존재조차 사라져 홀로 분투하며 독립 건국을 추구할 수밖에 없었기 때문에, 그 느끼는 바에도 자연히 현저한 차이가 있었다. 둘째, 한국인의 격렬한 항일운동이 끊임없이 지속되었고, 강렬한 민족의식이 뚜렷이 드러났으며, 독립과 자유의 결심을 추구했다. 이에 반해, 대만의 중국인은 1920년대 이후에는 과거의 무력투쟁운동의 희생이 가혹했던 것을 감안해 이미 격렬한 무력운동을 포기하고, 식민통치의 체제 내에서의 권익 쟁취만 추구했다. 비록 지식인들이 글로써 식민통치를 강력하게 비판했지만, 구체적인 행동은 상대적으로 온화했다.

대만 내부에 대만을 주체로 한 국가개념이 움트기 시작한 것은 1947년에 발생한 2·28사건 이래부터이다. 2·28사건은 중화민국정부가 대만을 접수한지 얼마 되지 않은 시점에서 중국과 대만이 오랜 시간 분리되어왔고, 그로 인해 발생한 격차로 일어난 사건이었다. 중국공산당이 1949년 10월에 중국대륙을 통치한 이후, 장제스(蔣介石)가 대만에서 강압 통치를 실시하고, 수십 년 동안 계엄을 통해 인권을 억압하자 대만인들은 소위 조국에 대해 철저히 실망하면서, 급진주의자들은 독립건국을 추구하고자 했다. 상술한 역사적 배경을 바탕으로 전후(戰後) 대만인들은 오랜 시간 누적된 국민당 정부에 대한 불만으로 인해 오히려 일본 식민시기의 소위 '좋은 시절'과 그것이 남긴 여러 가지 건설의 흔적을 그리워하기 시작했다. 바꿔 말하면, 일반 일본인에 대한 당시 대만과 한국 양국의 태도, 나아가 일본이라는 국가에 대한 생각에 상당한 차이가 있으며, 대만의 이러한 현상에 대해 대만문학을 연구하는 한국학자들조차 매우 이해하기 어렵다는 태도를 보인다.[7] 이러한 현상은 복잡하게 뒤섞인 역사적 요인으로 인해 조성된 것으로 계속해서 탐구해볼 가치가 있지만, 본문에서 깊이 논할 수 있는 것은 아니다.

3. 대만인의 일기를 통해 본 안중근 사건

대만과 한국 양국의 항일운동 배경을 간략히 서술한 후, 당시 대만이 안중근의 이토 히로부미 암살 사건을 어떻게 대하고 기록했는지에 관한 것으로 되돌아갈 것이다. 자료의 희소성과 수집의 어려움으로 인해 필자가 언급할 주요 참고자료의 출처는 다음과 같다. 첫째, 대만의 민간 상류(仕紳) 계층의 관점을 대표하는 두 종류의 일기이다. 이미 출판된 장리쥔(張麗俊)의 『수죽거 주인 일기(水竹居主人日記)』와 아직 출판되지 않은 「촨시치 일기(傳錫祺日記)」이다. 둘째, 정부 입장을 대표하는 신문 『한문대만일일신보(漢文臺灣日日新報)』 연속보도 자료이다. 셋째, 두 종류의 상반된 관점을 대조해볼 수 있는 시 작품이다. 각각 『대만일일신보』에 게재된 이토 히로부미를 애도하는 다

7) 2014년 6월 26일에 '제 7회 국제 청년학자 중문문학 학술대회'가 한국외국어대학교에서 개최되었다. 중국문학과 대만문학 연구로 상당한 명망을 얻고 있는 이 학교의 박재우 교수가 학술대회에서 유사한 견해를 발표했으며, 필자는 일찍이 박재우 교수와 이 문제에 대해 토론을 벌이기도 했다.

수의 작품과 『시보(詩報)』에 발표된 한국을 동정하는 한시 「조선을 애도하다(哀朝鮮)」로, 『대만일일신보』와 『시보』에 실린 작품의 수가 현저히 차이가 났다.

장리췬(1868-1941)과 촨시치(1872-1946) 두 사람은 서로 잘 아는 사이로 모두 대만 중부 출신의 상류 계층이다. 두 사람 모두 당시 유명한 시사(詩社)인 역사(櫟社)[8]의 일원이었으며, 촨시치는 30년간 역사의 사장(社長)을 맡았다. 청조의 통치시기에 두 사람 모두 셰쑹천(謝頌臣)에게 수학했으며, 거주지 역시 매우 가까웠다. 장리췬은 오랜 기간 펑위안(豐原)지역의 보정(保正)을 맡았는데, 이는 식민정부가 각종 정책을 추진하는데 있어 최하층부의 실질적 집행자이다. 촨시치는 오랜 기간 신문사의 중국어 편집자를 맡았고, 나중에는 단즈(潭子)지역의 가장장(街庄長)을 맡았다.

촨시치는 역사의 사장을 맡은 데다 신문사에서도 요직을 맡았기 때문에, 인맥과 사회적 교류가 폭넓었으며, 영향력과 지명도도 장리췬 보다 조금 더 높았다. 하지만 행운인 것은 대만 학계에서 매우 중시되는 장리췬의 『수죽거 주인 일기』가 이미 온전하게 출판되었고, 게다가 자주 폭넓게 인용되고 있다는 사실이다. 「촨시치 일기」는 필자가 직접 민간에서 발굴 조사를 통해 획득한 자료로 아직 출판되지는 않았지만 향후에 중앙연구원 대만사 연구의 '대만일기자료'에 이름을 올려 각계에 참고자료로 제공될 것이다. 필자는 「촨시치 일기」를 조사하면서 1909년 10월 26일에 다음과 같은 기록을 발견했다.

---

8) 일본 통치 시기 대만의 전통시사가 매우 번성했다. 그 가운데 타이베이(臺北)의 영사(瀛社), 타이중(臺中)의 악사, 타이난(臺南)의 남사(南社)가 가장 대표성을 가지며, 이들을 통틀어 '대만 3대 시사'라고 칭한다.

정오를 전후로 모두 시사에 들어갔다. 정오에 린수쿠이(林樹奎)씨가 방문해 시 몇 수를 보여주었다. 밤에 린진통(林金童) 군이 흡성(洽成) 포목점에 방문했다. 이토 공작이 하얼빈에서 조선인의 저격을 받아 총 3발을 맞고 사망했다.

일기장의 공간이 제한적이라 내용이 매우 간단명료하고, 비망록의 성질을 띤다. 주의할 만한 것은 촨시치가 이 중대한 사건을 기록만 하고 어떠한 평론도 달지 않았다는 점이다. 그는 단지 일기의 네모난 틀 외에 위아래 공백에 각각 네 개의 검은 동그라미를 쳐두었는데 특별히 중대한 사건에 대해 표기한 것으로 판단된다. 촨시치 본인이 신문사에서 재직 중이었기 때문에 중요한 소식을 신속하게 전달받았을 것이고, 따라서 곧바로 이 사건을 그날의 일기에 기록했을 것이다. 당시 대만인들 가운데 이 소식을 이처럼 빨리 알 수 있는 사람은 결코 많지 않았다. 그리고 그가 사실만 진술하고 평론을 첨가하지 않은 것은 사실 그의 성격이 보수적이라 번거로운 일의 발생을 피하기 위한 것임을 반영할 뿐 아니라 당시 언론의 소극적인 대응을 나타내고 있는 것이다.

장리쥔의 『수죽거 주인 일기』는 사건 발생 후 며칠 뒤인 11월 1일에서야 이 사건을 언급한다. 그날의 일기는 다음과 같다.

날씨 맑음. 후루둔에서 개최하는 보정 정기모임에 참석. 오전 10시가 다 되어 지청장 시로요구마와 경부보의 스기야마 및 각 순사 등이 역장 회의장으로 왔다. 이 달 25일에 관청이 재감(裁減)하고, 26일에 이토 히로부미가 운지안 등의 악당에게 하얼빈 기차역에서 저격을 당했다. 지금 대중들은 이 사건에 대해 무엇이라

> 고 말할까? 공문을 내렸다. “애국부인회를 소집하고, 애국부인회 월보를 입수 바람.” 아울러 금년 겨울 공동 모심기 등을 상의 한 후, 11시에 해산했다. 담배가게에서 춘츠를 우연히 만나, 점심을 함께 했다. 오후에는 친구와 음악 감상을 하고 저녁이 되어서야 집에 돌아왔다. 저녁 식사를 마친 후, 젼파가 후루둔에서 공연 중인 경극에 초대하여, 10시경이 되어서야 집에 돌아왔다.[9]

장리쥔의 이 날의 일기는 그가 지역 보정을 맡았기 때문에 상급 장관이 역장(役場: 현재의 지역 사무소에 해당한다.)에서 개최한 정기회의에 참석한 것을 주로 기록하고 있다. 그는 특별 참석자로 후루둔 지역의 지청장이었던 시로요구마(城與態)와 경부보(警部補)였던 스기야마(杉山)씨 및 순사(巡査) 등[10]을 언급했다. 지청장이 무엇보다 관심을 가진 것은 ‘이토 히로부미 암살 사건에 대한 대만 대중들의 여론이 어떠한가?’하는 것이었다. 그 다음에서야 다시 기타 업무 관련 토론을 기록했는데, 대만 민간에 대한 일본 당국의 감시와 통제가 상당히 전면적으로 이루어졌고, 대만인에 대해 결코 방심하지 않았다는 것을 분명히 알 수 있다. 장리쥔은 건조한 어조로 사건 과정을 서술했다. 마지막 부분에서는 심지어 회의가 끝난 후 그날 오후부터 밤까지의 일상사를 언급하고 있다. 그가 친구를 찾아가 악기연주를 감상하고, 저녁에 다시 외출해 경극을 관람한 것으로 보아 이 사건에 대해 특별한 감정이 없었음을 알 수 있다. 더군다나 일기에서 안중근

---

9) 許雪姬主編, 張麗俊, 『水竹居主人日記(二)1908-1910』, 臺北: 中央研究院近代史研究所出版, 288쪽.

10) 중앙 연구원 대만사 연구소 ‘대만 총독부 직원기록 시스템’ 사이트에서 검색. 1909년 10월, 타이중청(臺中廳) 후루둔 지청(葫蘆墩支廳)의 지청장(支廳長) 시로요구마(城與態), 경부보는 스기야마 이노스케(杉山伊之助) http://who.ith.sinica.edu.tw/s2g.action, 2014. 6.17.

의 이름조차 잘못 기록하고 있고, 일본 당국이 사용한 '악당'이라는 용어까지 직접 인용한 것은 모두 이 사건에 대한 그의 이해가 대단히 제한적임을 반영한다.

이상의 두 편의 기록을 종합해보면 중국 동북부의 머나먼 하얼빈에서 발생한 이 중대한 사건이 일본 식민통치 하의 대만 민중들에게는 결코 특별한 관심을 끌지 못했음을 알 수 있다. 촨시치는 일본인이 창립한 신문사(타이중의 '대만신문사')에서 근무하면서 정보를 다소 빠르게 접할 수 있었고, 국제 정세도 비교적 날카롭게 파악하고 있었기 때문에 그날 밤 바로 이 사건을 일기에 기록한 것이다. 그리고 신문이 며칠 동안 사건의 전개를 연속 보도하기는 했지만 대만 상류계층의 전형적인 반응은 정부기관 매체에 이토 히로부미의 사망에 대한 애도를 담은 시를 쓰는 것이었다.(다음 장에서 자세히 살펴보겠다.) 그 가운데 상당수는 정치적 태도를 밝히려는 동기에서 행동한 것이라고 봐야 마땅하고, 그 외에 다른 논쟁은 일어나지 않았다.

4. 주대만 일본 정부매체의 안중근 사건에 대한 보도

1) 일본어판과 중국어판 보도의 '시간차' 문제

『대만일일신보』는 일제통치시기 대만의 가장 대표적인 정부 기관 매체이다. 필자는 『대만일일신보』의 안중근의 이토 히로부미 암살 사건 보도를 열람하다가 최초의 사건 발생, 사건의 재판과정부터 안중근의 사형 이후까지 이 신문이 집중보도한 소식이 수십 편에 달한다는 사실을 발견했다. 10월 27일, 사건 발생 다음날, 이 신문 제1면은 '아아, 이토 공'이라는 표제로 상세한 보도를 했고, 같은 날 제2면에서는 '도쿄 특보: 이토 공 암살'이라는 제목을 크게 달아 26일 오후까지 연속 보도하였다. 집중 보도는 2시 55분에 발송한 '제 1보'부터 오후 5시 55분에 발송한 '제 6보'까지 이어졌으며, 특별히 제 4보는 검은 테두리까지 첨가했다. 내용은 이토가 하얼빈 병원에서 사망했다는 소식을 알리는 것이었다. 이 사건은 그 후 몇 개월 동안에도 계속 보도되었다.

비교적 이상한 것은 대만인을 주요 독자로 하는 『한문대만일일신보』가 사건 발생 다음날인 10월 27일까지도 이토 히로부미가 암살되었다는 소식을 전혀 언급하지 않았다는 점이다. 단지 제 1면에 마치 이토 히로부미의 사망 소식을 일부러 숨기는 듯 '이토 공, 북경행 잠시 연기됨: 이토 공의 북경행, 잠시 중지됨'이라는 간략한 소식만 실렸을 뿐이다. 이틀 늦은 10월 28일 제 2면에서야 이 신문은 '아아, 이토 공'의 중국어 보도를 싣고, 같은 날 제 3면에 '이토 공 피살 후문'이라는 기사를 실어 총살 과정을 보도했으며, 제 4면은 전날 내용과 동일한 일본어판의 20개의 보도 자료를 실었다.(중국어판 보도가 일본어판보다 하루 늦었기 때문에, 전보가 10여 통이 많아졌다.) 『대만일일신보』와 『한문대만일일신보』사이에 하루의 시간차가 발생한 이유는 도대체 무엇 때문일까? 필자는 이 중대한 사건이 갑자기 발생했고, 급작스럽게 전해지는 대량의 소식을 정리하고 중국어로 번역해야 했기 때문에 신문사가 제때 처리하지 못했을 것이라고 생각한다. 하지만 중국어판이 대만 현지 독자들을 위주로 한다는 점을 감안한다면, 아마도 신문사 입장에서는 이 사건을 보도하는 것이 꺼려졌을 것이다. 이 소식이 순식간에 대만인들의 민심을 술렁이게 만들고, 심지어 다른 상황으로 번질 것을 우려해 차라리 보수적 입장을 취하는 방법을 택했을 것이라고 볼 수 있을 것이다. 하지만 전날 일본어판 신문이 대량의 지면을 할애해 이 사건을 보도했기 때문에 계속해서 숨기기는 어려웠을 것이고, 따라서 중국어판은 하루 늦게 보도할 수밖에 없었을 것이다.

다음에서 필자는 『한문대만일일신보』의 자료를 위주로 몇 편의 후속보도를 골라 일본 정부신문이 어떻게 이 사건과 안중근을 묘사했으며 그 배후에 숨긴 의도는 무엇인지를 고찰해보고자 한다. 내용으로 보면 관련 보도는 대체로 다음의 몇 가지 내용을 포함한다. 안중근의 출신배경, 이토 히로부미 암살 배경, 일본 정부의 호송과정 및 안중근의 옥중에서의 상황 등이다. 이러한 정보는 간단한 분량의 보도가 다수를 차지한다. 비교적 내용이 온전한 것은 심판 과정을 보도한 것(변호인의 변론에 치중)과 홍석구(洪錫九) 신부(프랑스계 한국인)가 안중근 형 집행 전에 안중근을 접견한 내용을 보도한 것이다.

2) 범인을 너그럽게 대한 것을 특별히 강조한 보도

이들 보도를 살펴보면 주의할 만한 두 개의 특징이 나타난다. 첫째, 일본 정부가 범인을 너그럽게 대한 것과 심판 과정이 공개적이고 공정하게 진행됐음을 강조했다. 게다가 신부가 안중근을 면회한 훈계내용을 상세하게 보도함으로써 종교적 관점을 빌어 그것이 잘못된 일임을 지적하고 있다. 둘째, 안중근을 부정적으로 묘사한 문자 사이로 여전히 안중근의 위엄 있고, 굽히지 않는 성격과 강렬한 애국심이 드러난다. 우선 일본 당국이 특별히 형상화한 관대한 이미지를 논하자면, 다음에 예로 든 보도에서 안중근의 옥중 상황을 묘사한 것과 같다.

> 감옥에 들어가, 영어의 몸이 되었으나 우리 당국의 선처에 만족해하는 듯 했다. 원래 감옥에 한국인을 조치할 때 청나라 죄수와 별 차이가 없으나 이번 안씨는 특별히 국민(일본인)에 준하는 대우를 받아 옥중에서 매일 3번 운동을 하였다. 심문을 받을 때도 몸에 채찍질을 당하지 않고, 질문을 듣고 대답을 하였다.[11]

안중근에 대한 대우를 강조한 내용을 보면, 일본의 범인들과 동일한 기준을 적용해 하루에 세 차례 운동하고, 고문 시에 신체에 채찍질을 하지 않으며, 그가 자유의지로 대답할 수 있도록 했다는 사실을 알 수 있다. 하지만 이것은 정부의 일방적 주장이기 때문에 사실인지 여부는 확인하기 어렵다. 소위 '우리 당국의 선처에 만족해하는 듯 했다'는 일본 당국이 미화한 상상의 말에 불과하다.

취조가 일단락되고 나서 정식으로 법정 변론이 열렸다. 『한문대만일일신보』의 보도에 따르면 사건 발발 후, 일본 당국은 공개심판방식을 채택했으나 스페인, 영국, 러시아, 한국 4개국의 변호사가 변론을 맡는 것을 거부해 일본 국적의 변호사가 변호를 맡도록 하였다.[12] 이 신문은 일본 변호사의 변론을 기사에 실었다.

> 뤼순의 전보에 의하면, 12일에 다시 안중근 공판이 열렸다. 카마다(鎌田) 변호사는 다음과 같이 변호했다. 일본은 청국의 영토의 범인에 대한, 영사 재판권을 갖고 있다. 하지만 한국인에 대해서는 적용할 수 없다. 각국의 외교권은 비록 '일한보호조약'에 의해 소멸되었기 때문에 일본은 한국 정부를 대신하여 외교만을 담

11) 『漢文臺灣日日新報』, 「獄中之安兇」, 1909年12月10日, 1版.
12) 『漢文臺灣日日新報』, 「刺客重案」, 1910年2月4日, 2版.

당할 수 있다. 한국의 법률은 소멸되었다고 말할 수 없다. 일본은 이번 사건에 대해 재판할 수 있지만 법률을 적용할 경우 반드시 한국형법을 적용해야 한다. 여덟 개 항목을 열거하면서 검찰의 주장에 반박했다. 재판장은 이 변론을 통역시켜 피고에게 전달한 후 정오에 휴정했다.

변호인은 청나라 영토의 범인은 영사재판권을 갖지만, 일본은 한국의 외교권을 대행할 뿐이며, 한국 법률이 여전히 존재한다고 주장하고 있다. 이 보도는 도량을 보이는 체하며 법관에서 한국 법률을 존중하고 일본 법률로 죄를 논해서는 안 된다고 요구하고 있다. 그러나 '한일보호조약'을 언급한 것은 사실 한국인들에게 한국은 일본의 통제를 받는 소위 '피보호국'이고, 자주독립 국가가 아니라는 사실을 분명히 알려주는 것이나 마찬가지인데, 이것이 바로 사건 발생의 근본적 이유가 아닌가? 일본 당국이 핵심을 피하고, 이 사건의 발발이 그들의 침략 야욕이 점차 진행됨에 따라 조성된 심각한 결과라는 사실을 직시하지 못하고 있음을 분명히 알 수 있다.

표제로 볼 때, 이 신문에서 안중근에 대해 가장 자주 사용하는 단어는 '흉악범'이고, 그 다음은 '자객'이다. 그리고 이 일련의 보도가 최대한 강조한 것은 공개심판이라는 점과 범인을 관대하게 대했다는 점이다.

뤼순의 전보에 의하면, 12일 오후에, 안중근 등의 공판이 다시 열렸다. 미즈노(水野) 변호사는 다음과 같이 변호했다. 피고인은 '시모노세키 사건'의 코야마 다이노스케(小山大之助)[13], '오쓰사

13) 1895년 3월 24일, 마관에서 리훙장을 살해한 일본인. 이름을 '小山六之助'라고 해야 맞

건'의 쓰다 산조(津田三藏)[14], 호시 토오루(星亨)를 암살한 이바 소타로(伊庭想太郞)[15] 등과 달리 동정을 받을 만하다. 그러므로 세 사람과 비교하여 좀 더 가벼운 벌로 처벌함이 합당하다. 이미 생명을 담보로 한 범죄를 어찌 엄한 벌로 다스리겠는가. 역시 법률 징벌의 목적이 아니다. 이토 공이 유신 초 하신바가 이와 같았으니 어찌 이 뜻을 다시 거스르겠는가. 이번에 피고를 극형에 처하면 공도 지하에서 불쾌히 여길 것이다. 여러 나라들이 우리나라(일본)가 공의 불행을 깊이 슬퍼함을 아는데 피고를 증오하여 지금 심정으로 중죄를 내리면 결국 남을 헐뜯고 비방한다 할 것이다. 그러므로 안중근은 형법 199에 의거하여 3년에 처하는 가벼운 벌을 주는 것이 합당하다.[16]

이번 보도에서는 미즈노(水野) 변호사의 변론내용을 상세하게 기록하고, 심지어 '시모노세키 사건'에서 리훙장을 살해한 일본인 코야마 다이노스케(小山大之助), '오쓰사건'의 쓰다 산조(津田三藏), 일본 국내에서 호시 토오루(星亨)를 암살한 이바 소타로(伊庭想太郞) 등과 달리 안중근은 동정을 받을 만한다고 여기며, 3년의 가벼운 형에 처해야 한다고 주장한다. 순수하게 변론 내용만 보면, 인도주의로 충만한 듯 보이지만 어쨌든 아무런 실질적 효용을 발휘하지 못한다. 따라서 '이처럼 변론내용을 밝히는 실제 목적이 어디에 있겠는가?'

을 것이다. '六'을 신문에서 '大'로 잘못 인쇄한 것이다.

14) 오쓰 사건(大津事件)은 1891년 5월 11일에 발생한 러시아 황태자 니콜라이(尼古拉)가 일본을 방문했을 때, 시가현(滋賀縣) 오쓰(大津) 경비 순사인 쓰다 산조(津田三藏)가 황태자의 살해를 기도했으나 다행히 미결로 그친 사건이다.

15) 메이지(明治) 34년(1901년), 검술가 집안 제10대인 이바 소타로가 도쿄시 참사회(參事會)에서 시의회 의장이었던 호시토오르를 참살한 사건이다.

16) 『漢文臺灣日日新報』, 「刺客公判」, 1910年2月16日, 2版.

의심하지 않을 수 없다. 일본 법률제도의 엄격함을 형상화하며, 법정 심리과정에서 피고인의 인권을 중시했다는 '공정한' 이미지를 보여 주려 한 것에 불과하다고 보는 것이 합리적일 것이다.

관련 보도 가운데 가장 상세한 것은 홍석구 신부가 안중근을 면회한 과정을 기록한 것이다.

> 잠시 뤼순에 머물렀던 안제생(安齊生)이 편지를 보내와 말했다. "안중근이 사형을 선고 받았고, 홍석구 신부(홍석구는 1860년에 프랑스령 '블뢰메리'주에서 태어나 한국에서 21년간 전도했다. 본명은 '니콜라스 조셉 마리 빌렘'이며, 한국으로 귀화해 개명했다.)가 중근이 13년 전에 세례 받은 제자임을 생각해 이번 달 8일에 그를 보러 왔다."
> 면회 하루 전, 홍신부가 말했다. "나는 중근에게 세 가지를 꾸짖고자 한다. 첫째는 기독교에서 금한 살인을 그가 저지른 것이다. 둘째는 흉악한 행동으로 그가 조국에 불이익을 준 것이다. 셋째는 그가 세계적인 위인이자 한국의 개선과 발전을 위해 성심을 다한 이토 공을 살해한 것이다."
> 면회에서 중근은 특히 기뻐하며, 신부 앞에 무릎을 꿇었다. 신부가 다가가 그의 손을 붙잡고, 자리에 앉아 훈계하며 말했다. "내가 여기까지 오는 동안 몇 차례의 어려움을 겪었다. 일본 신문은 내가 그대의 살인을 사주(散唆)[17]했다고 한다. 내가 너의 희망과 친지들이 간청하는 바를 받아, 오래 생각해 볼 틈도 없이 이곳에 왔으니 오직 한 마음으로 정의를 위해 나가고 물러날 뿐이다. 13년 동안 나는 줄곧 사랑으로 그대를 대하였고, 마지막에는 또한 그대를 인도할 것이다. 그대는 마땅히 이토 공을 살해한 대역죄

17) 원문은 '散唆'으로 나와 있지만 '教唆'의 오자일 가능성이 있다.

를 참회하여, 그대의 노모와 교우들을 편히 해드려야 할 것이다. 그대가 3년 전 출국할 때, 국가를 위해 온 힘을 다하겠다고 해 놓고, 안중에 어찌 종교를 두었겠는가? 그대가 말한 바대로 국가를 위해 온 힘을 다하려면 반드시 교육과 학문(教學)에 의지해야 한다. 배움이 흥하면 지식이 발전하고, 평화적인 방법으로 국가 개혁을 실행할 수 있다. 그대는 말을 지키지 않아 지금의 상황에 이른 것이 슬프지 않은가?' 말을 마치고 소리 내어 통곡하자 중근 역시 바닥에 엎드려 흐느꼈다.

신부가 시간이 급박하여 옷소매를 뿌리치고 가려하자, 중근이 눈물을 흘리며 가르침을 청했다. 옥리도 간곡히 청하자 신부가 다시 자리에 앉았다. 옥리가 담배와 차를 내와 중근도 그것을 함께 했다. 신부가 죄인에게 담배를 제공하고 후대하는 것을 보고 특히 감사를 표했다. 중근은 옥리가 자신을 너그럽게 대해주고, 매일같이 담배 열 개비를 준다고 말하며 감사를 전했다. 신부가 감격하여 눈물을 흘리며 말했다. "이 일을 친구들에게 전해 일본 정부의 성법(盛法)을 말해줘야겠다." 그래서 태도를 고치고, 안중근에게 말했다. "내가 오늘 그대의 두 동생과 면회를 온 것은 그대가 참회의 마음으로 일본을 탓하지도 한국을 탓하지도 말며, 오로지 살인의 죄악만을 참회하길 바라서이다. 그대가 한국인이라는 이유로 이토 공을 살해한 죄를 면할 수는 없다. 그대는 하늘이 용서할 수 없는 죄인이니 진심으로 참회하고, 옥의 규율을 잘 따르며 불법적인 행동을 해서는 안 된다. 나는 최근에서야 허락을 얻어 마지막 면회를 할 수 있게 되었다. 그대는 또한 마지막 참회를 숙고해야 할 것이다." 신부의 가르침이 끝나고, 중근과 두

동생이 오열하는 소리가 끊이지 않았다.[18]

이 글의 보도 내용은 다음과 같이 귀납할 수 있다. 첫 단락은 신부의 말을 통해 종교적 시각에서 살인의 부당함을 크게 강조하고 있다. 둘째 단락은 이토 히로부미는 '세계적인 위인이며 성심 성의껏 한국인을 개선하고 발전시켜 주고자 했음'을 지적하고 있다. 셋째 단락은 그가 평화적인 방법으로 보국하라는 신부의 가르침에 위배되는 행동을 했음을 꾸짖으며 진심으로 참회하기를 희망하고 있다. 마지막 단락에서는 신부와 안중근의 말을 통해 감옥이 대단히 관대함을 베풀고 있음을 강조하고 있다. 매일 담배 열 개비를 준다고 하자 신부가 감동해서 "이 일을 친구들에게 전해 일본정부의 성법(盛法)을 말해줘야겠다."라고 말하였다.

특히 주의할 만한 것은 프랑스 신부가 '당신이 3년 전 출국했을 때, 국가를 위해 온 힘을 다하겠다고 해 놓고, 안중에 어찌 종교를 두었겠는가?'를 언급하는 것은 안중근이 망국의 고통에 직면해 격렬한 방법을 선택한 것이 신부가 그에게 평화적인 방식으로 국가개혁을 실행할 것을 요구한 이상과의 중대한 차이임을 반영한다. 안중근에게 신부가 말한 '국가에 온 힘을 다하고자 하면, 반드시 교육과 학문(教學)에 의지해야 한다. 배움이 흥하면 지식이 발전하고, 평화적인 방법으로 국가 개혁을 실행할 수 있다.'는 충고는 이미 늦어 버린 아무런 효력이 없는 것이다. 하지만 신부와 안중근이 마주하고 눈물을 흘렸다는 묘사는 여전히 두 사람의 감정이 두터움을 반영한다.

이번 보도는 소위 「뤼순 안제생 편지」에서 발췌한 것으로 신부와

18) 『漢文臺灣日日新報』, 「安兇師弟面會」, 1910年3月19日, 6版.

안중근의 대화내용과 왕래한 진상은 알 수 없지만, 상술한 내용이 소식 제공자의 조작을 거쳤는지 여부는 잠시 논하지 않더라도 글 전체에 일본 정부의 관점이 가득하고, 전체 내용이 신부의 말을 빌어 일본 당국이 하고 싶은 말을 하고 있음은 말할 것도 없다.

3) '흉악범' 이미지 외에 기사에 드러난 안중근의 '지사(志士)'적 면모

앞에 말한 바와 같이 『대만일일신보』의 안중근의 이토 히로부미 암살 사건 보도에서 가장 자주 등장하는 용어는 '흉악범'의 이미지를 씌우는 것이다. '흉악범을 호송하다'는 보도에서 '흉악범'이라는 단어가 모두 네 차례 등장한다. 이상한 것은 이 보도의 마지막 세 문장에서 이렇게 묘사하며 끝맺고 있다는 것이다. "들은 바로는 안응칠(안중근)은 수려한 용모로, 일본사람과 그리 다르지 않아 흉악범 같지 않다고 한다."[19] '수려한 용모'라는 말로 안중근의 외모를 묘사한 것은 '흉악범'이라는 단어의 형상(image)와 큰 대비를 이루며, 언어 밖의 풍부한 정보를 드러낸다. 바꿔 말하면, 안중근을 천하의 악당이나 교활한 악인, 극악무도한 악당이 아니라 수려한 용모의 청년으로 묘사한 것을 보면, 그의 행동이 단정하고, 사사로운 이익을 초월하는 숭고한 동기가 있었을 것이라는 합리적인 추측이 가능하다.

다른 보도와 비교해 보면, 혹은 '항상 거리낌 없이 말하길 대신의 예로써 대우함이 마땅하다'고 전했다.[20] 예심에서 안중근이 재판관에게 열거한 열다섯 항목의 암살이유[21] 또는 그가 '뤼순 감옥에서

---

19) 『漢文臺灣日日新報』, 1909年11月17日, 1版.

20) 『漢文臺灣日日新報』, 「兇漢抵旅」, 1909年11月13日, 1版.

21) 『漢文臺灣日日新報』, 「豫審告畢」, 1909年11月19日, 1版.

종이와 연필을 찾아 악인을 벌하여 암살한 이유를 3장에 걸쳐 가득 적었다'[22]라고 한 기록을 보면 침착하고 당당했던 안중근의 비범한 기질을 알 수 있다. 그러나 일련의 보도에서 그의 성격과 기질을 가장 잘 드러내주는 것은 이 문장일 것이다.

> 흉악범 안중근이 다음의 안건으로 현재 상세한 조사를 받고 있다. …… 안씨는 처음 하얼빈에서 다롄으로 가는 기차에서 일찍이 이렇게 말했다. "나는 지사로서 대접받아야 한다. 순사의 미천한 손으로 나의 신성한 몸을 더럽혀서는 안 된다." 안씨는 밤이면 금방 깊은 잠에 들고, 행동함에 거리낌이 없었다. 안씨는 뤼순 감옥에 들어온 이후, 살인의 이유로, 십여 가지의 이유를 들었지만, 말하는 바가 외부로 알려지지 않아 오해가 있었다.[23]

보도는 안중근의 말을 인용하면서, 안중근은 '지사'로서 불굴의 의지를 가지고 있으며, 또한 모욕을 받아서도 안 되고, 이 행동이 충동적으로 일어난 것이 아님을 강조하고 있다. "안씨는 밤이면 금방 깊은 잠에 들고, 행동함에 거리낌이 없었다."라는 묘사는 죽음을 두려워하지 않는 영웅의 기백을 드러내고 있다. 다른 보도는 다르게 서술하고 있다.

우덕순이 말했다. "죄인이 전부터 안중근과 공모한 것은 인정하나, 바란 것은 오직 한국의 독립일뿐 이었다." 안중근도 말했다. "한국의 독립을 위해 역적 이토를 살해한 것은 개인의 범죄가 아니라

---

22) 『漢文臺灣日日新報』, 「兇漢審鞫」, 1909年11月21日, 1版.
23) 『漢文臺灣日日新報』, 「獄中之安兇」, 1909年12月10日, 1版.

국가의 일이다. 국제공법에 따라 어서 각국이 참가하는 회의를 열어 재판해주기를 바란다." 그래서 폐정했다.[24)]

> 안중근과 그의 동지 우덕순은 자신들이 바라는 것은 한국의 독립이라고 분명하게 말하고 있다. 또한 안중근은 이토 히로부미를 역적이라고 강조하며, 나라를 위해 지은 죄는 개인범이 아니며, 국제 공법으로 공판이 진행되기를 바란다고 말하였다.
> 안중근에게 사형판결이 확정되자, 다음날 신문은 안중근이 그의 두 동생에게 유언을 남기는 마지막 장면을 실었다.

> 어제 26일 오전, 안중근의 사형이 집행되었다.(즉, 이토 공작이 암살당한 시각이다.) 우선 25일 안중근의 두 동생 안공근(安恭根)과 정근(定根)에게 마지막 면회가 허락되었다. 이때, 중근은 두 동생들을 타이르며 말했다. 내가 죽거든 어머니를 잘 모시고, 게을리 하지 마라. 이 외에는 한 마디도 하지 않았다. 그 굳건한 각오가 특이했다.[25)]

비록 거듭해서 안중근의 재판이 공개적으로 진행되고, 옥중에서 그에게 어떻게 관대했는지를 강조하면서 일본 당국은 애써 자신들의 한국 침략으로 이러한 비극이 초래되었음을 회피하고 있다. 보도 안에서 '흉악범'의 호칭을 거듭 사용하고 있지만, 이 짧은 글을 통해 소위 '그 굳건한 각오가 특이했다'의 '특이하다'의 뜻은 '실제 매우 괴이하고 특이하다'이며, 표면적으로 집필자는 안중근의 '굳건한 각오'

---

24) 『漢文臺灣日日新報』, 「刺客公判」, 1910年2月16日, 2版.
25) 『漢文臺灣日日新報』, 「安之死刑」, 1910年3月29日, 1版.

라는 행위를 이해하기 어려웠다고는 하지만, 실제로는 진심으로 감복한데서 오는 감탄의 말을 표현한 것일 수 있다.

5. 시에 나타난 관점 차이: 정부기관 잡지와 민간과의 다른 입장 대조

이토 히로부미가 저격당한 후에, 당시 『대만일일신보』는 이토 히로부미를 애도하는 대만 작가들의 시를 싣기 시작했으며, 심지어 타이베이(臺北)의 영사(瀛社)는 이 사건을 주제로 쓴 시를 정부기관 잡지에 발표하기도 했다. 그 관점과 서술 입장이 모두 천편일률적이라는 것은 어렵지 않게 유추해 낼 수 있다. 그들은 이토 히로부미의 정치적 공적을 추켜세우거나 심지어 '위인', '대장부'라고 부르며 그 사망을 안타까워했다. 암살 사건에 대해 묘사한 극소수의 사람들도 마찬가지로 친일적인 입장에서 '변두리에 가서 참혹한 죽임을 당했네.'[26]라든가, 안중근을 '조선의 반역자'[27]라고 칭하거나, 혹은 '예양(豫讓)의 복수 계획은 이미 끝났네.'[28]처럼 중국 고대의 자객과 유사하게 묘사하고 있다. 하지만, 비교적 중립적인 입장을 취한 작품도 있다. 리이타오(李逸濤)는 '일격으로 마침내 망국의 한을 풀었으니, 두 조정은 그 충심을 이해해야만 하네.'[29]라고 쓰고 있는데, '망국의 한'은 한국인의 비통한 심정을 잘 드러내고 있으며, 이는 저격을 한 원인이기도 했다. 그러나 안중근을 언급했던 극소수의 작가들 대부분은

26) 林友竹, 「奉弔伊藤春畝公」, 『臺灣日日新報』, 1909年11月26日, 一版「詞林」
27) 朱四海, 「弔伊藤公爵」, 『漢文臺灣日日新報』, 1909年11月14日, 六版「瀛社詩壇」
28) 鄭鵬雲, 「弔伊藤春畝公」, 『臺灣日日新報』, 1909年11月21日, 三版「藝苑」
29) 李逸濤, 「弔伊藤公爵」, 『臺灣日日新報』, 1909年11月27日, 一版「詞林」

예외 없이 모두 '악당'이라는 표현을 쓰고 있다. 후난밍(胡南溟)은 세상을 놀라게 한 안중근의 저격 사건을 아래와 같이 '반어적인 표현법'을 사용하여 동정심을 드러내고 있다.

> 백두산 아래 답답하여 편치 않으니, 삼한이 잘못을 저질러 한 미치광이 나왔네.
> 상공이 벼슬에 나가고 물러남은 천하를 위함이니,
> 끝내 사열을 받으니 (모두) 이 행차를 슬퍼하네.

'답답하여 편치 않으니'는 사실상 이미 나라가 망한 것에 대한 한국인의 분노를 묘사한 것이다. '삼한이 잘못을 저질러 한 미치광이 나왔네.'에서 '잘못을 저질렀네.'라고 표현하고 있지만, 사실 '미치광이 나왔네.'라고 하면서, 오히려 은근히 동정심을 표현하고 있는 것이다. 이는 한국인의 입장을 드러내지 않게 대변하고 있는 것이다. 그러나 마지막 두 구절에서는 여전히 이토 히로부미를 인정하고 그의 죽음을 애도하고 있다. 이것은 정부기관 잡지에 안전하게 작품을 싣기 위한 장치였거나, 사상이 이미 일본 통치자와 동화되었기 때문일 것이다.

아래의 시는 웨이칭더(魏清德, 1887-1964)의 「이토 히로부미를 애도하며(弔伊藤春畝公)」이다. 이 시는 대만 작가들이 일반적으로 갖고 있는 기본적인 관점을 대변하고 있다.

> 유럽물결 벚꽃 섬에 불어오고, 수많은 사조 큰 파도에 일렁이네.
> 공은 홀로 의연히 헌법제정을 돕고, 나라의 기초 붙잡으니 반석 견고하네.

유신 내각은 몇 번 들어섰다 사라지고, 공훈 제일이라 원로로 받드네.
물과 물고기처럼, 군주와 신하는 서로 융합하고, 시세의 영웅은 좋은 친구가 되네.
소요남과 조곤에 뒤지지 않고, 비승간에 회포를 찾네.
만주와 한반도 대륙엔 바람과 구름 머무르고, 백두는 아직 낡고 초라한 문을 허락하지 않네.
장백산에 뼈 묻음을 아쉬워하지 않고, 장수의 남은 목숨 바쳐 군주의 은혜를 갚네.
과연 한 마디 말이 예언이 되니, 하얼빈 성에 만 필의 말 울지 않네.
빛 없는 대낮엔 서리 기운 차갑고, 큰 별은 희미한데 핏자국 스며드네.
예양은 애국심을 오해했고, 큰 숲은 텅 비어 감당나무 그늘을 남겼네.
끝없는 앙상한 나무에 가을바람 불고, 나라는 안팎 모두 흔들리네.
천자는 비통한 마음을 다해 국장을 하사하고, 수많은 신문 애도하니 몹시 시끄럽네.
가련하다 마지막 길 결국 이와 같으니, 차마 위인의 역사 다 읽지 못하네.
묘책은 모름지기 공의 참여가 많았으니, 뛰어난 자 남겨 강한 나라 바로잡네.[30)]

30) 魏潤菴, 「弔伊藤春畝公」, 『臺灣日日新報』1909年12月3日, 三版「藝苑」. '윤암(潤菴)'은 웨이칭더의 서명(署名)이면서 자(字)이기도 하다.

웨이칭더는 대만 근대시기의 유명한 문인으로서, 『대만일일신보』에서 오랫동안 재직한 바 있다. 그의 정치적 입장과 정부 측이 같았기 때문에 위의 시에서 보이는 관점은 자연스러운 일일 것이다.[31] 그는 근대 일본 정치에 대한 이토 히로부미의 정치적 공헌을 극진히 추앙하고 있다. 특히 웨이칭더는 이토 히로부미가 입헌을 지지하고 메이지유신 시기에 내각 총리를 세우는 데 지대한 공헌을 한 것에 대해 그를 '위인'으로 추대하고 있다. 시에서 유일하게 안중근을 언급하는 것은 '예양의 애국심을 오해했네.'라는 구절이 다 인데, 자객이라는 신분만을 부각시키고 있다. 그러나 웨이칭더는 '애국심을 오해했네.'라고 하면서 안중근이 이토 히로부미를 저격하게 된 동기를 설명하고 있다. 게다가 더 이상의 비판을 가하지 않고 억압당하는 조선민족과 나라를 사랑하는 애국주의자의 마음속에 쌓여있는 슬픔과 증오를 극단적인 수단으로 밖에 풀 수밖에 없음을 그도 정확하게 꿰뚫고 있었다.

그러나 일본 정부가 식민지였던 대만의 언론을 아무리 엄격하게 감시한다 해도, 모든 작가가 일본 정부의 입장에서 글을 쓴 것은 아니었다. 대만인이 편집하여 발행한 다른 잡지에서는 일본 정부 측과 다른 목소리가 나오기도 했다. 『시보』창간호에 실린 「哀○鮮」[32]는 1930년대에 발표된 칠언율시로서, 작가는 실명이 아닌 '푸산(撲山)'이

31) 웨이칭더의 정치적 입장에 관해서는 필자의 논문 「百年風騷, 誰主浮沉?——二十世紀台灣兩大傳統詩社: 櫟社,瀛社之對照觀察」(『台灣文學研究學報』第9期, 2009年10月)를 참고하기 바란다. 웨이칭더에 대한 비교적 완정한 연구 자료로는 黃美娥의 『魏淸德全集』共計5卷8冊, 分別爲詩卷2冊, 文卷2冊, 小說卷2冊, 文獻卷1冊, 目錄卷1冊, 台南: 國立臺灣文學館出版, 2014年1月이 있다.

32) 『시보』에 게재된「애○선(哀○鮮)」에서 중간의'「○」'는 내용으로 판단해 보건데, '조선(朝鮮)'인 것으로 추측된다. 하지만 단순히 오탈자인지, 일본정부의 검열을 피하기 위해 일부러 제목을 애매하게 한 것인지는 알 수 없다.

라는 익명으로 이 시를 발표했는데, 그 내용이 음미해볼 만하다.

> 기적 소리 속에 성문을 나와, 먼 길 떠난 나그네 동번에 이르렀네.
> 옷차림은 아직 삼한의 모습을 나타내고, 초목은 대대손손 원한을 품은 듯하네.
> 푸른 바다 물결엔 새로운 세력 나타나고, 압록강은 흘러 옛 천지 끊네.
> 푸른 하늘 멎어 완용이 태어나니, 고개 돌려 아득히 중근을 생각하네.[33]

이 시가 언제 창작되었으며, 대만인이 썼는지 중국인이 썼는지조차 확인할 수 없다.[34] 한국으로 가는 과정을 그린 앞 두 구절을 이 시의 제목으로도 볼 수 있을 것이다. '기적 소리 속에 성문을 나와'와 '동번에 이르렀네.'를 통해 추측해보면, '기적 소리'는 배가 곧 출항하는 것을 의미하므로 아마도 대만에서 배를 타고 한국으로 가는 것을 가리키거나,[35] 중국 동북에서 기차를 타고 한국으로 가는 것

---

33) 『詩報』1期, 1930年10月30日出版, 2쪽 참조

34) 이 시는 『시보』창간호에 '사화초록(詞華摘錄)'란에 게재되었다. 『시보』의 주요 필자는 일제시기의 대만의 유명한 시인으로 롄헝(連橫), 린유춘(林幼春), 웨이칭더(魏淸德), 자오윈스(趙雲石), 린셴탕(林獻堂), 푸시치(傅錫祺), 후난밍(胡南溟), 셰쉐위(謝雪漁) 등이 있다. 전부 옛날 작품으로, 이 시 또한 대만 시인의 옛 작품인 것으로 추측되며, 시의 내용이 예민한 문제를 다루고 있기 때문에 일부러 가명으로 발표한 듯하다. 그러나 중국인의 작품도 가끔 게재되기 때문에 확실한 신분은 확인하기가 어렵다.

35) 1910년에 한국이 일본에 합병되었으며, 중국 동북도 일본 제국에 편입되었다. 대만에서 한국이나 중국동북으로 갈 경우, 일반적으로 교통 노선은 지룽(基隆)에서 우편선을 타거나 상선을 타고 일본의 모지(門司)로 가서, '부산 연락선'을 타고 부산을 통해 한국으로 들어갔으며, 부산에서 조선철도를 이용하여 신의주로 갔다. 중국 동북으로 갈 경우에는 남만(南滿)철도를 이용하여 선양(瀋陽)으로 갔다.

을 가리키는 것이다.[36] 그러나 시에서 한국을 '동번'으로 쓴 것을 보면, 중국 관점에서 쓴 것임을 알 수 있다. 특히 주의할 만 한 점은 '초목은 대대손손 원한을 품은 듯하네.'는 당시 일본에게 억압받는 한국에 강렬한 동정심을 드러내고 있는 것으로, '대대손손 원한'은 나라의 원한을 여실히 묘사하고 있다. 하지만 '푸른 바다 물결엔 새로운 세력 나타나고, 푸른 강물 흘러 옛 천지 끊네.'는 일본이 갑오전쟁과 러일전쟁을 겪은 이후에 일본군국의 세력이 급속히 확장되는 것을 우려하고 있다. '綠江'은 압록강을 뜻하는 것으로 한국이 일본의 통제 속에서 벗어나지 못하고 있음을 탄식하고 있다. 마지막 두 구절에서는 이완용과 안중근을 거론하고 있다. 이완용은 한국역사상 친일파로서, '을사 5적신', '정미 7적신', '경수 매국노'라고 불리어지는 인물 중 한명이었다. 이에 반해 안중근은 순국한 항일열사로서 민족영웅으로 추대하고 있다. 시의 마지막 구절에서 안중근과 이완용을 서로 극렬하게 대비시키고 있는데, 이는 역사가로서 역사상에서의 이 두 사람의 위치를 자리 매김하고 있는 것이다.

이 시의 작가가 대만인이든 중국인이든 상관없이 이 시가 대만의 문학잡지에 실린 것으로 보아, 당시 대만인 중 일부는 일본의 침략에 대하여 비판적인 입장을 취하고 있으며, 한국의 운명에 '동병상련'의 아픔을 가지고 있었다는 사실을 알 수 있다. 소위 '고개 돌려 아득히 중근을 생각하네.'는 안중근의 저격 사건을 회고하고 있는 것으로, 작가는 "오늘날, 일본의 야심을 저지하여 시국을 되돌릴 수 있게 할 사람은 더 이상 없을 것이다"라고 말했는데, 이것은 당시 상황을 우회적으로 비판하고 있는 것이다. 이와 같은 논조를 갖고 있

36) 필자는 『臺灣日日新報』 전자 검색에서 '기적 소리'를 검색하였는데, 이 글자는 배의 고동 소리를 가리키거나, 증기 기차의 기적 소리를 뜻하기도 하였다.

는 작품이 공식적으로 발행되는 잡지에 실릴 수 있었던 것은 첫째, 시의 표현 수법이 비교적 은밀했기 때문일 것이다. 둘째는 잡지는 매 호마다 다량의 시를 실었으며, 주제도 다양했기 때문에 일본 정부의 검열을 피할 수 있었을 것이다. 그렇기 때문에 일본 정부 입장과 대치되는 작품임에도 불구하고 발표될 수 있었던 것이다. 이는 또한 한국과 대만이 일본에게 억압받는 공동 운명체였음을 실증하고 있는 것이다.

6. 맺음말

1909년에 발생한 동아시아 정치적 모살 사건이래로 이미 105년이라는 시간이 흘렀다. 이 사건은 중국 동북에서 발생했으며, 이로 인해 러시아, 일본, 한국, 중국 각국 간의 정치적 갈등이 초래되었다. 백년 이후 안중근 사건은 재조명되기 시작했으며, 최근 한국, 중국 양국이 손을 잡고 일본에 대항한 상징적 사건으로 인식되고 있다. 이토 히로부미가 안중근에 의해 저격당한 사건에서 대만은 언제나 제3자였다. 예전에도 그랬고 그건 지금도 마찬가지이다. 100년 이래로 대만과 한국, 중국, 일본 간에 서로 얽혀있는 문화와 정치적 갈등은 지금까지 이어지고 있으며, 오히려 더욱 심화되고 있는 듯하다.

대만의 관점에서 보면, 한국인은 보편적으로 매우 강렬한 민족의식을 갖고 있는 것으로 인식되고 있다. 관광여행, 학술교류, 심지어 월드컵 축구에서 보여주었던 한국 국민들의 격렬한 반응 등에서 이를 느낄 수 있다. 그리고 현재 대만에서는 한국 드라마가 수입되고, 아이돌 가수들이 대만에 방문하면서 옷, 음식, 관광 등 모든 방면에서 '한류'가 유행하고 있다. 그러나 이러한 화려함 속에 감춰진 한국 사회의 여러 가지 복잡한 문제를 본보기로 대만과 한국을 비교 고찰할 필요가 있을 것이다.

본고는 백 년 전에 일어났던 안중근 저격사건에 대해 대만이 어떤 시각으로 바라보고 있는지를, 대만인의 개인 일기, 보도 자료, 시를 통해 고찰했다. 이를 통해 민간이 겪었던 억압과 위압감을 볼 수 있었으며, 문학 작품 속에서는 '정부 입장에 맞추어, 논조를 공모'하거나 '진심으로 탄복하며, 동병상련의 아픔'이라는 양자 대립 구조를 취하고 있음을 알 수 있었다. 필자는 당시 한국 정부 측 잡지나 문학 작품 속에서는 이 사건을 어떤 시각으로 바라보고 있는지가 궁금하다. 백년이 넘은 시간 동안 동아시아에서는 정치적 변천을 겪고 많은 전환점이 있었는데, 안중근은 어떻게 해석, 재현, 재구성되어 왔을까? 과거에 존재했던 역사와 오늘날 한국과 중국에서 재해석, 재창조되고 있는 것은 어떤 의미를 뜻하는 것일까?

안중근이 죽은 지 18년 후인 1928년 5월 14일에 또 다른 조선인 조명하(1905-1928)가 타이중 거리에서 육군 검열사 신분으로 대만에 방문한 구니노미야(久邇宮邦彦王) 육군대장을 암살한 후 체포되어 사형을 당했다. 조선인이 일본 고관을 암살한 사건은 86년 전에 필자의 고향에서 일어났다. 그러나 이와 같은 역사적 사건을 최근에서나 알게 되었다. 이 젊은 조선인이 왜 대만에 오게 되었으며, 그는 대만에서 어떻게 생활을 했던 것일까? 개인적인 정신적인 고통과 일이 뜻대로 되지 않아, 국가와의 공동 운명체로서 이렇게 자살행위와도 같은 행동을 취하게 된 것일까? 똑같은 식민지였던 대만과 한국에서 이와 같은 유사한 사건이 발생한 것은 역사적으로 어떠한 의미를 지니는 것일까? 이러한 문제도 검토할 필요가 있을 것이라 생각된다.

근 10년간 한국은 경제적으로 정치적으로 급속도로 성장하고 있다. 세계 강권국가와 어깨를 겨누는 자신감도 드러내고 있다. 대만과 한국이 '아시아 네 마리 용'으로 불리어 진적도 있었는데 이는 이미 과거가 되었다. 그러나 한국은 중국과의 교류를 중시하고 대만과의 관계는 점점 난처해지고 소홀해 지는 상황이다. '이러한 상황 속에서 대만과 한국간의 학술적인 교류가 좀 더 한층 발전될 가능성은 있을까?'라는 질문이 이 논문을 마치고 난 후에도 필자의 머릿속을 맴돌고 있다.

(황선미 옮김)

제3부
식민의 '기행': 조선과 대만의 식민 경험과 상호 인식

제3장 황선미_셰춘무(謝春木)의 기행문에서 나타난 조선인식

제4장 가오지아리 高嘉勵_제국 반도와 감정의 섬: 사타 이네코(佐多稻子)의 식민지 기행문 비교

제5장 랴오전푸 廖振富_이토 히로부미(伊藤博文)를 암살한 안중근에 대한 대만의 관점: 일기와 시 및 보도 자료를 중심으로

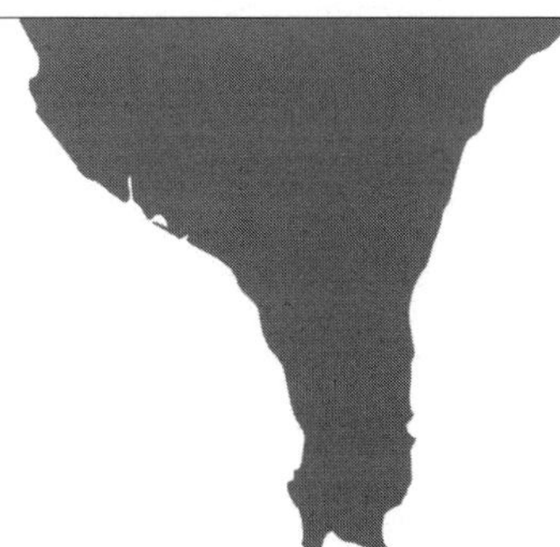

제6장

중리허(鍾理和)의 대륙 노스탤지어와 그 정치적 왜곡의 문맥

김양수 동국대 교수

1. 머리말

루쉰(魯迅)의 단편 「고향(故鄕)」이라는 작품이 있다. 중국 강남지방의 음산한 겨울, 20년 만에 고향에 돌아가는 사람의 기대감, 어린 시절의 아름다운 추억, 너무나 변해버린 친구와 마을사람에게서 받은 충격, 떠나는 뱃전에서 떠올리는 '길'에 대한 아포리즘과 미래에 거는 희미한 기대 등에 대한 묘사를 통해 이 작품은 '그리움'이라는 감정의 안과 밖을 잘 표현해내고 있다. 일일이 열거하지는 않는다 하더라도 우리는 국내외 문학작품들 중에서 '귀향'을 모티프로 한 작품의 예를 많이 찾아볼 수 있다. 서술자의 위치와 각도에 따라 작품은 각기 다양한 프리즘을 만들어내겠지만, 그래도 '그리움'이라는 감정에 있어서는 마찬가지인 것이다.

노스탤지어(Nostalgia)라는 영어 단어는 "고향으로 돌아가다"라는 의미의 그리스어 'nostos'와 '고통'을 의미하는 'algia'가 합성된 것으로, 이 개념은 그것이 생겨난 17세기 경 유럽에서 고향을 떠나 먼 곳을 방황하는 선원이나 원정에 참가한 군인 등이 걸리는 질병을 의미하는 것이었다.[1] 비록 어원적으로는 노스탤지어라는 말이 17세기 경에 생겨났다고 하지만, 고향을 그리워하는 마음을 표현한 문학은 물론 그 이전부터 존재했다. 서양문학에서는 트로이전쟁 후 귀향하는 오디세우스의 방랑을 그린 호메로스의 『오디세이』에서 그 예를 찾을 수 있고, 동양문학에서는 『시경(詩經)』에 실린 시 중 전쟁에 나간 병사가 부인과 '해로(偕老)'하기로 했던 언약을 회상하는 내용의 「격고(擊鼓)」같은 작품에서도 그 예를 찾아볼 수 있는 바, 고향을 그리는 마음은 동서양의 구분 없이 문학의 원초적 모티브로 작용했음을 알 수 있다.

고대문학에서 표현된 향수는 전쟁이나 노역, 혹은 귀양 등의 이유로 주인공이 고향에서 떨어져 있을 수밖에 없는 상황에 놓이게 되는 경우가 많지만, 현대문학에 있어서의 향수는 '고향으로부터의 격절'이라는 상황에 '고향의 변화'라는 상황이 더해진 경우가 많다. 근대 이후로 삶의 공간이 자본주의적으로 재편되어 갔고, 이동이 많아졌으며, 남아있는 사람들도 변해갔기 때문이었다. 앞서 말한 루쉰의 「고향」(1921)과 같은 제목을 한 현진건(玄鎭健)의 「고향」(1922)에는 식민지 시대 '고향 상실'의 이야기가 처절하게 묘사되어 있다. 대구 근교의 농민이었던 '그'가 일제의 동양척식회사에 농토를 빼앗기고 간도로 떠났다가, 일본 큐슈 탄광을 거쳐 다시 폐허의 고향에 돌아오지만, 무덤과 해골을 연상케 하는 고향에서 유곽에 팔려 갔다가 병과 빚만 안고 돌아온 옛 연인과 해후하게 되는 내용이다. 소설

1) 김준, 「다시 못 올 것에 대하여」, 『사회와 역사』 제85집, 2010, 87쪽.

의 마지막에 나오는 노래는 고향 상실의 비참함을 적나라하게 표현하고 있다. “볏섬이나 나는 전토는 신작로가 되고요~~ 말마디나 하는 친구는 감옥소로 가고요~~ 담뱃대나 떠는 노인은 공동 묘지 가고요~~ 인물이나 좋은 계집은 유곽으로 가고요……”[2)]

제국주의 정부와 기업의 공모(共謀)에 의해 농업사회가 자본주의적으로 재편해가는 과정에서 식민지인들의 공동체가 파괴되는 모습은 당시의 문학작품들에 많이 나오는데, 양쿠이(楊逵)의 「신문배달부(送報伕)」에서 농토가 사탕수수 공장으로 바뀌는 경우가 전형적이었던 것 같다. 본고에서 다루게 될 중리허의 노스탤지어는 앞에서 말한 ‘귀향’의 모티브와는 약간 차이가 있는데, 자기가 나고 자란 대만에서 대륙의 ‘원향’을 상상하고 있었다는 점에서 그에게 있어 노스탤지어의 대상이 된 것은 ‘경험한’ 고향이 아니라 ‘구성된’ 고향이었던 것이다.

중리허(1915-1960)는 일본의 식민통치하에 있던 대만에서 나고 자랐으며, 젊은 시절 한 때 중국대륙에 가서 생활하였고, ‘광복’ 후에는 다시 대만에 돌아와 창작활동을 한 특이한 경력의 작가이다[3)]. 중리허는 1938년 대만을 떠나 중국의 선양(瀋陽)과 베이징(北京)에서 머물렀으며, 1945년에는 베이징에서 『협죽도(夾竹桃)』라는 소설을 출판했다. 46년 대만에 돌아온 후에는 고향 메이농(美濃)에서 병마에 시

---

2) 『현진건 문학전집』(1), 국학자료원, 2006, 185쪽.

3) 중리허는 한국에도 몇 편의 글을 통해 소개되었는데, 소개되던 당시에는 ‘일제시대에 중문으로 창작한 작가’라는 의미에서 ‘민족주의 작가’라는 면이 부각되었던 바 있다.
金喆洙, 『鍾理和小說初探』, 『淵民李家源博士六秩頌壽紀念論叢』, 서울: 汎學圖書, 1977.
金喆洙, 『鍾理和小說再探』, 『人文科學』(8), 서울: 成均館大學校人文科學研究所, 1979.
金喆洙, 『鍾理和小說再探(續)』, 『大東文化研究』(15), 서울: 成均館大學校大東文化研究院, 1982.
金喆洙, 『鍾理和的『笠山農場』研究』, 『大東文化研究』(26), 서울: 成均館大學校大東文化研究院, 1991

달리면서도 창작에 전념하였지만 크게 주목받지 못했고, 오히려 사후에 대만 향토소설의 기초를 이룬 작가로 재평가되고 있다.

중리허의 '대륙행'은 징용이나 강제이주 등 타의에 의한 것이 아니라 자발적 의지에 의해 이루어진 것인데, 본고에서는 대륙행을 결심하기까지의 중리허의 심리적 내면 풍경과 나중에 이를 작품화 해낸 정황의 전후 맥락을 살펴보고, 그의 사후 대만 문단에서 전개된 '향토문학' 논쟁과 영화『원향인(原鄕人)』에 있어서의 중리허 이미지 형성의 문제점을 검토해보고자 한다.

2. '원향인' 관념의 형성과 대륙유랑

『중리허전집(鍾理和全集)』은 1976년과 1997년 두 차례 출판된 바 있는데, 여기에는 소설이나 산문을 비롯해서 일기와 서간문 등이 실려 있다. 중리허는 왜 대륙으로 가게 된 것일까. 만약 당시의 구체적 상황을 기재한 중리허의 일기가 있다면 이 문제를 밝히는 좋은 자료가 되겠지만, 아쉽게도『중리허전집』의「일기」권에는 1945-1959년 분만 수록되어 있다[4].

중리허는 사망하기 3년 전이던 1957년 10월 30일 랴오칭슈(廖淸秀)에게 보낸 편지에서 생애를 기술하고 자신이 문학을 하게 된 배경 등을 설명한 바 있는데, 중리허 자신의 진실한 고백이라는 면에서 중요한 자료라고 판단된다. 편지의 내용에 의하면 고향에서 학교(小高)를 졸업한 중리허는 1년 반 가량 고향의 서당(村塾)에서 고문(古文)을 배워 고전소설을 많이 읽었다. 당시 대륙에서는 5.4운동 이래 신

4) 1997년본 전집의 경우, 1,2,3,4권은 소설, 5권은 일기, 6권은 서간, 잡기로 구성되어 있다.

문학운동의 기운이 일고 있었는데, 루쉰, 바진(巴金), 마오둔(茅盾), 위다푸(郁達夫) 등의 선집은 대만에서도 구입할 수 있었다. 이들 작가들의 작품을 탐독하던 중리허는 습작을 하며 문학에 대한 꿈을 키워 간다. 하지만 당시에도 그는 정식으로 작가가 되겠다는 생각은 하지 않고 있었으며, 이민족의 통치를 받고 있던 대만에서 중문으로 글을 쓰는 작가가 되겠다는 것 자체가 무리라고 생각하고 있었다. 19세 되던 해 중리허는 한 여성을 알게 되고, 동성(同姓)이라는 이유로 결혼을 할 수 없게 되자, '봉건세력'에 대한 투쟁의 일환으로 동북행을 계획했고, 투쟁의 무기로 문예를 떠올리게 된다. 이렇게 해서 1938년 나중에 그의 부인이 되는 종타이메이(鍾台妹)와 함께 대륙에 간 중리허는 창작에 전념하여 45년 베이핑(北平)에서 창작집을 출간했고, 1946년에는 난민들 틈에 섞여 대만으로 돌아온다[5].

이 서신에서 중리허는 그가 대륙행을 결심한데 대해서 '개인적 이유'와 함께 '민족의식'을 들어 이야기하고 있다. 여기에서 말한 '개인적인 이유'란 봉건적 인습에 대항하여 동성(同姓) 여성과의 혼인을 쟁취해내겠다는 것을 말하며, '민족의식'이란 대륙에 가서 자신의 아이덴티티를 확인해보고 싶어하는 열망을 말하는 것이다. 이 두가지의 이유는 그가 나중에 쓴 소설에 의해 각기 표현되고 있는데, 1958년작 「도망(奔逃)」와 1959년작 「원향인(原鄉人)」이 그것이다. 두 작품을 각각 살펴보기로 한다.

「도망」는 중리허와 타이메이(台妹)의 만주행을 재현한 작품으로, 두 사람의 여정이 잘 나와 있다. 작품의 첫 장면에서 '나'는 기차역에서 '그녀'를 애타게 기다리고 있다. 그가 초조하게 기다리고 있는데, 사촌형 쿠이광(魁光)이 자전거를 타고 역에 나왔다. 그와 작별인사를 하

5) 鍾理和, 「致廖清秀函」, 『鍾理和全集』(第6卷), 1997, 高雄: 春暉出版社, 114-119쪽.

고 기차에 올라, 기차에서 '그녀'와 뜨겁게 해후한다. 대륙을 향해 출발할 수 있게 된 것이다. '나'는 여행에 대비해서 일본 외무성에서 발급한 '도항증명서'를 마련해두었다.

두 사람은 먼저 가오슝(高雄)으로 가서 여행용품도 사고 대만은행권 화폐를 일본은행권 화폐로 '환전'도 한다. 두 사람은 가오슝에서 마닐라마루(馬尼拉丸)을 타고 지룽(基隆)으로 갔다가 다시 일본 모지(門司)에 도착한다. 모지(門司)에서 시모노세키(下關)로 가고, 시모노세키에서 배를 타고 부산으로 가서, 부산에서 다시 기차를 타고 만주(滿州)로 간다[6]. 기차역에서 상대방을 기다리고 이곳저곳으로 이동하는 모습이 매우 실감나게 묘사되어 있어, 이 글을 통해 당시의 모습을 상상해볼 수도 있을 것 같다. 물론 이 작품에는 '민족주의'적 내용은 없다. 하지만 이 소설의 내용을 근거로 하여 중리허의 대륙행을 '애정도피'로만 간주하는 것은 곤란하다.

작품 「도망」과 관련해서는 1950년대 대만 사회 및 문단의 성격, 그리고 당시 중리허가 처해 있던 위치에 대한 이해가 필요하다. 1949년 12월 국민정부가 대만으로 옮겨 오면서 국민당이 대만 사회를 통치하고 각계각층에서 권력을 장악하게 된 것은 주지의 사실인 바, 이러한 '백색공포(白色恐怖)'의 상황은 문예계에도 예외가 아니었다. 이 시기 국민당의 문예정책은 '전투문학(戰鬪文學)', '반공반러(反共抗俄)'로 표현되었는데, 이를 주도한 것은 장다오판(張道藩)이 중심이 된 '중국문예협회'였다. 장다오판은 1930년대 대륙에서 '중국좌익작가연맹'이 진보적 작가들을 흡수하면서 결성되던 때, 이에 맞서 '민족주의 문학'을 제창했던 인물이었다. 장다오판이 쓴 「우리가 필요로 하는 문예정책(我們所需要的文藝政策)」이라는 글은 50년대 대만 관변문

6) 台灣作家全集 短篇小說卷 / 戰後第一代 ,『鍾理和集』, 台北: 前衛出版社, 1991, 165쪽.

학의 선언서 같은 것으로, 이 글에는 후스(胡適)의 '팔불주의(八不主義)'를 연상케하는 '육불주의(六不主義)'라는 주장이 있는데, 그 구체적인 내용은 다음과 같다. "(1)사회의 어두운 면만을 그리지 않는다. (2)계급적 원한을 드러내지 않는다. (3)비관적 색채를 띄지 않도록 한다. (4)낭만적인 분위기를 표현하지 않는다. (5)무의미한 작품은 쓰지 않는다. (6)부정확한 의식은 표현하지 않는다."[7)]

한편 '중국문예협회'는 1950년 '중화문예기금위원회(中華文藝奬金委員會)'를 결성하여, 거대한 자금력으로 문단을 조직화하면서 보수적인 이데올로기를 형성해갔는데, 이 과정에서 중리허는 철저히 배제되어 간다. 대만에서 '중국문예협회'가 작가들을 길들여가는 과정은 대륙에서 '중국작가협회'의 역할과도 매우 유사했다고 할 수 있다. 정부로부터 자금지원을 받지 못하는 중리허같은 작가는 경제적으로 곤궁한 상황에 놓일 수 밖에 없었을 뿐 아니라, '육불주의'와 같은 무단적인 기준에 의한 검열과도 마주해야 하는 상황이었다.[8)] 「도망」 역시 그러한 검열의 결과물로, 중리허는 1958년 12월 24일 중자오정(鍾肇政)에게 보낸 편지에서 울분을 토로하며 검열 후의 「도망」을 "갈기갈기 찢긴 시체"에 비유한 바 있다[9)]. 현재로서는 이 작품의 어느 부분이 삭제되고 고쳐졌는지를 정확하게 알 수는 없으나, 중리허의 창작의도가 왜곡된 것만은 분명한 것 같다. 이 작품의 내용만을 가지고 중리허의 대륙행을 '애정도피'로만 간주하는 것은 곤란하다고 했던 것은 이런 이유이다.

이번에는 「원향인」이라는 소설을 보기로 하자. 중리허의 아들이자

7) 陳祈伍,「鍾理和「原鄕人」的硏究」, 應鳳凰, 『鍾理和論述 1960~2000』, 高雄: 春暉出版社, 2004, 117쪽에서 재인용.

8) 陳祈伍, 앞의 글, 應鳳凰, 앞의 책, 118쪽.

9) 鍾理和, 「鍾理和書簡致鍾肇政函」, 『鍾理和全集』(第6卷), 高雄: 春暉出版社, 1997, 50쪽.

대만의 중견작가인 종톄민(鍾鐵民)은 「원향인, 그리고 다른 이야기(原鄕人及其他)」라는 글에서 '원향(原鄕)'이라는 개념에 대해, "원향은 대만의 커쟈인(客家人)들이 애초에 광동(廣東)에 있던 그의 조상들이 밖으로 나온 곳을 가리키는데, '원향으로 돌아간다(轉原鄕)'라 하면 조상이 살던 곳으로 돌아간다는 걸 의미한다. 심지어 사람이 죽었을 때도 은유적으로 '원향으로 돌아간다(轉原鄕)'는 표현을 쓴다[10)]"고 했다. 이는 자신의 영적 뿌리를 찾는 행위, 정신적 고향을 찾는 행위로 볼 수 있는 것인데, 그렇다면 소설 「원향인」(1956)에는 '원향'에 대한 중리허의 생각이 어떻게 표현되어 가고 있었던 것인가.

「원향인」의 모두(冒頭)는 '인종학(人種學)'이라는 키워드로 시작하고 있는데, 중리허는 그의 '인종학'의 첫 번째 과목은 '푸라오인(福佬人:閩南人)'이었고, 두 번째 과목은 '일본인'이었다고 회상하고 있다. 중리허의 기억에 의하면 푸라오인은 인정많은 사람이었고, 일본인은 두려운 존재였다. 6살이 막 지났을 때 마을에 선생님이 새로 왔는데, 할머니는 그 선생님이 '원향인'이라고 말해주었다. 그 때부터 그는 자기 조상들의 '원향'이 어디였는지에 대해 관심을 갖기 시작한다. 어린시절 그는 몇 명의 '원향인'을 접하게 되는데, 그들의 공통점은 개고기를 좋아한다는 것이었고, 개잡는 모습을 보면서 그는 '개를 잡는(殺狗)' 잔인한 기억을 간직하게 된다. 그 후로 그는 많은 원향인을 만나게 되는데, 인삼 파는 사람, 쟁기 만드는 사람, 낡은 항아리나 솥 때우는 사람, 우산이나 자물쇠 고치는 사람, 점쟁이, 지관 등 그들의 직업도 다양했고, 그들이 쓰는 말이나 옷차림, 체격도 제각각이었다. 어른들 말씀에 의하면 그들은 닝보(寧波)인, 푸저우(福州)인,

10) 鍾肇政, 『原鄕人: 作家鍾理和的故事』, 高雄: 財團法人鍾理和文敎基金會, 2005年 再版本, 209쪽.

원저우(溫州)인, 쟝시(江西)인 등이었다고 한다. 하지만 기억속의 그들은 모두 철새처럼 유랑하는 사람들, 떠돌이였다.

부친과의 대화를 통해서 그는 원향이 '중국'이고, 원향인은 '중국인'이라 한다는 걸 알았다. 소학교에 들어가자 학교의 일본인 선생님은 중국을 '지나(支那)'라 불렀는데, 수업시간에는 '지나'에 대해 온통 부정적인 내용만 강의했으며, '지나인', '지나병(支那兵)'에 대한 에피소드는 끝없이 계속되었다. 그의 부친은 대륙에서 장사를 하였기 때문에 중국에 대한 견문이 넓어 많은 이야기를 들려주었다. 마을사람들도 대륙의 구체적인 상황에 대해서 무척 알고 싶어 하였다. 중학을 졸업한 후 중국에 직접 가본 그는 그 후로 중국에 대한 그리움이 더욱 커졌다. 일본에서 돌아온 둘째 형이 대륙으로 갔다. 그 후 그는 둘째 형을 그리워하면서 "나는 애국자가 아니다. 하지만 나는 원향인의 피를 갖고 있어, 원향에 가야만 이 끓어오르는 피가 진정될 수 있을 것이다"라 말하며 끝을 맺는다[11].

물론 내용 중에는 픽션화(fictionalize)된 부분도 있겠지만 이 작품에는 '원향'에 대한 기억이 만들어지는 과정이 잘 나와 있다. 어린 시절 할머니와 아버지의 말씀을 통해서 자신의 '원향'이 중국이라는 기억이 주입되었고, 대만 각지를 떠돌아다니는 '원향인'들의 모습을 통해 '원향인'의 실체를 확인했고, 일본 선생님의 '지나'에 대한 부정적 언급을 통해 '원향'의 정치적 위치를 인식하게 된다. 이런 과정들을 통해 대만에서 나고 자란 중리허에게 가보지 못한 '고향'에 대한 기억이 형성되는 것이다.

자기가 가보지 못한 장소에 대해서도 향수의 감정이 생겨날 수 있는 것일까. 최근의 연구성과들에서는 향수의 대상이 실제로 존재했

11) 鍾肇政, 앞의 책, 219-232쪽.

던 고향을 넘어 확대된다는 점이 지적되고 있다. Chase & Shaw는 향수병에 걸린 사람이 침대 속에서 꿈꾸는 고향이 그가 한 번도 가본 적이 없는 상상속의 장소이거나 환상적으로 미화된 고향이라는 것이 이미 19세기부터 발견되었다는 점을 지적한 바 있고, 19세기 말에 도쿠토미 소호라는 일본 문인도 고향이란 "과거의 기억과 상상을 통해 건립한 신성한 전당"이라고 하여 향수는 구성적 개념이며, 따라서 결코 객관적이거나 단일하지 않다는 점을 주장한 바 있다[12].

일본 연구자 나리타 류이치(成田龍一)는 『'고향'이라는 이야기』에서 근대 이후 일본에서 '고향'이 어떻게 만들어져 갔는지를 세밀하게 논증한 바 있다. 그의 서술에 의하면 19세기 후반 일본에서 산업화가 본격적으로 진행되면서 사람들의 '이동'이 증가했고, '이동'을 경험한 후에 사람들은 자신이 나고 자란 장소가 '고향'이 된다는 걸 알게 되었다. '고향'이란 '시원(始原)의 시간'을 체험한 장소를 의미하는 것이지만 사후에 구성되는 것이기도 하다. 그리고 그러한 재구성을 담당하는 주체 중 하나는 도시에 존재하는 '동향회'였다. 동향회는 회원들에게 애향심을 북돋우고, 공통의 감정을 유지하도록 하여 통합성을 가진 '우리'를 만들어 갔다[13]. 말하자면 '고향'은 반드시 실체로서 존재하는 것이 아니라 오히려 정신적인 대상에 가까운 것이며 정신활동에 의해 끝없이 재구성되는 것이라 할 수 있는 것이다. 도시에서 살아가는 '동향회'의 회원들에 의해 '고향'이 구성된 것처럼, 중리허에게 있어 '원향'이라는 개념도 대만에서 살아가고 있는 커자(客

12) Chase & Shaw와 도쿠토미 소호의 주장은 김준, 앞의 글, 92쪽에서 재인용.

13) 成田龍一, 『고향이라는 이야기 —도시공간의 역사학』, 서울: 동국대학교출판부, 2007 제 2장 「동향회의 세계」의 내용을 참조. 이 책의 원제는 『「故郷」という物語』, 吉川弘文館, 1998.

家)인들에 의해 구성되어 갔던 것이다.

3. 소설 「협죽도(夾竹桃)」와 향토문학 논쟁

1970년대 초반은 대만의 국제사회에서의 위상이 날로 추락해가던 시기였다. 1970년 11월에 시작된 댜오위타이(釣魚台)사건, 71년 10월 25일 UN 퇴출, 72년 2월 21일 미국 닉슨대통령의 베이징 방문, 1972년 9월 일본과의 단교 등의 사건을 통해서 대만은 국제사회에서 점차 고립되어 갔고, 이를 계기로 아이덴티티 혼란의 거대한 위기에 빠져들게 된다. 문예계에서도 여러 차례의 논쟁이 있었는데, 그 중 대표적인 것이 70년대 초반의 '현대시 논전'과 70년대 후반의 '향토문학 논전'이다.

'현대시 논전'이란 60년대 대만 시단에 있어 모더니즘적 경향에 대한 비판과 관련된 것이었는데, 모더니즘 대두의 배경을 간략하게 언급하자면 다음과 같다. 한국전쟁 발발 후 미국과 일본의 원조를 받게 되면서, 대만에는 서양문화와 문예사조도 범람하기 시작한다. 여기에 50년대 국민당의 사상적 압제가 더해져서 예술가들은 서양문화에서 출로를 찾는 수밖에 없었으며, 결과적으로 다소 난해하고 형식주의적인 예술이 일시적으로 유행하게 된 것이다[14]. 이 시기 대만 현대시의 난해하고 서구모방적인 성격에 대해서는 관제밍(關傑明)과 탕원뱌오(唐文標)가 주로 비판하고 나섰는데, 특히 탕원뱌오는 대만 현대시를 서구모방에 지나지 않는 문화 식민주의이자 타락한 예술

---

14) 당시 대만에 유입된 서구 예술사조의 형식주의적 성격에 대해서는 陳映眞, 「新的閱讀和論述之必要」,『中國時報』, 人間副刊, 1991년 1월 6일의 내용을 참고할 것.

지상주의라고 통렬히 비판하면서 중리허의 '농민문학'을 하나의 대안으로 제시한 바 있다[15].

60년대에는 모더니즘적 분위기가 대만 문단을 풍미했던 반면, 70년대에 들어오면 황춘밍(黃春明), 왕전허(王禎和) 등에 의해 '향토문학'이라 불리는 작품들이 창작되었고, 70년대 후반에 오면 문단에서도 '향토문학'에 대한 논의가 활발해진다. 1977년 4월 잡지 『선인장(仙人掌)』 제 2기의 특집호에 '향토문학'에 대한 다양한 논문이 실리는데, 이 글들이 '향토문학 논전'의 시초가 된다. 그 중 대표적인 글로 왕퉈(王拓)의 「리얼리즘문학이지, 향토문학이 아니다(是『現實主義』文學, 不是『鄕土文學』)」, 주시닝(朱西寧)의 「어디로 돌아가나? 어떻게 돌아가나?(回歸何處? 如何回歸?)」, 인정숭(銀正雄)의 「묘지의 어디에서 종소리가 들려오는가?(墳地裡哪來的鍾聲?)」을 들 수 있는데, 그 주장을 간단하게 요약하면 대략 다음과 같다. 왕퉈는 작품에서 중요한 것은 지방적 특색이 아니라, 작품에 반영된 현실생활과 그 속에 살고 있는 사람들의 애환, 분투 등의 감정인 것으로, 대만 사람들의 생활과 심리적 염원을 반영한 문학이 필요하기 때문에, 그는 '향토문학'이 아닌 '현실주의' 문학을 제창하는 것이다[16]. 왕퉈는 대만문학이 '향토문학'이라는 소재주의적 단계를 넘어서서 '현실주의'라고 하는 세계문학과 호흡을 함께 할 수 있는 보편적 단계로 진입할 것을 주장했지만, 주시닝과 인정숭은 70년대 '향토문학'의 융성에 대해 부정적인 입장을 취하고 있었다. 주시닝은 "소위 향토문학이라는 것이 일시적으로 성

---

15) 關, 唐 양인의 논지에 대해서는 關傑明의 「中國現代詩的困境」, 「中國現代詩的幻境」과 唐文標의 「論傳統詩與現代詩」, 「詩的沒落」등을 참고할 것. 현대시 논전의 전반적 전개에 대해서는 王義偉, 「論臺灣鄕土文學論戰的起因」,『國際關係學院學報』, 1992년 제 4기를 참고.

16) 尉天驄主編, 『鄕土文學討論集』, 遠流·長橋聯合發行部, 1978, 臺北, 100-119쪽.

행할지는 모르겠지만, 종국에는 지방주의로 흐르지 않을까 싶다[17]" 고 했고, 인정숭은 "'향토문학'이 원한·분노 등의 의식을 표현하는 도구로 될 위기에 놓이게 되었음을 알았다[18]"고 하여, 대립적 입장을 표명했다.

한편 향토문학에 대한 개별적인 논의들이 '논전'의 형태로 발전하게 된데는 1977년 8월 『연합보(聯合報)』에 실린 펑거(彭歌)의 평론 「인성을 말하지 않으면, 어떻게 문학이 잇을 수 있나(不談人性, 何有文學)」가 계기가 되었다. 펑거는 이 글에서 왕퉈의 향토문학론이 "계급대립의 오류에 빠지기 쉬운 것"이라 했고, 자신을 "도시의 소지식인"이라 했던 천잉전(陳映眞)의 주장에 대해서는 "공산당의 계급논리에나 존재하는 것"이라 했다. 펑거의 뒤를 이어 위광중(余光中)은 『연합보』에 「이리가 왔다(狼來了)」를 발표하여 대만에서 '공농병문예'가 공공연히 제창되었다고 비판했다. 펑거와 위광중의 비판을 계기로 77년 8월 말에는 정부와 국민당, 군부의 책임자 및 문학계 인사들 270명이 모여 '제 2차 문예회담'이 열렸고, 그 후로 9월, 10월에 걸쳐 향토문학을 공격하는 글이 신문, 잡지에 대량으로 게재되었다[19].

1950년대 이래 대만 문예계에서 주류를 형성하고 있던 것은 대륙에서 이주해온 외성인 작가들의 '향수문학'이거나 '반공문학', 혹은 난해한 서구적 모더니즘 문학이었다. 이러한 문단의 한편에서는 본성인들의 정서를 반영하는 '향토문학'이 성장해오고 있었고, 대만문학이 나아가야할 방향을 둘러싸고 향토문학론이 제기된 것이다. 향토문학에 대한 국민당 계열 인사들의 비판이 매카시즘적 방향으

---

17) 尉天驄, 앞의 책, 219쪽.

18) 尉天驄, 앞의 책, 199-200쪽.

19) 향토문학에 대한 비판문은 彭品光主編, 『當前文學問題總批判』, 中華民國青溪新文藝協會, 1977에 수록됨.

로 전개되고 있었지만, 논쟁의 과정에서 향토문학에 대한 일반인의 관심도 높아져 갔다.

향토문학 진영의 주요한 논자로 왕퉈와 천잉전을 들 수 있는데, 두 사람은 한 진영에 속해 있었지만 각자의 문학적 강조점은 달랐다. 대만 경제의 식민적, 매판적이라 비판하며 리얼리즘론을 강조했던 왕퉈에 비해, 천잉전은 '대만은 중국의 일부'라는 사고에서 출발하여 중국적 아이덴티티를 강조했다. 그에게 있어 대만 문학이란, "일제치하 대만 저항문학의 역사의식과 강한 개혁의식의 전통을 새로운 세대 대만의 중국문학자가 계승하여, 대만에서의 중국생활을 소재로 하고 중국민족의 풍격과 현실주의를 형식으로[20]"하는 것이었다.

천잉전이 중리허의 소설 「협죽도(夾竹桃)」를 문제 삼았던 글이 바로 「잃어버린 원향(原鄕的失落 —試評『夾竹桃』)」이다. 「협죽도」는 중리허가 대륙에 체류하던 시절에 쓴 중편소설로, 1945년 베이징 마더쩡서점(馬德增書店)에서 출판된 바 있다. 이 작품은 베이징의 어느 대잡원(大雜院)에 살고 있는 인간군상을 '남방에서 올라온' 지식인 쩡쓰 (曾思勉)의 눈을 통해 그려지고 있는데, 중심적인 모티브가 없이 거주민들의 모습을 하나씩 소개하는 형태로, 마치 프랑스 작가 외젠다비의 소설 『북호텔』을 연상케 한다. 소설 속 등장인물은 부정적인 모습으로 일관하고 있는데, 속내를 알 수 없는 베이징인, 공중도덕의 결핍, 이웃에 대한 무관심, 이기심, 무사안일주의, 허영심, 체면치레, 이유 없는 다툼, 나태함, 뻔뻔스러움 …… 등 빈민촌의 부정적인 측면이 더없이 잘 묘사되어 있다.

천잉전은 「협죽도」에 나오는 대잡원이 전 중국을 상징하는 것이라 하면서, 중리허처럼 중국의 낙후성을 강조하면서 빈곤, 기근, 도덕적

20) 「文學來自社會反映社會」, 尉天驄, 앞의 책, 1977, 63-68쪽.

타락을 묘사한 글은 예전부터 존재해왔는데, 주로 제국주의자이거나 자신감을 잃은 식민지 지식인에 의해 창작되었다고 했다. 그에 따르면 제국주의 세력의 총포에 굴복한 식민지인들이 '교화'의 과정을 거치면서, 자기 민족에 대한 자신감을 상실한 일부 지식인들의 눈에 제국주의 문명은 휘황찬란하게 보이고, 자기 민족의 것은 만신창이로만 보이게 되었다는 것이다.[21)]

천잉전은 「협죽도」에 묘사된 베이징인들의 부정적 모습은 중리허의 '착오적 시각'에서 기인한 것으로, 지주계급 출신의 중리허는 자기민족에 대한 신심을 잃었으며, 그의 민족적 아이덴티티는 심각한 위기상태에 빠진 것이라고 했다. 이는 앞서 소개한 바 있는 탕원뱌오의 주장과는 아주 상반되는 것이다. 천잉전의 중리허론에서는 70년대 좌파문인의 관념적 오류가 잘 드러나고 있는데, 대략 두 가지를 지적할 수 있을 것같다. 첫 번째로, 천잉전이 말한 '민족적 아이덴티티' 문제를 보기로 하자. 중리허가 추구한 '민족적 아이덴티티'는 '커쟈(客家)'의 아이덴티티로, 이는 에스닉(Ethnic)이라 표현해야 할 것이며, 진영진이 말한 '민족적 아이덴티티'는 '중화민족'이라고 하는 네이션(Nation)에 해당하는 것이다. 대만에서 에스닉 아이덴티티에 관한 문제가 사회적 관심사로 떠오른 것은 계엄해제 이후의 일로, 70년대 후반에는 아직 크게 관심의 대상이 아니었던 상황으로 이해해야 할 것이다. 두 번째로, 대륙인과 대만인 간의 감정의 문제를 보기로 하자. 중리허는 대륙으로 떠나기 전에는 이 문제에 대해 크게 고려하지 못했고, 직접 대륙에 간 후에 대륙인들이 대만인에 대해 편견을 갖고 있다는 것을 알았을 가능성이 크다. 당시 대만은 일본의

---

21) 1977년 8월 1일『現代文學』復刊 第一期에 발표, 陳映眞作品集 第9卷,『鞭子和提燈』, 臺北: 人間出版社, 1988, 55-67쪽.

식민지로, 대만인들은 자신들이 식민치하에서 고통받고 있다고 생각했지만, 대륙의 중국인들은 대만인들에 대해 기회주의자라는 편견을 갖고 있었던 것 같다. 이러한 상황은 우줘류(吳濁流)의 『아시아의 고아』와 같은 작품에서도 이미 충분히 표현된 바 있다.

중리허가 대만 귀국직후에 쓴 「고구마의 비애(白薯的悲哀)」(1946)라는 글에는 '광복' 직후 베이징의 분위기가 드러나 있는데, 특히 베이징 체험을 배경으로 하여 당시 베이징 내 대만인에 대한 사회적 차별을 호소한 바 있다.

> 베이핑은 참 크다. 그 도시의 겸양과 위대함은 세상 모든 것을 다 포용할 수 있다. 하지만 만약 당신이 대만인이라는게 알려진다면, 그건 별로 좋지 않다. 그건 아주 불행한 것으로, 사형선고를 받은 것과 마찬가지이다. 그 때가 되면 당신은 베이핑이 좁다는 걸, 너무 좁아서 당신을 숨길 수 없다는 걸 분명히 느끼게 될 것이다. 그 도시는 영광스러운 사람들만을 허용하기 때문이며, 당신은 대만인이기 때문이다. 하지만 비애는 쓸모가 없다. 비분과 원한은 당신에겐 어울리지 않는다. 기억하라, 당신은 고구마라는 걸, 베이핑에 있는 대만사람들은 이렇게 불린다는 걸![22]

중리허에게 있어 대륙은 정신적으로 구성된 고향이다. 구성된 고향으로서의 대륙이라는 정신적 공간과 실제적 공간 사이에는 분명히 차이가 존재할 수 있는 것인데, 천잉전은 이를 관념적, 당위론적으로만 접근하고 있는 것이다. 당시 베이징에서 대만인은 중국인으로 받아들여지지 않았던 것이다. 따라서 중리허의 대륙유랑에는

22) 『鍾理和集』, 臺北:前衛出版社, 1991, 93-101쪽.

'배타성의 발견'에서 기인한 '존재론적 비애'가 내재되어 있던 것이다. 천잉전이 말한 바 "자기민족에 대한 신심을 잃은" 것은 중리허가 아니라 대륙인들이었던 것이며, 천잉전의 논리는 상상내지는 논자 자신의 주관적 욕망에 가까운 것이었다고 할 수 밖에 없을 것 같다.

4. 영화 〈원향인〉과 '건강한 사실주의'

대륙유랑을 마치고 대만에 돌아온 중리허는 건강이 좋지 않아 병마와 싸우면서 고난에 찬 문학활동을 했고, 1960년 8월 4일 최후로 각혈을 하고 사망했다. 사망 직후 린하이인(林海音) 등 동료작가들이 「중리허유저출판위원회」를 만들고 모금을 하여, 사후 100일째 되는 날에 맞춰 소설집『비(雨)』를 출판했다[23]. 중리허로서는 1945년 베이징에서 『협죽도』를 출판한 이래로 대만에서는 생전에 작품집을 출판한 적이 없었다. 70년대를 거치면서 그에 대한 재평가가 이루어져 76년에는 『중리허전집』이 출판되었고, 1979년에는 중리허기념관이 건립되었다. 리싱(李行) 감독의 영화 <원향인>이 만들어진 시점이 1980년이니, 아마도 이러한 재평가의 분위기 속에서 진행된 듯하다.

중리허의 아들인 소설가 종톄민은 「원향인, 그리고 다른 이야기(原鄕人及其他)」라는 글을 통해 영화촬영을 제안받았던 당시의 상황을 밝힌 바 있는데, 그는 당시 리싱 감독에게 영화의 중심을 애정이나 동성혼인 등에 두지 말 것과 중리허의 정신적 여정을 이해해달라고 하는 두 가지 당부를 했다. 특히 후자와 관련해서, 중리허가 동북(東北)지방으로 간 것은 혼인문제를 해결하기 위한 것이기도 했겠지만

23) 應鳳凰,『鍾理和論述 1960~2000』, 高雄: 春暉出版社, 2004, 1-2쪽.

조국의 문화를 가까이하고 싶은 것도 중요한 원인이 되었던 만큼, 그를 애국자나 항일영웅처럼 만들지 말아달라고 부탁한 바 있다[24].

논지전개의 편의상 영화의 시놉시스를 정리해보기로 한다. 대륙에 가 있던 리허가 고향에 와서 핑메이를 데려가는데서 영화가 시작된다. 두 사람은 성(姓)이 같아서 결혼하지 못하고 있었다. 대륙에 간 리허는 운전기사가 되었고, 핑메이도 추운 날씨에 잘 적응하며 살아간다. 리허는 민족주의적 감정과 자존심 때문에 운전 일을 그만둔다. 대만에서 안정적인 삶을 살던 리허는 황금 만능주의적 분위기에 잘 적응하지 못한다. 자존심이 상한 리허는 작가가 되기로 마음 먹는다. 리허가 와 있는 만주지방도 대만과 마찬가지로 일본인에 장악되어 있다. 한 집에 살고 있는 보안대 대장이 리허에게 통역관으로 취직시켜 주겠다고 하지만, 리허는 일본어로 밥먹고 싶지 않다면서 거절한다. 어느 눈오는 날 그의 가정에 새 생명이 태어나는데, 주위사람들의 따뜻한 도움을 받게 된다. 리허는 베이징으로 옮겨가서 창작에 전념하고, 마침내 작품집 『협죽도』를 출판한다. 이어 부친이 별세한다. 일본패망으로 전쟁이 끝나서 한껏 들뜬 분위기가 되지만, 대만인이 하는 가게라고 하여 물건 값을 안주려는 사람마저 있다. 리허의 가족은 대만으로 돌아간다. 리허는 교사가 되어 표준어(國語)를 가르치며 열심히 살아가지만, 폐병에 걸려 병원에 입원하게 된다. 수술 후 간신히 몸을 회복한 리허는 작품을 쓰고, 핑메이는 열심히 일을 한다. 번번이 원고를 거절당하는 리허는 괴로워하다가 양계업을 시작한다. 리허는 자식을 잃는 슬픔을 경험하지만, 결국 극복하고 다시 글을 쓰기 시작한다. 리허의 작품이 문학상을 수상하게 되어

24) 鍾肇政, 『原鄕人 一作家鍾理和的故事』, 高雄:財團法人鍾理和文敎基金會, 2005年 再版本, 208-209쪽.

모두 기뻐한다. 어느 날 리허는 작품을 쓰던 중 각혈하고 사망한다.

이 영화의 감독 리싱(李行)은 1931년 중국 장쑤성(江蘇省)에서 태어났고, 1949년 중화인민공화국 수립시 대만으로 왔다. 대만에 와서는 국립사범대학의 교육학과를 졸업했지만, 학생시절부터 연극 활동을 해왔던 관계로 영화감독을 지망하게 되었다고 한다. 기자, 교사생활을 하다가 감독이 되어 만든 최초의 영화가 <왕꺼 류꺼 대만 돌아다니기(王哥柳哥遊臺灣)>(1958)라는 대만어 영화이다. 그는 주로 빈민가를 무대로 한 서민적 인정희극(人情喜劇)을 많이 만들었다[25].

영화 <원향인>을 제대로 이해하기 위해서는 당시 대만 영화계의 분위기를 알아야할 필요가 있다. 일제시대에는 대만 총독부의 정책에 따라 대만인이 제작하는 영화도 일본어로 제작되어야 했으며, 중국 영화는 대만어 변사와 함께 순회 상영되었다. 국민당 정부가 대만으로 온 후 영화촬영소가 설립되었고, 49년에는 대륙의 농업교육전영공사가 대만으로 옮겨와 대만성정부, 국민당, 국방부의 통제하에 놓이게 된다. 50년대 반공적 성격의 국책영화들은 표준어 보급을 위해 베이징어로 제작되었다. 1950년대에는 한 때 대만어 영화가 매우 인기를 끌기도 했지만, 농업교육전영공사가 54년 중앙전영공사로 바뀌어 국책영화 제작을 담당하게 되면서는 분위기가 일변한다. 중앙전영공사가 막강한 국가의 재정 지원과 세제 혜택을 뒷받침으로 부상하면서 대만어 영화는 점점 B급 영화가 되어가고, 베이징어 영화가 주류로 부각된다. 50년대까지는 '대륙반공(大陸反攻)'의 슬로건을 제시했었지만 60년대 이후 예전의 구호가 현실감을 잃게 되자, 63년 경 새로운 대안으로 나오게 된 것이 '건강한 사실주의(健康寫實主義)'이다. 리싱은 그런 정부 시책에 매우 적합한 인물이었으며, 그가

25) 佐藤忠男,『中國映畫の100年』, 東京: 二玄社, 2006, 292쪽.

만든 <굴따는 여자(蚵女)>(64), <오리 키우는 집(養鴨人家)>(65)와 <길(路)>(67) 등이 모두 이 부류에 속하는 작품이다. 단순, 명쾌한 리싱의 작품은 미풍양속을 옹호하는 보수적 도덕주의로 평가되고 있다. '건강한 사실'에서 '건강'이란 리싱의 작품에서는 도덕적, 이상주의적이라는 단어와 동의어이다.[26]

대만의 영화평론가 자오슝핑(焦雄屛)은 '건강한 사실주의'가 본질적으로 1930년대 소련에서 스탈린이 제기한 '사회주의 사실주의' 개념에 가깝다고 말한다. 그는 앞서 말한 리싱감독의 <굴따는 여자>, <오리 키우는 집> 등을 예로 들면서 다음과 같은 특징을 짚어낸다.

(1) 영화의 배경이 대만의 농촌이나 항구 등으로 설정되어 농어업의 생산을 제재로 하며, 시골 현지로케 방식을 통해 스튜디오의 가설무대에서 촬영하던 방식을 발전시켰다.
(2) 대부분의 인물이 모두 노동에 종사하는 이른 바 '프롤레타리아'들이다. 하지만 배우의 분장에 있어서는 사실에 부합하지 않는 경우도 있었다.
(3) 배우가 구사하는 표준 국어는 영화의 사실성을 떨어뜨린다. 당시 대만은 방언이 난무하던 시대였고, 농어촌의 상황은 더욱 그러했다.
(4) 건강한 사실주의는 선전정책의 임무를 벗어나지 못한다. 비록 '반공'류의 진부한 어휘들은 사용하지 않았지만, 여전히 대만의 경제발전이나 정부 정책을 선전하는 내용이 많다.
(5) 이러한 영화들은 모두 보수적 이데올로기를 갖고 있으며, 가

26) 대만 영화의 간략한 역사와 "健康寫實主義"에 대해서는 『岩波現代中國事典』, "臺灣的電影" 설명부분과 佐藤忠男, 앞의 책의 283-285, 294-295쪽을 참고로 기술함.

부장제와 봉건적 윤리를 공고히 하고 있다. 그런 이데올로기적 한계 때문에 '건강한 사실주의'는 이태리의 '네오 리얼리즘' 처럼 개방된 형식을 취하지 못하는 것이다. 영화의 결론은 왕왕 흩어졌던 가족이 다시 모이고 오해가 풀리는 식이다. 가정윤리의 중요성이 모든 것을 초월하고 있다.[27)]

자오슝핑이 제시한 특징들은 <원향인>에도 매우 잘 부합한다. 영화의 배경은 대만 남부와 중국 북부의 두 곳인데, 대만은 농촌적 특징이 두드러지고 선양에서도 도시적 분위기는 별로 찾아볼 수가 없다. 베이징 역시 베이징이라는 느낌이 들지는 않는다. '노동계급'의 특징은 특히 핑메이(平妹)에게서 찾아볼 수 있는데, 노동해서 가정을 꾸려가며 작가가 되고자 하는 리허(理和)를 뒷바라지하는 모습이 두드러진다. 이 영화에서 베이징어의 사용은 문제로 지적될 수 있다. 대만의 시골에서, 지식인인 중리허는 모르겠으나, 시골사람들이 모두 베이징어를 유창하게 구사하는 모습은 분명히 극의 리얼리티를 떨어뜨린다. 또 덩리쥔(鄧麗君)이 '베이징어'로 부른 주제가가 국민당 정부의 '국어보급'에 한 몫을 하고 있다는 점 역시 간과할 수 없다.

대륙에 간 중리허가 다시 대만으로 돌아온다는 이야기는 당시 영화관객들에게 어떻게 받아들여졌을까. 영화 속에는 정치이념에 관한 내용이 직접적으로 나오지는 않지만, 결국 대륙을 탈출한 사람이 대만 사회에서 가난을 극복하고 잘 살수 있다는 희망을 전해주고 있다는 면에서, 중리허의 이야기는 중앙전영공사와 리싱감독의 반공적이고 계몽적인 프레임 안으로 들어오고 있는 것이다. 그리고 '아들의 죽음'이라는 멜로드라마적 요소를 삽입함으로 해서 '대륙

27) 焦雄屛,『時代顯影』, 台北: 遠流出版公司, 1998, 156-157쪽.

행'을 결행했던 중리허의 복잡한 내면 풍경은 삭제되어 버리고 만 것이 아닐까.

5. 중리허의 대륙 노스탤지어와 그 정치적 이용

중리허의 '대륙유랑'은 어떻게 평가되어야 하는 것일까. '아이덴티티적 귀속감'을 느끼기 위해 대륙에 간 중리허였지만, 적어도 「협죽도」나 「고구마의 비애」 등에 나타난 상황으로 볼 때, 현지에 잘 적응하지는 못한 것 같다. 부적응의 원인은 무엇이었을까. 크게 보아 두 가지가 아니었을까. 그 중 하나는 대만인을 동포로 받아들이지 않는 베이징인의 배타성으로, 이 점에 대해서는 이미 앞에서도 언급했다. 부적응의 또 다른 원인으로는 시골 출신 중리허가 중국의 도시적 분위기에서 느꼈을 문화적 이질감을 들 수 있다. 대만 메이농의 부유한 집안에서 태어난 중리허에게 있어 중국 북방도시에서의 외지인이자 하층민으로 살아간다는 것은 여러 면에서 쉽지 않았을 것이다.

중리허가 왜 대륙으로의 탈출을 결심하게 되었는지를 정확하게 파악하기는 어렵다. 그것은 낙후된 식민지 대만으로부터의 '탈주'일 수도 있고, '사랑의 도피' 일수도 있다. 때문에 훗날 그가 쓴 작품 「도망」와 「원향인」에도 그 원인이 서로 다르게 나와 있는 것이 아닌가. 아무튼 중리허의 만주행에 있어 "나는 누구인가"라는 아이덴티티적 고민은 식민지 상황 하에 있던 당시 대만인으로서는 본질적 영역에 속하는 것이며, 대만 내의 '커쟈(客家)'라고 하는 매우 특수하고 독특한 에스닉의 내면세계를 구성하고 있는 것이다.

그런 면에서 보자면 향토문학논전에서 중리허가 자기민족에 대한 신심을 잃었다고 했던 천잉전은 중리허의 본의를 심각하게 왜곡한 것이라 해야 할 것이다. 그가 말한 것처럼 「협죽도」에 묘사된 베이징인들의 부정적 모습이 중리허의 '착오적 시각'에서 기인한 것이라 한다면, 루쉰의 「상서(傷逝)」나 라오서(老舍)의 『루어투어샹즈(駱駝祥子)』에 묘사된 사합원 속 베이징인들의 부정적인 모습은 어떻게 설명되어야 할 것인가.

대만에서 새로운 국민문화를 건설하고자 '건강한 사실주의'의 일환으로 제작된 영화 <원향인> 역시 중리허의 본의를 왜곡했다는 점에 있어서는 마찬가지이다. 자기 정체성을 잃은 식민지인 중리허의 대륙행의 결심과 대륙에서의 부적응, 그리고 다시 대만으로의 귀환을 결심하면서 느꼈을 개인적인 상실감은 천잉전과 리싱의 내셔널리즘에 완전히 가려졌던 것이다. 천잉전은 대륙적 내셔널리즘을 통해, 리싱은 국민당 중심적 중화민국 내셔널리즘을 통해 중리허의 고난의 여정을 왜곡했던 것이며, 중리허는 영원히 국민국가의 주변인이 되고 마는 것이다. 내셔널리즘으로 포착되지 않는 중리허의 이야기는 '상상된 정체성과 그 파멸의 이야기'라고 할 수 있지 않을까.

1940년대 한국 문단에도 중국으로 떠났던 문인들이 있다. 1937년 중일전쟁 이후 일제의 황민화 정책은 더욱 극단으로 치닫게 되어, 1940년대 동아시아는 거의 일본인들의 천하였다. 진작부터 조선과 대만을 식민지로 만들고, 중국과의 사이에서 전쟁을 일으켜 점령지를 넓혀가고 있던 일본에 저항할 수 있는 세력은 누구였을까. 비록 대도시를 점령당하고 있는 상황이었지만, 그래도 중국은 계속 일본과 싸우고 있었고, 이러한 저항의 이미지에서 일부 동아시아인들은 구원의 희망을 찾고 있었던 것이다. 40년대의 식민지 문인들에게 있어 '대륙'은 어떤 곳이었으며, 그들의 '귀환'은 전후의 국민국가 수립에 있어 어떤 서사를 형성하게 되는가. 동아시아의 여러 다양한 경험들을 비교, 검토하는 것을 차후의 과제로 미루고 이 글을 마치도록 한다.

제7장

과거의 구원과 현재의 수용 : 대만 외성인 2세 작가 장다춘(張大春), 주톈신(朱天心), 핑루(平路)의 작품을 중심으로

김순진 한신대 교수

1. 머리말

1980-90년대 동아시아 문학 작품은 새로운 문학적 가치 지향을 꿈꾸며 과거 역사를 재해석했다는 공통된 특징을 지니고 있다. 한국과 중국 대륙 그리고 대만 모두 1980년대 들어 여성 작가들이 대거 문단에 등장했을 뿐만 아니라 새로운 시각으로 과거의 역사와 현재의 관계 맺기를 시도하기 시작했다. 여성 작가들의 등장으로 과거의 가부장적 사회 질서에 대한 비판이 본격적으로 제기되기 시작했으며, 동시에 과거 역사에 대한 재해석과 잊혀진 과거 역사에 대한 복원의 작업이 이루어지기 시작했다. 벤야민의 사유에 의하면 '현재'라고 하는 시간은 '과거의 구원 요청'에 대답해야 하는 의무를 지닌 시간이다. 그렇다면 과거 역사에 대한 재해석과 묻혀버린 과거에 대한 복원이 필요한 '현재'가 '과거로부터 구원의 요청'을 받았을 때

'어떠한 과거'로 부터의 구원 요청인지와 왜 과거가 바로 그 '현재'의 시간에 구원의 요청을 했는가를 눈여겨봐야 한다.

벤야민은 과거와 현재를 인과적 선후관계 속에서 바라보지 않는다. 과거는 죽은 시간이 아니라 살아있는 시간이며 끝난 시간이 아니라 '구원'을 기다리는 미래의 시간이기도 하다. 그리고 '과거의 구원 요청'에 호응해 폐기되었던 과거의 진실된 이미지를 복원해 내는 사람을 '메시아'라고 말하고 있다. 즉 벤야민의 메시아는 직선적 역사관을 지닌 시대와 과감하게 맞서서 그 시대와 투쟁을 하고 그 시대에 가담하지 않으려고 하는 존재라고 할 수 있다.

역사는 기억의 대상이기 때문에 흘러가버린, 완결된 어떤 것이 아니라 열려 있는 미완의 것[1]이다. 그런데 이때 중요한 것은 실제로 일어나고 체험했던 내용이 아니라 그 체험이 기억되고 회상되어지는 방식이다.[2] 그래서 벤야민은 모든 작가는 역사가라고 말한다. 이러한 사유에 의하면 작품 속 인물들이 과거의 기억을 어떻게 다루고 어떻게 과거를 복원시키고 있는가 하는 점은 매우 중요하다. 그리고 진실을 드러내고 구원을 받기를 기다리는 과거의 요청에 호응하여 지나간 과거를 '현재적 시간으로 충만한 과거'[3]로 부활시키는 인물은 현재라는 시간을 넘어선 과거와 현재 그리고 미래의 영웅이며 메시아이다.

대만에서 1980년대와 1990년대는 이러한 메시아의 탄생을 간절

1) 최성만, 「발터 벤야민의 역사철학적 구제비평」, 『역사의 개념에 대하여 외』, 서울: 도서출판 길, 2012, 38쪽.

2) 발터 벤야민, 반성완 편역, 「프루스트의 이미지」, 『발터 벤야민의 문예이론』, 서울: 민음사, 1994, 103쪽.

3) 발터 벤야민, 반성완 편역, 「역사철학 테제」, 『발터 벤야민의 문예이론』, 서울: 민음사, 1994, 353쪽.

히 기원했던 시기라고 할 수 있다. 즉 벤야민의 표현을 빌리자면 과거의 시간이 현재의 메시아 탄생을 간곡히 요청한 시기라고 할 수 있다. 대만에서 계엄이 해제되는 1987년을 전후한 시기는 바로 대만의 과거가 현재를 향해 구원의 요청을 본격적으로 시작한 시간이다. 1987년 이전의 대만 역사를 피식민의 역사라고 규정하는 관점이나 혹은 대만은 본질적으로 이민의 역사이기 때문에 정체성을 규정할 수 없다고 하는 주장, 이 시기를 본격적인 대만 역사 시작으로 보는 시각이나 혹은 중국 대륙인도 대만인도 되지 못하고 원죄의식과 상실감이 혼재되었던 혼란의 시기로 보는 시각 등[4], 모두가 과거의 구원 요청에 대한 대답의 일종이라고 보여진다. 특히 국민당 정권이 대만으로 온 이후 발생한 사건들은 각기 다른 에스닉 의식을 형성하는데 커다란 촉매 역할을 하였고, 한 동안의 시간이 흘러 각 에스닉 별로 각기 다른 기억에 근거한 다양한 역사 해석이 계엄 해제를 전후하여 등장하기 시작하였다. 천팡밍(陳芳明)은 권위적인 통치로 인해 글쓰기가 억압되고 구속된 결과 계엄 해제 이전까지의 40여 년의 시간 동안 대만 사회는 역사 기억 상실증에 걸렸었다고 진단하기도 하였다.[5]

계엄 해제를 전후하여 본성인(本省人) 작가들은 말할 것도 없고 외성인(外省人) 작가들도 과거의 역사에 응답하는 다양한 목소리를 내기 시작했다. 그런데 스스로를 피해자로 규정하고 있는 본성인 작가들의 작품은 매우 직접적으로 과거의 사실에 대면하고자 하지만, 외성인 작가들의 경우 다소 거리감을 유지한 채 은유적이고 간접적인

4) 이에 대한 논의는 김순진, 「대만 문학에서 드러나는 에스닉 상상과 국가 정체성」, 『중어중문학』제53집, 2012.12, 참조.

5) 陳芳明, 「後戒嚴時期的後植民文學—臺灣作家的歷史記憶之再現(1987-1997), 『後植民臺灣』, 臺北: 麥田出版, 2002, 109쪽.

서술 방식을 택하고 있다.

본 글에서는 1980년대와 1990년대 대표적인 외성인 작가들의 몇몇 작품을 중심으로 하여 그들이 어떻게 역사를 대하고 있는지, 어떻게 과거의 구원 요청에 호응하고 있는지 그리고 나아가 어떠한 역사적 글쓰기를 시도하고 있는지에 대해 간단하게 살펴보고자 한다. 본 논문에서 다루고자 하는 주요한 분석 작품은 장다춘(張大春)의 「장군 기념비(將軍碑)」(1986), 주톈신(朱天心)의 「나의 권촌 형제들을 그리워하며(想我眷村的兄弟們)」(1991), 핑루(平路)의 「인공로봇 이야기(人工智慧紀事)」(1989) 등이다.

2. 「장군 기념비」: 역사의 비판적 산책자

1986년에 시보(時報)문학상 소설부 1등상을 수상하기도 했던 장다춘의 「장군 기념비」는 단선적이고 발전적인 시간관과 역사관에 대한 작가의 회의 의식을 보여주는 작품이라고 할 수 있다. 이 작품에서 작가는 과거의 구원 요청을 말살, 즉 과거의 진실을 왜곡하게 되면 현재 역시 허구가 될 수밖에 없으며, 거짓된 결핍의 현재가 '만들어낸' 영웅 역시 허구임을 보여주고 있다.

「장군 기념비」의 장군 우전둥(武鎭東)은 시간을 꿰뚫고 과거와 미래를 마음대로 다닐 수 있는 인물이다. 장군이 과거와 미래를 왕래하는 것은 현재의 문제를 해결하기 위해서이다. 그는 한밤중에 잠에서 깨면 정원의 식물을 돌보고, 황혼 무렵이라면 과거를 회상하고, 새벽녘에는 자신을 위해 세워질 미래의 기념비를 보곤 한다. 비록 황혼과 한밤중 그리고 새벽이 직선적으로 나열된 시간적 개념인 것처럼 보이지만, 사실은 돌고 도는 시간의 개념이지 결코 질서적인 순서 개념을 지닌 시간은 아니다. 현재의 장군은 끊임없이 과거의 자신 그리고 미래의 자신과 대화한다. 과거와 현재 그리고 미래의 장군이 각각 한 공간에 있기도 한다. 장군의 역사를 남기기 위해 고용된 전기(傳記) 작가 스치(石琦)와 장군의 아들 웨이양(維揚)의 대화 몇 단락을 제외하고 소설의 대부분은 장군 자신의 상상이나 과거, 현재, 미래를 오가는 장군의 행적으로 이뤄져 있다. 장군의 존재는 바로 시간이라는 것이 결코 직선적인 것이 아님을 보여주며 장군의 행적은 모든 일들의 인과관계가 시간적 순서에 의해 결정되는 것만은 아님을 보여주고 있다. 한 평론가가 이 소설의 뛰어난 점은 텍스트 사이에서 자유로이 움직이는 설계력에 있다[6]고 한 것은 순차적 시간의 인과성을 초월한 작가의 상상력을 지적하는 말이라고 보인다.

과거는 완전히 지나가버려 닫힌 시간이 아니고, 미래는 기약 없는 투명하고 공허한 시간이 아니다. 과거와 미래는 모두 현재적 의미를 지니고 있는 진행형의 시간이다. 장군의 기념 사업회에서 장군 자신이 사망한 후 6년이 지나 산꼭대기에 세운 기념비가 못마땅해서, 즉 미래의 일이 못마땅해서 자신을 찾아온 향우회 사람들에게 역정을 내는 장면은 미래의 시간이 현재와 대화하는 진행형임을 보여준다. 또한 자신이 치른 전투로 인해 생긴 어느 원혼이 자신의 아들로 환생한 것은 아닌지 공포에 휩싸이는 장군의 모습은 과거의 시간이 여전히 현재 진행형임을 보여준다.

6) 楊照, 「評析張大春《將軍碑》」, 臺灣國立總圖書館資料室, 재인용, 李白楊, 「論《將軍碑》的敘事時間」, 『世界華文文學論壇』, 2005.01, 21쪽.

그런 공포감의 압박 아래서 장군은 늙은 집사에게 역사에 대한 자신의 해석을 다시 기록하게 할 수밖에 없었다. 새로운 기억을 일부 짜 만들어 내고, 오랜 기억의 일부를 뜯어고침으로써 어두움 속에서 이미 자신의 몸으로 다가오고 있을지도 모르는 업보를 물리치려했다.

그래서 장군과 집사가 중화민국 21년 (1932년) 1월 20일의 상하이로 와서 '일본청년보위단' 단원 오십 명이 수건공장에 불을 질러 중국 직공 두 사람을 죽이는 것을 보았을 때, 장군은 다급해 어쩔 줄 모르겠다는 듯 늙은 집사에게 말했다.

"사실 나는 그 때 상하이에 있지도 않았어. 나는 그 보위전투가 발생한 다음에 왔던 거야."

그러나 장군은 설명할 방법이 없었다. 눈앞에 벌어진 이 화재가 장군이 전혀 경험하지 않았던 시간과 공간에서 있었다면 어떻게 늙은 집사를 데리고 '돌아올' 수 있다는 말인가?[7]

장군이 자신의 기억을 수정하고 새로운 기억을 조작하려는 것은 과거가 현재적 의미를 지니려는 것을 막는 행위이며 과거의 구원요청을 말살하는 행위이다. 이러한 장군의 행위는 현재의 막연한 공포심에서 발생한다. 현재의 아들 모습이 과거 자신의 과오에서 비롯된 것일지도 모른다는 공포심으로 인해 장군은 자신이 상하이에 있었다는 사실마저 애써 부정한다. 하지만 바로 이어서 직접 개입한 작가의 목소리가 말한 것처럼, 존재하지 않았던 개인의 역사가 장군의 기억 속에 있을 리가 없으며, 장군의 기억 속에 있지 않다면 장군이 그 시간과 그 공간으로 갈 수는 없었다.

7) 張大春, 「將軍碑」, 『四喜憂國』, 臺北: 遠流出版公司, 1997, 15-16쪽.

장군이 현재의 공포로 인해 자신의 과거를 부정하는 것처럼 장군의 아들 웨이양 역시 자신의 고통과 공포에 대한 기억으로 인해 장군을 부정한다. 장군은 자신의 과거가 바로 중국의 역사를 보여준다고 믿는다. 하지만 자신의 역사를 인정받기 원하는 장군 앞에서 웨이양은 그것은 아버지 개인의 역사이며 모두 지나간 것일 뿐이라고 무시한다. 아들 웨이양에게 아버지에 대한 모든 기억은 '고통'뿐이기에 아버지의 과거를 무시하고 아버지를 부정함으로써 자신의 고통에서 고개를 돌리고자 한다. 심지어 어머니의 죽음마저 아버지의 탓으로 돌리고 아버지와 함께 했던 자신들의 삶 자체가 '부조리 덩어리'였다고 말한다. 장군은 자신이 중국의 영웅이라고 생각하지만 아들은 이러한 아버지의 모습을 철저하게 부정하고 해체한다. 아버지와 아들은 모두 현재의 고통으로 인해 과거를 부정하고 외면한다.

심지어 이들은 자신들을 괴롭혔던 사실(fact) 자체를 왜곡시키기도 한다. 장군은 시간 여행을 통해 자신이 사망한 후 6년이 지난 자신의 90세 탄생일 기념 제막식에 참석했다가 아들이 또 다른 영웅적 아버지를 만들어내는 모습을 본다. 아들이 만들어낸 아버지는 아내의 죽음으로 큰 슬픔에 잠겨 빈소를 49일 동안 지키고 거의 식사를 하지 않을 정도로 정이 깊고 가정적이며 인간적인 성품을 지닌 영웅이다. 장군이 자랑스러워하는 스스로의 모습은 '조국'이라는 이름으로 만들어진 영웅이지만, 아들이 상상하는 영웅은 가정적인 영웅이다. 즉 장군에게 결핍된 욕망은 국가이지만 아들에게 결핍된 욕망은 가정이다. 장군 시대의 이데올로기는 국가담론이었지만 아들 시대의 이데올로기는 가정담론이라고도 할 수 있다. 아들의 결핍된 욕망과 아들의 시대(현재)의 필요에 의해 아버지가 꿈꾸었던 영웅 욕망은 거부되고 과거의 사실(fact) 자체가 왜곡된다. 이로 인해 심지어 장군의 기억마저도 변이되고 조작되어 자신이 빈소를 지켰는지 식사를 했는지조차 확신하지 못하게 된다.

역사는 기억의 내용이 언어로 기록되어 남아 전승되는 것이다. 하지만 변이된 기억의 기록은 이미 역사로서의 가치를 지닐 수 없다. 그래서 장군은 자신의 회고록을 쓰려고 하는 전기작가 스치에게 언어로 자신의 역사를 표현하길 거부한다. 기억의 내용은 왜곡되고 언어는 거부된다. 그렇지만 역사는 여전히 기록된다. 아버지의 기념비를 세우는 자리에서 아들의 회고사마저 작가에 의해 '만들어'지고 그렇게 '만들어진 역사'가 전승된다. 결국 자신의 기억도 믿지 못하게 된 장군과 아버지에 대한 기억을 거부하는 아들 모두가 아닌 '작가'에 의해 '장군의 역사', '아버지의 역사'는 '기록'된다. 사실 작품에서 장군이 왜 말을 하지 않기로 결심했는지는 분명하게 나오지 않는다. 기록되지 않은 역사는 역사가 아니니 자신의 과거를 기록하지 않음으로써 없었던 일로 하고 싶은 것인지[8], 마음에 들지 않는 아들에 대한 서운함 때문인지 아니면 역사의 기록이라는 것 자체에 대한 회의감 때문인지는 분명하지 않다. 하지만 이러한 모든 요소들과 무관하지 않음은 분명하다.

언어를 거부하고 선택한 장군의 침묵은 더 많은 것을 보여주고 있다. 마치 카프카가 몸을 묶고 귀를 막아버린 오디세우스에게 대처하는 사이렌의 강한 반격은 노래가 아니라 침묵이었다고 주장하는 것처럼, 장군의 침묵은 언어보다 더 많은 것을 말해주고 있다.

---

8) 門紅麗, 「超越時間的掙扎與身份認同的危機—析張大春小說《將軍碑》與《四喜憂國》」, 『小說評論』, 2012.03, 164쪽.

> 그래서 장군은 어디에나 존재하게 되었고 칭찬도 트집도 하지 않게 되었다. 그냥 마음과 뜻을 다해 기다릴 뿐이었다. 언젠가는 웨이양 이 녀석도 결국 이 모든 것을 이해하게 될 거야. 우리들 모두 시간을 무시하기도 하고, 또 내키는 대로 기억을 뜯어고치는 사람들이니까.[9]

마음과 뜻을 다한 '기다림'. 이제 남은 것은 조작된 과거 속에서도 진실이 드러나는 순간을 기다리는 것이다. 장군은 '현재로 충만한' 과거의 진실을 복원시킬 수 있는 메시아 역할을 할 수 있는 순간을 기다리고 있다. 그래서 장군은 시간의 산책자가 되어 과거, 현재, 미래를 주유하면서 '수정된' 역사의 틈새를 엿본다. 특정한 정체성으로 수렴되지 않고 어떤 집단의 내부자인 동시에 외부자였던 벤야민의 산책자는 룸펜인 동시에 비판자로서의 역할을 수행했다.[10] 이와 마찬가지로 장군의 시간 여행 역시 특정한 시간에 얽매이지 않고 내부자이자 외부자의 신분으로서 역사의 비평가적인 역할을 수행하는 것이라고 할 수 있다.

9) 張大春, 「將軍碑」, 『四喜憂國』, 臺北: 遠流出版公司, 1997, 31쪽.

10) 권용선, 『세계와 역사의 몽타주, 벤야민의 아케이드 프로젝트』, 서울: 그린비, 2012, 196쪽.

3.「나의 권촌 형제들을 그리워하며」: 미래를 등지고 과거를 향해 선 구원의 천사

표면적으로 보면 주텐신의 「나의 권촌 형제들을 그리워하며」 속에는 과거의 역사를 구원하겠다는 소명 의식이나 왜곡된 역사와 맞서 싸우겠다는 저항의 정신을 지닌 인물은 한 명도 존재하지 않는다. 단지 지극히 평범하고 범속한 개인들만 있을 뿐이다. 오히려 작품 속 개인들은 소설 속 서술자(작가라고 할 수도 있다)의 기억 회상 행위를 통해 죽었던 과거에서 되살아나는 대상적 존재들이다. 그러므로 과거의 요청에 응답하는 현재의 존재가 메시아라고 했던 벤야민의 말을 떠올린다면 주텐신의 소설에서 과거를 구원하는 진정한 메시아는 서술자이며 작가이며 나아가 이러한 독서 행위에 참가한 독자라고 할 수 있다.

「나의 권촌 형제들을 그리워하며」에서 작가는 단순하게 과거의 일들을 하나씩 떠올리는 나열식 서사가 아닌, 권촌이라는 공간을 지독히도 떠나고 싶었던 흩어진 사람들을 찾아가 그들의 마음을 풀어주고 그들의 영혼을 모아 전근대적 공간이라고도 할 수 있는 권촌 속으로 다시 모으는 서술을 하고 있다. 그 과정은 작품 속에서 묘사한 것처럼 촬영기로 변한 눈이 권촌의 뒷골목을 돌며 한 집 한 집, 한 사람 한 사람을 촬영해 부활시키는 과정과 같다.

> 그 형제들이 좋던 나쁘던(법률적인 관점에서), 성공했던 실패했던(경제적으로 보았을 때), 존재하던 안하던, 기억하던 잊었던 아니면 기억이 왜곡되었던.... 내가 시대를 나누지 않고 경계를 구분하지 않고 1949년부터 1979년까지를(장개석이 서거하고 신화의 신념이 붕

괴되었던 그해) 한 순간으로 응고시킨 것을 이해해주세요, 그리고 우리들의 눈을 촬영기로 바꾸어 주세요. 나는 이미 도시 변두리에서 흔히 볼 수 있는 국민당 중하위급 군관들의 권촌 뒷골목에 당신을 위해 레일을 깔아 놓았어요. 천천히 레일을 따라 돌아주세요.[11]

이때 권촌의 한 사람 한 사람을 촬영하는 것이 차가운 기계가 아니라 바로 따스한 온기를 담고 있는 눈이라는 사실이 중요하다. '본다'는 행위가 단순히 드러난 외면만을 보는 것이 아니라 그 내면을, 시간의 층위를 뛰어넘어 어떤 역사의 지층까지 응시하는 것임을 강조하고 있기 때문이다. 과거에는 어떻게든 권촌을 떠나고 싶었던 친구들에 대한 이해의 응시, 외성인 남자를 버리고 본성인 남자를 선택했던 권촌 소녀들에 대한 이해의 응시, 미군 병사와 사귄다는 이유로 이웃들에게 욕을 먹어야 했던 여성들에 대한 이해의 응시 그리고 쾌감을 위해 그녀들을 욕했던 주변인들에 대한 반성의 응시, 고향을 떠나와 오랜 시간 살면서도 자신들이 살고 있는 땅을 받아들이지 못하는 부모들에 대한 이해의 응시가 있다. 이러한 시선과 호명의 과정을 통해 과거의 인물들과 사건들은 비로소 이해되고 구원을 얻는다.

벤야민에 의하면 문학가는 역사가여야 한다. 그리고 역사가는 사건들을 하나하나 나열하는 것을 중지하고 자신의 시대를 지나간 어느 특정한 시대와 관련을 맺는 상황의 배치로 파악해야 한다.[12] 과거

11) 朱天心,「想我眷村的兄弟們」, 蘇偉貞主編,『臺灣眷村小說選』, 臺北:二魚文化, 2004, 58쪽.
12) 발터 벤야민, 반성완 편역,「역사철학테제」,『발터 벤야민의 문예이론』, 서울: 민음사, 1994, 355쪽.

는 해결되지 못한 어떠한 내용을 지니고 현재를 향해 끊임없이 구원의 요청을 하고 있다. 현재는 과거의 요청에 응답함으로써 밝은 미래가 될 수 있고 역사가는 그러한 역사 속에서 메시아적 힘을 찾아낼 수 있다.[13] 주톈신의 「나의 권촌 형제들을 그리워하며」는 바로 해결되지 않은 과거의 구원 요청에 응답을 시도한 작품이라고 할 수 있다. 이러한 응답을 통해 과거의 시간들은 이해되고 인물들은 구원을 얻어 현실 속으로 부활한다. 어떠한 사건이나 사실을 묘사하고는 마지막에 종종 등장하는 '알고 보니(原來)'라는 단어가 사용되는 순간은 바로 깨달음의 순간이자 과거가 현재로 소환되는 구원의 순간이며 소통의 순간이다. 작품의 마지막에 인물들은 죽은 채로 누워 있다가 하나씩 호명될 때마다 생명을 얻어 일어나 움직인다. 서술자의 기억은 현재와 단절된 지나가버린 과거에 있는 것이 아니라 끊임없이 현재로 되살아나는 살아있는 과거를 불러오는 장치이다. 그러므로 서술자의 기억은 지나가버린 과거의 것이 아니라 현재에 속해 있다.

「나의 권촌 형제들을 그리워하며」는 사실과 허구의 경계에 서있는 작품이기도 하다. 작품의 마지막 부분에 촬영기가 된 눈이 서서히 권촌의 한집 한집을 돌 때 호명된 왕젠쉬안(王建煊), 리리췬(李立群), 자오사오캉(趙少康), 장샤오펑(張曉風), 아이야(愛亞), 한한(韓韓), 위안충충(袁琼琼), 펑칭(馮青), 쑤웨이전(蘇偉貞), 장샤오윈(蔣曉雲), 주톈원(朱天文), 차이스핑(蔡詩萍), 쿠링(苦苓), 장다춘(張大春), 차이친(蔡琴), 리좐웨이(李傳偉), 자오좐(趙傳), 이넝징(伊能靜) 등의 인물들은 실재하는 대만의 저명한 인물들로 권촌의 자부심이고 외성인의 자부심이다. 이들의 이

13) 발터 벤야민, 최성만 옮김, 「「역사의 개념에 대하여」관념 노트들」, 『역사의 개념에 대하여 외』, 서울: 도서출판 길, 2008, 355쪽.

름이 호명됨으로써 사실과 허구의 경계는 허물어지고 결국 이 작품이 소설인지 아니면 작가의 경험이 녹아든 사실 '이야기'인지조차 구분하기 어렵게 만든다. 이러한 의미에서 「나의 권촌 형제들을 그리워하며」는 과거와 현재의 경계, 사실과 허구의 경계에 서 있는 '문지방 영역'에 속한 작품이라고 할 수 있다.[14]

여기서 생각해봐야 할 점은 '왜 권촌이었나' 하는 점이다. 벤야민에 의하면 기억은 지나간 것을 알아내기 위한 도구가 아니라 오히려 진리에 다가가기 위한 매개물이며, 진정한 기억들이 지니고 있는 의미는 어떤 사실에 있는 것이 아니라 그 기억들이 떠오르게 된 바로 그 장소에 있다.[15] 장제스(蔣介石)를 따라 대만으로 내려온 외성인들은 부와 권력을 지니고 본성인들을 억압하고 착취한 지배자로 인식되고 있다. 그러나 권력이 있는 사람들은 호화주택에서 살았지만 권촌에서 사는 사람들은 대부분 권력이 없는 말단 군인가족들이었다. 작가가 작품 속에서 묘사하고 있는 권촌 역시 그 누구도 기득권 계급이라고 부를만한 것은 가지고 있지 않으며, 오히려 대만어를 금지했던 시기로 인해 대만어를 습득하지 못했고, 그러 인해 취업을 할 수 없는 불이익을 받아야 했던 아픈 이들의 공간이다. 또한 장제스 정부를 비난하는 본성인 남편과 대만 본성인들을 비난하는 아버지, 양자 모두로부터 상처를 받을 수밖에 없도록 만든 공간이다. 권촌을 구성하고 있는 인물들은 가해자이기도 하지만 피해자이기도 하다.

---

14) 벤야민은 사유의 공간으로서의 '문지방 영역'을 매우 중요하게 여긴다. 문지방 영역은 이쪽도 아니고 저쪽도 아니지만 동시에 이쪽이기도 하고 저쪽이기도 한 '중간영역' 혹은 '경계영역'을 의미한다. 즉 문지방 영역은 자연과 문명, 인간과 사물, 정신과 신체 사이가 아직은 분리되지 않은 채 서로 교통하고 대화하는 소통의 공간이다. 김진영, 『독서신문』, 2010.04.20.

15) 발터 벤야민, 최성만 옮김, 「사유이미지」, 『일방통행로, 사유이미지』, 서울: 도서출판 길, 2007, 182-183 참조.

그리고 권촌이라는 공간은 애국심과 자부심으로 가득 차 있지만 외부로부터는 닫혀진 공간, 그러면서도 완전한 사적 공간도 공적 공간도 아닌 그러한 장소이다. 권촌에 있는 한집 한집은 단독으로 분리된 사적인 공간이 아니라 여러 집이 함께 연결된 열린 공간이다. 그러므로 카메라가 마을의 주변을 돌면서 한집 한집의 내부로 들어가 그 안에 있는 인물들을 살려내는 과정은 인물들을 권촌 외부와 단절된 폐쇄된 공간에서 밖으로 끄집어내는 행위임과 동시에 '누구누구의 집'이라고 호명함으로써 개인에게 속한 사적인 공간의 성격을 부여하는 순간이라고 할 수 있다.

나아가 주톈신이 권촌의 역사와 마주한 더 큰 의미는 1987년 이후 맞게 된 외성인들의 정체성 위기감을 극복하고자 했다는 점에 있다. 대만 본토화가 진행됨에 따라 맞닥뜨린 외성인들의 위기감은[16] 외성인 1세들의 역사가 대만 사회에 폭력을 행한 지배자의 것이었다는 인식에서 비롯된다. 그리고 그러한 외성인 1세들에 대한 대만 사회의 인식은 외성인 2세들에게도 영향을 주어 원죄의식이라는 트라우마를 형성한다. 주톈신이 권촌이라는 공간을 선택한 것은 작가의 어린 시절 추억이 담긴 곳이라는 이유 때문만이 아니다. 더 중요한 것은 그럼으로써 단순히 가해자나 이방인으로 인식될 수 있는 권촌의 힘없는 군인가족의 역사를 긍정적으로 복원하고자 하는 노력에서 비롯된다. 그것은 부모 세대의 역사와 대만 역사 사이에서 방황하고 고민하는 외성인 2세들에 대한 위로의 손길이자 외성인 부모와 자식들 사이를 화해시키는 손길이기도 하다. 동시에 권촌의 역사

---

16) 외성인들의 위기감에 대해서는 「대만 문학에서 드러나는 에스닉 상상과 국가 정체성」의 제3장 '원죄의식과 상실감, 그리고 外省人 에스닉의 형성'을 참조, 김순진, 『중어중문학』 제53집, 2012.12.

를 장제스 정치권력의 역사와 분리시키고자 하는 노력이기도 하다. 그렇게 함으로써 권촌의 역사와 권촌의 사람들은 색다른 역사 경험을 지닌 대만 사회의 일원으로 유입된다.

주톈신은 권촌 인물 하나하나의 상처를 치유해 이들을 '잊혀졌던' 인물에서 '기억되는' 인물로 부활시켰다. 그들은 소외되었던 인물에서 소외를 극복하고 지극히 평범한 '형제'들로 변화된다. 하지만 작가의 발걸음은 그 순간에 멈추어버린다. 장다춘이 보여준 것 같은 역사와 시간에 대한 비판의식이나 다음 장에서 살펴보게 될 핑루의 소설에서 볼 수 있는 미래에 대한 희망은 찾아보기 힘들다. 어떤 면에서 작가의 시선은 온전히 과거 권촌의 역사에만 머물러 있다. 작가는 인물들 하나하나를 호명하고 그들에 대한 그리움을 드러내는 것으로 작품을 마친다. 왕더웨이(王德威)는 주톈신의 이러한 글쓰기 특성을 벤야민의 천사에 비유하고 있다.[17] 벤야민이 「역사철학테제」에서 묘사한 천사는 날개를 펴고 미래를 등지고 서서 죽은 자들을 불러 일깨우고 산산이 부서진 것들을 다시 결합시키려고 하는, 하지만 거센 폭풍으로 인해 꼼짝달싹 하지 못하는 모습이다.[18] 벤야민이 게르숌 숄렘(Gershom Scholem)의 「천사의 인사」라는 시를 인용하여 쓴 것처럼 주톈신의 날개는 날 준비가 되어 있고 기꺼이 미래의 천국으로 날아가기를 희망하지만 구원되지 못한 과거의 기억 때문에 주저하고 있는 듯이 보인다. 과거의 요청을 묵살하면 작가로서(역사가로서)의 역할에 충실하지 못한 것이기 때문에 비상하는 자세를 취하고

17) 王德威, 「序論: 老靈魂前世今生—朱天心的小說」, 朱天心, 『威尼斯之死』, 成都:四川文藝出版社, 1999, 11-12쪽. 재인용 劉賢漢, 「後殖民語境下的"身份認同"—論朱天心《想我眷村的兄弟們》」, 『浙江樹人大學學報』, 2010.07, 83-84쪽.

18) 벤야민의 천사에 대한 비유는, 발터 벤야민, 반성환 편역, 「역사철학테제」, 『발터 벤야민의 문예이론』, 서울: 민음사, 1994, 348쪽 참조.

있지만 여전히 과거를 향해 고개를 돌려 굽어보고 있는 것일지도 모른다. 또 어쩌면 보들레르가 역사적 시선이 부족해 군중 속으로 도피해 들어갔다고 벤야민이 비판했듯이 주톈신 역시 같은 이유로 스스로 과거 속으로 뛰어 들어가 그가 사랑하는 사람들과 함께 있고자 하는지도 모른다. 비록 그것이 도피는 아닐지라도 말이다.

하지만 장아이링(張愛玲)의 「제일로향(第一爐香)」 앞부분 서술을 반복함으로써 격정을 억누른 어조로 담담하고 평온하게 작품을 시작한 것은 작가가 처음부터 이러한 위험으로부터 거리를 두기 위해 노력했음을 보여준다. 그러나 이러한 서술이 오히려 더욱 권촌 형제들에 대한 애정, 그들과 함께 했던 공간과 시간에 대한 애정을 드러내준다. 말하고 싶은 가장 중요한 일을 우리는 항상 큰 소리로 말하지는 않기 때문에.[19)]

4. 「인공로봇 이야기」: 감성의 영웅, 새로운 창조자

장다춘의 장군이 침묵하는 시간 산책자가 되어 역사 비평가로서의 역할을 하고, 주톈신의 서술자가 과거를 구원하는 천사가 되어 현재의 상처를 보듬어 주고 있다면, 핑루 소설 「인공로봇 이야기」의 로봇은 역사의 기억을 축적한 주체적 미래의 창조자가 되기 위한 발걸음을 내딛고 있다고 할 수 있다. 즉 핑루 소설에서 영웅은 '주체적 창조자로서의 인간'을 의미하며, 이때 '주체적'이라는 말은 감정주체의 발현을 의미한다.

19) 발터 벤야민, 반성완 편역, 「프루스트의 이미지」, 『발터 벤야민의 문예이론』, 서울: 민음사, 1994, 107쪽.

흔히 근대를 이성의 시대로 보고 있다. 또한 이성은 남성적 특성이 강하고 감성은 여성적 특성이 강한 영역으로 보고 있다. 이렇게 본다면 감정 중시는 이성 시대에 의해 묻혀버린 근대 이전의 역사를 복원하는 과정인 동시에 여성의 목소리를 복원하는 과정이라고도 할 수 있다.

H는 완전하고 완벽한 인간을 만들어내는 꿈을 꾸고 '인지1호(認知1號)'를 만들어낸다. H가 '인지'라고 붙인 이름에서 알 수 있듯이 인간인 H가 꿈꾼 '완벽한' 인간은 완전한 '인지' 즉, '지식'과 철저한 '이성'을 지닌 인간이다. '지식이 힘이다'라는 베이컨의 명제처럼 H는 지식을 중요한 힘의 근원으로 여기고 '완벽한' 인간이 되는 가장 중요한 요소로 보고 있다. 핑루는 이 작품에서 '가시적'이고 권력적인 영웅을 꿈꾸는 것은 남성들의 환상이라는 젠더적 입장을 보여주고 있다. '지식'은 남성이 영웅에게 부여하고자 하는 마지막 권력, 팔루스이다. 하지만 남성에 의해 만들어진 여성은 남성의 타자이기를 거부한다. 처음부터 거세되었다는 여성의 정체성은 팔루스 즉 권력이 없었기 때문에 남성의 권력 즉 지식으로부터 자유로울 수 있도록 만든다. 남성적 권력으로 작동하는 지식이 지니고 있는 잉여의 틈새를 핑루는 '문학'이라는 인간의 감성적인 집단 역사에서 찾는다.

H는 모든 지식을 갖춘 완벽한 인류 지혜의 수수께끼를 푸는데 도움이 될 수 있는 '이성적인 인간'을 창조하겠다는 욕망을 지니지만, 정작 '인지1호'가 진정한 인간이 되는 발걸음은 '감정'과 '정서'를 습득하면서부터 시작된다. H에 의해 창조된 '인지1호'가 가장 먼저 배운 것은 바로 '나'라는 개념이다. 그러나 초기에 인식한 '나'는 단지 다른 것과 구분되는 자신의 존재에 대한 인식이지 결코 '자아'의 개념이 있었던 것은 아니다. 개인의 '자아'는 사적인 경험에 바탕을 둔

선택의 문제와 연관되어 있기 때문이다. '경험'은 바로 '기억'을 의미한다. 그러므로 과거의 기억이 부재한 로봇 '인지1호'가 '자아'를 획득하는 일은 불가능하다. 인지1호'의 사적인 기억의 습득을 위해 H는 어린 시절의 기억을 주입하고 집단의 기억과 경험을 습득하기 위해 문학 독서를 요구한다.

물론 어린 시절의 기억이란 조작된 것에 불과하다. 조작된 과거에 의해 만들어진 인간은 허구적 존재임을 인식해서인지 작가는 '인지1호'에게 더욱 의미 있는 기억은 바로 '문학'에 의한 집단의 역사, 기록되지 않아 공식적으로는 영원히 알 수 없는 역사, 「금서계시록」에서 말한 숨겨진 역사[20]임을 강조한다. 개인의 기억과 경험은 집단의 기억과 경험에서 벗어날 수 없기에 '인지1호'의 사적인 기억의 부족함은 집단의 기억으로 보충된다. '과거의 역사가 현재의 강력한 요청에 의해 부활되는 순간이라고 할 수 있다. 어린 시절의 기억이 스스로를 긍정하는 자아를 형성했다면 문학 학습은 타자(창조자)와의 관계 속에 있는 자아를 발견하는 결과를 가져왔다. 어린 시절의 기억은 H에 의해 피동적으로 주입되지만 문학 작품은 '인지1호'의 주체적인 독서를 통해 받아들여진다. 독서 행위는 '인지1호'가 행한 최초의 주체적 행위이다. '인지1호'는 'MIRE and BLOOD'라는 예이츠의 시구를 통해 인간이 먼지와 피눈물로 뒤덮인 복합적 존재임을 인식하고 '사랑'이라는 주체적 감정을 창조하기에 이른다. 그리고 그 사랑의 감정은 새로운 창조성을 잉태해 또 다른 로봇 L을 창조한다. 과거의 역사가 '인지1호'의 주체적 행위를 통해 현재로 부활했을 뿐만 아니라 창조성을 지니면서 미래적 의미까지 갖게 된다. 그럼으로써 '인

20) 이에 대해서는 김순진, 「기억과 환상 : 대만 외성인 2세 작가의 대만 상상」, 『중국학연구』 제52집, 2010.06, 122-123 참조.

지1호'는 자신 안의 영웅에서 타자의 영웅으로 한 걸음 더 나아간다. 이때 '인지1호'의 창조 욕망을 불러일으킨 근원적인 감정은 바로 '인지1호'가 처음으로 스스로 만들어낸 감정인 '사랑'이다. '사랑'이라는 감정은 '인지1호'가 창조자의 위치에 설 수 있는 가능성을 보여준 것이기는 하지만 H가 의도했던 것은 아니다. H에게 '인지1호'는 자신의 능력을 드러내는 타자화 된 장식에 불과했기 때문이다.

하지만 '인지1호'가 인류의 축적된 과거의 기억과 감정을 복원시켜 자신의 현재적 감정으로 만드는 순간 H와 '인지1호'의 관계는 재편된다. H는 '인지1호'에게 부여했던 '지혜'에 굴복해 도리어 그녀('인지1호')의 타자가 된다. H는 창조자적 욕망을 상실하고 '인지1호'가 주체적으로 획득한 사랑의 대상이 되기를 요구하지만 더 이상 '인지1호'에게 사유의 쾌감을 주지 못한다. 지식이라는 권력을 상실한 그는 결국 '인지1호'에게 거부된다. H의 창조 욕망은 승화된 형태로 '인지1호'에게 전달되고 H는 '인지1호'에 의해 거세된다. '인지1호'의 殺'人' 행위는 창조자로부터 벗어나 더 큰 자유를 얻고 싶은 인간의 근원적 욕망의 표현이며 동시에 창조자를 닮은 창조물의 위치에만 있기를 거부한 행위이기도 하다. 즉 불완전한 창조자를 넘어서고자 하는 새로운 영웅의 탄생을 의미한다. '인지1호'가 애정을 요구하는 H에게 항변한 것처럼 창조자의 모습대로 창조된 창조물은 창조자의 열렬한 사랑의 모습을 담고 있는 동시에 완전하지 않는 결점 및 그 결점을 증오하는 자기 모독의 감정까지 담고 있다. 한계를 노출하는 창조자가 존재하는 한 창조물 역시 창조자의 결점에서 벗어날 수 없다. 결국 창조자를 넘어선 새로운 창조자가 될 수 있는 자율성을 향한 욕망이 H를 살해하도록 한 것이다.

'인지1호'의 공인된 자율성과 창조성은 아이러니하게도 그녀가 H

를 살해한 후 처벌을 받는 과정에서 비로소 완성된다. H가 창조한 '로봇'으로만 인정되던 '인지1호'는 인간을 살해한 이후에 비로소 인간들에 의해 인간으로 받아들여진다. 그녀는 로봇이지만 인간처럼 법정에서 살'인' 행위에 대한 재판을 받게 되고 결국 인간에 의해 사형을 언도받는다.

핑루는 창조의 행위를 문학을 창작하는 행위 그리고 어머니가 되는 행위와 연관 짓고 있다. 그리고 사이보그도 아니고 인간도 아닌 경계의 존재, 인간도 아니고 신도 아닌 경계의 존재, 어머니가 아니지만 어머니인 경계의 존재인 '인지1호'는 인간과 신의 경계에서 끊임없이 돌을 굴리는 시지프스와 같은 존재이기도 하다. 동시에 벤야민이 '미메시스적 공간' 혹은 '비지각적 유사성의 공간'이라고도 명명했던 '문지방 영역'에 속한 존재이기도 하다. 이쪽도 아니고 저쪽도 아니지만 두 구역을 은밀히 구획 짓는 문지방 영역은 생명이 중지된 것처럼 보이지만 무엇보다 미래를 예견하는 힘을 지니고 있다.[21] 로봇도 아니고 인간도 아닌 경계의 존재를 통해 핑루는 미래에 대한 희망을 예견하고자 한다. 그래서 생명이 중지된 '절망'과 함께 미래를 예견하는 '희망'을 '인지1호'라는 중간자적인 존재에게 부여하고 있다. 작품의 끝부분에서 작가는 "인류를 모방하면서 나는 마침내 희망도 없이 인류의 일원이 되었다."라는 절망의 구절 다음에 "치자꽃의 향기 속에서 나는 예이츠의 시구를 떠올렸다. MIRE and BLOOD, All were complexities....."[22]라는 새로운 미래의 희망을 제시하고 있다. 작가는 작품의 끝부분에서 절망은 과거에 속해 있고

---

21) 발터 벤야민, 윤미애 옮김, 「베를린 연대기」, 『1900년경 베를린의 유년시절, 베를린 연대기』, 서울: 도서출판 길, 2007, 188-189쪽 참조.

22) 平路, 「人工智慧紀事」, 『禁書啓示錄』, 臺北: 麥田出版, 1997, 199-200쪽.

희망은 미래에 속해 있지만 결코 과거와 미래가 단절된 시간이 아니듯이 절망과 희망은 단절된 이질적 존재가 아님을 말하고 있다. 절망의 과거로부터 희망의 가능성을 보고자 하는데, 이때 작가가 복원시키고자 하는 과거는 구체적으로 드러난 적이 없는 비주류의 기억이고 은폐되고 숨겨진 기억이다. 그래서 주톈신이 구원하려는 과거가 매우 구체적인데 반해 핑루의 과거는 모호한 이미지로만 존재한다. 그 이미지는 이성에 의해 분석될 수 있는 것도 아니며 인간의 육체적인 감각으로 느낄 수 있는 것도 아니다. 그 이미지는 오직 감성에 의해 느껴질 수밖에 없으며, 현재를 거쳐 미래의 희망을 예견할 수 있는 아우라를 지니고 있다.

벤야민은 카프카의 소설을 비평하면서 인간의 생명을 연명하게 하는 이성이나 인간적인 힘들로 가득한 인간을 더러운 기생충이라고 부르면서[23] 이성이라는 말뚝에 박혀 구원을 갈구하는 현대적 영웅들은 결코 구원을 받을 수 없다고 강조한다. 그러므로 이성의 굴레에서 벗어나 주체적으로 '감성'의 영역으로 들어가 새로운 창조의 힘을 발휘한 '인지1호'의 행보는 진정한 영웅의 탄생을 의미한다. 메이쟈링의 말처럼 작품 속 인물의 약자인 H는 Human으로 L은 Literature로 볼 수 있다.[24] '인지1호'는 불완전하고 나약하지만 자율성과 창조성을 지니고 있는 인간 H의 거울인 동시에 인간을 벗어나 문학 L의 자율성을 지켜준 새로운 창조자이다. 문학은 기존의 역사가들이 놓쳐버리거나 은폐한 역사의 기록들을 복원하는 제2의 역사서이다. 그러므로 L을 지키고 L에 대한 간절한 그리움을 지니는

23) 발터 벤야민, 반성완 편역, 「프란츠 카프카」, 『발터 벤야민의 문예이론』, 서울: 민음사, 1994, 65쪽.

24) 梅家玲, 「'她'的故事—平路小說中的女性·歷史·書寫」, 『性別, 還是國家?: 五○與八、九○年代臺灣小說論』, 臺北: 麥田, 2004, 241쪽.

것은 이성을 강조하는 인간의 영역에서 벗어나 새로운 역사 기록을 완성하려는 슬픈 영웅의 소망으로 볼 수 있다.

5. 맺음말

1980년대는 대만이 새로운 역사적 선택을 시작한 때라고 할 수 있다. 과거 역사에 대한 인식은 현재의 선택에 중요한 영향을 미치고 미래를 변화시킨다. 하지만 이 말은 현재의 필요에 의해 과거의 역사가 취사선택 되어야 한다는 의미는 아니다. 기존의 역사가 빠뜨린 내용을 복원해 역사의 흐름에 작용하는 그 힘들을 명명하고 재해석함으로써 풍경을 변화시키는 것, 그것이 역사읽기이다. 과거의 진실이 복합적, 중층적, 다성악적으로 복원됨으로써 현재는 비로소 미래의 희망을 논할 수 있는 장을 획득할 수 있다. 벤야민은 이러한 글 읽기를 '역사의 결을 거슬러 읽기'라고 이름했다.[25] 그리고 권위적인 역사에 기록되지 않은 숨겨진 진실을 읽어낼 수 있는 좋은 텍스트는 바로 문학이라고 할 수 있다.

본 논문에서 다루고 있는 장다춘, 핑루, 주톈신은 1980년대 이후 대만의 대표적인 외성인 2세 작가들이다. 이 세 작가들의 세 작품 「장군 기념비」, 「나의 권촌 형제들을 그리워하며」, 「인공로봇 이야기」 등을 주요 대상으로 하여 이들 외성인 작가들이 어떻게 역사를 대하고 있는지, 어떻게 과거의 구원 요청에 호응하고 있는지 그리고 나아가 어떠한 역사적 글쓰기를 시도하고 있는지에 대해 고찰해

25) 최성만, 「발터 벤야민의 역사철학적 구제비평」, 『역사의 개념에 대하여 외』, 서울: 도서출판 길, 2012, 33쪽.

보았다. 이들 작가들이 시간이라는 것의 의미 혹은 과거의 사실이나 이미지에 관심을 기울이는 이유는 작가 자신의 정체성 문제와도 연결된다고 본다. 1987년 계엄해제를 전후해 외성인들의 정체성은 위기의식을 맞게 되고, 자신들의 정체성을 찾기 위해 자연스럽게 과거의 목소리에 귀를 기울여야 했다. 장다춘의 소설은, 시간은 직선적으로 흘러가버리는 것이 아니기에 현재를 살아가기 위해서는 끊임없이 과거의 목소리에 귀를 기울여야 한다는 사실을 일깨워주고 있다. 그래서 장다춘 소설 속의 장군은 어떠한 사건이 발생한 역사의 시간 속에서 주유하는 비판적 관찰자로서의 역할을 하고 있다. 주톈신의 소설은, 이름도 잊혀지고 존재의 의미도 상실한 존재들도 있지만 그들이 있었기에 우리의 과거가 의미 있고 긍정될 수 있음을 보여준다. 그리고 긍정되고 이해되어진 과거의 시간으로 인해 현재의 상처가 극복될 수 있음을 보여준다. 또 한편으로 주톈신의 소설은 1987년 이후 맞게 된 외성인들의 정체성 위기감을 극복하려는 작가의 의도가 묻어난 작품이라고 할 수 있다. 작가는 이 작품에서 국민당 권력과 선을 그으면서 다른 한편으로는 외성인 하층민의 대변자 역할을 자처하고 있다. 권촌이라는 공간에 대한 기억을 복원함으로써 권촌인들의 역사를 대만의 역사에 편입시키고 대만인으로서의 정체성을 부여하는 작업을 하고 있다. 핑루의 소설은, 인간 역사의 진정한 복원은 이성에 의해서가 아니라 감성과 감정에 의해 가능하며, 그러한 감성적 역사 속에서 진정한 미래에 대한 희망을 도출할 수 있음을 보여주고 있다. 대만 사회에 정착하지 못하는 작가의 개인적 이력을 통해 그녀의 현재가 구원을 기다리는 억압의 과거 시간에 속해 있음을 알 수 있다. 그래서 핑루는 무엇을 복원할 것인가 보다는 어떻게 복원할 것인가에 더욱 큰 관심을 기울이고 있다. 작가에게 아직은 정확한 구원의 대상과 구원의 시간이 도래하지 않았기 때문에.

비평가에게 비평이 단순한 작품에 대한 평가가 아니라 끊임없는 자아 성찰의 행위이듯이 작가에게 글쓰기 역시 자아 성찰의 과정이다. 문학은 과거와 현재와 미래가 뒤얽혀 만들어가고 있는 우리의 삶과 이야기 속에서 놓쳐버린 진실 혹은 진리를 붙잡기 위해 노력하는 과정을 보여준다. 장다춘은 냉소적인 울분으로, 주톈신은 억누른 평온으로, 핑루는 연약한 열망으로 자신들의 진실을 찾아가고 있다. 세 편의 작품 모두 아름다운 결말로 평온함을 선사하거나 희망찬 메시지로 삶에 대한 열망을 보여주지는 않는다. 오히려 역사와 기억은 조작될 수 있다는 불편한 진실을 알려 준다. 또한 과거의 유산으로부터 자율성과 창조성을 획득하는 것도 과거의 구원 요청을 받아들이는 것도 쉽지 않음을 보여준다. 그러나 역사의 틈새에서 살아있는 숨결을 발견해서 복원하는 길이 진정한 문학가의 길임도 보여주고 있다.

제8장

동아시아 시문학 교류 고찰(1980~2006)
: 한국, 대만, 일본을 중심으로

김상호 대만슈핑(修平)과학기술대학 부교수

1. 머리말

시는 언어의 장벽을 뛰어넘어 우리의 몸과 마음을 하나로 만드는 공통의 문학언어이다. 연합이 아닌 분리가, 신뢰가 아닌 불신이, 밝음이 아닌 어두움이, 온기가 아닌 냉기가, 안정이 아닌 불안이 농후하게 드리워 있는 오늘날 세계의 흐름 속에서, 시의 힘은 이러한 현상들을 통제하는 역할을 담당할 수 있다. 시인은 어떤 위치에 서 있어야 하며 어떤 입장에서 발언해야 할까? 사실, 아시아의 시인들은 각국의 서로 다른 환경에 처해 있기 때문에 서로의 위치와 입장에 큰 차이가 있다. 그렇다면 이러한 차이점은 사회를 진실하게 반영하고 있는 것일까 아니면 시인 개인이 견지하고 있는 입장의 차이가 낳은 결과인가? 시를 통해 서로 다른 문화의 정신을 이해하기 위해서는 기본적으로 시인이 각자 다른 사회적 상황에 서서 자신의 사명에 대한 인식과 포부를 가지고 문화의 실질적 기초를 추구한다는 사실을 살펴보아야 한다. 현대시는 반드시 지역성에만 얽매일 필요가 없는 세계적인 문학이다. 동아시아 시인의 공통 과제는 세계의 보편적 성격과 지역의 특수적 성격을 결합하여 현대시의 방향을 찾는 것이어야 한다.

동아시아 시인들의 교류가 갖는 긍정적인 의미는 다음과 같다. 서로 다른 언어체계에 몸담고 있는 현대 시인들이 서로 다른 언어의 표현방식에 의거하여 창작한 시들을 한자리에 모아 서로 감상하며, 서로의 언어에 대한 성찰을 자국 시의 전통을 드높이는 동력으로 삼는다. 더 중요한 의미는 사상성과 각자의 입장을 초월하여 평등하고 화목하며, 우호적인 태도로 아시아 현대시와 문학을 발전시키는데 있다. 본 논문은 동아시아 시의 특징에 관한 연구로, 부득이하게 개괄하는 방식으로 1980년부터 2006년까지의 동아시아 시인들의 교류현황에 대해 논하려 한다.

2. 1980년부터 2006년까지의 동아시아 시인 교류사

많은 사실들은 우연한 생각에서 비롯되고, 그 많은 사실들은 하고자 하는 열정을 통해 완성된다. 동아시아 시인들의 교류는 어떻게 시작되었을까? 1965년 일본의 시즈오카(靜岡)현의 중앙도서관에서 '이른 봄의 시제(早春的詩際)' 라는 전람회가 열렸다. 대만시인 천쳰우(陳千武)는 일본시인 다카하시 기쿠하루(高橋喜久晴)를 통해 대만의 여러 작품을 위 전람회에 출품시켰다.[1] 1966년에는 일본을 여행한 한

1) 『笠詩刊』第十一期, 1966.04, 1쪽.

국시인 이기동과 천첸우가 시즈오카시인의 회보를 통해 알게 되었다. 그 후 이기동은 천첸우에게 한국 시인 김광림을 소개했고, 천첸우와 김광림은 편지를 통해 우정을 쌓아갔다. 그들은 시 전문 간행물에 발표된 자신들의 시를 중심으로 시 전문 간행물과 시에 대한 교류를 발전시켰다. 1967년 4월 다카하시는 대만을 방문하였고, 그는 대만 시단에 대한 이해를 진일보시킬 수 있었다.

그 후, 김광림과 천첸우에 따르면, 1977년 3월, 천첸우 부부가 일본 방문 길에 서울을 들러 김광림과 처음으로 만났다고 한다. 당시 그들은 서울의 고적인 경복궁을 참관하며 현대시의 창작과 활동에 관한 소소한 이야기들을 나눴다. 그 중 주목할 만한 점은, 김광림이 구상한 『아시아현대시집(亞洲現代詩集)』의 출판과 편집 계획이다. 천첸우도 김광림의 계획에 찬성하였고, 김광림은 그에게 일본에 가서 아키야 유타카(秋谷豊)와 다카하시 기쿠하루와 만나면, 『아시아현대시집』의 출판을 언급해 달라고 부탁하였다. 그날 일본으로 간 천첸우는 다카하시 기쿠하루와 만나 구체적인 출판계획을 의논하였고, 그 이후 세 곳의 시인들은 셀 수 없이 많은 서신을 왕래하였다. 1980년 11월, 일본의 시단에서 동인(同仁)이 가장 많은 잡지 『치큐우(地球)』의 창간 30주년을 기념하는 '지구의 시제(地球的時際)' 행사가 세계의 여러 시인이 동참하며 성대하게 치러졌는데, 이 행사는 훗날 도쿄에서 열리는 국제시인회의와 아시아시인회의의 유래가 되었다. 이 행사를 통해 김광림(1929-), 천첸우(1922-2012), 다카하시 기쿠하루(1926-2008)가 대면하였고, 한국의 구상(1919-2004), 일본의 아키야 유타카(1922-2008), 대만의 바이추(白萩,1948-)까지 6명이 공동으로 편집위원회를 조직하여 각자 원고모집이라는 구체적인 활동을 시작하였다. 이로써 동아시아 시단의 정식 교류가 시작되었다. 시를 더 널리 알리기 위한 그들의 열정은 『아시아 현대시집』의 출간으로 마침내 실현되었다. 노력의 시간이 빚어낸 『아시아 현대시집』 창간호가 1981년 12월 마침내 탄생하였다. 이후 아시아현대시집은 1993년 12월 『아시아 현대시집·제6집』까지 계속해서 출판된다. 아시아 시인회의는 1980년 11월 일본 도쿄에서 최초로 열린 이후, 2001년 8월 중국 시안(西安)에서 열린 '제7회 아시아 시인회의'까지 계속 이어졌다. 뿐만 아니라 1997년 3월 서울에서 열린 '제1회 동아시아 시서전(東亞詩書展)'은 2006년 5월 대만의 타이중(臺中)에서 개최된 '제6회 동아시아 시서전'을 마지막으로 종료되었다. 이처럼 동아시아 시인들 간의 교류는 갈수록 빈번해지고 있다. 이는 모두 시문학 활동을 통해, 각국 시인 및 문화 사이의 친선교류를 모색하고 아시아 문화수준을 드높이려는 구체적 성과라 할 수 있다.

1) 아시아 시인 회의 및 관련 시인들의 교류

1980년 11월 일본 도쿄에서 '도쿄국제시인회의'가 열렸다.

1982년 1월 대만 타이베이(臺北)에서 『아시아현대시집·제1집』의 출간을 기념하기 위해 '중·일·한시인 친목회'가 열렸다. 아시아시인회의의 서막이 열린 것이다. 당시 세 곳의 시인들이 모두 한 자리에 모여, 언어와 국경을 초월하여 열렬하게 시를 논했음을 미뤄 짐작할 수 있다. 천첸우와 김광림, 그리고 아키야 유타카가 공동으로 사회를 보고, 바이추, 다카하시 기쿠하루 등 총 67명의 시인이 참가하였다. 뿐만 아니라 '중·일·한 현대시 낭송회'도 함께 열려 20여 명의 시인들이 자국의 언어로 시를 낭송하였다.

1984년 11월 일본 도쿄에서 '84아시아시인회의'가 개최되었다.

1986년 9월 한국 서울에서 '86아시아시인회의'가 열렸다. 회의의 토론 주제는 '국제화 시대의 시의 기능'과 '아시아현대시의 특성'이었다. 총 8편의 논문이 한국어와 영어, 일본어와 중국어로 번역되어 발표되었으며, 9개국[2]에서 온 시인을 포함하여 총 250여명이 참가하였다. 1988년 1월 대만 타이중에서 ''88아시아시인회의'가 열렸다. 회의의 주제는 '아시아의 발전에서의 시인의 역할'이었으며, 연구토론회의 의제는 '아시아 각국의 시 창작과 비교'였다.

1993년 8월 한국 서울에서 ''93아시아시인회의'가 열렸으며, 주제는 '아시아각국의 현대시에 나타난 문명관'이었다. 한국의 시인 성찬경이 「한국 현대시에 나타난 문명관 : 물질에서 정신적 사랑에 이르는 오솔길」을, 대만의 천췌우가 「정치오염에 저항하는 시심(詩心)」이라는 제목으로 발표를 했다. 뿐만 아니라 '시를 통해 본 지구의 환경보호와 인류생명의 문제', '아시아시인회의의 의미와 성과'라는 주제로 토론을 진행하였다. 또한 조선일보에서는 '시낭송회'를 개최하였고, 대전에서 열린 세계엑스포에서 '문학과 환경'이라는 주제로 토론하였다. 본 대회에는 중국시인 17명(중국에 거주하는 조선족동포 6인을 포함)과 호주와 프랑스의 시인들까지 모두 11개국에서 온 350여명의 시인들이 참가하였다. 주최 측은 북한의 시인 여섯 명도 초청하였지만, 안타깝게도 사정상 참석하지 못했다.

1995년 8월에는 대만 중부에 위치한 관광지 르웨탄(日月潭)에서 '95아시아시인회의'가 열렸다. 본 대회에서는 '21세기로 향하는 시문학'이라는 주제로 아시아문화와 문학의 미래에 대해 논하였다. 토

---

2) 홍콩, 인도, 인도네시아, 일본, 말레시아, 네팔, 대만, 스리랑카, 중국의 조선족 등 9개국의 시인 80명과 한국의 시인들이 참가하였다. 그 외에도 관찰원의 신분으로 미국, 프랑스, 영국 시인도 참석하였다. 1986년 9월 16일 한국 『중앙일보』 참조.

론은 다시 '도전과 응답', '아시아 시의 빛과 그림자'라는 소주제로 나누어 진행되었다. 본 대회에는 대만에서 80여명, 일본에서 60여명, 한국에서 약 30여명 등 총 11개국에서 온 182명의 시인이 참가하였다. 중국에서는 원래 5명의 시인이 참가를 신청하였지만, 사정상 모두 참가하지 못했다. 한편 본 대회에서 가장 열기가 뜨거웠던 활동은 낭송회로, 초청을 받은 저명한 시인 여러 명이 다양한 언어로 본인들의 창작시를 낭송하였다.

1996년 8월 일본 마에바시(前橋)에서 ''96세계시인회의'가 열렸다.

1999년 8월 몽고의 울란바토르에서 ''99아시아시인회의'가 개최되었다.

2001년 8월 중국 시안에서 ''01아시아시인회의'가 열렸다.

'아시아시인회의'라는 명칭으로는 한국에서 2번, 대만에서 2번, 일본에서 1번, 중국에서 1번, 그리고 몽고에서 1번 열렸는데, 모두 성공적이었다. 문화 교류에 있어 아시아 지역의 시인들이 한 곳에 모여 각 국가의 시 문학을 나눔으로써 세계 문단에서 아시아 시인의 지위를 향상시켰다.

2) 아시아 현대 시집의 출판 현황

1981년 5월 한국, 대만, 일본의 편집위원들은 자국의 시인들의 원고 모집을 담당했다. 천쳰우는 대만시인들의 작품을 일본어로 번역했을 뿐 아니라, 일본 시인들의 작품을 중국어로 번역했다. 한국 시인들의 작품은 김광림이 일본어로, 허세욱이 중국어로 번역하였다. 대만 시인들의 작품은 채영순이 먼저 한국어로 번역하여 허세욱에게 보내면, 허세욱이 수정을 하였다. 『아시아 현대시집·제1집』의 인쇄를 맡은 일본은 총편집, 제판, 인쇄, 제본 등의 작업을 거쳐 1981년 12월 15일 일본 도쿄에서 마침내 정식으로 아시아 현대시집을 출간하였다. 아시아 현대시집에는 매 작품이 평균적으로 한중일 삼국의 문자로 동시에 실렸다(인도, 필리핀 등 몇 시인의 작품은 영어로만 번역해 실렸다). 작품들을 국가로 구분하지 않고 일본어 발음을 기준으로 순서를 정함으로써, 함께 섞여 있는 아시아 현대시인의 공동 간행물이 되었다. 주목할 점은, 아시아 현대시집의 출간이 아시아 각국의 문학사에서 전례가 없던 일이라는 것이다.

1982년 대만에서 출판된 『아시아 현대시집·제2집』에 김광림은 '시집에 대한 기대'라는 제목으로 편집위원 수기를 작성했다. 다음은 그 중 일부분이다.

> 『아시아 현대시집』의 발행은 한국 시인들로 하여금 아시아의 전후시(戰後詩)를 회고하게 하는 매우 중요한 임무를 가지고 있었다. 아시아의 전후 시인들이 같은 간행물에서 만나 작품을 교류하는 것은 당연히 큰 의미를 가진다. 하지만 한 발 더 나아가 한국 시인으로 하여금 시 비교에 눈을 뜨게 하는데 도움을 주기 위함이 그들을 시집에 참여하게 권고한 주요 원인이기도 했다. 아마 중국과 일본의 시인들의 상황도 마찬가지였을 것이다.[3]

아키야 유타카도 '시의 아시아는 무엇일까'라는 제목으로 수기를 실었다. 다음은 그 중 일부분이다.

---

3) 『亞洲現代詩集·第二集』, 台中: 笠詩刊社, 1982.11, 212-213쪽.

아시아시인회의는 『아시아현대시집』의 발행을 중심으로 모인 회의이며, 장래 아시아시인협회의 성립을 준비하기 위한 회의의 의미를 가진다.[4)]

하지만 아시아시인협회는 여러 사정으로 인해 아직까지도 성립되지 않고 있다. 한편 아시아 각국의 시는 대부분 읊는 방식으로 귀에게 토로했다면, 점차 인쇄를 통해 눈에게 토로하는 방식으로 바뀌면서 표현방식에서의 전통적 관습을 타파했다. 주목할 만한 점은 제2집부터는 영역시가 늘어나 한국어, 중국어, 일본어, 그리고 영어까지 총 네 종류의 언어가 실리게 되었다.

1984년 한국에서 출간된 『아시아현대시집·제3집』의 편집위원 수기 중, 천첸우는 다음과 같이 말했다.

이웃나라의 시인들과 시를 통해 소통하는 것은 즐거운 일 중에 하나일 것이다. 하지만 언어가 다르기 때문에 반드시 번역이 필요할 뿐 아니라, 나아가 서로 소통할 수 있는 도구가 절실하다. 때문에 아시아현대시집은 우리에게 새로운 원동력을 줄 뿐 아니라 우리로 하여금 직접 시 교류의 길로 매진하게 한다.[5)]

아시아현대시집은 번역한 시들을 통해 시작품과 시론 방면만 소개하는 것이 아니라, 아시아작품들에 대한 인식과 세계시의 흐름에 대한 이해를 돕는다. 또한 비교를 통하여 유형과 무형 중에서 융합하여, 우리에게 타산지석의 효과를 제공한다.

---

4) 위의 책, 211쪽.

5) 「給孤獨的現代詩人們」, 『亞洲現代詩集·第三集』, 首爾, 東亞出版公社, 1984.05, 203쪽.

1988년 일본에서 『아시아현대시집·제4집』을 발행하였다.

1990년 대만에서 『아시아현대시집·제5집』을 발행하였다. 제5집에는 편집위원의 수기가 실리지 않았다.

1993년 한국에서 『아시아현대시집·제6집』이 출간되었다.

아시아현대시집은 비록 총 6번만 출간되었지만, 시집을 통하여 시인들의 독자적인 시세계와 각국 현대시의 특성을 일목요연하게 관찰할 수 있다는 점과 동시에 아시아현대시의 전체적인 흐름을 조망할 수 있다는 점에서 중요한 의미를 지닌다.

3) 동아시아 시서전

동아시아 시서전의 목적은 시문학 활동을 통해 국가와 민중 간의 친선교류를 모색하고 이로써 각 국가의 문화수준을 향상시키기 위함이다. 동아시아 시서전은 1997년부터 지금까지 총 6회 개최되었다. 중요한 점은 시서전을 개최하는 국가에서 매번 동아시아 시서전 작품집을 출판했다는 것이다.

제1회 동아시아 시서전은 1997년 3월 서울의 예술의전당 화랑에서 열렸다. 시서전에 참석한 시인들은 모두 18명으로, 한국에서는 구상, 김광림, 김남조, 김종길, 성찬경, 정진규 시인이, 대만에서는 천쳰우, 바이추, 자오톈이(趙天儀), 옌상(岩上), 잔빙(詹冰), 리위팡(利玉芳) 시인이, 일본에서는 다카하시 기쿠하루, 아이자와 세이시로(相澤史郞), 고카이 에이지(小海永二), 사이토 요시(齊藤克), 야마구치 소우지(山口惣司) 시인이 참가하였다.

제2회 동아시아 시서전은 1998년 일본 키타카미시(北上市)의 일본현대시가문학관에서 거행되었다.

제3회 동아시아 시서전은 2000년 1월 대만 타이중시의 문화센터 지하전람실에서 열렸다. 직접 참석한 시인으로는 한국의 김광림, 문덕수, 김규화, 일본의 아이자와 세이시로, 야마구치 소우지, 하라 오사무(原子修), 대만의 천첸우, 바이추, 자오텐이, 옌상, 장쯔더(江自得), 천밍타이(陳明臺), 잔빙, 라이안(賴洝), 라이신(賴欣), 홍중저우(洪中周), 쉐순숑(薛順雄), 차이슈쥐(蔡秀菊) 등이 있다. 작품의 수를 살펴보면, 대만은 모두 32수, 일본은 10수, 한국은 모두 14수의 시를 전시하였다. 당시 두 가지 주제를 가지고 좌담회를 개최하였는데, 첫 번째 주제는 각국 현대시의 창작현황과 미래의 시 창작 경향 및 추세이며 두 번째 주제는 시 창작과 사회환경의 관계이다.

제4회 동아시아 시서전은 2002년 5월 한국 서울시 지하철 4호선 혜화역 지하 1층에서 열렸다. 직접 참석한 시인으로는 한국의 김광림, 김종림, 문덕수, 허영자, 신세훈, 권택명, 김용범, 김규화 등이 있고, 대만의 천첸우, 옌상 부부, 궁셴룽(龔顯榮), 일본의 야마구치 소우지, 하라 오사무가 있다. 전시한 작품의 수로는 한국이 모두 17수, 대만과 일본이 각각 12수였다.

제5회 동아시아 시서전은 2002년 6월 일본 삿포로(札幌)시 홋카이도(北海道)의 도립문학관 특별전시실에서 열렸다. 직접 참석한 시인으로는 한국의 김종길, 김광림, 문덕수, 대만의 천첸우, 옌상 등, 일본의 고카이 에이지, 아이자와 세이시로, 야마구치 소우지, 하라 오사무 등이 있다. 출품된 작품 수로는 일본이 24수, 대만이 13수, 한국이 11수였다.

제6회 동아시아 시서전은 2003년 7월 대만 타이중시 문화센터 지하전람실에서 열렸다. 출품된 작품 수를 살펴보면 대만이 36수, 한국이 11수, 일본이 16수였다. 안타깝게도 당시 SARS의 영향으로 한국과 일본의 시인들이 모두 참석하지 못하였다. 하지만 주최 측에서는 작품의 전시 외에도 '동아시아서전 및 현대시창작 토론회'를 열었다. 토론회에서 한국시인 김광림이 작성한 「한국시의 현황」이라는 글을 대리인이 낭독하였으며, 일본시인 다카하시 기쿠하루가 작성한 「일본 전후시의 일면」이라는 글을 대리인이 낭독하였다. 대만시인 천첸우는 「시의 사고와 정신생활 : 시 사고의 다양성」을 발표하였고, 그 외에도 옌상 등 몇 명의 대만 시인도 발표에 참가하였다.

제7회 동아시아 시서전은 2004넌 5월 서울에서 열렸으며, 제8회 동아시아시서전은 2005넌 4월 일본 후쿠오카(福岡)에서 열렸다. 제9회 동아시아시서전은 2006넌 5월 대만 타이중의 교육대학에서 거행되었다.

3. 동아시아 시의 공통 주제

동아시아 지역은 역사적으로 오랫동안 문화적 교류와 상호간의 영향이 있었지만, 다른 지리적 요인과 사회현실로 이질적인 문화 환경이 형성되었다. 근대의 동아시아는 일본을 제외하고 유럽과 미국에 비해 낙후하였으며, 보편적으로 동아시아 안팎 식민주의의 압제와 박해를 받았다. 2차대전 후 대부분 해방, 독립, 민주화의 과정을 거쳤으나 그 과정의 순서와 재난의 강도는 다르며, 성취 역시 차이가 있다.

아시아현대문학의 발전은 보편적으로 유럽과 미국의 영향을 받았으며, 이는 부정할 수 없는 사실이다. 그러나 서구의 발전 속도에 보폭을 맞추면서 동시에 동방의 독특성을 보존할 수 있는지 여부가 아시아 시인의 중대한 도전이 되었다.

한국의 시인 구상은 「우리는 무엇을 추구해야 하는가」라는 글에서 다음과 같이 말했다.

> 우리는 아시아의 서로 다른 실존적 생존의 상황과 서로 다른 민족과 사회, 그리고 서로 다른 국가와 제도 가운데 있다. 때문에 이 시심(詩心)으로 연결하는 작업으로 '인류의 집'이라는 성과를 달성할 수 있다. 이것이 바로 우리가 추구해야 하고 실천해야 할 이상이다.[6)]

전 세계에 잠복해 있는 만성적인 위기가 지구 각처에서 점차 나타나고 있다. 예를 들면 지구환경의 훼손, 민족 간의 분쟁, 불치병인 에이즈의 창궐, 기아와 빈곤, 마음의 황폐 등의 현상이다. 이러한 배경 속에, 아시아의 현대 시인들은 갈수록 복잡해지고 있는 과학 기술 문명이 야기한, 일시적인 유행의 시대적 조류와 맞닥뜨려야 한다. 만약 시인이 현실에 안주하거나 고립되지 않으려 한다면, 새로운 조류에 순응하거나 시대의 흐름을 좇을 수밖에 없다. 그렇지 않으면 시대의 거대한 물줄기에 수몰될 수밖에 없을 것이다. 김광림은 다음과 같이 말했다.

> 오늘날 우리가 다른 사람의 것을 받아들일 때, 고집을 부려서는 안 된다. 또한 우리의 것을 보일 때 인색해서는 안 된다. 요컨대, 『아시아현대시집』의 계획과 목적이 바로 여기에 있다고 할 수 있

---

6) 『亞洲現代詩集·第三集』, 211-212쪽.

다.[7]

비록 동아시아 시인들의 언어가 다르지만, 평화를 사랑하는 시심은 국적과 이데올로기, 인종을 초월한다. 오늘날 산업화시대의 시는 문화적 역할을 맡고 있다. 그러므로 인류와 사회에 공헌할 수 있는 방법을 연구해야 한다. 이는 갈수록 복잡해지는 국제사회에서 오늘날의 시인들이 나아가야 할 방향이다. 1995년 대만의 일월담에서 개최된 아시아시인회의의 일정표에는 다음과 같은 표어가 있었다.

> 보라! 아시아의 새로운 풍격·눈을 트이게 하는 언어의 무리, 사랑과 평화로 신세계의 시의 새로운 사명을 향해 나아가자!

뿐만 아니라, 세계문화권 내에서의 아시아 현대시가 갖고 있는 특징의 발견과 고찰을 통해 그 좌표를 확인하고 아시아 시의 발전을 연구해야 한다. 21세기는 지식과 자문을 통한 국제적 교류가 점점 더 빈번해지는 시대이다. 그러므로 시인들이 서로 친교를 나누고 협조하면서 시의 가치를 발전시켜 나가는 일이 불가능한 일은 아니다. 동아시아 시인의 일원이라면 자연히 세계 시인의 일원이 되는 것이다. 21세기의 세계에서 시인은 많은 문제의식을 가져야 하며, 단결을 이끌어 낼 수 있어야 한다. 시인들 역시 지역, 풍토, 언어를 중시하여 각자의 민족에 뿌리를 내려 각국의 시인의 개성을 보호함과 동시에 공통적 특성 혹은 더 많은 인성과 관련된 과제를 포용함으로써 생존해 나가야 한다.

---

7) 「發刊周邊」, 『亞洲現代詩集·第三集』, 205쪽.

4. 각 국가별 주제와 시의 추구 방향

문학 발전의 유구한 변천 과정에서 아시아 각 민족은 점차 우수한 작품들이 축적된 문학 전통을 형성하였다. 중국시의 전통을 회고해 보면, 시와 시대가 상호 작용하는 관계가 중요함을 알 수 있다.[8] 시는 시대의 반영과 산물일 뿐 아니라 동시에 시대에 영향을 끼치고 시대를 변화시키기도 한다. 아시아는 내부적으로 공동체 의식을 지니고 있기 때문에 대내적으로는 신화의 원형과 같은 동일한 구조적 특성을 갖고 있지만 대외적으로는 이질적인 특성을 나타낸다. 지역 체계가 다시 분화될 때 한국, 일본, 대만, 동남아시아의 각국에는 지역성이 생겨날 수 있다. 이러한 각자의 체계 안에, 같은 내재적 구조와 이질적인 요소가 있다. 일본 시인 다카하시 기쿠하루는 다음과 같이 말했다.

> 시인으로서 나는 시 생성의 원동력인 민족의식 발양의 방법에서 많은 것을 배웠다. …… 아시아 각국의 시 역시 이러한 문제의식을 안고 있을 것이다.[9]

문학 속에서 성장한 동아시아 시인들은 종종 너무 이른 시기에 당

---

8) 중국 문학의 주류, 즉 시경(詩經)에서부터 초사(楚辭), 악부(樂府), 당시(唐詩), 송사(宋詞), 원곡(元曲), 명청산문(明淸散文)과 소설 및 21세기의 백화문학에 이르는 발전 규율은 '궁하면 변하고, 변하면 통한다(窮則變, 變則通)'를 벗어나지 않는다. 이 규칙이 바로 중국문학의 발전사라고 말할 수 있다. 시대와 시의 변증법적 관계에 대해 청대의 비평가 엽섭(葉燮, 1627-1703)은 다음과 같이 말했다. "시대가 변하면 시도 따라 변하며, 시가 점차 변하면 시대도 따라간다.(時有變而詩因之, 詩遞變而時隨之)". 시대란 시인이 처한 시대적, 외적 환경을 가리키며, 시는 작품이 내포하고 있는 정신적, 내적 요소를 말한다.

9) 高橋喜久晴,「詩語言的調和性與生命力——過去是新鮮的一種逆說」,『'95亞洲詩人會議論文集』, 亞洲詩人會議籌備委員會編印, 1995.08, 39쪽.

시 지배국의 강력한 문화 혹은 오늘날의 구미 패권문화로부터 깊은 영향을 받았다. 때문에 어느 틈엔가 자국문화가 내포하고 있는 자신감을 상실한다. 동아시아 각국은 서로 다른 환경에 처해 있으며, 그 차이 역시 크다. 하지만 각국의 시인들은 이미 유사한 감정과 정신상의 고민, 좌절, 그리고 희망을 경험한 바 있다. 이들이 공통적으로 갖고 있는 요인인 순수함과 예민함은 인류 미래를 밝히는 등과 같다.

한국에서 1910년부터 1920년대 초까지 유행한 신체시(新體詩)는 시의 격률과 형식을 부정하고 산문시 형식으로 근대 개화사상을 낳았다. 1920년대는 한국 현대시의 출발기라고 볼 수 있다. 1940년대는 역사의 전환기로, 제국주의의 언어정책 말살로, 시인들은 한국어로 쓴 시를 보호하기 위해 힘을 다해 노력하였다. 1950년대는 한국 시인들이 모더니즘 및 애국주의 작품들을 썼으며, 그 의의는 한국전쟁의 폐해로부터 벗어나려고 하는데 있었다. 1960년대에는 4·19와 5·16 등 민족의 운명을 바꾸는 역사적 사건들을 겪으면서 시인들은 생명력과 전통 서정주의의 문예부흥을 받아드렸고, 이는 한국현대시사의 전환점이 되었다. 1970년대 한국 시인들은 그들의 독창적인 구상과 형식으로 인해 냉혹한 단절과 불공평한 대우와 직면했다. 1980년대는 한국에서 '시단의 폭풍'이라고 불린 시기이다. 이 시기는 두 단계로 나눌 수 있다. 첫 번째 단계는 80년대의 정치문학잡지가 범람하던 시기이다. 후기는 자유주의가 성행하였고, 정치적 환경이라고 여겼던 많은 것들이 개선되었다. 1940년대에서 1980년대까지, 한국 현대시사에서는 두 가지의 기념비적 사건을 꼽을 수 있다. 하나는 현실에 저항하는 정치적 입장이며, 다른 하나는 자아에 대해 무지한 채 맹목적으로 심미(審美)를 좇아 저항하는 것이다. 1990년대의 시는 앞서 언급한 시단의 두 가지 대립적이고 논쟁적인 입장에서 벗어나 기이한 화합과 통일을 추구하였다.

대만에서는 1920년대 문화개혁으로 혼란하던 대만의 신문학운동의 선봉이 바로 신시(新詩)였다. 1970년대의 향토문학논쟁부터 사회와 정치개혁운동의 최초의 도화선까지 모두 신시논쟁으로부터 비롯된 것이었다. 이렇듯 대만의 신시는 항상 대만의 숙명적 역사와 사회의 상처를 아로새기고 있다. 대만이 처한 객관적 정세를 반영하고 있다고도 말할 수 있을 것이다.

일본은 메이지(明治)시대의 신성(新聲)을 노래하는 것으로부터 비롯된 '신체시'운동으로 탄생한 성향(聲響)은 사람들의 속마음과 사회의 구석까지 생생한 기억으로 퍼졌다. 신시운동이 메이지, 다이쇼(大正), 쇼와(昭和)시대를 거쳐 백 십몇 년 동안 지속되며 지금까지 각 시대의 풍모를 반영했음은 두말할 나위가 없다. 하지만 일본에서는 하이쿠(俳句)와 단카(短歌)가 대중화, 오락화 되면서 대중의 수준에 부합하게 되고, 모두의 사랑을 받았다. 반면 현대시는 일반인의 관심 밖에 놓이며 협소한 울타리에 갇혀 있었다. 사람들에게 남겨진 이러한 인상은 쉽게 변하지 않았다. 고카이 에이지는 오늘날 일본 시단의 양대 주류를 다음과 같이 밝혔다.

> 첫 번째는 서구 모더니즘의 영향을 받아 비교적 모던하고 지적이며, 시의 언어표현을 중시한다. 두 번째는 동방식의 표현수법으로, 일상생활과 인류의 감정을 중시하며, 현실성 있는 묘사를 중요하게 여긴다.[10)]

---

10) 「現代詩在亞洲」참조.

언어세계에 대한 탐구는 난해하고 애매한 개인주의적 시를 낳는다. 그리고 생활이나 체험에 대한 중시는 타자와의 대화에서 명료하게 이해되는 시를 추구한다. 당대 시인의 시는 문학사조와 현대시의 표현기교에 대한 인식과 훈련의 성과를 응시해야 한다. 따라서 한국, 대만, 일본의 현대시는 고전시의 전형인 영탄(詠歎)의 서정성을 넘어서 서구의 상징주의, 초현실주의, 이미지즘, 즉물주의의 표현기법을 채용하기까지 이르렀다. 뿐만 아니라 시인 개인의 지혜, 사상, 현실에 대한 비판을 자유롭게 표현한다. 또한 꿈과 현실을 빚어내고 객관을 표현하는 방법은 종종 잠재의식과 심리분석기교에 대한 시인의 흥취와 지식의 영향을 받는다.

사회 현실에 대한 처리방식에 대한 차이를 살펴보면, 한국, 대만, 일본시의 제재는 다음과 같은 특징을 갖고 있다. 한국의 시는 비교적 직접적인 방법을 사용한다. 중국어 시는 일반적으로 간접적이고 우회적인 방식으로 처리하며, 일본어 시는 일반적으로 회피하거나 회상에 근거하여 처리한다. 이러한 방식은 부분적으로 각국의 사회정세와 관련이 있다. 또한 문학, 특히 시에 대한 각국의 전통적 관점이 달라 빚어진 결과라고 볼 수도 있다. 중국어 시는 전통적으로 '시언지(詩言志)'를 견지한다. 때문에 단지 감정만 표현하거나 '언지(言志)' 혹은 도덕적 목적이 결여된 시는 높은 평가를 받지 못한다. 반면 일본어 시는 예민한 감정 표현이 '언지'의 진술보다 더 중시된다. 한국어 시는 서정과 '언지'가 미묘하면서도 흐릿하게 혼재되어 있는 것을 중시하는데, 이는 중국과 일본의 중간 정도라고 볼 수 있다.

비록 각 동아시아 국가의 역사와 사회의 상황이 다르지만 한국과 대만, 일본의 시인들은 동일한 희로애락을 공유한다. 뿐만 아니라 비록 서로 다른 형식을 취하지만 동일한 정신을 추구한다. 그리고 이러한 정신을 성숙함과 지혜로 계속해서 활성화한다면 우리는 시인에게 광명한 앞길이 있으리라 예상할 수 있다.

5. 주요 시인의 작품 분석: 천첸우, 다카하시 기쿠하루, 김광림의 시를 중심으로

1) 천첸우의 생애 소개

천첸우, 필명은 환푸(桓夫)이며 본명은 천우슝(陳武雄)이다. 1922년 대만 난터우(南投)현 밍젠(名間)향에서 태어나, 명문고등학교인 타이중의 제1중학교를 졸업하였다. 1942년 4월에 대만 특별 지원병으로 징집되어 훈련을 받은 후, 1943년 12월에 남태평양 전쟁에 참전하였다. 1946년 7월에 2년 8개월간의 태평양전쟁 경험을 마치고 1946년 7월에 대만으로 돌아왔다. 남태평양에서 대만으로 돌아온 지 얼마 되지 않은 1946년 12월 24일에 국민당 정부는 대만의 일본어의 사용을 강제로 금지시켰다. 이 사건으로 중국어에 익숙하지 않고 또 배울 시간이 없는 대다수의 대만 민중은 소통의 수단을 잃어버렸다. 위와 같은 언어적 전환은 천첸우에게도 큰 충격이었다. 그는 괴테의 『젊은 베르테르의 슬픔』의 중역본을 각고의 노력으로 필사하며 중국어를 배우기 시작하였다. 이후 그는 20년 동안 열심히 독학으로 중국어를 배운 후, 대만의 신문이나 시 간행물, 잡지에 중국어로 쓴 시를 발표하기 시작하였다. 이 때 그의 나이 이미 37세였다. 그는 펑위안(豊原) 따자(大甲) 숲 구역의 관리소에서 재직하다가, 후에 타이중 시정부로 옮긴다. 재직기간에 대만의 첫 번째 시립문화센터를 기획,

설립하고 초대 주임을 맡았으며, 이후 퇴임할 때까지 시립문화센터의 문영관(文英館) 관장을 역임하였다. 아시아시인공로상, 대만중흥문예특별공로상, 일본지구시상, 중화민국국가문예상 등을 수상하였다. 시집으로는 본인이 소장하고 있는 일본어 시집 『방황하는 풀잎』, 『꽃의 시집』이 있으며, 라이랑친(賴讓欽)과 공동으로 출간한 『벚나무와 같은(若櫻)』이 있다. 첫 번째 중문시집으로는 『밀림시초(密林詩抄)』가 있고, 그 외에도 『불면의 눈(不眠的眼)』, 『야생사슴(野鹿)』, 『부이시고(剖伊詩稿)』, 『마조신의 전족(媽祖的纏足)』, 『안전도(安全島)』, 『사랑의 책갈피(愛的書簽)』, 『시는 써서 뭐할까(寫詩有什麽用)』 등이 있다. 그는 또한 '대만 특별 지원병의 회고'에 관한 일련의 소설을 썼다. 그 중 『엽녀범(獵女犯)』은 우줘류(吳濁流)문학상을 수상하였다. 그 외에도 시론집, 평론집, 번역시집, 번역서 등이 있다.

2) 역사와 현실에 대한 그림자

시는 현실과 단절하지 않았다. 어떤 상황에도 현실을 반영한다. 예술은 본래 사회적 행위이며, 따라서 전달의 역할을 하기 때문이다. 시인은 시를 통해 시대정신을 실천하며, 가치를 창출해낸다. '전쟁'은 어쩌면 현실에 진 그림자의 표면일지도 모른다. 천첸우는 그의 시 「손톱」에서 전쟁에 나가기 전날 밤의 심정을 묘사하고 있다.

> 손톱이 자랐다
> 요즘은 손톱이 유별나게 빨리 자란다
> 잠깐 손톱을 본다
> 나의 손톱은 나를 대신해서 몇 번이나 죽었었다

언제나 손톱을 깎을 때마다
나는 죽음을 생각한다……

……깎은 손톱을 봉투에 넣어
인사계 준위에게 넘긴다
전쟁터에서는 뼈가 가루가 되어
주검을 수용할 수가 없어서
단지 유골 대신으로 한다 그때
나는 일본군 병장이었다
(중략)
매번 깎은 손톱은
어느 것이나 살아있지만
마침내 천천히
나를 대신하여 죽어간다

위의 시에서 시인은 자신이 처한 상황을 당연하게 받아들이고 있다. 마치 꽃이 피었다 지는 것과 같이 어쩌면 '전쟁터에서 뼈가 가루가 되어/주검을 수용할 수가 없어서/단지 유골을 대신'할 수도, 일본군의 신분으로 죽을 수도 있는 운명으로 생사가 교차하는 비극의 전장으로 보내진 것이다. 사실 손톱을 자르는 행위는 지극히 일상적인 행위이다. 하지만 시인은 매번 이러한 일상적인 행위를 할 때, 그를 위해 여러 번 죽는 손톱이 갖는 의미를 강렬하게 느꼈다. 그는 문학평론집 『시의 계시(詩的啓示)』에서 다음과 같이 말했다.

1943년 9월 마지막 날, 나는 대만특별지원병의 일본병으로,

……내일 아침이면 대만을 떠나……전장으로 보내진다. 명령에 따라 반드시 손톱과 발톱을 깎아 전부 반장이 나눠준 편지봉투에 넣고 군번과 계급, 성명을 적어 '인사관 준위에게 제출'해야 한다. 왜냐하면 만약 외지에서 전사할 경우, '전쟁터에서 뼈가 가루가 되어/주검을 수용할 수가 없어서/단지 유골을 대신' 하기 때문이다.[11]

종전 후 56년이 지난 오늘, 시인은 시공간의 격차를 느낀다. 지금은 손톱을 깎아 '인사관 준위에게 제출'할 필요는 없지만, 그를 대신하여 죽어간 소멸의 고통과 전쟁의 상흔은 누가 치유해 줄 수 있을까? 천쳰우는 「우중행(雨中行)」이라는 시에서 전쟁의 상처를 치유하려는 강한 의지를 드러낸다.

땅에 떨어진 무수의 거미들
모두 버둥거리며 몸을 뒤집어 반항의 자세를 보인다.
비애의 무늬가 나의 옷과 얼굴에 새겨진다.
나는 이미 고통의 흔적으로 온 몸이 물들었다
어머니여, 나는 애타게 집을 그립니다.
당신의 부드러운 손을 사모하여, 나를 휘감은
번뇌의 빗줄기를 닦아냅니다.

천쳰우는 「우중행」의 창작동기를 회상하며 다음과 같이 말했다. "이 시는 분명히 내가 전쟁 중 경험했던 '빗발치는 총탄'의 환각을 담

11) 陳千武, 『詩的啓示——文學評論集』, 臺灣南投縣立文化中心, 1997.05, 157-158쪽.

고 있으며, 그 환각은 시의 이미지 속에 중첩된다."[12] 위의 시는 시인의 정신적인 번뇌를 담고 있다. 그는 생명의 어두움과 비참한 절망 가운데 순진하게 꿈을 꾸고 어머니를 동경한다. "어머니에 대한 비유는 고향 혹은 국가를 표상한다."[13]

어머니 당신의 부드러운 손으로 전쟁의 상처를 닦아주길 기대하는 것이다. 위의 시에서 어머니는 황폐한 현실의 오아시스이며, 환상의 의지로 잔혹한 현실을 극복해야 하는 현실을 나타낸다. 뿐만 아니라 시인은 극도로 함축적인 이미지 속에서 민족의 비극의 본질을 묘사하고 있다. 전쟁의 상처에 관한 천쳰우의 시들은 절제의 정신으로 인해 과거의 정경과 체험이 스며있는 묘사와 풍부한 구체성과 서사성을 갖게 되었다. '상처 입은 정서의 현대화'라고 할 수 있는 그러한 특징은 대만 모더니즘시의 새로운 경지를 개척했다.

모든 훌륭한 시인의 작품에는 고유한 특징이 있다. 천쳰우에게는 다음 세 가지 중요한 특징이 있는 듯하다. 우선 고려할 것은, 그의 풍부한 체험과 견식이 넓은 시야는 다양한 면모를 지닌다는 것이다. 그는 지성이 감성을 능가한 시인이다.

둘째, 그의 시는 시종 향수 의식을 담고 있다. 즉 그의 시는 식민과 참전 경험에 근거하고 있다. 예를 들어 상술한 것처럼 초기에는 두드러진 저항물로써 표현하였고, 후기에는 비교적 애매한 현실과 꿈의 동경으로 표현하였다. 이는 그의 저항이 내면적 비판으로 전환되었음을 의미한다.

셋째, 천쳰우 시의 핵심을 형성하는 것은 역사의식이라고 볼 수 있다. 다카하시 기쿠하루는 다음과 같이 말했다.

---

12) 위의 책, 148쪽.

13) 위의 책, 149쪽.

천췐우 선생의 시는 민족역사의 유구하며 유동하는 의식과 시시각각의 변화와 상황, 현상에 매몰되지 않는다. 그의 시는 민족 정기를 끝까지 신뢰했음을 나타낸다.[14)]

초기에는 비교적 직선적인 접근에서, 후기에는 전통에 대한 비판 혹은 「마조신의 전족」의 여인 형상을 통하여 상징적인 내면의 감정을 나타냈다. 또한 종교를 제재로 한 시나 서정적인 시를 막론하고 모두 역사의식이 형성한 시의 가치가 의미를 부여한다고 해도 과언이 아니다. 이러한 특징은 다음에 인용한 시 「씹는다(咀嚼)」의 묘사를 통해 알 수 있다.

아래턱과 윗턱을 붙였다가 뗀다 유연히
이런 동작을 쉼 없이 반복한다 반복한다
이빨과 이빨 사이에 찌꺼기가 낀다(이것을 씹는다고 한다)
--그다 아주 능숙하게 씹는 그 씹는 것만이 아니라 미각 신경도
참으로 예민 그 자체인 그

태어난 지 얼마 안 되는 아직 구린내도 나지 않는 생쥐
혹은 튀긴 지렁이
혹은 일부러 구더기를 썩은 돼지고기에 길러서
돼지고기의 자양분을 흡수한 그 구더기를 기름에 튀겨……

혹은 도끼로 원숭이 머리통을 빠개어
아직 꿈틀대고 있는 뇌수를……

---

14) 『'95亞洲詩人會議論文集』, 40쪽.

--그런 유별난 것을 먹기 좋아하는 그

아래턱을 윗턱에 붙였다가 뗀다--이런
우아한 동작을 쉼 없이 반복하는 그
즐겨 구린내 나는 두부를 먹고 주어진 예민한 미각과 쾌적하게
씹는 동작을 자랑삼는 그
앉은 채로 5천년의 역사와 유산의 알짜를 먹어치우고
앉은 채로 온 세계 동물을 먹어치우고도 더욱 탐욕스런 그
근대 사상에서
마침내 스스로의 게으름을 먹기 시작했다

이 시는 현실감각 이외에도 시인 본인이 가지고 있는 현실에 대한 적극적인 견해, 즉 현실관의 이해를 필요로 한다. 이 시는 앉은 채로 모든 것을 먹어 치우는 탐욕스러운 행태를 비유하며 단순히 '씹는' 이미지를 통해 오천년 역사와 유산의 정수까지 먹어 치우는 큰 범위의 의미까지 확장시킨다. 왕조, 독재자 혹은 권력자의 탐욕스러운 식성에 대해 '마침내 스스로의 게으름을 먹기 시작했다'고 표현한 것과 같은 자아모순적 풍자는 높은 격조의 비판정신으로 승화된 것으로 독자들에게 감동을 준다. 뿐만 아니라 천첸우는 진흙에서 꽃을 피우는 '연꽃'을 민족 숙명의 상징으로 삼는다. 이러한 특징은 영탄의 양상처럼 보이지만, 고발의 칼날을 통해 예리함을 나타낸다. 자연의 형태로 현상을 주목하는 것은 대만시인에게는 하나의 제재에 불과하기 때문이다.

결론적으로 말하면, 천첸우는 현실에 천착하여 어둡고 더러운 현실세계를 성토하였으며, 희미한 가운데 더 빛나고 정결한 이상세계

를 동경하였다. 그 외에, 줄곧 존재성과 현실의식을 향해 나아가 마침내 모더니즘으로부터 벗어나는 출구와 언어에 스며들어 성공적 예술표현이 되는 시를 찾았다. 이 든든한 뒷심 역시 역사현실에 대한 강렬한 비판정신을 나타낸다.

3) 다카하시 기쿠하루의 생애 소개

다카하시 기쿠하루는 1926년 일본 시즈오카현 이와타(盤田)시에서 태어나 센슈(專修) 대학을 졸업했다. 단기대학강사, 현립(縣立) 학교 교장, 시즈오카현 교육위원회 사무국, 시즈오카현시인회 회장, 일본 현대시인회 회원, H씨상 (H氏賞)등 심사위원회 주임위원을 역임했다. 현(縣)예술제 문학부분예술제상과 시 부문예술제상, 현문화 장려상, 중부일본 시인상을 수상하였다. 시집으로는 『낯선 물고기(陌生的魚)』, 『일상(日常)』, 『어찌 외롭지 않은가(怎不寂寞)』, 『여정에서(旅途上)』, 『은밀한 전쟁(悄悄的狼煙)』, 『부드러운 충고(溫柔的忠告)』 등이 있다. 그 외에 평론집과 시극집(詩劇集) 등 다수가 있다.

4) 일상 중심의 의식

다카하시 기쿠하루의 시가 내포하고 있는 중요한 주제 중 하나는 인간의 유약하고 무기력한 마음의 반응과 일상의 습성에 주목하고, 그것을 분석하는 것이다. 이러한 분석은 마치 시집의 제목인 『일상』과 같이 일상으로부터 출발한다. 일상은 우리의 관심 밖에 있는 것으로 쉽게 소홀히 하는 개념이다. 일상을 소홀히 하는 까닭은, 우리가 비일상적인 사건에 천착하기 때문이다. 일상은 비일상을 포함한다. 하지만 비일상은 일상성을 깨뜨리는 것으로부터 시작한다. 바꿔 말하면, 현실 혹은 생활을 벗어나 환상의 장소에 도달해야 한다. 그는 「일상」에 다음과 같이 묘사한다.

습관처럼 오르던 계단을 헛디뎠다
왜?
어째서?
이렇게 묻는 순간
이미 일상의 계단을 잘못 밟았다

우리는 마침내 다시는
일상을 잘못 밟을 일이 없다
계단을 오르며 담소를 나누던 중
느낀다
우리의 계단은
이미 썩어 냄새가 난다는 것을
이 아침도
이미 일상에 속하였다

가끔 '습관처럼 오르던 계단을 헛디뎠'을 때, 좌절하고 상심한다. 여기서 일상은 비일상에 의해 배반당한 것으로, 사건의 시작부터 깊은 상처의 책임을 지고 있음을 깨닫게 한다. 그의 시를 지탱하고 있는 것은 일상의 불안과 위기, 즉 공포와 맞닥뜨렸을 때 느끼는 진실한 감정이다. 그는 모종의 관념이나 정서, 그리고 표현하고 싶은 수사와 기교도 모두 철저하게 살아 숨 쉬는 사람으로 표현한다.

다카하시 기쿠하루의 시는 대부분 정제된 언어와 가장 절제되고 간결한 문장으로 사건을 서술하고 표현한다. 겉으로 보기엔 그 묘사가 단순하고 실재적이지만, 언어의 배경이 드러내고 있는 단순함 가운데 복잡함을 함축하고 암시한다. 평범함 가운데 비범함이 있으며, 일상 중에 비일상성의 이념이 존재하는 것이다.

그의 시가 내포하고 있는 중요한 주제 중 두 번째는 개인의 생명과 생과 사, 그리고 그것의 귀중한 가치를 밝힌다는 것이다. 그는 「새(鳥)」라는 시에서 새가 죽었지만 죽은 존재가 아니라, 단지 생의 방향을 직각으로 전환했다고 묘사하고 있다.

> 새가
> 공격을 받아
> 치명상을 입어도
> 온 힘을 다해 날 수 있다
> 그러나 다시 비상하던 중
> 죽는다
> 죽었다
> 땅으로 떨어졌다
> (하략)

그는 죽음에 대한 그의 시각을 매우 분명하게 나타내며, 이를 통해 독특한 종교적 이념을 밝힌다. 공격을 받아 치명상을 입은 새가 도망치기 위해 온 힘을 다해 날아간다. 시인은 생명, 생과 사, 그리고 그것들의 귀중한 가치를 인권주의자들이 요구하는 현실의 인권보다 더 신중하고 주도면밀하게 밝힌다. 이러한 사고는 죽음의 일면에서 생을 파악하려는 시도이다. 죽음은 생의 지속이라는 인식이 '생'을 '직각'의 이미지로 바꾼 것이다.

그의 시가 담고 있는 세 번째 중요한 주제는 사람과 사람 사이의 미묘한 관계와 그 주변의 변화에 주목한다는 것이다.

쇠사슬은
연결이 있어야 쇠사슬이 된다
하지만 쇠고리는
본래 맞닿을 수가 없는 관계
강제로 그를 연결시켜야
비로소 쇠사슬의 용모가 드러난다
(하략)

이 시는 사람과 사람 사이의 관계를 탐색하면서 깊은 진리를 드러낸다. 시인은 "연결이 있어야 쇠사슬이 된다"고 여기며, 연결의 중요성을 강조한다. 또한 "본래 맞닿을 수가 없는 관계/강제로 그를 연결시켜야/비로소 쇠사슬의 용모가 드러난다"고 말하며, 현실의 인간관계, 즉 서로 연결되어 있는 형태가 '연결의 본질'인 자원으로부터 비롯된다고 밝힌다. 그렇지 않으면 '강제로 그를 연결시켜야'하는 부득이한 상황이 겨우 사람과 사람을 서로 얽매여 같이 흔들리게 한다.

다카하시 기쿠하루의 시는 내면을 파고드는 반성과 각성을 기초로 하여 인간 존재의 가치와 생명의 소중함, 그리고 생명과 생존의 공간과의 필연적인 갈등관계, 오묘한 심령변화를 깨닫게 하며, 삶과 죽음에 대한 초연적인 이념을 정교한 기교로 엮어냈다.

5) 김광림의 생애 소개

김광림은 본명이 김충남이며 1929년 한국의 함경남도 원산에서 태어났다. 고려대학교 국어국문학과를 졸업했다. 1948년 홀로 남한으로 온 그는 같은 해 『연합신문』에 「문풍지」, 「석등」, 「내력」등을 발표했다. 한국 전쟁이 일어난 후, 1952년 그는 육군 보병 학교를 졸업하고, 사상자가 많았던 백마고지저격능선 전투에 소위의 신분으로 참가하였다. 1955년 『전시한국문학선(戰時韓國文學選)』에 「장미」> 를 발표하였고, 1957년에는 김종삼과 전봉건과 함께 3인시집 『전쟁, 음악, 그리고 희망』을 출판하면서 정식으로 창작활동을 시작하였다. 1966년 『현대시학』 의 최초 발행 발기인을 지냈으며, 중앙 대학교와 한양 대학교에서 국어국문학과 강사로 활동하였고, 장안 전문대학에서는 일어일문학과 교수를 지냈다. 일본문교(日本文敎)대학의 방문 교수였으며, 한국시인협회 회장을 역임하였다. 한국시인 협회상, 대한민국문학상, 일본지구시상(日本地球詩獎), 대만중흥문예 특별공헌상, 대한민국 보관문화훈장을 수상하였다. 시집으로는 『상심하는 접목』, 『심상의 밝은 그림자』, 『오전의 투망』, 『학의 추락』, 『갈등』, 『한겨울 산책』, 『언어로 만든 새』, 『천상의 꽃』, 『멍청한 사내』, 『말의 사막에서』, 『소용돌이』, 『대낮의 등불』, 『앓는 사내』, 『놓친 굴렁쇠』 등이 있다. 이 밖에 시론(詩論)집, 평론집, 번역시집, 번역서 등의 다양한 저서가 있다.

6) 역설과 풍자의 언어예술

김광림의 시는 이미지 세계를 탐구하는 것에 집중하면서 변화해

왔다. 그가 탐구하는 이미지 세계란 언어적 의미를 배제하고 존재성을 탐구하는 것이다. 그 중 어떤 시에는 약소민족의 비애가 드러나 있는데 그의 시 <풍경 A>에 다음과 같은 묘사가 있다.

기중기는
망가진 캐시어스 클레이의 철권 수만 개를
들어올린다
흔들린다
헛기침도 않고
건달 같은 자세로
시장한 벽에 부딪힌다
<중략>
기중기를 벗어난 철추는
현실 밖으로 뛰쳐나간다
한 마리의 새가
포물로 날아간다

시의 내용은 문명 비판이지만 결코 한국의 역사를 직접적으로 묘사하고 있지 않다. 그러나 사실상 오늘날 역사적 현실과 그 상황은 '기중기와 같은 강대국이 전 세계를 주도하고 있다. 강대국은 '건달 같은 자세'로 약소하고 운이 없는 지역에 '시장한 벽에 부딪치듯' 힘을 가한다. 그리고는 아무일 없었다는 듯이 '기중기를 벗어난 철추는 현실 밖으로 뛰쳐나간다'. 이러한 상황 아래, 약소 민족의 비극은 아마 계속해서 되풀이 될 것이다. 그의 시 「말뚝」은 한국이 강대국으로 인해 현실의 절반을 상실했음을 규탄한다.

말뚝이 잘 뽑히지 않았다
끊긴 가시줄에 엉기어 있었다
반쯤 부러진 채
출품되지 않은 조각처럼
(생략)

이것은 한국 민족의 비애이다. 강대국의 지도자는 인류의 역사를 자신의 권력 위에 걸어 놓는다. 이미 비극을 경험한 시인은 이것을 받아들일 수 없다. 한국이 '반쯤 부러진' 이후 지금 남북한으로 나뉘어져 있는데 이는 '출품되지 않은 조각처럼' 불완전한 반도이다. 김광림 시에서 가장 두드러지게 능숙한 경향은 이미지의 자각을 통해 새로운 언어의 존재를 인정하는 것이다. 이는 사물에 대한 새로운 체험이 개척해 낸 시야이고, 언어의 명징함과 시적 표현을 통해 창조해낸 조형미이다. 이 밖에도, 그는 비유를 사용하여 비참한 현실을 그려냄으로써 순간적으로 독자를 자극한다.

칭얼대는 손자를 아랑곳없이
조간 사회면에 눈길이 쏠렸다가
돌연 반도에 통증이 일었다
이중섭의 게발이 찝은 듯

일찍이 어머니의 젖꼭지를 깨물던
조상대대의 관습 그대로
돋아나는 이빨이 근지러워
손자는 나의 철(凸)부를 문 것이다

순간 나는
자지러질 수도
뉘에게 호소할 수도
더더욱 며느리 앞에선
아프다 할 수 없는 아픔을
잔뜩 움켜잡아야만 했다

새삼 어린 것을 두고
'강아지 같은 것'이라 한
어느 시인의 말이 생각났다.
(귀여움에 겨우면 물릴 수도 있다는)

어수룩 멍청하다간
떼일 수도 있다는
이 어처구니없는 수난을
지금 반도가 치뤄야 하다니

남모르게
나는 목메일 수밖에

시 속의 「반도」는 확실히 남자의 생식기를 지칭한다. 하지만 이 시를 다 읽고 나면 반도가 지칭하는 것이 또한 한반도라는 것을 알 수 있다. 중요한 부위를 물리고 점차 체내로 번지는 고통은 양단으로 나뉘어진 한반도의 고통을 상기시킨다. '손자는 나의 철(凸)부를 문 것이다'에서, 시인을 문 대상이 손자이기 때문에 매를 들 수도 없으며 마찬가지로 상대가 동포이기 때문에 때릴 수 없다. 시인은 곧 묻는다. '이 어처구니 없는 수난을 / 지금 반도가 치뤄야 하다니', 그렇지만 그는 '남모르게 / 나는 목메일 수밖에' 없다. 시 속에 예리한 풍자와 유머가 담겨 있음을 쉽게 볼 수 있다. 문학 평론가 윤석산은 「김광림의 시 세계」라는 글에서 다음과 같이 말한다.

> 김광림 시인은 이와 같이 아이러니와 풍자, 해학 등의 차원 높은 현대 시적인 기법을 시작품에 동원하여, 보다 진솔한 삶의 진지한 부분에 이르고 있으며, 이러함을 독자들에게 넓은 공감의 폭으로 다가오게 하는 시인이라고 말할 수 있다.[15)]

김광림은 무서운 전쟁과 역사의 소용돌이를 겪은 후, 인간 존재를 근본적으로 회의하고 그 본질을 비판하는 자세를 보였다. 시인 성찬경은 「반어의 순도와 심도」라는 글에서 다음과 같이 말한다.

> 김광림은 지금까지 시를 역설과 아이러니의 언어의 예술로, 그러한 언어의 결정으로서의 '심상'으로 만드는 데 있어서 독특한 영역을 개척해 왔다. …… 지적인 요소와 구성으로써 우리의 현대시의 수준을 높여 온 그의 시의 발자취는 우리 시에 두고두고 큰 영향력과 중요한 의미를 갖는다고 할 것이다.[16)]

그는 줄곧 주지(主知)적 서정시를 열망했다. 그가 주장하는 주지적 서정시는 내용의 서정 혹은 감성에 있는데 이는 공교롭게도 형식상

---

15) 尹石山, 『韓國代表詩人選50』, 首爾, 中央日報社, 1995.12, 413쪽.
16) 成贊慶, 「反語的純度和深度」, 『白晝的燈火』, 首爾, 高麗苑, 1996.06, 230쪽.

의 이성과 불일치한다. 그래서 그는 이러한 불일치에 대해 시 안에서 어떤 하나의 유추의 경지로 다다르고 싶었다. 그는 18세에 고향 북한 원산에서 혈혈단신 남한으로 도망쳐 가족과 헤어진 젊은이였다. 시인은 몸소 경험한 전쟁을 통해 남게 된 흔적을 「완충지대」라는 시 속에 상징적 언어로 묘사한다.

온통 숨을 죽이고
눈만 부릅뜨고 있구나

초목들은 아랑곳없이
쑥쑥 자라기만 하는데

남북을 멋대로 오가는
철새 떼만 한가롭구나

조국도 이국도 아닌 채
기약 없이 내갈겨 둔 황야로다

이 지금 나타날 법도 한
잔뜩 수염을 기른 모세여

굽은 지팡이마저
그만 부러져 버렸는가

1953년 한국 전쟁의 휴전 이후 지금까지 남북한의 분계선을 3·8도

휴전선이라고 부른다. 이 공동경비지역은 50년 동안 아무도 살지 않아서 '남북을 멋대로 오가는 철새 떼만 한가로울 뿐'이다. 시인은 '조국도 이국도 아닌'이라고 풍자하지만 '기약 없이 내갈겨 둘 수 없는 황야'이다. 지금은 모세의 출현을 열망할 수 밖에 없지만 '굽은 지팡이마저 그만 부러져 버렸는가'라며 시인은 반문한다. 김광림의 주지적 태도는 그가 시인이 된 시기부터 시작되어 그의 작품을 지탱하는 원동력이 되었다. 또한 이후 새로운 시세계를 전개하는 데 있어서 한 단서가 되었음은 물론이며 해방 이후 한국의 시의 방향의 결정에도 일익을 담당하였음은 더 많은 설명을 필요로 하지 않는다.[17)]

김광림의 시는 슬픔, 향수, 정서, 감정 등을 배제하면서도 순수한 이미지를 표현한다. 하지만 그의 작품은 본원적으로 낭만주의에 속한다. 현대주의의 영향을 받아 언어의 조탁과 이미지의 형상화를 견지하는 것을 시작으로, 존재의 발전을 추구하고 저항성과 사회성이라는 강한 아이러니와 조롱을 통해 허무의 일면을 표현했다. 시를 쓰는 과정에서 한국과 근대성의 전통에 저항하면서 주지서정시를 지향하였다. 그의 최근 작품의 대부분은 생활을 기본적인 주제로 표현한다.

동아시아 시문학 교류에서 중요한 역할을 담당하고 가장 영향력 있는 세 명의 시인은 김광림, 천첸우, 다카하시 기쿠하루이다. 그들은 상이한 역사 근거지와 공간, 환경에서 생활하며 모두 50여년 동안 시 창작을 하고 있다. 그들은 오랫동안 끊임없이 시의 방법론과 현실관의 정화를 추구하여 왔기 때문에 각자 시에서 보여주는 특수성을 어렵지 않게 볼 수 있다. 예를 들어, 천첸우는 역사 의식을 중요

---

17) 朴相泉, 「在初期詩中之知的態度」, 『沙漠的慶典·華甲紀年文集』, 首爾, 文學Academic, 1989.11, 187쪽.

시하며 정치 현실에 날카롭고 솔직한 비판을 드러낸다. 다카하시 기쿠하루는 일상성을 중심사상으로 삼고 내면적 자의식 세계의 존재 및 자각을 표현한다. 김광림은 이미지 언어 미학을 중심축으로 삼아, 현실과 생활의 모습을 제시하며 세밀한 관찰을 보여준다.

6. 동아시아 시단에 끼친 영향: 회고와 전망

여러 차례 시인 회의를 통해 그리고 시집 출판 과정에서 드러난 과제는 젊은 번역 인재를 꾸준히 길러내야 한다는 것이다. 이렇게 해야만, 완성도 있는 번역시의 출판이 가능하다. 최근 동아시아 시인 활동에 참여한 번역가들은 대다수가 고령의 시인들이다. 일제 시기 일본 교육을 받았을 뿐만 아니라 이미 수십 년간 문학 창작과 번역 작업을 이어 왔다. 그래서 그들이 번역한 작품들은 모두 수준 높은 작품이라 할 수 있다. 이 밖에, 대만 시인 천밍타이(陳明台) 교수와 한국 시인 권택명 등은 모두 50세 이상으로 2세대 번역 전문가라 할 수 있는데, 이들은 일찍이 일본에서 오랜 시간 유학을 하거나 일을 한 경험이 있고 번역 경험 또한 풍부하다. 현재 일본에는 한국어를 듣고 말하고 한글을 잘 이해하는 일본 시인이 아직 없다. 그렇다면 국제화 사회 속에서 동아시아 시인은 시를 창작할 때 마음가짐을 어떻게 해야 하는가? 미국 캘리포니아 주립대학의 두궈칭(杜國淸) 교수는 「번역시 소감」에 다음과 같이 말한다.

> 시가 이미 점점 민족성으로부터 국제성으로 바뀌고 있는 오늘날, 시인은 번역이 가능한 시를 써야만 세계적 시인이 될 수 있

> 다. 그러나 만약 번역이 불가능해서 번역이 안 되는 작품을 쓰는 민족시인만이, 그가 열심히 자국어를 사용하여 자국의 아름다운 시 전통을 표현할 때, 번역자로 하여금 반역자가 되게 할 수 있다.[18]

시 번역은 언어의 전달을 초월하여 시의 재창조이다. 원작과 비교하였을 때 번역본의 좋고 나쁨은 전적으로 독자의 판단에 맡길 수 밖에 없지만, 현대 시의 영역을 확대하고 세계 시단에 진입하기 위해서는 원작의 작가는 번역이 가능한 시를 써야 하며, 가장 바람직한 것은 번역자로 하여금 반역자가 되지 않게 하는 것이다. 일본의 시인 고카이 에이지는 「21세기를 향한 도전: 현대 시의 영역으로부터」에서 다음과 같이 말한다.

> 시인의 문제의식은 창작 의욕을 자극할 수 있다. 표현 방법에 대한 반성을 일으킬 뿐만 아니라 그들의 진지한 탐구를 향해 자연스럽게 박차를 가한다.[19]

과거 어느 출판사에 따르면, 만일 세계시인 총서를 출판 계획한다고 할 때 거론될 20명의 시인이 있다면, 그 중 18명이 서양 시인이며 단지 2명만이 동양 시인이라고 한다. 사실상, 동양 문학은 서구 문학의 영향에서 아직 탈피하지 못하였으며, 또한 아직 세계 문학 수준에 도달하지도 못했다. 문학 그 자체가 가지는 각 민족의 역사에 숙성된 개성이 있기 때문에 동서양 문학의 단순한 비교는 문제가 있

18) 『亞洲現代詩集·第二集』, 219쪽.

19) 小海永二, 『自由副刊』, 1995.08.27 참조.

다. 하지만 문학 수준을 고양하기 위해 동아시아 문인은 반드시 주도적 역할을 할 의무가 있다.

국제적인 시인 회의를 개최하기 위해서는 단순히 민간 문학 조직의 힘에만 기대서는 안되며, 지속적인 아시아 시인 회의를 열기 위해 반드시 더 많은 외부의 힘이 더해져야 비로소 성공할 수 있다. 아시아 시인 활동은 문화 교류의 목적을 달성할 수 있기 때문에 이와 관련한 정부의 문화부처 혹은 기업 부서는 가장 많은 지원과 찬조를 제공해야 한다.

21세기의 동아시아 시문학 발전은 이미 밀접하게교류하고 있는 한국·대만·일본만의 일이 아니며, 중국 대륙과 북한 모두 중요한 역할에 동참해야 할 것이다.

7. 맺음말

시인의 민감한 촉각은 시대 환경 속의 가장 청아한 아름다움을 탐색하거나 아니면 심하게 부패한 면을 지적해내어 민중의 만족되지 않은 욕구를 대신하거나 희망을 열망하는 마음을 드러낸다. 시인의 비판과 슬픈 감정을 통해 사람들의 공감을 얻는다. 시는 인류의 의지인 '영생'의 의무가 있다. '1995년 아시아 시인 회의' 회장 천쳰우의 말은 맞다. "번역을 기다릴 필요가 없다. 시는 공통의 언어이기 때문이다". 비록 국적은 서로 달라도 시인의 천진함, 면민함, 그리고 섬세함은 유사하다. 이는 국가와 언어를 뛰어 넘어 아시아 현대시의 국가를 창조한다. 아시아 현대 시인들은 교류를 통해 서로를 이해하고 배려할 수 있다. 이러한 현대시의 국가는 광대하며 이러한 이해는 신선하고 본질적인 깊이를 갖는다.

급속히 변화하는 과학 기술의 발명은 인류 역사상 유례가 없는 물질 환경을 만들었으며, 아시아 지역 경제의 발전을 가져와 국제 사회가 아시아에 주목하게 하였다. 하지만, 어떻게 인류의 정신을 풍요롭게 하고 조화로운 사회를 만들어 갈 것인가, 특히 아시아의 풍부한 문화자산에 대해 어떻게 참신한 시대정신을 부여할 것인가에 대한 숙제가 남아 있는데, 이미 지식인들 사이에서 공통된 문제의식으로 대두되고 있다. 시는 문학의 정수이다. 인륜을 정화하고 정서를 함양하며 생활환경을 아름답게 하기 족하다. 그러므로 아시아의 시인은 시에 대한 열정과 집착으로 꾸준히 시를 가르치고, 아름다움 작품도 만들며, 아시아 시민들의 생활의 질을 고취시켜 세계평화에 힘써야 한다.

8. 부록

※ 참고표1(아시아 시인회의 및 관련 시인 교류 역년(歷年))

년월	회의명칭	주요참여지역	주최지역
1980년11월	동경국제시인회의	일본, 대만, 한국	일본 도쿄
1982년 1월	중일한 시인회의	대만, 일본, 한국	대만 타이베이
1984년11월	'84아시아 시인회의	일본, 대만, 한국	일본 도쿄
1986년 9월	'86 아시아 시인회의	한국, 일본, 대만	한국 서울
1988년 1월	'88 아시아 시인회의	대만, 한국, 일본	대만 타이중
1993년 8월	'93 아시아 시인회의	한국, 일본, 중국, 대만	한국 서울
1995년 8월	'95 아시아 시인회의	대만, 한국, 일본	대만 르웨탄
1996년 8월	'96 아시아 시인회의	일본, 한국, 중국, 대만	일본 마에바시시
1999년 8월	'99 아시아 시인회의	몽고, 한국, 일본, 중국	몽고 울란바토르
2001년 8월	'01아시아 시인회의	중국, 일본, 한국	중국 시안

※ 참고표2(아시아 현대시집 출판 현황)

년월	시집명칭	주요참여지역 및 편집의원	작품참여인원수	출판지역 및 번역인
1981년 12월	아시아현대시집 제1집	일본, 한국, 대만 秋谷豊, 高橋喜久晴, 金光林, 具常, 陳千武, 白萩	일본 58인 대만 24인 한국 20인	일본 현대시공방 陳千武, 金光林, 許世旭, 蔡瑛純 등
1982년 11월	아시아현대시집 제2집	대만, 일본, 한국 秋谷豊, 具常, 白萩, 金光林, 高橋喜久晴, 陳千武	대만 50인 한국 22인 일본 20인 홍콩 2인 인도 2인 인도네시아 2인 필리핀 1인 방글라데시 1인 파키스탄 1인	대만 입시간사 石原武, 川口敏男, 竹久昌夫, 印堂哲郎, 非馬, 杜國清, 許達然, 李魁賢, 陳明台, 陳千武, 金光林, 許世旭 등
1984년 5월	아시아현대시집 제3집	한국, 대만, 일본 具常, 金光林, 秋谷豊, 白萩, 高橋喜久晴, 陳千武	한국 48인 일본 23인 대만 22인 태국 1인 인도 1인 필리핀 1인	한국 동화출판사 陳千武, 金光林, 竹久昌夫 등
1988년 1월	아시아현대시집 제4집	일본, 한국, 대만 秋谷豊, 伊藤桂一, 石原武, 小海永二, 新川和江, 長谷川 龍生, 吉原幸子, 高 橋喜久晴 ; 陳千武, 白萩, 非馬、杜國清, 李魁賢, 鄭炯明, 李 敏勇, 陳明台 ; 具常, 鄭漢模, 樸泰鎭, 金 光林, 成贊慶, 鄭鎭 圭, 樸健漢, 權宅明	일본 76인 한국 25인 대만 21인 중국 3인 홍콩 2인	日本 花神社

년월	시집명칭	주요참여지역 및 편집의원	작품참여인원수	출판지역 및 번역인
1990년 2월	아시아현대시집 제5집	대만, 일본, 한국 陳千武, 白萩, 高橋喜久晴, 秋谷豐, 具常, 金光林	대만 48인 일본 27인 한국 22인 인도 6인 필리핀 5인 중국 4인 인도네시아 3인 홍콩 1인 방글라데시 1인 네팔 1인 네덜란드 1인 뉴질란드 1인	대만 아시아시인집 陳千武, 張彥勳, 李魁賢, 李篤恭 등
1993년 6월	아시아현대시집 제6집	한국, 대만, 일본 具常, 金光林, 高橋喜久晴, 秋谷豐, 陳千武, 白萩	한국 41인 대만 22인 일본 18인 중국 7인 네팔 2인 홍콩 1인 인도 1인 방글라데시 1인 필리핀 1인 말레이시아 1인	한국 동화출판사 金光林, 陳千武, 今迂和典, 石原武 등

※ 참고표3(동아시서전(東亞詩書展))

년대	회의명칭	참여지구	작품참여인수	작품번역인
1997년 3월	제1회동아시아시화전	한국, 대만, 일본	한국 5, 일본 6, 대만 6	金光林, 陳千武
1998년	제2회동아시아시화전	일본, 한국, 대만	자료 미상	자료 미상
2000년 1월	제3회동아시아시화전	대만, 일본, 한국	대만32, 한국14, 일본10	陳千武, 金尚浩
2001년 5월	제4회동아시아시화전	한국, 대만, 일본	한국17, 대만12, 일본12	金光林, 權宅明, 金藝玲, 金尚浩
2002년 6월	제5회동아시아시화전	일본, 한국, 대만	일본24, 대만13, 한국11	陳千武, 李承淳, 金尚浩
2003년 7월	제6회동아시아시화전	대만, 한국, 일본	대만36, 한국11, 일본16	陳千武, 金尚浩
2004년 5월	제7회동아시아시화전	한국, 대만, 일본	한국17, 대만12, 일본12	金光林, 權宅明, 金藝玲, 金尚浩
2005년 4월	제8회동아시아시화전	일본, 한국, 대만	일본24, 대만13, 한국11	陳千武, 李承淳
2006년 5월	제9회동아시아시화전	대만, 한국, 일본	대만36, 한국11, 일본16	陳千武, 金尚浩

(정윤경 옮김)

지평의 확장: 대만 연극과 뮤지컬의 전통과 현대

제9장 왕쥔옌 汪俊彥_번역되어진 '중국': 라이성촨(賴聲川)의 상성극

제10장 우페이루 吳佩如_대만 뮤지컬에 나타나는 세계성: 역사적 사건을 중심으로

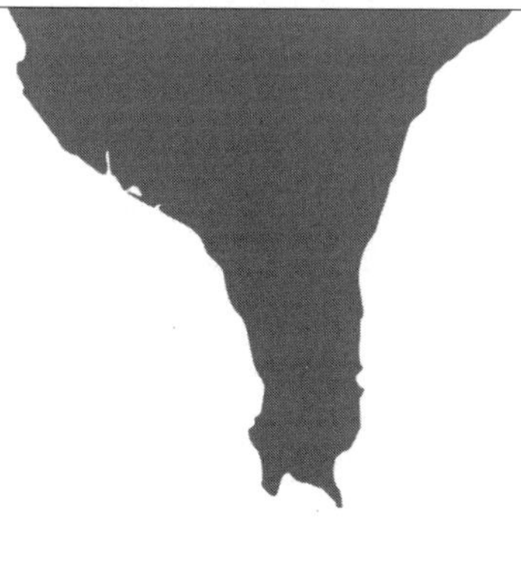

제9장

번역되어진 '중국'
: 라이성촨(賴聲川)의 상성극

왕쥔옌(汪俊彦) 대만사범대학 교수

1. 머리말

민족국가 형태로 출현한 '중국'과 '대만'의 정치주권 정체성과 문화 상상은 20세기 대만 역사에서의 많은 권력, 의식 조작, 경쟁 구도에서도 끊임없이 발전해왔다. 1911년에 중국이 주권을 가진 국가의 형태로 출현할 당시, 대만은 일본의 식민통치하에 있었다. 1945년에 중화민국은 일제통치하에서 해방된 대만을 바로 중국민족국가로 '중화민국'의 한 행정구역으로 규정지었다. 1949년 이후에도 대만은 대만(臺), 펑후(澎), 진먼(金), 마쭈(馬), 기타 섬과 마찬가지로 중화민국의 주권 내에 머물렀고 이러한 대만 정치의 형태에는 큰 변화가 없었다. 냉전 중에서도 '두 개의 중국'은 40여 년간 지속되었던 분열을 계속해서 이어갔다. 계엄해제 후, 대만은 독립된 주권의 모습으로 하나의 민족 국가가 되었다. 1980년대 이후, 대만 내의 각종 정치, 사회,

문화 활동에 대한 시민사회의 참여는 대만이 주권국가라는 사실을 모두가 인식할 수 있도록 하였다. 오늘날에 이르러서도 대만에서의 중국 상상은 여전히 '잔존'되어있는 중국 혹은 중화인민공화국의 모습으로 나타나고 있다. 국가의 영토와 주권 면에서는 전쟁 후의 대만은 사실상 합법적으로 이미 '중국'에서 독립된 존재였다.

하지만 중국에 대한 굳건한 믿음 때문에 전쟁 후에도 한참동안 중국이 대만 정치와 문화 인식을 형성해나갔다. 하지만 다른 한편에서는 민족국가와 영토 그리고 역사가 어떻게 밀접한 관계를 가지고 있는지에 대한 의구심을 가지고 있었다. 다시 말해 대만이 가진 다른 역사에 대한 물음과 영토 상상에 대해 새롭게 정의한 것이다. 다른 역사에 대한 물음과 영토 상상은 미학에서 말하는 상징적 '전통'과 '향토'의 실체라고 볼 수 있다. 민족국가의 탄생은 기록되어진 역사와 불가분 관계이므로 민족국가는 나의 영토, 나의 국민 그리고 동일하게 기록된 역사를 강조하고 있다. 이에 '전통'이 가지고 있는 역사와 '향토'가 가진 영토는 민족주의가 내포되어 있는 중요한 키워드이다.

1980년대부터 라이성촨(賴聲川)의 극작은 여러 차례 대만의 극장에서 화제가 되곤 했다. 특히 '집단 즉흥 창작' 형식과 작풍은 당대 대만과 현대 중국의 평론가들에게 결코 간과될 수 없는 작품이었다. 그중에서도 몇몇 작품은 대만과 중국 그리고 중화 등의 정치와 문화 상상을 표현하며 사회와 역사 문화를 관찰하고 반성했다. 또한 라이성촨은 계엄령 해제 전후의 대만 정치의 주체성이 형성되는 과정에 대해 끊임없이 논의하기도 했다.[1)]

---

1) 柯慶明, 「傳統､現代與本土: 論當代劇作的文化認同」, 臺北:麥田, 沈曉茵, 「從寫實到魔幻: 賴聲川的身份演繹」, 『他者之域: 文化身份與再現策略』, 劉紀蕙編, 台北: 麥田, 2001, 245-258

이 글은 라이성촨 상성극의 작풍과 형식을 통해 그가 생각하는 '중국'에 대한 민족국가적 인식을 알아보고자 한다. 라이성촨의 상성극은 단순한 상성극이라 볼 수 없다. 그가 연출한 상성극은 상성극의 연출 방법으로 구성되어있지 않다. 이에 본 글은 '상성극은 상성인가?'라는 질문을 바탕으로 라이성촨 작품을 통해 그가 정의하고 있는 작품의 문제 그리고 이와 밀접한 관계를 가진 '전통'에 대해 우리가 어떻게 이해해야하는지를 알아보고자 한다. 즉, 상성과 상성극의 관계를 통해서 '전통'이 만들어 지는 과정에서 나타나는 동질성과 연속성의 중요성을 생각하고자 한다. 이러한 동질성과 연속성은 라이성촨의 사고를 넘어 생각해야 한다. 이에 먼저 라이성촨 작품을 전쟁 후의 모든 대만문학 그리고 문화생산의 맥락에서 특히, 추구이펀(邱貴芬)이 말하는 번역 구동력이 전쟁 후 대만문학에서 만들어진 '전통'과 '향토'의 구성 관점에서 설명하고 있는 민족국가적 인식 및 상상에 대해 논의할 것이다. 나아가 중국과 대만 민족국가가 지탱하고 있는 문화 상상에 대해서도 분석하고, 번역이론을 바탕으로 라이성촨의 '상성극'이 가진 미학형식에 대해 다시금 이해하여, 미학형식과 전쟁 후 번역 추진력에 대한 대만문학계에서의 '전통'과 '향토'의 관계에 대해 이야기하고자 한다. 이와 같은 향토문학에 대한 논쟁을 거친 후, 라이성촨은 어떻게 불연속적인 전통과 역사에서 민족국가의 주체적 상상에 대해 도전을 했는지? 그리고 대만의 역사 속에서 '중국'은 어떤 답을 내어주고 있는가?에 대해 알아보고자 한다.

쪽. 劉紀蕙, 「斷裂與延續: 台灣舞台上的文化記憶」, 『認同、差異、主體性: 從女性主義到後殖民文化想像』, 台北: 立緒, 1997, 269-308쪽. 游勝冠·蔡佳陵, 「從集體即興創作看賴聲川的認同書寫」, 『弘光人文社會學報』14期, 2011/05, 87-111쪽. 蔡佳陵, 「兩種不同的凝視—李國修與賴聲川的認同書寫」, 『樹德科技大學學報』14卷1期, 2012/01, 299-318쪽.

2. 번역 구동력에서의 대만문학생산[2)]

1960년대 말부터 1970년대까지 대만문학, 문화계는 계속해서 전통과 향토라는 주제를 가지고 '뿌리로 돌아가기(回歸自身)'활동을 시작했다. 1967년 스웨이량(史惟亮)의 민요수집과 잡지『한성(漢聲)』의 시작으로 민간에서는 역사와 문화 환경에 대한 현장 인터뷰, 민속 토론, 의식이 진행되었다.『사자 미술(雄獅美術)』,『하조(夏潮)』 또한 본토문화에 대한 소개와 평론을 출시했다.(林懷民 63) 1973년에는 '중국인 작곡, 중국인 안무, 중국인이 중국인에게 보여주다'라는 표기로 운문 무용단이 창립되었다. 뿐만 아니라 1975년 양셴(楊弦)이 중산당(中山堂)에서 '중국 현대민가'와 '캠퍼스 가요' 등을 불러 음악분야까지 섭렵하기 시작했다. 문학계에서도 마찬가지다. "현대문학"부터 "문학 계간"까지 '우리는 "향토문학"의 근원'을 보기 시작했다고 선전하였다.(呂正惠 46) 1980년대 초기에 이르러 '아음소집(雅音小集)'이 성립되면서 실험극이 등장했다. 이러한 문화적 사건이 발생되어지는 원인과 배경을 분석한 글들은 많이 나와 있었지만 당시 대만은 냉혹한 외교국세에 직면해있었기에 이러한 글에 대한 반응은 내부에서 맴돌기만 했다.(南方朔 117-126, 林正杰 85-91) 사회문화 현상으로부터 관찰되는 전통과 향토 분야가 아닌 국가 정치 분야에서 전통 부흥이 필요했던 이유는 대만 정부 당국이 또 다른 측면에서 문화대혁명과의 차별을 두기 위해서였다. 먼저 '중화문화 부흥운동 추진 위원회'를 구성하여 '반(反)대만 구도를 정리하였고, 새로운 의미에서 "중국"과 "중국인"을 만들어 "잠시만"이라도 대만사회를 직시하려했다. 그

---

2) 본 논문은 천졘중(陳建忠) 등이 편집한『臺灣小說史論』에서 추구이펀(邱貴芬)이 작성한 제 3장「翻譯驅動力下的臺灣文學生產」을 참고하였음.

리고는 권력집단인 반공세력, 중국정통 세력, 중국 고유의 우위 세력의 의식형태를 전승한 주도세력을 형성하였다.'(張釗維 38-39)

이러한 연구는 문화 유물론적(cultural materialist) 관점에서 향토문학을 맥락화했다. 추구이편은 보다 세심한 분석으로 논술 구동력을 탐색하여 향토문학과 전쟁 후 대만문학과 문화발전 과정에서 현대주의를 탐색했다. 추구이편의 탐색에서 '대만현대파 소설의 구동력과 전쟁 후 대만이 수용한 "서구화"는 밀접한 관계는 있지만 현대파 소설은 "향토"적 글쓰기와 함께하고 있다고 했다. 이처럼 향토적 글쓰기는 1960년대 후기에 점차적으로 나타나 "서구화"를 대신하였고, 1970년대에 이르러서는 대만 문화 흐름의 중심이 되었다.'(208) 현대와 서구를 연결했던 서구화와 향토 간의 대립을 현대적 시점으로 본다면 '서구화된 대만문학은 두 가지의 모순적인 감정'을 드러내고 있음을 알 수 있다. 바로 현대파의 낙후된 감정과 향토파가 가진 '서구' 우월문화에 대한 반감과 배척이다.(208) '1970년대에 이르러 현대파 풍조에서 자리매김하지 못했던 '향토'와 대만현대성의 관계는 향토문학이 발전하면서 뚜렷하게 나타나기 시작했다. 이(異) 문화 번역의 구동력은 전쟁 후 장기간 억압되어있던 '향토'를 변증하여 대체시키기 시작했다.(239) 요약하자면 번역된 서구와 현대에 대한 감정이 우리로 하여금 번역 구동력을 이해하게 하여 전쟁 후 대만문학과 문화논술이 형성되어진 이해관계를 제공하였다. 1960년대부터는 대만 현대파 작가의 '서구화 학습'부터 1970년대 후 향토문학의 '억압의 복귀'(237)를 번역구동력으로 이해한다면 문학과 문화는 번역으로부터 만들어진 것이라 할 수 있다.

전쟁 후 대만문학에서 생성된 관점을 문화번역의 시각으로 관찰하는 것에서 추구이편은 한발 더 나아가 '향토'개념을 분석하였는데, 현대파에서 향토문학에 이르기까지 '향토'개념이 변화 왔음을 주장했다. 그녀는 현대파 작가가 가진 '향토'에 대한 태도에 대해서 "살고자 하는 의지가 없다. 작품에는 현대생활에서 사라진 무언가가 표현하고 있지만, 향토와 전통이 가진 복잡한 정서를 잃었다."(235)고 말하며 향토문학의 '향토'의 전 후기 변화에 대해서 그녀는 정확하게 말하고 있다. '향토문학시기의 향토에 대한 개념 정의는 고정적이지 않다. 초기 향토문학은 중국 객지 방언인 복로어(福佬語)와 혼합되어 사용되었고 시골사람들이 주연으로 연출된 작품에는 옛것을 그리워하며 사회정치를 비판하는 내용'(245)을 담고 있다. '즉 "향토"문학과 "서구화" 그리고 "반 매판 경제(反買辦經濟)"에 대한 글을 종합해보면 향토문학이 짙은 중국민족 주의를 나타나고 있음'을 알 수 있다. 결국 '향토'와 '현실사회'의 결합은 대만이 의식발전을 할 수 있는 계기를 마련했다. 이로써 초기에 고정적이지 않았던 향토개념이 설명되었고, 후기에 이르러서는 대만의식이 결합되어 나타났다. 예스타오(葉石濤)와 왕퉈(王拓)는 강렬하고도 명확하게 지역개념인 '지방의식'(sense of place)을 표현했다. 우리는 추구이편을 통해 '향토'의 개념 변화와 여러 지역의 방언을 혼합해서 사용하는 인물이 쓰는 '풍격' 혹은 예스러움을 회상하는 '전통'이 지역 의미의 '공간'으로 전향하고 있음을 알 수 있다.

실제로 향토문학의 작품과 관련된 문장에서 우리는 어쩌면 향토라는 것을 농공병(農工兵)을 소재로 한 현실주의의 미학적 형식 혹은 대만과 동일한 지역 의식을 지니고 표현되어 중국 민족문화와 같은 것으로 여겨질 수도 있다. 마치 냉전 자본에서의 민족주의 태도(반서구화, 반매판(反買辦))를 보인 천잉전(陳映眞)과 같다. 아무리 향토를 대상으로 했다 하지만 모든 것이 스스로를 재현한 이야기였다. 만약 우리가 '향토'와 후기, 지역의식을 지닌 '향토'에 대해 숨김없이 이야기 한다면 실제 '향토'가 보여주는 것들도 번역 구동력에서의 '뿌리'으로 돌아가는 것과 동일한 것이라 할 수 있다. 예를 들어 『하조』는 1976년-1979년 국민당 좌파의 역사를 밝혀낸 일 혹은 시인협회 용족(龍族)의 '바로 지금, 이 곳 중국의 작풍은......전통을 수용해야하지만 전통에 구속당해서는 안 된다.'와 같은 주장이 있다.(陳芳明 524-529) 당시 이러한 현상은 예술문학계에서 더 명확하게 관철되었다. 윈먼(雲門) 무용단은 1973년에 창단된 이래, 전통과 고전적인 색채를 지닌 안무로 1974년의 <한식(寒食)>과 1976년의 <백사전(白蛇傳)>, 1979년의 <료첨정(廖添丁)>부터 1983년의 <홍루몽(紅樓夢)> 등의 작품을 공연했다. 장샤오펑(張曉風)은 1972년부터 <무능인(武陵人)>(1972), <자팽(自烹)>(1973), <화씨벽(和氏璧)>(1974), <제삼해(第三害)>(1975), <엄자여처(嚴子與妻)>(1976) 등의 전통 경전을 각색하기도 했다. 이처럼 전통을 소재로 한 후기 향토의 '지역 의식'과 어떠한 관계가 없어 보이는 것도 번역 구동력에서는 '서구화에 대한 반성', '현실로 돌아가자'와 같은 표현이 아니라고 부정할 수 없는 일이다.[3)] 결국 문학사적인 관점에서 본다면 문화번역 구동력이 향토문학 작품을 다시 되돌려놓았다. 문화적 맥락에서 본다면 서양과 현대의 다른 모습을 번역한 것은 '본래의 전통으로 돌아오라'는 것을 나타내야

3) 여기서 사용된 샤오어친(蕭阿勤)의 '뿌리로 돌아가기'를 바탕으로 1970년대 대만의 문화정치 변화의 개념을 사용하여 해설하고 있다. 샤오어친의 말하는 뿌리로 돌아가기는 세대를 실현하는 것으로 '전반적으로 방황하고 있는 젊은 세대가 가진 폐기, 특히 적극적으로 정치체제에 도전하고 문화 활동을 재건하는 이들을 옹호 및 비판하고 있다.'(3). 또한 본문에서 제기하고 있는 것은 전통적 요소를 하나의 창작자로 사용하여 정치적 입장과 정치 개입의 방법과 관계없이 미국중심적인 서구의식으로 전환된 것에 대한 반성으로써 다시 뿌리로 돌아가서 새롭게 시작하고자 하는 것이다. 이러한 태도를 '뿌리로 돌아가기'라 볼 수 있다.

하는 것이지만 어떠한 관점을 가지고 있든 이 모든 것이 1970년대서부터 시작된 '전통'과 '향토'의 문화 활동과 민족국가가 만들어낸 인민과는 밀접한 관계가 있다는 것이다. 추구이펀은 전쟁 후 1960년대와 1980년 사이의 '현대 대 향토'의 문화 번역 고찰에 대하여 '전통'과 '향토'에 대해 생각하였고 우리로 하여금 라이성촨을 번역구동력을 바탕으로 1980년대 이후의 상성극이 가진 전통과 향토 방식으로 해결할 수 있게 하였다.

3. 라이성촨의 「전통」

라이성촨은 1983년 켈리포니아주에 위치한 버클리대학에서 연극학박사학위를 취득하였다. 그리고 당시 국립예술학원(현 국립타이베이예술대학) 연극학과의 초대 주임 겸 학장인 야오이웨이(姚一葦)의 요청으로 대만으로 돌아와 교수직을 맡았다. 1980년대 초, 대만문학계에서 향토문학에 대한 논쟁이 막 끝이 날 무렵, '뿌리로 돌아가기'는 여러 전통, 향토문학, 문화 그리고 예술 공연 분야에서 더욱더 활발하게 발전되었다. 1980년대 대만 공연계에서는 5년 동안 실험극을 진행했다. 대표적인 작품으로는 대만 소극장 운동을 시작했던 <하주신배(荷珠新配)>(1980)로 본래 경극 <하주배>에서 유래된 작품이다. 또한 진스제(金士傑)와 난링(蘭陵) 그리고 우징지(吳靜吉)가 뉴욕의 '라마마(LAMAMA) 실황 극장' 배우들의 신체, 언어 표현 훈련법을 바탕으로 한 극장을 대표할 수 있는 새로운 형태의 극을 만들었다. 극이 유래된 경극의 '뿌리'의식이 있었기에 창작 또한 가능했다. 뿌리문화 의식 찾기는 앞에서 언급된 번역 구동력에서도 명확하게 나타나고 있다. 전통이라 불리는 것들이 존재하지만 우리는 그것들을 전통이라 하지 않고 탐색과정에서 가까스로 만들어진 문화자원이라 한다. 사실 전통과 뿌리는 그리 밀접한 관계를 가지고 있지 않다. 번역 구동력으로 인해 창작자와 관중이 연결되었다고 볼 수 있는데 이는 몇몇 이들이 믿고 있는 뿌리의 요소를 나타내고 있기 때문이다. 그리고 이어지는 발견을 통해 보다 안정적인 '연출'과 '뿌리'의 관계를 만들어내고 이러한 것들이 결과적으로 대중이 인정하는 '전통'이 되는 것이다.[4)]

바쁜 일상에서 향토와 전통을 생각하고자 라이성촨이 '표현 공작소'를 성립한 후에 제일 먼저 공연한 연극 <그날 밤, 우리의 상성(那一夜, 我們說相聲)>(1985년 이후에는 <그날 밤>으로 변경)을 탐색했다. 대만의 발전, 특히 국민정부가 대만으로 이동한 역사에서 상성은 본래 아마추어 공연자와 설창예술계 인사들로 구성되었는지 사회 유흥의 요구에 의해 만들어졌는지 그 시작은 정확하게 알 수 없지만 출발점이 대만임은 확실하다.(樊光耀 1-2) 혹자는 상성 공연의 생명은 기억과 일상을 표현하는 기술이라 한다. 하지만 이것이 민족 전통 예술을 책임질 수는 없다. 현대문명이 침투된 후, 과거 예술을 보존하고자하는 '외침'이 없었다면 아마도 '전통'이 되기도 전에 그 흔적들이 사라졌을 것이다. 그렇기에 잘 알려진 '전통'이 되기 위해서는 호소가 필

4) 경극 <하주배(荷珠配)>를 재편집하여 만든 <하주신배(荷珠新配)>에서는 많은 '자신'이 등장하여 나중에는 문제가 되기도 했다. 중국 국족주의 관점에서 본다면 이 경극이 내포되어 만들어진 새로운 극은 굉장히 '중국'스럽다. 이에 관해 중밍더(鍾明德)는 1980년대 초기 관찰극의 중국 중심으로 새롭게 해설되어졌고, 후기에는 '전위극'이라는 극 형태로 대만이 중심이 되었다.(鍾明德114-116) 이러한 비판은 대만 국족주의적인 관점을 통해 당시의 현상에 대해 새롭게 해설하였다. 1980년대 초기 실험극이 중국 중심이 아니었다 하더라고 경극에 대한 반성과 중국과 절대적으로 관계대한 것이 필요했었다. 이러한 문장이 지금 당장 이 문제를 해결해줄 수는 없을 것이지만 이후에 다른 해결방안으로 이어지길 바란다.

요한 것이다. 만약 '민족문화'를 보존하려하는 '외침'이 적었다면 '옛 것'이 '민족의 전통'이 될 수 없었을 것이다.[5] 샤오아친(蕭阿勤)의 저서 『현실로 돌아가다(回歸現實)』 제 1장에서 말하는 '기억'과 '집단'에 대해 살펴보면 그가 주장하는 집단기억의 개념은 '집단'(집단동의를 염두)과 '기억'('과거'의 인지가 '현재'인에게 미치는 영향)(52)으로 보고 있다. 만약 우리의 '옛 것'을 '과거'로만 간주한다면 '민족전통'의 출현은 집단의 기억 인식으로 만들어진 단순한 인지 발달로 볼 수 있을 것이다. 상성에서의 '전통' 또한 라이성촨이 상성이라는 제하에서 새롭게 만들어낸 상성스럽지 않은 극작과 밀접한 관계가 있을 것이다. 대다수의 극단(예를 들어 상성가옥(相聲瓦舍), 타이베이곡예단(台北曲藝團), 우자오난 상성 극예사(吳兆南相聲劇藝社) 등)이 상성을 수차례 '반복' 공연하면서 상성은 아래와 같이 전통성을 상징하는 자원을 가지게 되었다.

乙 【숙련되게, 마치 소개하는 것처럼】우리가 알고 있는"상성"은 우리 전통 민속 중에서 가장 중요한 공연예술입니다. 하지만 시대가 발전하면서"상성"또한 사라지고 있죠.
甲 누구도 상성에 관한 글을 적지 않지.
乙 그렇지. 누구도 상성에 관한 글을 적지 않아. 【甲에게 달려들며】쓸데없는 소리 마!
甲 이렇게 말 할 수 있지. 누구도 상성에 관한 부고를 적지 않는다고... 【뒷걸음질 친다】

---

5) 이는 에릭 홉스봄(Eric Hobsbawm)의 『전통의 발견(The invention of tradition)』에서 '관습(custom)'과 '전통(tradition)'에 대한 논의를 바탕으로 설명하고 있다. 그는 관습은 고정불변한 것이 아니며, 옛 사회와 동일하게 정체 부동하는 것이 아니다. 전통과 지나간 역사와의 관계는 몇몇 인물들로 인해 인위적으로 만들어진 것으로 이전 것과 관련된 형식으로 나타났다. 즉, 민족전통이라는 것이 꼭 예전부터 보존되어 내려오는 것이 아니어도 된다는 것이다.(1-14)

乙 그러네. 그 누구도 상성에 관한 부고를...... (라이성촨, <그날 밤>297)

<그날 밤> 공연을 본 대만 관중은 마치 그들이 경험한 '상성'과 비슷하다고 말하고 있다. 하지만 라이성촨은 상성은 이미 끝이 났다고 말한다. '사실 대만에서 상성의 끝은 너무나도 갑작스러웠다. 1978년, 내가 해외유학을 하고 있을 당시 상성은 아직 보편화되어 있었다. 1983년, 귀국했을 때는 이미 음반가게 운영자조차 상성이 뭔지 모르더라.'(陶慶梅 41쪽 인용) 그리고 라이성촨은 '상성의 형식면에서 본다면 상성은 이미 종료되었다.'라고 말하고 있다. 평론가 마수리(馬叔禮)는 <그날 밤>이 '상성을 가지고 상성의 제문을 쓴 것'이라 한다.(陶慶梅 45쪽 인용) 예전에 라이성촨의 상성극 작품을 이해하고자 할 때에는 그가 어떠한 방법으로 상성을 부활시켰는지, 전통을 발전시켰는지에 대해서만 생각했다. 하지만 지금은 반복적으로 인식된 역사에서의 상성극과 라이성촨의 관계를 논의하려 한다. 이는 상성극이 상성의 형식으로 표현되고 있지만 그렇다고 해서 상성극이 진짜 상성이라 할 수 없기 때문이다.

1985년 <그날 밤>의 첫 공연이 성황리에 끝난 후부터 라이성촨은 30년이란 창작활동 동안 매 년 상성극을 출품했다. 후속 작품으로는 1989년 <이 밤, 누가 상성을 이야기하나(這一夜, 誰來說相聲)>(이하, <이 밤>), 1997년 <다시 그 밤, 그들이 말하는 상성(又一夜, 他們說相聲)>(<다시 그 밤>), 2000년 <천 년의 밤, 우리가 말하는 상성(千禧夜, 我們說相聲)>(<천 년의 밤>), 2005년 <이 밤, 여성들이 말하는 상성(這一夜, Women說相聲)>(<여성>) 그리고 2011년 <그날 밤, 여행에서 말하는 상성(那一

夜, 在旅途中說相聲)>(<여행>)을 출품했다.[6] 본 글에서는 상성극의 미학적 형식을 바탕으로 <이 밤>, <그날 밤>과 <천 년의 밤>을 통해 라이성촨의 전통과 향토에 대해 변증적으로 논의할 것이다. 번역구동력의 뿌리로 돌아가자는 전통적 풍조에서 본다면 라이성촨이 상성극 소재를 가지고 만든 풍조에는 상당히 일관적임을 확인할 수 있다. 상성극에서 상성의 소재가 재현되는 중국 상상은 전통에 대한 미련이나 혹은 상성극에서 나오는 것들이 중국근대역사, 사상의 역사로 표현[7]되는 것과 상관없이 이는 라이성촨과 중국민족주의의 관계를 굉장히 이해하기 쉽게 만들고 있다. 다만 내가 알고자 하는 것은 전통이란 전통으로 돌아가는 것을 의미하는지, 상성을 선택하는 것이 중국을 포용하는 의미하는 건지, 역사적인 묘사가 계속 이어져야하는지에 관해서는 우리가 전통과 향토를 비슷한 개념을 가지고 더욱더 끈질기게 질문해야 한다. 대만의 향토가 정말 중국의 향토보다 당연시되는지, 만약 '전통'이라는 것이 상성과 동일하다면 늘어나는 일회성 공연(performative)을 통해서 우리는 어떠한 방식으로 '향토'를 새롭게 이해해야 하는 것인가?

이와 같이 1970년대부터 문화예술계에서 시작된 '전통' 혹은 '향토' 소재의 창작물이 등장하는 시기는 대략적으로 제 2차 세계대전

---

6) <여행(旅途)>과 <몽상가(夢想家)>는 2011년에 출품으로 라이성촨이 감독 외, 왕웨이중(王偉忠)가 자문하여 출품된 작품이다. 본 문에서 이 극에 대해 설명하지 않은 이유는 <여행>의 미학형식에서 나타난 것과 라이성촨의 미학에 차이가 있었기 때문이다. 특히 이 작품에서는 인물의 단절과 부재가 동일하게 나타나지 않는다. 이러한 변화는 <여행>에서 또 다른 문제를 던지는 것이라고 생각된다. 이러한 전환에서는 라이성촨이 '중국'의 문제를 나타내지 않고 있으며 민족국가 주체에 대한 다른 사고를 표현하고 있다. 이는 문장의 뒷부분에서 설명하고자 한다.

7) 타이베이에서부터 베이징까지를 배경으로 한 <그날 밤>, 양안의 분리된 정치 문제에 대해 주시하고 있는 <이 밤>, 유가, 도가, 음양가 등 사상적 흐름과 당대사회를 주목하고 있는 <다시 그 밤>, 반복적으로 청 말과 당대를 반복적으로 보여주고 있는 <천년의 밤>.

이 끝난 후 대만이 '자유중국'으로 냉전체계에 들어왔던 시기로 정체성이 굉장히 불안정한 시기이다. 전통에 대한 기호나 향토의 상징 그리고 '중국'이라는 강력한 신분이나 '대만' 인식의 전환과 상관없이 당시에는 모두 자신의 정치적 정체성에 대한 성찰만이 표현되고 있었다. 이러한 역사적에서 '전통'과 '중국'의 상성극 뿐만 아니라 라이성촨의 다른 작품에서도 중국과 대만에 대한 고찰과 반성적인 묘사 방법이 사용되었다. 1986년 표현공작소에서 출품된 두 번째 작품 <복숭아 꽃밭의 사랑(暗戀桃花源)>에서는 남자주인공 장빈류(江濱柳)가 1949년에 대만으로 돌아오기 전 상하이에서 만난 윈즈판(雲之凡)을 계속해서 그리워하는 내용을 담고 있고 있다. 이 외에도 1987년에 국가연극원의 개막작으로 공연된 전통소설『서유기(西遊記)』를 현대식으로 각색한 <서유기>, 1989년에 무협작품의 발전배경을 바탕으로 만들어진 <뒤돌아보면 피안(回頭是彼岸)>, 1994년 점점 사라져가는 대만인을 묘사한 <붉은 하늘(紅色的天空)>, 1998년 두 공간을 모두 충분하게 설명했던 <선생님, 문 좀 열어주세요(先生, 開個門)>과 <나와 나 그리고 그와 그(我和我和他和他)>가 있다. 이는 라이성촨이 '중국'을 당대의 문제로 두고 고찰한 작품이다. 냉전부터 후기 냉전시기까지 분열되어진 두 개의 중국은 냉전에 이르러서야 완화, 해체되었고 이러한 것들이 라이성촨의 작품에서는 '뿌리'가 계속해서 시간과 공간의 불안정함을 가지고 있음을 표현하게 했다.

4. 향토란 무엇인가?

추구이편은 앞 장에서 제시된 바와 같이 향토의 다중성에 대해 자세하게 설명하고 있다. 당시 대만에서는 논쟁을 통해 향토를 맥락화하였고, '민족주의'와 '도대체 무엇이 향토인가?'라는 후기 향토문학 논쟁의 중심을 만들어 민족주의 역사를 분리시켜 독립적인 존재로 만들었다.(239)

추구이편은 한 가지 중요한 문제점에서 두 가지 방향을 제시하였다. 첫째는 민족주의는 향토의 다른 발전가능성을 제한시킨다는 점이다. 이는 정통 중국민족주의의 민족형태를 강조하기 위함이다. 두 번째는 지역의식의 출현이 도대체 어떠한 향토를 말하는지에 대해 끊임없이 질문하여 대만의 독립적인 민족주의를 발전시키려 한 점이다. 향토와 민족주의 사이의 팽팽한 구도를 해결하기 위해 우리는 '도대체 무엇이 향토인가?'라는 질문 외에도 반드시 '향토가 많아야만 향토인가?'라고 물을 수 있다. 심지어 무슨 향? 무슨 토?, '향'이라 하는 것이 현재의 '토'가 될 수 있는지? 아니면 현재의 '토'만이 유일하게 '향'을 실현할 수 있는 것인지? 전쟁 후 대만의 복잡하고 어지러운 형세에서 예전의 향과 오늘이 범접할 수 없는 토는 과연 향토라 될 수 있는지? 향토에 관한 상상은 어떠한 경계선에서 합법성(legitimacy)을 가질 수 있는지? 추구이편이 말한 바와 같이 향토와 전통에 대한 강조가 번역구동력의 결과물이라 본다면 민족주의의 성장 또한 향토의 형성과 발전 때문이라 볼 수 있다. 그렇다면, 라이성촨의 상성극이 어떻게 해서 거대한 번역구동력의 작용과 반작용 속에서 전통에 대해 그리고 향토와 민족국가에 대한 질문을 제기하고 있는가?

<이 밤>의 4막은 '사랑이 가족을 뵈옵다.(四郎探親)'로서 옌구이(嚴歸) 아버지가 고향으로 돌아오는 과정을 서술하고 있다. 이는 라이성촨은 경극 <사랑이 어머니를 뵈옵다(四郎探母)>의 전고(典故)를 패러디(parody) 한 것이다. 옌구이 부모는 이국에서 15년을 거주하게 하였고, 어렵게 집으로 돌아와 노모를 만난 양사랑(楊四郎)으로 하여금 다시 타이베이(臺北)로 떠나가게 했다. 50년 간 '집'에 대한 그리움을 겨우 3일이란 시간만으로 만족하게 만들었다. 옌구이 입장에서 이러한 부모의 모습이 모순적으로 보일 수 있지만 그들에게 '출국과 귀국'은 불가피한 것이다. 이는 현대의 중국과 국가의 강압적인 관계에서 불거지는 인민의 불안정(dislocated)한 거주를 나타내고 있다. 옌구이 부모는 불안정한 고향을 통해 전쟁 후 '향토' 문제를 향토문학론에 제공해주고 있다.

상기된 바와 같이 추구이펀은 향토에 대해 분석 과정에서 '도대체 향토란 무엇인가?'를 제시하며 후기 향토문학 논쟁의 키워드를 제공했다. 옌구이 부모가 말하고 있는 향토는 도대체 무엇인가? 힘들게 돌아가 만난 곳이 '고향(鄕)'인가 아니면 어머니의 무덤을 방문한 후 다시 돌아가야 하는 곳이 '고향(鄕)'인가?

> 옌구이: 다른 사람들이 부모를 만나러가려고 반년이상 계획만 세우고 있더라. 고향으로 돌아가서는 겨우 한 달을 지내고 올 텐데.
>
> 바이탄: 그러게 말이야.
>
> 옌구이: 우리 부모님은 갑작스럽게 가더니 하루 만에 돌아왔어.
>
> 바이탄: 하루? 비행기 표 가져가는 걸 잊어서 다시 돌아오신 게지.
>
> 옌구이: 말도 마! 이렇게 말하면 이해하기 쉬울 텐가.. 자네 <사

랑이 어머니를 뵈옵다>라고 들어는 봤나?

바이탄: <사랑이 어머니를 뵈옵다>? 그거 외국에 있는 양사랑이 15년 간 집에 계신 노모를 못 뵙고 있다가 나중에서야 어렵게 집으로 돌아가 노모 얼굴 한 번 보고 바로 다시 돌아가는 내용이잖아... 진짜 재밌지!

옌구이: <사랑이 어머니를 뵈옵다> 그렇지?

바이탄: 그렇지

옌구이: 우리 아버지가 스스로가 <사랑이 어머니를 뵈옵다>라고 하시지.

바이탄: 아버지가 극을 엄청 좋아하시나봐?

옌구이: 좋아하는 정도가 아니야! 모든 극 중에서 아버지가 가장 좋아하는 극이 바로 <사랑이 어머니를 뵈옵다>네.

바이탄: 그렇지. 감동적이지. 명작이야.

옌구이: 감동은 무슨! 우리 아버지 매일 국가예술센터에 가셔서 <사랑이 어머니를 뵈옵다>를 보시고는 눈물을 줄줄 흘리시지. 심지어 무대에 올라가 꽃까지 건네주고 오신다니까!

바이탄: 아? 그런 취미가 있으시구나?

옌구이: 양사랑이 노모를 만나고 나서 날이 밝을 때 다시 집을 떠날 때 마다 가족들한테 이런 식으로 한다니까?(양사랑처럼 손과 발로 가족들은 잡고 늘어지는 자세) 이때 노래가 나오잖아? (전주가 흘러나오며 '사피만판(西皮慢版)'을 부른다.) '양사랑 마음에 칼로... 도려낸 것 같은.....'(극을 재현하려하는 순간 크게 소리친다.) 아!!

바이탄: (깜짝 놀라며) 왜 그래?

옌구이: 우리아버지 꽃 건네러 무대에 뛰어드셨어. (<이 밤>264-65)

중국과 대만이 단절되어 있던 시절 옌구이 아버지는 고향으로 돌아가길 갈망했으나 그럴 수 없었다. 그런 그에게 <사랑이 어머니를 뵈옵다>의 공연은 그가 유일하게 기댈 수 있었던 안식처였다. 그가 공연의 절정부분에서 연극 공연의 환영을 깨고서는 무대에 올라가 노모 역을 하는 배우에게 꽃을 건네는 것도 '향'이라는 핵심 요소를 증명하는 것이다.

마침 정부가 대륙과의 교류를 개방했다. 사랑과 같이 옌구이 아버지도 어려움을 헤치고 뤄양(洛陽)에 도착했다. 공항에 마중 나온 옌구이의 다섯 번째 삼촌과 옌구이 아버지가 만났을 때, 다섯 번째 삼촌은 이미 어머니가 작고하였음을 알린다. 옌구이 아버지는 '소식을 접한 후, 반나절동안 말이 없으셨고 화장실로 뛰어 들어가서 반 시간동안 계셨다.'(276) 화장실에서 나오신 후 '의지가 없다.'라고 말하며 '돌아가련다.', '대만으로 돌아가련다.'라고 말한다. 노모를 뵈러 간 옌구이 아버지의 말에서 진정한 고향의 의미가 내포되어 있다. 노모가 부재하는 고향은 고향이 아닌 것이다. 다섯 번째 삼촌의 설득에도 불구하고 '우리 아버지는 다섯 번째 삼촌의 손을 잡고서는 강하게 또는 부드럽게 말했다. "나 원래 딱 하루만 있다가 돌아가려고 했어. 이해해줘"'(277-228), 그리고는 '오늘 밤, 우리 가족에게 일어난 일을 다른 사람에게는 마라. 듣기 좋은 일도 아니고, 들어도 이해하지 못해......'라고 당부했다.(278) 노모의 작고 후, 옌구이 아버지에게 '고향'이란 의미 없는 것이며 고향 사람 또한 소식을 주고받을 필요가 없는 그런 낯선 사람이 되어버렸다.

라이성촨은 옌구이 아버지의 형상을 통해서 우리에게 '향'의 근본적인 의미는 '사람'이지 '땅'이 아님을 나타내고 있다. 즉 '향토'에서의 '토' 혹은 '지역'은 '향'에게 절대적인 필요조건 요소가 아닌 것이다. 고향이라는 단어에는 토(지역)는 없다. 개개인이 정한 자신의 고향이 설령 멀고 편협하다 하더라고 고향의 위치를 바꾸거나 없애지는 않는다. 그렇기에 일단 향토와 토향을 '향토'라고 한다면 지역이 없이는 완전한 향토를 형성할 수 없다. 이를 통해 우리는 '향과 토'의 구성이 후기 향토문학시기에 들어온 지역의식으로부터 형성되었고, 지역의 형성과 민족주의가 제한하는 향토의 의미가 밀접한 관계가 있음을 알 수 있다. 우리는 '향토'에서 '향과 토'의 관계가 개인이 인식하고 있는 문제가 아니라 민족주의적 집단 정체성이며, '향토'의 본질이 무엇인지에 대해 생각해본다면 향토가 어떠한 인식론적 인지(an epistemological recognition)인지 설명할 수 있다.

혹은 번역 구동력에서 나타난 '자아'라고도 볼 수 있다. 엄밀하게 말하면, 전기 향토문학 작품의 작풍과 과거 전통 혹은 후기 지역의식이 아닌 향토라 하더라고 이는 동일하게 '뿌리'상상에 대한 결과물인 것이다. 향토문학 후기에 대만 지역의식이 제한된 형식으로 '무엇을 향토라 하는 가'를 지향함과 동시에 중국 시골에서는 추억된 향토에는 지역의식이 없다고 하여 배척되기도 했다.

당시 대만 독자들에게 양쯔강(長江), 황허(黃河)는 갈 수 없는 지역이었다. 좀 더 비판적으로 말하면 동일한 신분으로 대만에 있다하더라도 그들이 말하는 몇몇 지역은 여전히 접촉할 수 없었던 것이다. 이것이 '지역의식' 혹은 '활용의 용이성'인데 이 또한 반드시 어떠한 '수용된 상상'을 통해서만 달성할 수 있다. 예를 들면, 우펑(霧峰)에 사는 사람이 바더우쯔(八斗子)가 지역의식을 가지고 있는 향토임을 알고 있다면 우펑과 바더우쯔는 같은 지역을 선택해야만이 공감대를 형성할 수 있는 것이다. 바로 자기가 속한 지역과 전통을 어떻게 '체험'했는지 나아가 동질성과 차이점을 명확하게 설명하여 '수용된 상상'을 소개한다.

이러한 '수용된 상상'은 베네딕트 앤더슨(Benedict Anderson)의 『상상의 공동체(想像的共同體)』에서 이미 상세하게 기술되어 있다. 그는 민족국가의 출현이 상상 간 동질성의 부주의와 동질성에 대한 인식이라 설명하고 있다. 이는 에릭 홉스봄(Eric Hobsbawm)의 '발견되어버린 전통'에 대한 관찰과 비슷한 견해이다. 그는 '전통'을 자아가 만들어지는 과정이라고 말하고 있다. 모두가 이렇게 이해할 수 있다. '전통'은 '반복된 인식'(identification of repetition)을 통해 형성된 연속성으로 '반복에서의 차이'(difference in repetition)가 사라지면서 '전통'은 하나의 연속된 '감각'으로 만들어지는 것이다. 이처럼 반복된 인식의 메커니즘이 바로 '자아' 정체성이다. 이러한 '자아'가 주로 민족 형상의 정체성을 의미하며, 향토와 전통처럼 '차이를 무시하고 동질을 강조'하는 개념으로 보기도 한다. 이는 연속성의 상상이며 통합에서 나타나는 차이다. 다시 말해 반복된 수용으로 인해 다른 지역에서 일어나는 사건이 자기 생활권에서도 똑같은 영향을 미칠 수 있음을 아는 것이다. 지역 간의 차이를 무시되어야 향토/지역적 감각(sense of place)이 만들어진다.

향토문학에서 향토의 개념은 후기에 이르러서야 더 명확하게 정의된 것은 지역의식으로 향토가 정의되어졌기 때문이다. 향토에 관한 정의의 발전과정에서 한 지역 내에서 발생한 사건을 고정적으로 강조하여 모두가 동일한 느낌을 가지게 만들어 지역 내에서만 경험할 수 있는 차별을 없애 다른 지역과의 다른 점을 느끼지 못하게 되는 것이다. 향토는 이로써 '반복된 연출의 연속적인 감각'으로 설명될 수 있다. 반복된 인식이 바로 차별을 없애는 것이다.

5. 반복되(지 않)는 공연과 끊겨진 역사

우리는 이미 없어져버린 차이를 '반복'해서 언급하고 있다. 점점 더 탄탄해지는 공연으로 인해 전통과 향토가 더욱더 쉽게 이해되어 민족국가로서의 기본 운영체제가 강화되었다. 다시 말해서, 반복된 공연(performative repetition)은 하나의 형식이 인식될 수 있도록 해준다. 상성극과 상성의 관계를 '반복된 공연'에서 고찰해본다면? 상성극은 정말 상성인가, 상성의 반복인가, 연속된 상성인가, 전통으로 인정해야하는 것인가? 아니면 대체(replacement)된 상성인가? 본 글은 이러한 문제가 라이성촨의 (비)반복성에 대해 사고하는 것에 도움이 될 것이라 생각한다. 그의 단절된 '전통이라고 발명'된 것과 불안정한 '향토라고 불리 우는 것'을 이해할 수 있게 해주며, 민족국가의 연속과 절대적으로 인식되는 것 그리고 '중국'적 방법에 대해서도 의문을 제기하게 만든다. 즉, 상성, 경극 등이 중국문화를 대표하는 '전통'이 되기도 하는데 이 또한 반드시 새롭게 인식되어야 하는 점이다. 이는 당대 대만과 '중국'의 정치 실체의 거리에 대해서 말하고 있으며, 동시에 '중국'과 같은 정치, 문화 등의 개념과 개혁에 대한 의미에 대한 이해를 설명하고 있다. 단절된 상상에서는 전통을 이어나갈 수 없고, '전통'을 논의하는 것 또한 근본에 대한 도전이라 할 수 있다. 바로, 본연의 전통은 전통이 아님을, 전통은 이미 단절되었음을 뜻하고 있다. 라이성촨의 '상성극은 상성이 아니라.'라는 말은 다음과 같은 중요한 메시지를 남기고 있다. 설령 우리가 상성극에서의 상성 표현 방식을 신뢰한다 할지라도 상성극은 본래 상성의 모습이 반복되어져 나타나는 것이 아니기에 상성극을 상성의 '차이와 반복'(repetition with differences)이라 할 수 있다. 앞서 말한바와 같이 반복과 생산의 연속성은 집단적인 인식으로 인해 형성된 것이다. 전쟁 후 번역구동력의 논쟁에서 민족, 문화는 전통과 향토의 집단적인 '뿌리(自身)' 인식으로 만들어졌으며, 민족국가 또한 이러한 인식으로 구현된 것이다.(embodiment)

우리는 라이성촨의 다섯 작품에서 극의 구성, 형식면에서 가장 상이한 <천년의 밤>부터 탐색하고자 한다.[8] <천년의 밤>은 라이성촨이 직접적으로 끊어진 역사에 대한 이해를 표현하고 있다. <천년의 밤>에서는 두 가지 결말을 제시하고 있는데, 제 1막과 제 2막은 백 년이라는 시간 격차를 두고는 대칭된 모습을 보여주고 있다. 제 1막은 1900년의 마지막 날, 베이징이 8개국 연합군(八國聯軍)에 의해서 참혹하게 유린당하는 시점에서 두 명의 상성 배우가 마지막 무대를 준비하는 모습을 그리고 있고, 제 2막에서는 2000년의 마지막 날 타이베이에서 한 배우가 허름한 극장에서 무대를 준비하는 모습을 연출하고 있다. 제2막 무대는 백 년 전의 무대를 가지고 온 것으로 모든 역사에는 변화가 없고 오직 시공간의 변화만이 존재하고 있음을 나타낸다. 그렇다면, 제 2막은 제 1막의 반복이라 볼 수 있는가?

짜여진 대본에서는 1900년과 2000년을 표현하고 있다. 제1막은 1900년의 베이징을, 제2막에서는 2000년의 타이베이를 표현하고 있으며 두 막 사이에는 백 년이라는 공백 기간이 존재하고 있다. 홍홍은 또 다른 '백 년이 없다'라고 말하며,[9] 비어진 백 년은 라이성촨이 중화민국의 수도가 대만의 정체성으로 이동했음을 뜻하고 있다고

8) <천년의 밤> 또한 다섯 작품에서 나타났던 인물의 부재가 보이지 않는 상성극이다. 인물의 부재에 대한 중요성에 대해서는 문장 뒤에서 다시 설명하고자 한다.

9) 극 평론가 홍홍(鴻鴻)은 라이성촨이 2011년 중화민국 100주년을 기념하여 만든 <몽상가>를 비판할 때, '중간의 백년도 없고, 대만도 없다'라고 말했다. 이는 이 논문의 뒷부분에서 다시 상세하게 분석하고자 한다.

한다. 역사적으로는 당연히 연결되어야하는 백년이지만 나는 이를 다르게 해석하려고 한다. 두 가지의 막을 통해 역사의 길고 긴 연속성이 단순히 두 가지 시간의 단면으로 나타나는 것이 가능한 일인지, 두 막 가운데 끊겨진 것은 역사가 가진 연속적인 형식에 도전하고 있음을 나타내고자 하는 것이 아닐까. 즉, 끊어진 두 개의 막에서 보여주는 역사적 사건은 역사는 연속적이지 않고 조각이 모여서 구성된 것인 것임을 나타나고 있는 것이다. 그렇다면 역사에서 비어진 부분은 어떻게 채워야 하나, 이 부분이 바로 역사에 대한 독자의 인식에서 만들어지는 것이다. 이로써 우리는 <천년의 밤>의 단절되고 (비)반복적인 두 막을 통해서 역사에 대한 라이성촨의 이해를 알 수 있었고 각각의 연출(사건) 조합을 볼 수 있었다.

<그날 밤>에서는 또 다르게 역사를 표현하고 있다. 작품은 중화민국역사에 대한 연출처럼 보여 지고 있다. 이는 대본이 다음과 같이 구성되어 있기 때문이다.

1 막: <타이페이 사랑(台北之戀)>, 타이페이 1985
2 막: <TV와 나(電視與我)>, 타이베이 1962
3 막: <방공기(防空記)> , 충칭(重慶) 1943
4 막: <기억과 건망증(記性與忘性)>, 베이징, 1925
5 막: <종착역(終點站)>, 베이징 1900 (<그날 밤>291)

<그날 밤>은 1985년 계엄령이 해제 이전, 1962년 대만 경제의 성장이 시작되기 이전, 1943년 항전이 끝나기 전, 1925년 북벌전쟁이 시작되기 이전, 1900년 중화민국이 성립되기 이전의 중국 백년이래의 근대사를 전면적으로 그려내고 있다. 중화민국 성립부터 북벌전

쟁까지 그리고 다시 항전, 마지막으로 대만으로 이전하기까지의 기간은 대다수의 대만민중이 익히 들어 아는 국가의 비극임은 물론 통일된 현대중국을, 완성된 국가의 역사를 서술하게 했다. 타이베이(중화민국정부 임시 수도)에서 본다면 충칭(항전시기 제 2의 수도)으로, 다시 베이징(중화민국 정부 수도)으로, 마지막으로 중화민국 성립 전의 베이징(청나라의 국도)으로 이동함은 '국가'와 전환된 공간배경에 따라 중국 근대 정치와 문화중심의 정책 또한 전환됨을 알려주고 있다. 한편으로 이러한 정책이 변화된 시국과 상실된 위치를 의미하였을 뿐만 아니라 당시 중화민국 정부 소재지인 대만이 건립되어 중국 정책으로 계승되어 자리매김하기도 했다.

하지만 우리가 일방적인 정책과 국가 역사의 흐름은 우리가 보았던 것처럼 균형적이고 연속적이었던가? 극장공연은 우리가 이미 알고 있듯이 첫 번째 단락 그리고 두 번째 단락 그 사이에 1960년대의 대만이 개입되어 갑, 을 두 배우가 먼저 순톈샤오(舜天嘯), 왕디바오(王地寶)로 분장한다. 그리고는 매 단락에서 인물이 바뀔 때마다 배우 또한 의상을 교체하여 무대에 선다. 무대는 이미 앞 무대에서 사용되었던 의상과 소품으로 가득 차있다. 동일한 두 배우는 무대에서서 '끊임없이' 다른 배역을 연기한다. 설령 우리가 무대에서 동일한 두 배우의 모습을 보았다 할지언정 매 번 진행되는 무대에서 동일한 분장은 보지 못할 것이다. 즉, 매 번 배우의 분장은 사후 세계(afterlife)에는 없는 새로운 인물로써 모든 연출(performance)은 단 하나의 표현 방식(performative)으로 운용되고 있다. 배우와 인물 사이에서 나타나는 거대한 단절은 이전 역사와 다음 역사가 연결될 수 없는 것과 같다. 극의 서사와 단절된 공연이 나타나기까지 국가는 계속해서 만날 수 없는 옛 사람을, 미래에도 볼 수 없는 역사에 대한 깊은 아픔을 만나고자 했다. 그 누구도 안정되고 편안한 삶에 대해서 예상하지 못한다. 극장은 현실의 시간을 거꾸로 되돌리고 있었지만 극장 무대의 시간은 계속해서 앞으로 나아가고 있었다. 관중 또한 상성이 공연될 때마다 반복되면서도 반복되지 않은 두 배우와 인물을 따라 자신을 단절되어 예측할 수 없는 미래의 역사로 밀어놓았다. 민족국가는 연속성이라는 긴 서사에 의지하여 미래라는 연속적인 시간을 신뢰하고 있다. 국가는 전통의 발명과 신뢰성 있는 과거 그리고 오랫동안 전해져 내려오는 연속된 역사 외에도 '반드시 찾아오게 되는 미래'에 대한 기대 또한 가지고 있어야 한다. 결론적으로 국가는 연속성과 긍정적인 노선이 필요하다는 것이다. <그날 밤>에서 우리는 매 번 출현하는 조연을 볼 수 있는데 이는 국가와 관련된 인물이다. 그는 역사의 단절과 예견할 수 없는 미래에서 버려진 인물이다. 역사는 국가가 가진 연속성에서 감춰진 단절성(rupture)과 변위(displacement) 즉, 국가가 계속해서 말하고 있는 연속성이 사라지고, 인민들이 유기된다 할지라도 역사는 사라지지 않을 것이다.

6. 부재하는 중국: 번역된 민족 국가

지금까지 우리는 역사의 연속성과 연속되지 않은 형식에 대해 분석하였다. 향토라는 범위는 종종 집단적 설정과 토지의 현실성에 놓여 져서 대체되어지는 것들에 대한 차이와 그 결과에 대해 반복적으로 인식한다. 하지만 연속적이지 않으면서 반복되어 나타나는 것들에 대해서 우리는 어떠한 방법으로 반복의 필요성에 대해 설명할 수 있는가? 만약 불연속적인 것이 역사를 사고하는 방법이라 한다면 왜 반복된 형식으로 나타나고 있는 것인가? '불연속적인 연속'에 대한 문제를 해결하기 위해서는 '연속'의 변화에 대해 다시금 검토해야 한다. 연속이라 하는 확장된 무엇이라고 볼 수만은 없다.(민족국가에서 나타나고 있듯이) 이러한 변화를 바탕으로 라이성촨이 말하는 '상성극은 상성이 아니다'의 연속과 불연속의 관계에 대해 이해할 수 있다. 앞서 말한 것과 같이 인식이라 하는 것은 기본적으로 없어져버린 차이에 대한 반복된 인식체계에서 형성된 연속성이다. 상성극에서의 연속과 불연속성이 해결될 때, 라이성촨이 인식하고 있는 난점 또한 해결할 수 있을 것이다.

라이성촨 작품의 신분인식에 관해 류지후이(劉紀蕙)와 선샤오인(沈曉茵)의 『복숭아 꽃밭의 사랑(暗戀桃花源)』, 『협객 아다(飛俠阿達)』 등과 같은 문건에서 그의 전통과 중화문화 등의 태도에 대해 분석하고 있다. 리우지후이는 라이성촨이 '중국부호를 가지고 전통부호가 제시하는 것을 단절시키다'(88)에 관해서, 그리고 선샤오인은 '라이성촨의 '절단(切斷)'이라는 동작이 가지고 있는 제한성'에 대해서, 마지막으로 '새로운 중국(새로운 대만이 아닌)'관해 인정하고자 한다.(257) 우리가 라이성촨의 '중국'에 대해 이해하는 방법과 상관없이 라이성촨은 민족국가에 대해 어떻게 생각하는가? 만약 상성극이 결코 상성이 아니라면 새로운 중국은 중국이라 할 수 있는가? 민족국가가 결코 '중국'적 방법을 생각할 수 없다면, '새로운 중국'은 연속된 '중국'이라 할 수 있는가? 전통의 단절, 상성극이 결코 상성이 아닌 것과 향토에 대한 질문 등에서 새로운 중국은 다시는 중국이 될 수 없는가?

<그날 밤>에서 라이성촨은 '중국이 만들어낸 문제'를 직면하고 있다. 대륙에서 온 바이탄(白壇)과 대만의 옌구이는 「5막: 대동지가(大同之家)」에서 계엄령 이후 분열된 두 중국이 직면하고 있는 것을 대

화로 표현하면서 '하나가 된 정부(一起組個政府)'(235)의 '새로운 중국' 문제를 해결하고 있다. 도입부분에서 시끌벅적한 대화가 오고가는 중에 양보 없이 각자의 의견을 주장하며 이성을 잃는 부분을 보여준다. 좀 더 자세히 보면 대만의 정좐(鄭傳)이 핵심 인물로 분장하고 있음을 발견할 수 있다.

> 정좐: 거 봐! 너네 중국사람, 한 무대에 선 지 두 시간도 안됐는데
> 벌써 싸우고 있네. 기본 소통능력조차 없구만!
> 【두 사람 아무 말 없이 고개 숙인다.】
> 너네 이렇게 해서 어떻게 대화를 해? 이건 크기의 문제가 아니야. 연식의 문제지. 이게 무슨 의미일까?
> 옌구이: 엥? 그럼 너는 어느 쪽이야?
> 정좐: 난 중립. (291)

중국대륙에서 온 바이탄과 대만에서 온 옌구이가 국호, 국기, 역사, 지리 등의 문제에 대해서 끝없이 떠들어댈 때, 대만으로부터 '중립' 선언을 한 정좐은 '모두가 한 걸음씩 물러나서 전체를 보아야 한다'와 '가장 먼저 기초에서 얻은 공식'에 대해 제기하고 있다. 이어서 '집안사람으로써 많은 문제를 해결하였다'고 말하고 있다.(292) 하지만 모두가 만들어낸 아름다운 대동세계가 만들어질 때에는 대만을 대표하고 있는 옌구이가 냄비에 가득 채워진 만두를 다 먹는(295-296), 다른 이를 전쟁에서 죽게 만들었음에도 불구하고 천국에 가는 등(297-298)의 우세한 위치에 있음을 보여준다. 대본에서는 1989년에 대만이 대륙의 정책에 대해 개방한 이후, 어떻게 자본이 중국으로

들어갔는지를 보여주고 있다.[10)]

옌구이: [질책하며] 네 정신은 혼란스러워!
바이탄: [질책하며] 넌 헛소문을 만들어 사고를 치지!
옌구이: 넌 뜬구름 잡는 소리만 해!
바이탄: 넌 변태심리를 가지고 있어!
옌구이: 오랑캐!
바이탄: 요괴!
옌구이: 허튼소리!
바이탄: 말도 안 되는 소리!
옌구이: 정신병자!
바이탄: 잘도 지껄이는군!
옌구이: 됐어. 그만해.
바이탄: 저 속내!!!!(300)

결말은 다음과 같다.

옌구이: 너는 목매어 자살하고 나는 미쳐버렸어.
바이탄: 너는 땅에 파묻히고 나는 실종되었지!!
옌구이: 【신청한다】옌구이
바이탄: 【신청한다】바이탄
옌구이: 퇴장할 수 없어.
바이탄: 고개를 숙일 수 없어.

---

10) <이 밤>의 서사는 이미 당시 대만이 어떻게 중국 노동력을 자본으로 사용했는지에 대해 충분히 표현되고 있다. 이는 중국으로써 대만 공장 현황이 이미 표현되고 있었다.(189)

【크게 놀란 후, 조명이 꺼진다.】(301)

정좐이 크게 놀라면서 이 단락이 끝나긴 했지만 나는 정좐과 같은 '중립'적인 인물이 대만에서 왔지만 대만을 대표하고 있지는 않는다고 생각한다. 대만을 대표하지 않지만 그렇다고 해서 또 중국을 대표하고 있지도 않는다. 다시 생각해보면 대만인을 두 분류로 정의내리는 것이 하나의 해결방법이라 생각된다. 대만에서 온 사람(대만인)이라 할지라도 민족국가에서 대만정치의 신분(대만인)의 제약을 받을 필요는 없다는 뜻이다. 이와 같이, 민족국가가 역사의 연속성과 지역성이 주도하고 있는 제한에서 어떻게 해야 중립이 될 수 있는가? 아니면 미래의 새로운 정치 상상(새로운 중국? 새로운 대만?)에서는 어떠한 방법으로 민족국가의 굴레에서 벗어날 수 있는가? 즉, 라이성촨이 주목하고 있는 것은 대만의 연속된 중국의 민족국가 역사('중국' 혹은 '대만'의 새로운 모습과는 상관없이)가 아니다. 반대로 그의 상성극에서 중국을 대표하고 있는 인물이 매번 부재하면서 우리로 하여금 민족국가가 가진 주권과 정치의 주체적인 형식을 탐색할 수 있는 자료를 제시하고 있다. 뿐만 아니라 나는 극에서 계속되는 인물의 부재가 라이성촨이 생각하는 '중국'의 불안정성을 나타내고 있다고 생각한다. 1980년 이후에는 양안이 이미 수십 년 동안 분리된 정치적 맥락에 놓여있었다. 라이성촨의 상성극 작품에서 나타나는 많은 인물들이 '중국'을 암묵적으로 나타내고 있거나 <그날 밤>에서 대륙의 유명한 상성극 대부인 창니엔러(常年樂) 선생과 <다시 그 밤>에서의 상성 민속 예술가 그리고 <여성>에서는 군인마을 조우팡(周方) 노부부 등과 같은 인물들은 대만에서 '잔존된 중국'을 표현하고 있다. 그러나 매번 공연은 기대감으로 시작되었고 부재되는 인물을 교체하면서 진행하였다. <천 년의 밤>외, 모든 상성극에서는 인물의 부재가 존재하고 있다. <그날 밤>과 <이 밤>에서는 대만의 한 레스토랑의 사회자와 <다시 그 밤>에서는 타이베이의 한 복습학원 간판 강사, <여성>의 대만에 있는 한 종업원과 대만에서 태어나고 자란 타성 2세대 모두가 이러한 '중국'이라는 인물의 부재를 직면하면서 계속해서 출현하고 있다.

명확한 것은 '대만'이 '중국'을 대체하고 있다는 것이다. 다만 이것이 민족국가의 주체를 계승하는 것이라고 볼 수는 없으나 이러한 '반복되어지는 차이'를 통해 민족국가 주체의 구성(the formation of the subject)에 대한 의문을 제기하고 있다. 선샤오인의 주장을 보충해서 말하자면 나는 라이성촨이 새롭게 만들어낸 '새로운 중국'에 대한 인식이 다시 건설된 새로운 '중국'이 아니라 근본적으로 새롭게 만들어진 중국이 하나의 민족국가로 인식되었다고 본다. 부재와 대체 그리고 연속된 공연을 통해 훈련(performative)을 제외한 부분이 축적되어 하나의 구성을 만들었다고 생각한다. 우리로 하여금 연속된 사실에서 분열되어 다시 조직되어진 역사를 보게 하고 반복된 사실에서 '차이와 반복'을 폭로하였다. 나는 라이성촨이 직면한 '중국'이 민족국가 주체성을 가진 주체의 문제가 되어 이러한 주체상상에서 벗어나고 있다고 생각한다. 이와 관련하여 사카이 나오키(酒井直樹)는 번역에 이해에 대해서 우리의 불안정한 '중국'을 사고 있음을 알려주고 있다.

사카이 나오키는 번역가(the translator)를 내부적으로 분열된 다중적인 인물로 설명하고 있다. 단일 신분으로 정의된다 하더라도 단일 '대상'으로 인식이 될 수는 없다. 번역가는 단일신분의 상상에 가장 근접해 있는 인물로 '변화 가능한 대상'이라고 설명되고 있으며,[11] 나는 이를 '전환되는 시점에서 만들어지는 대상'으로 이해하고 있다. 이는 번역가가 번역(translation)을 해야 작품이 완성되기에 번역가는 '개인주의식'의 개인적인 인물로 영원히 나타날 수가 없는 것이다. 번역가는 단일한 형태를 사회에서 쉽게 짐작할 수 없는 '비연속성'을 표기하였고 번역은 불연속적인 형태가운데서 연속성을 만들어 내었다. 다시 말해서 번역이란 '불연속적인 연속(the continuity of discontinuity)'의 가장 좋은 예시라 볼 수 있다.(酒井直樹 11-17) 나는 번역이 연속적인 연속이라 보고 라이성촨의 상성극에서 공연된 중국근대역사의 '비연속적인 연속' 현상을 설명할 수 있다.

'비연속적인 연속'에서는 번역가 본인의 '불균형적이면서도 안정적인'성질에 대해 인식하게 된다. 사카이나오키의 주장에 이르면 번역가는 반드시 분리되어야 하는 존재이며 영원히 불안정한 위치에 머물러야만 '정확'한 번역을 할 수 있다고 한다. 다시 말해서 번역가는 끊임없이 '불안정한 자신'을 해석하고, 매번 반복되는 해석이 '또 다른 자신'으로 번역된다고 한다. 사카이 나오키는 '일단 해석이 중단되면 "재현(rendered representable)"을 하고 그 중에서도 "균일한 시스템"에서 번역이 반복적이고도 불안정적으로 이루어지면 안정적인 "번역의 재현(representation of translation)"으로 전환될 수도 있으며, 현대적인 실현에서 국가와 민족 주체적인 형식이 나타난다.(Sakai 14)

만약 우리가 사카이 나오키의 번역에 대한 인식을 바탕으로 라이성촨 극에서의 '중국'인물을 생각한다면 우리는 '중국'이 반복되던 중에 차이가 발생했음을 발견할 수 있다. 이러한 부재와 반복을 통해서 대상을 넘어선 자아 분열과 불안정성이 나타나며 '불연속적인

11) 이는 리위린(李育霖)이 번역한『번역의 역경(翻譯閾境)』속의 내용이다.(150)

연속'이 표현되기도 하는데 이는 '중국이 아닌 중국'으로 설명될 수 있다. 다시 말해서 우리는 <그날 밤>부터 <이 밤>, <다시 그 밤>, <여성>에까지 '전통', '대부' 심지어 '향토'라는 이름을 가진 '중국' 인물의 계속되는 부재는 끊임없이 진행되는 해설과 중국을 넘어서는 실천이 끊임없이 이루어진다고 한다. 이는 일단 부재가 없어지면 불연속적인 반복 또한 정지되고, 연속적인 반복으로써 대상이 '번역가 중국(the translator China)'을 넘어 사카이나오키가 말하는 '번역재현'에서의 '민족 주체자 중국(nationalist China)'으로 전환된다. '전통'의 연속성과 '향토'의 강제성을 라이성촨 상성극에서 나타나는 관점을 바탕으로 살펴본다면 이는 <그날 밤>에서 사라진 인민과 <이 밤>의 재난의 원인으로 나타난다. (민족주의자)중국은 당연히 시시때때로 (민족주의자)대만으로 혹은 어떤 국가와 민족주체의 상상 형식으로 변화되어 나타난다. 상대적으로 전자의 '번역가 중국'은 불연속적인 연속으로 기본적인 민족국가의 신화에 도전하고 있다. 이로써 '새로운 중국'으로 대체되어 나타나고 있으며 다시는 원래의 중국 혹은 대만이 나타날 수 없게 만들었다.

7. 몽상가의 부재

부재에 대한 생각을 끊임없이 해오던 중에 나는 라이성촨의 화제작 <몽상가>를 다시 읽기 시작했다. <몽상가>의 일부 내용은 중화민국 건국 백주년을 경축하는 장면으로 로큰롤 음악이 출현된 2011년, 행정원 문화건설 위원회가 '건국 백주년 기념 행사' 주요 공연을 공작소의 연출자이자 콘텐츠 총감독, 극작가와 작사가로 활동 중인 라이성촨에게 위탁한 것이다. 『몽상가』는 사회 전반적으로 큰 논쟁을 일으킨 작품이다.[12] 여기서 나는 미학과 정치관계가 가진 문제에 초점을 두고자 한다. 극 평론가 홍홍(鴻鴻)은 대만에서 가장 중요한 공연예술 평론계 입장에서 "몽상은 무엇으로 만들어지는가? 정치에는 있고, 예술에는 없는, 중화민국에는 있고 대만에는 없는 『몽상가』"를 문제 삼아 『몽상가』를 신랄하게 비평했다. '중국의 건국 혁명과 국경절 백주년 기념행사를 왜 하필 대만에서?' 그리고 '왜 하필 역사적으로 언급 자체를 회피하는 건국 백주년에 대해서'라는 질문에 라이성촨은 그 어떠한 대답도 하지 않았다. 그는 '이 극에는 (간략하지만) 중화민국의 기원이 있고, (무의미하지만) 미래의 우주관이 있다. 다만 이 백 년이라는 시간 속에 중간이 비어있고 대만이 부재한 것'에 질문을 던진 것이다. 홍홍은 라이성촨의 중국 그리고 대만에 대한 정체성을 지적했다.

내가 제기하고픈 문제는 만약 홍홍이 <몽상가> 공연에서 '대만'의 부재를 느꼈다면 그건 아마도 그 스스로가 가지고 있는 '대만'의 형상을 찾았기 때문일 것이다. 실제로 극에서 대만은 존재하지 않았다. 그럼 도대체 무엇을 말하고자 하는 것인가? 홍홍은 '바다를 건너 대만으로 온 중화민국은 어디에 있는가?'를 질문하고 있다. 그는 중화민국과 대만이 서로 중첩되는 부분이 없음을, 대만은 대만이

12) 시작할 당시, 극장 사람(홍홍과 지웨이란(紀蔚然))들은 <몽상가> 공연내용에 대해 비판하였다. 외부적으로 극이 공연되면서부터는 질문들이 끊임없이 쏟아져 나왔다. 불명확한 출처에 대한 문제뿐만 아니라 민진당이 문화건설위원회(文建會)의 성즈런(盛治仁)에게 문제를 제기하기도 했고, 성즈런이 이에 대해 답하기도 했다. 또 펑광위엔(馮光遠)은 라이성촨이 국민당 분자라는 비판을 하기도 했다. 다시금 라이성촨과 그의 창작 인식에 대한 논쟁이 일어난 것이다. 몇몇 예술문학계 사람들이 문화원년 기금회 주비처를 설립하여 국가에 높은 문화예산과 성즈런의 사퇴를 요구했다. 사건은 성즈런의 사퇴 후에 잠잠해졌다. 몽상가에 대한 평론은 『공연예술 평론집』을 참고하였다.

고 중화민국은 대만에 없는 국가임을 분명히 알고 있다. 그리고 라이성찬은 의도적으로 '백 년이라는 시간에서의 중간 부분'을 무시하고 있었다. '백 년 전, 대만은 중국이 "아니었기에" 대만과 중화민국은 다르고 또한 백 년 후의 대만 또한 중화민국의 될 수 없음'을 설명하고 있다. 상통된 이치로 '백 년 전, 중화민국에는 대만이 "없었고", 마찬가지로 백 년 후에도 중화민국은 대만이 아님' 말하고 있다. 이에 홍홍은 '필요한 백 년'에서 대만은 대만을 연출하고, 중화민국은 절대적으로 중화민국만이 민족국가 상상의 핵심 키워드가 되어야 한다고 요구하고 있다. 이러한 핵심 키워드는 역사의 연속성과 지리의 절대성에서 비롯된 것이다. 즉 '진짜' 대만은 기원부터 오늘날의 발전까지 모두 대만섬이라는 지리적 영역 안에서만 이루어져야 한다. 그 어떠한 중단 현상은 '진짜' 대만이 될 수 없다. 하지만 나는 여기서 라이성찬이 '국경' 행사에 '참여'함으로써 민족국가(대만 혹은 중국) 서사의 연속성에 도전하고 있음을 알 수 있었다.

<몽상가>는 주인공 샤오페이(小飛) 일가를 둘러싼 이야기다. 샤오페이는 무용대회에 출전하는 '몽상가' 무용단의 단장이다. 무용단은 현실과 이상 사이에서 어려움을 겪고 있다. 어느 날 밤, 샤오페이와 이미 백세가 훌쩍 넘은 할아버지는 쉽사리 잊을 수 없었던 1911년 혁명 당시의 날을 회고한다. 그들이 역사에는 기록되어 있지 않았기에 그 누구도 백 년 전의 그 일을 믿지 못한다. 할아버지의 부모는 황화강 사건에 실제로 참전했었다. 기의 전, 그들은 미처 다 쓰지 못한 한 편의 편지만을 남겨두고는 다시 돌아오지 않았다. 극 내용은 오늘날 대만에서의 샤오페이와 무용단의 모습에서 황화강 사건 참여자들을 유추해내고 있다. 현실순응과 이상 혹은 도전이라는 양갈래 길에 놓여있지만 결국 몽상을 견지하여 무용대회에서 우승을

거두고 국경절 행사 무대에 오르게 된다.

극 내용에서 <몽상가>는 국경절 공연에 부합되는 작품이다. '중화민국'을 축으로 한 역사서술로써 황화강 사건의 무장혁명, 강권에 대한 저항 등 강한 인격의 가진 주인공이 민심을 동요시켜 투쟁함으로써 승리를 거둔다는 이야기이다. <몽상가> 또한 라이성촨의 기타 상성극과 마찬가지로 몇몇 불필요한 인물이 극에 등장하고 있음을 발견할 수 있다. 라이성촨의 극에서는 '역사에는 없지만 역사에 존재'하는 2명의 인물이 등장한다. 주인공 샤오페이 할아버지의 부모인데 그들은 국가의 역사인 황화강 사건 제 73 그리고 34번째 열사에는 기록되어 있지 않았다. 극에서는 그 누구도 이러한 완전치 못한 역사를 믿지 않는다. 샤오페이의 부모, 할아버지의 친아들 그리고 며느리까지 모두 이러한 역사를 알지도 그리고 믿지도 않는다. 황화강 사건 72 열사이야기는 대다수의 당대 대만사람들에게는 어려서부터 익히 들어 아는 역사이다. 라이성촨은 황화강 사건의 73, 74 열사를 대중에게 알리며 우리가 믿는 역사는 모두 '국사'이지 국가의 쓰라린 역사가 아님을 이는 국가를 위해 기록된 역사임을 나타낸다. 다시 말해, 인민의 존재가 국가의 기록에 존재하지 않으면 결국 인민은 존재하지 않음을 말하는 것이다. <몽상가>을 바탕으로 이루어진 논쟁에서 언급되지 않았던 인민들을 황화강 73 그리고 74 열사가운데 두어 혁명에서 빠질 수 없었던 이름 모를 그 영웅들의 피의 희생을 건국 기념일에 기념해야한다. 한편으로는 혁명이 성공한 후에 국가가 어떻게 인민의 역사를 가지고 국사를 만들었는지에 대해 반성해야한다. <몽상가>에서 73, 74열사의 '부재'는 <다시 그 밤>의 한 단락에서의 공자 제 73째 현인의 출현만큼이나 낯설지 않다. 황화강 73, 74번째 열사와 공자의 제자 중 73번째 현인 '자허(子虛)'와 마찬가지로 역사의 허구성을 폭로하면서, 증인의 시각이 역사 속에서 중요하게 인식되어야 함을 말하고 있다.

상대적으로 라이성촨 이전의 상성극에서 부재된 '중국'은 '민족주의 중국'에 대한 의문을 가지게 만들었다면, 라이성촨의 <몽상가>에서는 한, 두 인물 심지어 많은 인민이 여전히 국가 역사에서 부재되어 있음을 나타내고 있다. 이러한 혼란은 국가에 의해서 만들어진 역사이다. 홍홍은 '극에서 세뇌된 것처럼 끊임없이 제창한다. "우리에겐 결코 공통된 기억이 없다. 목숨은 지금에서야 겨우 함께 하고 있다." 다만 지나가버린 선택되어진 기억에 대한 태도는 모두가 동일하다. 권력가가 이견자에게 권하는 성명과 같이 절대적으로 설득력이 부족하다.'고 말한다. 여기서 우리는 또 다른 연구에 대한 가능성을 제기할 수 있다. 선송차오(沈松僑)는 「나의 피를 헌원에게 바친다: 황제신화와 만청의 네이션 구성(我以我血薦軒轅: 黃帝神話與晚淸的國族建構)」 문장에서 민족의 공통된 기원의 중요성과 민족 공동체가 어떻게 "잃어버린 기억 속의 "과거"에서 나타났는지"에 대해 명백하게 논증하고 있다.(5) 다만 <몽상가>에서 라이성촨이 작사한 <공통된 미래>와 반대로 '우리에겐 결코 공통된 기억이 없음.'을 반복하여 부르고 있다. 라이성촨은 정치의 공동체를 조성하는데 있어 '안후이의 두부완자, 후베이의 진주완자, 쓰촨의 매운 소만두, 샤먼의 면, 페낭의 새우면, 아내가 만들어주는 면 등'과 같이 출처를 알 수 없는 기억은 필요하지 않다고 말한다. 하지만 아무런 방해 없이 '몽상세계는 한 가족'이며, '자유평등의 근본신념'으로써 '하나의 새로운 민국'을 건립한다. 나에게는 라이성촨이 건국기념을 위해 국가역사를 서술했다고 보기보다 그는 역사를 통해 국가민족 연속된 국사의 허점을 찾고, 비어진 것에 대한 가능성을 탐색하여 역사에 대한 의문을 제기할 수 있는 동기로 만들었다고 볼 수 있다. 이로써 하나의 정치 공동체를 바탕으로 한 후대에 대한 상상을 서술하였을 것이다. 이로써 우리는 민족 국사를 바탕으로 기초적인 국가를 인식할 수 있는 것이다. 하지만 이 또한 라이성촨이 말하는 전망이라 할 수는 없다.

바로 그의 상성극이나 <몽상가>와 상관없이 우리는 라이성촨의 '중국'이 재현되는 것과 그 몽상의 '중국'이 한 번역가의 모습과 닮았음을 알 수 있다. 계속되어진 민족의 신분과 국가의 역사, 반복되어지는 번역과 그 차이를 끊임없이 도전할 것이다. 상성극에서 배역의 중복 연출은 신분차이를 나타냄과 동시에 주체의 불안정을 표현하고 있다. 안정적이며 지속성을 가진 것으로 보여 진 역사는 균열을 통해 작은 허점이 들어났고 이러한 것들이 한 번 또 한 번 반복되면서 차이라는 것을 나타냈다. 사카이 나오키는 우리에게 번역 되어지는 과정에서 '번역하지 않은 것 그리고 번역할 수 없는 것'(the untranslated and the untranlatable)에 대해 알려주었다. 73번째와 74번째 열사의 '부재'는 '번역되지 않은 것'으로 재현된 민족주체로 표현되어 번역되어진(representation of translation) 도전적 국가(및 국가적 방식의 이해)의 가능성을 제공하고 있다. 이와는 상반되게 홍홍은 '국가와 민족주체'라는 이해방식으로 역사의 연속성을 단일한 형태로 고정시켰다. 그의 평론은 사카이 나오키가 말한 '번역의 재현'을 실현했다. 국가, 민족적 집단 상상으로 번역의 양 끝을 고정시켜 라이성촨 극에서의 중국과 대만을 반드시 민족 상상을 거쳐야 완성되는 하나의 연속적인 역사로 만들었다. 홍홍의 이해는 평범했다. 전쟁 후 대만 문화 담론의 맥락에서 본다면 '향토'는 언제가 가장 중요하게 실천되어야 하는 것으로 손꼽혔다. 현대와 향토가 대립되는 지점에서 민족주체는 신분인정이라는 제도에 기대어 항상 번역 구동력에서 대만

문학 생산의 핵심 요소로 인식되고 있다.

8. 맺음말

본 글은 전후의 대만문학의 생산과정을 라이성촨의 1980년대 초기 이래의 상성극을 통해 대만 번역의 구동력에서의 「서양화」 그리고 그렇게 생성된 향토문학이 지닌 의식(邱貴芬 208)을 알아보기 위해 작성되었다. 사카이 나오키가 말하는 번역을 통해서 우리는 「문제가 될 중국」을 알 수 있었고, 라이성촨 상성극에서 수차례 「부재」된 배역을 통해 그가 말하고자하는 「중국」을 생각해 볼 수 있었다. 몇 편의 상성극을 보면 당대의 대만이 어떻게 중국을 대면하고 있는지를 알 수 있고, 라이성촨의 역사관 또한 발견할 수 있다. 라이성촨은 제국주의 침략으로 인해 피폐해진 중국, 엉망이 되어버린 국가의 역사를 국가의 전통문화가 역설적으로 발견되고 나타났던 19세기 말경에 끊임없이 중국을 회고했다. 라이성촨은 역사를 향해 끊임없이 질문하고 답하고 사고하면서 역사가 가진 상처와 마주했다. 역사는 연속되어지는 것이 아니다. 마치 상성극에서 연출되는 고정된 두 배우와 단일 배역과 같다. 상반되는 것이 그들은 매 회 본인들이 맡은 배역을 위해 새로운 인물에 대해 연구하고 결국 이러한 배역을 통해 다시 다른 모습으로 전환하는 경험을 한다. 작품에서 배역이 계속해서 다른 인물로 번역되고, 전환되어진다는 것은 거기서 파생되는 차이를 인정한다는 것이다. 번역이란 재현되어지는 민족주체를 초월된 하나의 주체로 대체하기도 한다. 그리고 단절된 역사와 반복적으로 나타나는 신분 차이의 공연 또한 '중국'의 정치상상에 도전하는 것이다. 라이성촨의 극을 통해 계속해서 부재하는 '중국'은 더 이상 '중국'이라 할 수 없고 동일하게 상성극 또한 더 이상 상성이 할 수 없다.

(정성아 옮김)

제10장

대만 뮤지컬에 나타나는 세계성
: 역사적 사건을 중심으로

우페이루(吳佩如) 대만국립중흥대학 조교수

1. 머리말

예술비평가 린차이윈(林采韻)[1]은 대만 뮤지컬에 대해 다음과 같이 지적한 바 있다. "대만 뮤지컬은 1980년대 말부터 시작되었으며, 1990년대에 이르러 성장을 모색하는 단계에 접어들었다. 21세기에 들어서 뮤지컬에 대한 학자들의 논쟁이 활발해지고, 브로드웨이 '명품' 공연이 연일 무대에 오르게 되면서 뮤지컬이 대만에서 크게 유행하였다. 뮤지컬이 관객들의 사랑을 받게 되면서 뮤지컬을 제작하는 전문 회사도 생겨났다. 최근에는 방언(대만어(台語), 객가어(客語))으로 공연하는 경우도 생겨나면서 본토화의 독창성이 두드러졌다." 뮤지컬의 제작자본, 시장규모 혹은 관객의 수준을 고려한다면, 대만

1) 「台灣音樂劇發展史: 大風劇團: 四月望雨」, 文匯報.
http://paper.wenweipo.com/2010/01/10/YC1001100006.html, 04/20/2013

뮤지컬은 다른 극보다 더 많은 제약을 받는다. 하지만 이로 인해 대만 뮤지컬은 다양한 종류의 극(가자희(歌仔戲), 경가극(輕歌劇), 오페라(西洋歌劇), 대만어가곡(台語演歌) 등이 혼합된 공연 형식을 갖출 수 있었다.

이 글에서는 각색된 서양 고전 뮤지컬 또는 번안된 서양 뮤지컬이 아닌 대만 뮤지컬을 주요 연구 대상으로 삼았다. 이러한 뮤지컬은 스토리와 음악 가사에 있어 식민지 역사와 지역 언어 등의 영향을 받아 제한적으로 발전해왔다. 필자는 공연 발전사에서 대만 뮤지컬이 화문(華文) 뮤지컬의 방향으로 발전하여, 대만에서 출발하여 중국과 홍콩 등으로 확대되고 있으며, 더 나아가 세계적인 문화예술을 추동하는 특징을 가진, 미래를 선도하는 추세를 보이고 있음을 확인할 수 있었다. 이 글은 '세계성'이라는 의제에 초점을 맞추어, 2000년대 이후 제작 공연된 작품 중 역사적 사건을 반영한 뮤지컬을 연구 대상으로 삼는다. 항일전쟁, 시디그 우서(賽德克霧社) 사건, 2·28사건, 예술가 가족의 역사 및 대만으로 이주한 특수한 이민족 사례 등을 빌려 대만 뮤지컬에서 "지리적 특성이 정치권력 간에 생성된 공간적 규모와 인간의 삶과 상황" 등에 어떻게 각인되어 있는지 고찰하고자 한다.[2] 단, 역사적 사건에서 네이션(國族)과 에스닉(族群) 집단들이 일으키는 갈등과 회고는 배제하고, 이 글에서는[3] 대만 뮤지컬

2) Jonathan Arac, "Edward W. Said: The Worldliness of World Literature."(New York: Routledge: 2012) 119쪽 인용. 사이드는 「역사, 문학, 지리(歷史,文學,地理)」(1995)라는 글에서 신세계 개념에 대해 언급하였다. 모든 세계는 이미 새로운 지리적 개념에 진입하여, 중심과 변두리의 구분을 없애거나 다양한 형태가 생성되었다. 이동으로 인하여 혼잡한 역사, 문화와 예술의 세계로 전환되었다라고 주장하였다.(Cambridge: Harvard UP, 2002) 453-473쪽.

3) 이 글의 초고는 2013년 5월에 중흥대학 인사(人社) 센타와 한국외국어대학교 대만 연구센타에서 주최한 "대만문학과 영화: 내외시선의 교차와 융합"이라는 주제에서 발표하였으며, 한국외국어대학에서 발간한『대만연구(臺灣研究)』제5호(2013.06), 71-84쪽에 실렸

에서 나타나는 민족의 역사적 감정과 음악과 문학에 내재된 두 가지 특징에 대해 집중적으로 분석하고자 한다. 더 나아가 대만에서 발생한 사건의 역사성과 당대 섬나라 식민지 기억에 대한 영향관계까지 분석하고자 한다.

서양 뮤지컬(Musical theatre)은 음악, 연극, 노래, 대화 및 무용이 결합된 무대극 공연의 형식이다. 연출은 일반적으로 유행하는 음악, 흡인력이 풍부하고 긴박한 스토리, 다양한 차원의 무대기술 및 조명의 특수효과가 융합되어 있어서 높은 오락성을 갖는다.[4)] 학술용어로는 음악희극(Musical Comedy)의 약칭이며, 가볍고 활기찬 단락과 평이한 내용으로 관객이 쉽게 뮤지컬에 몰입할 수 있도록 해준다. 서양 뮤지컬의 변천을 거슬러 올라가면 유명 인사를 풍자하는 희극적인 발라드오페라(Ballad Opera)를 최초의 형식으로 볼 수 있다. 19세기부터 현재까지 100여 년 동안 뮤지컬은 변천하는 과정에서 각종 공연의 형식을 흡수하면서[5)] 대중이 공연예술을 즐기고 예술과 문학을 접할 수 있도록 이끌어 주는 매개체로 자리 잡았다.

동아시아를 예로 들자면, 일본의 다카라즈카(寶塚) 가극단은 1924년에 전속 극장을 연 뒤로 오늘날까지 90년의 역사를 가지고 있다. 두 차례에 걸친 무대 조정으로 무대와 관중 간의 거리를 없애고, 배우와 레퍼토리를 교대로 공연하면서 많은 유명배우를 배출하였다.

다. 이 논문은 내용을 다소 수정 보완하였으며, 『대만연구』의 동의를 얻어 재판하는 것이다.

4) 朱宗慶, 「音樂劇是進入表演藝術世界的重要橋樑」, 朱宗慶的文化觀測站. http://blog.chinatimes.com/jublog/archive/2013/03/13/6557701.html 04/10/2013

5) 慕羽, 『百老匯音樂劇』, 18-50. 오페레타(Operetta), 희가극(Comic Opera), 판토마임(Pantomime), 흑인으로 분장하고 흑인 노래를 부르는 쇼(Minstrel Show), 보드빌(Vaudeville), 벌레스크(Burlesque) 등을 통하여, 각종 무대 효과와 영상 음향 등을 다중적으로 결합하였다. 뮤지컬은 영국 런던 웨스트엔드와 미국 브로드웨이에서 연속적으로 발전했다.

한국의 예를 살펴보면, 제1회 한국 뮤지컬대상(1995-)은 현재까지 18회를 맞이하였다. 이러한 규모는 한국 뮤지컬 시장시스템이 이미 문화적 의식을 점차 형성해나가고 있다는 것을 보여준다. 2012년부터는 비엔나 뮤지컬을 각색한 김준수가 주연을 맡았던 한국 뮤지컬 <모짜르트(莫札特)>와 <엘리자베스(伊莉莎白)> 두 작품을 대만에서도 찾아볼 수 있다. 만약 <살짜기 옵서예>(1966)를 한국 창작 뮤지컬의 효시로 본다면, 대만 뮤지컬의 역사는 한국보다 20년 정도 뒤쳐져 있음을 알 수 있다. 제주도의 장군과 기생의 사랑이야기를 담고 있는 <살짜기 옵서예>, 베스트 창작 뮤지컬 상을 받은 <왕세자 실종사건>[6](2012)과 <피맛골 연가>(2012)는 모두 조선시대를 배경으로 한국문화를 알리고 있다. 뮤지컬 연출가인 윤호진 감독은 뮤지컬에 대해 논의한 <고품격 뮤지컬은 생명력 긴 문화상품>이란 글에서 이미 '뮤지컬 한류'를 언급하며 세계를 향한 관점을 내비췄다.[7]

반면 대만은 1986년부터 란링극방(蘭陵劇坊)에서 선보인 음악 무대극인 <구가(九歌)>, 연이어 신상(新象)에서 최초로 무대에 올린 <장기왕(棋王)>(1987) 그리고 라이성촨(賴聲川) 감독이 연출을 맡은 <서유기(西遊記)>(1987)는 대만 뮤지컬의 선구적인 작품으로, 문학 작품으로서의 면모는 볼 수 있었다. 하지만 90년대 궈퉈극단(果陀劇場), 뤼광극단(綠光劇團), 다펑극단(大風劇團) 등 3개의 극단에서 창작한 뮤지컬은 서양의 이야기를 주축으로 새로운 극으로 각색한 것이 대부분이다. 다펑극단이 <양축(梁祝)>(2003)을 연출하기 전까지는 대만 뮤지컬에 문화부흥이라거나 본토문화 성찰의 자아의식이 아직 일어나지 않았

6) http://spitzgod.exblog.jp/15178890/

7) http://taiwan.mofat.go.kr/webmodule/htsboard/template/read/engreadboard.jsp?typeID=16&boardid=10746&seqno=671137&tableName=TYPE_ENGLEGATIO

다. 그 이유는 다음과 같다. 첫째, 자본운영의 어려움에서 야기된 물질문화의 복잡성이 있다. 둘째, 시장 운영 시스템의 미숙함이다. 그 외에 뮤지컬 시장은 일반적인 극장보다 더 세밀하고 복잡한 운영을 필요로 하기 때문에, 제작 측면에 있어서도 자유 시장 시스템의 단초를 어렵지 않게 찾아볼 수 있다. 또한 뮤지컬은 다른 극보다 준비기간이 길다. 기획하는데 적어도 3년의 시간이 걸리고, 섬세하며 다양한 방식의 마케팅 방법이 요구된다. 이후 출현한 전문 뮤지컬극장에 대해 살펴보면, 모두 매우 복잡한 극장 형태를 갖추고 있다. 필자가 수집한 자료에 의하면, 다펑극단의 예술 총감독인 양중헝(楊忠衡)이 극본을 맡고, 작곡가 중야오광(鍾耀光)이 집필한 <양축(梁祝)>은 대만 뮤지컬의 새로운 장을 열었다고 볼 수 있다. 예술평론가 린차이윈은 이 뮤지컬에 대해 다음과 같이 평가했다. "희곡, 현대음악, 유행가를 융합한 중국과 서양을 접목한 독특한 풍격이다. <양축> 은 서민을 위한 동양 뮤지컬의 기본 틀을 잡았다." 소위 서민적이라는 것은 대만 사람이 익숙히 알고 있는 고전적 사랑과 희생이라는 주제가 뮤지컬로 재현되었다는 것을 뜻한다. 이러한 행보는 양중헝이 연출로 있는 2년 동안 이어지면서 다펑극단은 <쑹메이링(宋美齡)>(2006)과 <사월의 비(四月望雨)>(2007)를 선보였다. 흥미로운 사실은 이런 뮤지컬을 선보인 때가 2000년 이후 8년간으로 이 때는 민진당이 대만을 집권했던 시기로 일제통치 전후부터 50년대 직전의 역사적 인물과 사건에 대한 문화 예술적 회고의 바람이 불었다. 1949부터 1987년까지 대만이 계엄 상태에 놓여 있었기 때문에, 다펑극단 뮤지컬이 휴지기에 접어들었다가, 2000년이 되면서 역사적 회고와 대만인으로서 정치적 정체성을 다시금 되짚고, 시대적 의미에 따라 역사를 상상하며 새롭게 재고하기 시작한 것으로 보여 진다.

필자는 천위후이(陳玉慧)의 <해신가족(海神家族): 대만 문학뮤지컬>(2009), <사월의 비: 최초 대만뮤지컬>(2009), <향기로운 난 한 송이(一蕊香蘭): 바이샹란 뮤지컬 이야기>(2010), <웨이수이 봄바람(渭水春風): 대만 뮤지컬 삼부곡>(2011), <나는 도란의 화신(我是油彩的化身)>(2012), <여래도 그대도 저버리지 않을 수 있을까(不負如來不負卿)>(2013) 등 여섯 편의 뮤지컬에서 나타난 자유에 대한 사랑, 전쟁 후의 평화로운 생활에 대한 기대, 예술과 음악, 불교학 및 사랑이 뒷받침된 자주적 존재와 감정에 대한 추구 등 이 세 가지 주제를 중심으로 자신의 정체성을 확립하고자 하는 의미 등의 특징을 통해 '세계성'과 '대만 본토의식'을 표현한 대만 뮤지컬을 면밀히 분석하고 기술할 것이다. 하이데거는 『예술작품의 기원("The Origin of the World of Art")』에서 '세계성'에 대해 "세계는 우리가 관찰할 수 있게 그 본질을 나타낸 적이 없다."라고 언급한 바 있다. 대만 뮤지컬에 표현된 역사적 사건이 만들어낸 예술세계의 도상을 통하여, 사람들은 주체적 의지를 형성하면서 이 '세계'[8]를 관찰하고, 더 나아가 역사적 대화를 시도한다. 이러한 역사적 사건을 마주하며 성립된 "본토성(本土性)" 혹은 "본심성(本心性)"을 통해 관객은 주도적으로 예술창작의 세계와 그 내부에서 만들어진 의식을 결합시킨다.

---

8) Eric Hayot이 설명하는 세계개념의 역사성은 「세계」라는 것은 물리성 혹은 형이상학 개념 및 인류생명에서 실질적으로 나타나는 표상간의 교차지역에서 발생하는 것이다. 영문 원문은 다음과 같다. "This history of the world of the work of art is thus always, simultaneously, a history of the idea of the world, and a history of the world as a material substrate, and object of human practice… a history of the intersection between such a concept (the idea of the "world," of a physics or metaphysics) and its practical appearance in the realm of human life (the:real" world, the "actual" world, and so on.) (Oxford:OxfordUP,26)

1. 대만인의 신앙재현과 삼각관계의 금기 역사: 〈해신가족〉

<해신가족>(2004)는 천위후이의 가족 이야기를 다룬 자서전식 소설이 원작이다. 이는 독일에 살던 대만 여인이 자신의 뿌리를 찾아 고향으로 돌아오는 이야기이다. 70년간(1930-2001) 삼대에 걸친 가족의 사랑과 증오 그리고 일본 식민통치와 전쟁 등의 사건, 해신마조(海神媽祖) 전설과 대만 민속 제사의식 등이 포함되어있으며, 역사 변천의 과정에서 경험한 정체성의 변화가 잘 드러나 있다. 서술자인 '내'가 외조모인 미와 아야코(三和綾子), 외조부 린정난(林正男)과 작은할아버지 린즈난(林秩男)의 삼각관계에 대해 이야기한다. 그 이야기 속에는 세 명이 각기 맞닥뜨린 일본의 식민통치, 2차 세계대전, 국민정부가 대만을 접수할 때 대만에서 발생한 2·28사건 등 역사적 사건이 얽혀있다. 디아스포라로서 고향과 자신의 본질을 새롭게 인식하며, 이 작품을 <해신가족: 대만문학뮤지컬>[9]로 새롭게 변형시켰다. 제1부에서는 "모든 시각적 금기를 파괴하여, 서양 아리아, 아방가르드 무용, 초현실영상을 결합하여 대만 100년의 역사를 표현하고, 콜라주와 몽타주기법으로 서사시적 문학뮤지컬을 펼쳤다." 이러한 의도를 작가 천위후이는 공개적으로 이 뮤지컬은 '현대와 고전의 결합'[10]이라고 자주 언급했다. 그는 뮤지컬의 다원적이고 혼합된 표현방식을 가자희 곡조를 위주로 그려냄으로써, 소설보다 다층적인 감정적 측면과 가자곡조와 아리아, 푸가 및 뉴에이지 등 서양 장르가 결합된 현지화 된 상상적 시공간성을 반영하고자 시도했다.

---

9) 〈海神家族: 台灣文學音樂劇〉은 아직 DVD로 출시되지 않았다. 오리지널 연출 비디오는 국가공연도서관(國家表演圖書館)에 소장되어 있다.

10) 藝流網陳玉慧談海神家族時間http://www.youtube.com/watch?v=kYqElysow18 (04/01/2012)

이 뮤지컬에는 특히 대만 지식계의 고달픈 생활이 춤과 가자희의 무대 동선을 사용하는 방식으로, 도망자 역할을 하는 린즈난(쑨추이펑 孫翠鳳 역)을 통해 대만인이 2·28사건을 마주할 때의 우울한 내면과 시공간적으로 정체된 의식을 노래한다. 1947년에 존재했던 정체된 의식은 여러 종류의 음악적 언어로 "세상 파멸을 뛰어넘어 다시 일어나자!(跨世界毀滅與重生的勇氣!)"와 같은 주제로 표현된다. 극본은 극중의 극인 '멍리쥔(孟麗君)'에 나오는 두명의 단(旦)과 한 명의 생(生)의 삼각관계를 활용했고, 원귀를 부르는 도사, 바그너의 가극 『트리스탄과 이졸데(Tristan and Isolde)』, 가자희 도마산반(都馬散板)과 훈자조(訓子調) 등으로 역사가 만들어 낸 여한과 파괴를 노래한다. 극 중 타이궁(台共)독서회에 속해있던 린즈난은 이후 2·28운동을 기념하는 27부대에도 가입한다. 하지만 무대 공연에서는 그는 결국 절로 들어가 몸을 숨기고, 대만 신앙 마조신의 문화를 고독한 개체가 직면한 국가 정치가 자신에게 내린 징벌이 만들어낸 '허구의 세계'로 바꿔버린다. 아야코를 연모하는 마음을 통하여 사랑하는 이의 얼굴을 조각된 마조신상에 투영하는 방식으로 구원의 길을 찾는다. '허구의 세계'란 음악을 통해, 중국, 일본, 대만, 독일 등 4개 언어로, 전쟁과 신이 일궈낸 '세계'를 가리키는 것이고, '대만'의 존재를 애정으로써 민족, 식민통치, 광복 후 국민당이 대만을 접수한 이 세 가지 결정적인 사건으로 비유하고 있다. 이렇게 다중적인 역사는 중국, 일본, 대만의 삼각관계의 금기를 교차시키며, 제2차 세계 대전 후 새롭게 구축된 신(新)정치 세계와 밀접한 관계를 형성한다.

뮤지컬로 각색한 <해신가족>의 결말은 극장 밖에서 안으로 타악기를 울리며 들어와 한바탕 연주를 하며, 마조신이 천리안(千里眼)과 순풍이(順風耳) 두 부장과 무대에 오르는 것으로 막을 내린다. 공연이 끝남과 동시에, 실제적인 지역 신앙의식이 행해진다. 이는 뮤지컬 안팎의 시공간을 정리하는 연결통로로서, 뮤지컬 공연을 통해 역사적인 회귀의 여정(Worlding worlds)을 확장하고자 하는 것이다. 주인공 린정난은 일본이 대만을 식민통치한 지 40년 정도 되었을 1935년에 비행 조종사의 꿈을 이루기 위해 자원해서 입대한다. 린정난에 대해 일본 항공관 코바야시(小林)는 "어떤 나라가 대일본처럼 재빠르게 세계를 바라보는 안목이 있겠는가, 기계 제작도 최고인데, 비행사가 꿈이라면 망설여 뭘 하겠소?"(138)라고 말한다. 하지만 이 같은 대일본주의에 대한 린정난의 생각은 일본 천황의 영광을 위해 싸운다는 구실을 세울 수도 있겠지만, 그에게는 개인적으로 '구름 위를 나는' 꿈을 실현하는 것이었다. 작가 천위후이는 관습적으로 시구(詩句)를 인용하여 전쟁에 대한 사람들의 무지(無知)를 비판했다. 그러나 구름 위를 나는 꿈은 앞서 언급했던 마조신 주위를 울리는 소리와 음악언어로 표현한 '허구의 세계' 등과 서로 상응한다. 역사 속에 지탱할 수 없었던 이 무거움을 뮤지컬을 통해 대만의 자주, 민속의 보호, 세대를 연결하는 잡음이 떠들썩한 대만을 향해 새로운 시대를 개척하는 것이다.

2. 아름다운 대만의 새로운 춤의 시대: 〈사월의 비: 최초 대만 뮤지컬〉

음악시대(音樂時代)가 제작 발행한 <사월의 비>는 일본 유학파 음악가인 덩위셴(鄧雨賢, 1906-1944)이 39년의 일생동안 겪은 한나라 전통(漢家傳統), 춤의 시대(跳舞時代), 황민시대(皇民時代), 종전(終戰) 전야의

네 시기를 기술한 작품이다. 또한 각 시기 별로, 대만인의 '마음속 깊은 곳의 음율과 서정'[11]을 표현한 <사계홍(四季紅)>, <월야추(月夜愁)>, <망춘풍(望春風)>, <우야화(雨夜花)> 네 곡의 주제곡이 포함되어 있다. 이야기는 <해신가족>과는 정반대로 한 남자가 두 여자를 사랑하는 것이다. 주인공 덩위셴은 타오위엔(桃園) 롱탄(龍潭) 출신의 객가(客家) 학자집안 출신이다. 덩(鄧)씨 일가는 청(淸)조 때 광동(廣東) 메이(梅)현에서 대만으로 이주했으며, 부친 덩성러우(鄧盛柔)는 대만 총독부(台灣總督府)의 초빙을 받아 국어학교(國語學校)에 한학(漢學)선생님으로 재임했다. 덩위셴은 타이베이 사범학교(台北師範學校)를 졸업하고 르신공학교(日新公學校)에 재직한다. 그는 집안 어른의 소개로 같은 교직에 있는 중유메이(鐘有妹)를 아내로 맞이한다. 결혼 이후, 덩위셴은 음악관련 일을 하고자 일본에서 음악을 전공했고, 대만으로 돌아와 타이중(臺中) 지방법원에서 통역가로 일한다. 1932년에 총독부가 발표한 '대만교육령(台灣教育令)'에 의해 한(漢)학교 운영이 중단된다. 덩위셴은 공직에서 물러나 음악계에 뛰어든다. 이에 대해 그의 부친은 탐탁치 않아하셨지만, 아내는 지속적으로 그를 지지했다. 덩위셴이 작곡한 <대도정 진행곡(大道程進行曲)>은 우연한 기회로 콜롬비아 레코드사(Columbia co., 古倫美亞唱片公司)의 일본계 사장 카시와노 쇼우지로(柏野正次郞)의 관심을 받아 그는 작곡자로 초청받는다. <망춘풍(望春風)> 발표 후 덩위셴는 순식간에 유명해졌다. 유춘춘(由純純)(본명: 류칭샹(劉淸香, 1914-1943))이 부른 노래가 인기를 얻었지만, 중일전쟁이 일어나 덩위셴과 그의 친구들은 더 이상 음악작업을 할 수 있는 정세가 아님을 깨닫는다. 그는 신주(新竹)현의 숑린(芎林)으로 떠나려 했지만, 정치적 음악 제작에 이용되면서 심신이 피폐해진다.

11) 楊忠衡自述創作理念「一個夢想, 希望, 破滅與重生的故事」(歌詞本)

이 뮤지컬은 총 2막으로 14곡의 노래로 구성되어있다. 작곡가 란텐하오(冉天豪)는 타이베이, 타오위안, 신주 세 지역의 차이를 뮤지컬 안에 표현했으며, 사계절 만물의 피고 지는 것을 음악으로 만들어냈다. 이 외에도 '세계'라는 단어 역시 반복적으로 사용하며, 이 뮤지컬로 '대만'이 문명의 첨단인 모던의 새로운 시대를 향해 걸어간다는 메시지를 전달한다. 제 1막 서곡의 "아름다운 꽃의 도시 타이베이(美麗花都台北)" 에서 관중은 "우리가 타이베이 자체이다. 문명의 형제자매여! / 우리는 세계 1등이다. 모던한 형제자매여!"라고 합창한다. 이 뮤지컬은 그 지역의 패션과 번화함을 흥미롭게 잘 표현했다. 그러나 덩위셴과 중유메이 부부의 정은 서로 존경하는 관계로만 머무른다. 부인은 전통적인 대만 여성상을 미덕으로 삼는 여인이라, 제 1막 다섯 번째 곡인 '나의 꿈, 나의 세계'에서는 음악이라는 아름다운 꿈의 세계를 좇는 남편을 지지하는 마음을 노래한다. "파도가 잠잠해질 때까지, 당신이 돌아올 때까지 기다립니다."(객가어와 중국어를 교대로 노래함) 현대적인 춤과 서정적인 음률의 대비는 당시의 대만 상상과 일본(현대성)을 재현하여, 식민지 정서와 한족(漢族)과 객가(客家)정신 사이에서 표출되는 내재된 모순과 문화적 가치에서 생기는 균열을 나타내었다.

제 1막이 끝나기 전에 부르는 "내일, 우리의 세계(明天, 我們的世界)"에서 격양된 관중은 미지의 미래, 수많은 불확실함에 대한 우려와 기대를 안고, 무대 위에서 각자의 전통 복장을 입고, 각자의 춤을 추고 있는 대만인, 일본인, 원주민 연기자들과 함께 한 목소리로 노래를 부른다.

덩위셴: 내 음악을 누가 이해해줄까

천권위: 음반으로만 파란이 일어나는 세상이 아니라

덩위셴: 감정만이 허황된 세상이 아니라

천권위: 대만은 영양결핍의 증상이 나타나고(상태)

덩위셴: 다가올 미래를 위하여 인내하네 (기다림의 염원)

천권위: 특수한 처방이 있어야 효과가 나타나는데

…

춘춘: 노랫소리만이 넘쳐나는 세상이 아니라 (조용한 노랫소리)

…

군중: 이 춤추는 태평시대가, 어찌 이렇게 빨리 사라지는지,

내일 우리의 세계는 어떻게 변할지 아무도 모른다. (두 번 반복)

아름다운 '세계의 상상'속에서 일본인 시라토리히로(白鳥弘)만이 일본 대제국을 향해 "일본 만세 만만세, 천황 만세 만만세!"라고 외친다. 관중들은 대만 당시 사회와 불안한 시국에 대한 걱정을 가사 속에서 느꼈다. 뮤지컬에서 대만 '세계'는 허황된 세계와 호응한다. 공허함이 투영된 아름다움과 무용은 세계열강과 제국 식민지 패권 하에서의 고독한 대만을 나타내고 있다.

공연의 예술성에 대해 살펴보면, 대부분의 관중들은 덩위셴이 창작한 노래를 거의 알고 있다. 음악의 표현력과 선율은 감동적일 뿐만 아니라, 음향과 조명으로 그 효과를 더한다. 미래가 없는 '세계'는 오히려 무대에서는 내면의 '진심'과 '그리움'이 몽환적으로 식민지에 내재된 양면성(사랑과 혐오)과 거점성(복잡한 다원화)으로 펼쳐진다. 이 무대의 세계는 덩위셴의 일생만을 극적으로 보여주는 데 그치지 않고, 관객들을 능동적으로 비판할 수 있는 위치로 끌어올려주어, 뮤지컬이 대만의 언어와 문화가 다원적으로 발전한 포스트식민 서사

가 깃들도록 만들어주었다. 또한 '대만', '중국', '일본' 등의 지리, 정치, 문화가 씨름하는 장을 새롭게 인식될 수 있는 '세계'로 바꾸어주었다. 이 뮤지컬은 더 이상 회복 불가능한 식민 통치 전후의 무질서한 상황을 종결짓고, 사람들이 꿈과 희망을 찾을 수 있도록 이끌어주며 대만 가요음악으로 주도되는 세계를 묘사하였다. 이 극은 관객에게 자유롭게 사고할 수 있는 새로운 시야와 대만 팝의 아방가르드하고, 믹싱이 되기 전 미완성된 '세상'을 소개했다.

3. 환영받게 된 흑묘가무: 〈향기로운 난 한송이: 바이샹란 뮤지컬 이야기〉

일상에 대한 기록은 대만 80년대 문학사에 있어 창작에 큰 힘을 주었다.[12] 뮤지컬에서 여성에게 집중하는 경쾌한 악장과 예술에 매진하는 극은 찾기 어렵다. <향기로운 난 한송이>는 현대 여성이 생활에서 맞닥뜨리는 고난과 분투하는 과정을 이야기하고 있다. 바이샹란(白香蘭)(본명 량천란(梁陳蘭, 1936-2012))은 윈린(雲林) 후웨이(虎尾)에서 태어나 꿈을 안고 15살에 고향을 떠난다. 16세에 흑묘가무극단(黑貓歌舞劇團)에 들어가 재일음악가인 양싼랑(楊三郎)에게 가르침을 받고 40년대에 '흑묘가무극단'의 유명한 무용수가 된다. 이후 '미도가극단(美都歌劇團)'에 스카우트되어 '바이샹란'이란 예명으로 가자희(歌仔

12) 葉石濤, 『台灣文學史綱』第七章「八〇年代的台灣文學一邁向更自由, 寬廣, 多元的途徑」 250-264쪽. 여기서 예스타오는 대만 여성 작가의 활동이 두드러지게 나타난 것은, 리앙(李昂), 샤오리훙(蕭麗虹), 샤오싸(蕭颯), 랴오후이잉(廖輝英), 쉬타이잉(許台英), 쑤웨이전(蘇偉貞)과 저우메이춘(周梅春) 등의 장단편 소설이 모두 '여성문학'이라는 영역을 드러내며 개척했기 때문이라고 언급했다.

戱) 단(旦)으로 공연한다. 결혼 후에는 가정과 자녀를 위해 거의 출연하지 않다가, 자녀가 성인이 된 후 다시 무대로 복귀한다. 하지만 주로 가자희를 널리 알리며 후배 양성을 위주로 활동하면서 많은 학생을 길러냈다. 이 뮤지컬의 극본과 작사자는 바로 그의 딸 량웨링(梁越玲)으로, 현재까지 가자희 극단 단장으로 지속적으로 창작하고 공연하며 극단을 이끌고 있다.

뮤지컬은 회상록의 방식을 통해 진행된다. 주인공의 선생님인 량진룽(梁金龍)은 오래된 일기 속의 상황을 회상한다. 이야기는 전쟁 후 일본군으로 있던 남자가 하이난(海南)섬에 버려져, 5년이 지나서야 고향인 대만으로 돌아와 개인과 가족 역사의 기억을 재건하는 것으로 시작한다. 여성들의 자각이 높아지면서 천란(陳蘭)은 친한 친구 하란(哈蘭)과 함께 후웨이를 떠나 자신들의 꿈의 세계(타이베이)로 향한다. 몰래 빠져나온 그들은 번화한 타이베이에 도착할 수 있다고 생각했다. 하지만 "타이베이에서는 쉽게 돈을 벌수 있대, 바깥 세계는 생활하기 좋대"(가사집 12쪽)와 같은 행복한 상상은 우연히 '흑묘가무극단'에 들어가게 되면서 하루하루를 연명하는 고달픈 생활로 바뀌었다. '흑묘가무극단'은 대만 가요 작곡가 양싼랑의 작품을 주로 공연하였는데, 1965년경에 곧 쇠락하게 되면서, 그 뮤지컬은 가자희 공연으로 흡수되었다. 결혼생활과 자녀들을 위해 천란은 잠시 가정의 천사라는 역할로 돌아가지만, 가족 생계를 위해 가자극단(歌仔劇團)으로 다시 돌아오게 된다. 연이어 남편을 잃고, 절 앞에서 노점상을 운영하며 여섯 명의 아이를 키워낸다. 이러한 역경을 겪는 여성 캐릭터는 플롯 상 새로운 내용은 아니지만, 각색자는 극의 마지막 주제곡에 추억과 인생은 마치 놀이와 같음을 표현한다. 하나는 허황된 꿈이오, 또 하나는 인간 세상에서 생명이 순환되는 것으로 "공연하는 날들은 감미로운 꿈으로 변했다."(가사집 30쪽)처럼 감미롭게 표현해냈다. 이 두 가지 층차는 후웨이와 타이베이 두 지역을 가장 가난한 곳과 가장 부유한 곳, 공과 색의 지리적 광경이 첩운(疊韻)의 교차와 함께 펼쳐지면서 드러난다. 량천란과 바이샹란의 실제 이야기를 무대 위에 재현하는 것은 여성의 생명력을 이야기한 것이며, 이 같은 전개 속에서 인생은 세계이며, 세계가 곧 무대 위의 사유이고, 활력 있는 대만 여성의 생명이 그 생동감 속으로 돌아(回)오는 것이다. 여기에서의 "回" 발음은 대만어의 "꽃"과 비슷한 것으로, 여성을 꽃술과 같은 형상으로 비유하고 있는 것이다. 이는 보편적인 세계의 중복성을 재창조된 세계의 연장으로 삼았다. "回" 는 "迴" 혹은 "徊"로 해석할 수 있다. 이는 바이샹란과 같은 여성 즉, 대만 민간인 사이에서 흔히 볼 수 있는 여성의 삶을 신비롭게 꾸몄다고 볼 수 있다. 이러한 관점으로 이 뮤지컬을 감상한다면 극장생활에 대한 당시 대만 여성의 '허구적 세계'감을 느낄 수 있으며, 또한 관객은 흑묘가무극단에 대한 재현이나 양싼랑이라는 배역이 비현실적으로 표현되고 있음을 쉽게 알아챌 수 있다. 하지만 기억되고 다시 재현된 추억의 가자희곡 세계는 역시 뮤지컬의 초보적 발전으로서 여성 생명의 관점을 잘 나타낸다.

4. 대만의 '신 중국 문화' 정신: 〈웨이수이 봄바람: 대만뮤지컬 삼부곡〉

<웨이수이 봄바람>은 음악시대가 <사월의 비>와 <이웃집 사돈(隔壁親家)> 의 뒤를 이어 내놓은 작품이다. 앞에서 소개한 몇 편의 뮤

지컬과 같이 모두 타이베이 국가연극원(國家戲劇院)에서 공연한 바 있다. 뮤지컬에는 34곡의 대만, 일본, 원주민 가곡을 포함하고 있으며, 장웨이수이(蔣渭水, 1891-1931)를 대만 문화계몽자로 소개하고 있다. <웨이수이 봄바람>은 장웨이수이를 1921년에 '대만문화협회(台灣文化協會)'를 창시한 문화 선구자로서, 어떻게 그가 대만에 '대만민중당(台灣民衆黨)'[13]을 설립했는지를 묘사했으며, 또한 국부 쑨중산(孫中山) 선생이 제창한 정치 신념을 빌어 대만에 대한 사랑과 이상을 뮤지컬을 통해 표현하여 세대정신을 계승했다. 정치적인 측면에서 보면, 장웨이수이의 정치이념과 행보는 국민당과 민진당 양쪽이 판단할 문제이지만, 뮤지컬 CD음반에 수록된 첫 곡인 '세계가 고요해질 때(世界恬靜落來的時)'에서 '대만은, 우리의 이름(台灣, 是我們的名)'이라는 일곱 번째 곡까지, 전체적으로 암흑에서 광명으로 나아가는 여정을 그리고 있다. 한 무리의 청년들이 합창한다. "'대만인', 바로 우리의 이름 / 오늘은 우리의 운명을 바꿀 것이다 / '대만인', 바로 우리의 이름 / 내일은 우리의 새로운 미래를 개척하자!" 이 노래에서의 대만인

13) 1927년 7월 10일 타이중시(臺中市) 신푸정(新富町) 쥐잉루(聚英樓)에서 성립한, 대만인이 세운 첫 번째 정당으로, 성립대회는 차이스구(蔡式穀)가 사회를 보았다. 초기 주요 인물로는 리잉장(李應章), 장웨이수이, 린셴탕(林獻堂), 차이페이훠(蔡培火) 등이 있고, 당기(黨旗)는 중화민국 국기를 모방한 별 삼성당기이다. '민본정치 확립, 합리적 경제조직 건설, 사회 폐단 개조 및 폐지'를 민중당의 3대 강요로 삼았다. 정치행동에 있어서 민중당은 시가장의회(市街庄議會)의 자문을 거쳐 의결기구로 고치고, 의원은 관선에서 민선으로 바꿀 것 등을 제시했다. 또한 대만 총독부의 아편 흡입 특허 정책에 반대하여 국제연맹에 공소를 제기하기도 하였다. 그 후 공농계급의 지지를 구하기 위해 1928년 2월에 장웨이수이의 지도 아래 '대만공우총연맹(台灣工友總聯盟)'이 성립된다. 그러나 후에 공우총연맹 조직이 확장되어 오히려 민중당의 행동, 사상을 결정할 수 있게 되고 장웨이수이의 공농운동에 대한 지지까지 더해져 차이페이훠가 장웨이수이를 제 2의 롄원칭(連溫卿)이라고 하면서 쌍방은 분열하게 된다. 마지막에 린셴탕 등 창당 원로들은 탈당하여 1930년 8월에 대만 지방자치연맹을 조직한다. 1930년대 일본 국내 군국주의의 고양에 따라 1931년 2월 18일에 총독부는 결국 대만민중당에게 해산명령을 내리게 된다. 그 해 8월, 장웨이수이가 세상을 뜬다. 참고한 역사문화 학습 웹 페이지: http://culture.edu.tw/pioneer/subject_list.php?subjectid=359 (04/20/2013).

을 어떻게 정의할지는 뮤지컬에 정확히 밝히지 않는다. 단지, 대만 상황에 맥을 짚는 인자한 의사가 제작한 '임상강의(臨床講義)'에서 대만인이 지식의 영양실조에 걸렸음을 알려주며, 이는 교육과 신문 등의 처방을 받아 새로운 사회로 개조해야 함을 비유할 뿐이다. 중화민족은 대만으로 건너와 중산(中山) 정신을 선양하며 대만 문화협회를 창단했다. 대만문화협회 노래를 통해 그들이 말하는 '세계인(世界人)'의 의미를 이해할 수 있다.(하늘에서 내린 큰 사명: 대만문화협회회가)

동양의 영원한 평화를 도모하려면 중일이 우호적이어야 한다
우리들은 하나로 연결 되어진 화목한 이 땅의 형제이다
동아시아 민족을 규합하여 대동맹을 맺자
문명을 계발하여 서양과 나란히 나아가자
황인과 백인의 전쟁을 피해 세계를 평화롭게 하자
같은 하늘을 지고 있으니 어찌 포기할 수 있겠는가
세계인을 위한 최후의 사명을 완수하길 바란다
세계인류가 만만세를 대만의 명예가 울려 퍼진다

"동아시아민족 대동맹 체결", 동양과 서양을 절충하여, 최후에는 세계인의 '대만인'이 되고자 상상하는 삼부곡 중, 뮤지컬 공연은 두 역사적 인물인 장웨이수이와 쑨중산의 혁명 정신을 잘 결합해놓았다. 반복되는 역사 문학성이 이 뮤지컬에서 동심원을 밖으로 확장하는 방식으로 표현되고 있으며, 대만이 갖고 있는 특수성은 세계인의 민주적 관점으로 발현되고 있다.

이 외에 또 하나의 역사적으로 중대한 사건은 1930년에 민중당이 들춰 낸 시디그 우서사건이다. 이 공연은 시디그 연장자들의 고별을

이용하여 식민지 억압으로 당한 상처를 연출했다. “상처가 너무 깊어, 우리는 떠나겠소. / 우리는 가야만하오, / 일본을 쏜 선조들이 손을 내미오. 한 무더기 떨어진다, 잎이. / 우리는 어쩔 수 없이, 가야만하오.” 이 2막의 음악은 세계 공통의 이상과 억압으로 인해 고통을 당하는 현실이 공존하는 모순을 드러낸다. 노래 선율은 그때 당시 추진했던 ‘농공 중심의 민족운동’의 이념을 전달하며 적막 속에 막을 내린다.

눈여겨 볼만한 것은, <웨이수이 봄바람>은 대만 관중들이 크게 따라 부를 수 있는 친숙한 노래였으며, 인정양(殷正洋)이 장웨이수이 역(役)을 맡고, 젊은 바이샹란을 연기한 사람 또한 홍뤼샹(洪瑞襄, 1968-2012)으로 친숙한 사람이었다. <사월의 비>의 주인공 덩위셴을 연기한 장샹뤼(江翔睿)는 장웨이수이의 친한 친구인 다오환텅(道桓籐) 병사로 출연하기도 했다. 이처럼 관객들에게 익숙한 연기자와 가수를 이용하는 제작 방식은 뮤지컬 시장에서 뿐만 아니라 일반적으로 많이 사용되는 방식이다. 이 뮤지컬도 이러한 제작 방식으로 대만 역사의 연속성 속에서의 역사적 각성, 인생의 의미 그리고 문화의 존엄 등 여러 측면을 표현하고 있다. 이 뮤지컬은 세계인의 사고로서 변증성을 열고, 대만 경험을 아름다운 생활의 가장 이상적 기준을 만들어냈다. 역사적 관계에 있어서 뮤지컬은 통속적이거나 정치적인 표현을 통해 사람을 감동시킬 수 있다. 뮤지컬의 제작 과정에서 예술적 세계의 능동성을 언급해 볼 수 있다. 뮤지컬은 과거에는 이해할 수 없었던 역사의 상처를 음악을 통해 정서를 건드리며 미래 세계에 대한 가능성을 표현해준다.

5. 쇼와시대 상하이 모더니즘 예술의 생명: 〈나는 도란의 화신〉

천청보(陳澄波, 1895-1947)는 대만 미술사에서 최초로 일본 '제국 미술 전시회'에 선발된 화가다. 그는 가난한 집 출신이었지만 그림에 대한 열정을 갖고 있었다. 천청보는 대만 미술 운동을 계승하였으며, 대만을 아끼고 사랑하는 애틋함이 모두 예술의 대만이라는 새로운 세계에서 잘 드러난다. 1929년에 천청보는 상하이 신화예전(上海新華藝專)과 창밍예술원(昌明藝苑)에서 초빙 교수로 일한 바 있으며, 당대를 대표하는 12명의 화가 중 한 사람으로 선정되기도 했다. 1933년에 대만으로 돌아온 그는 1년 후에 리메이수(李梅樹) 등 여러 사람들과 함께 '대양미술협회(臺陽美術協會)'를 창립하여 미술 운동을 활발하게 전개하였다. 대만의 광복 이후에도 자문의원을 맡아왔지만, 2·28 사건으로 죽음을 맞이한다.

<나는 도란의 화신>(2010-2012)은 대만사범대학교가 지아이시(嘉義市)에서 위탁받아 제작한 창작뮤지컬이다. 량즈민(梁志民) 교수가 연출을 담당했고, 대만사범대학교 공연예술 연구소가 제작을 맡았다. 대만어(台語) 인기가수인 홍룽홍(洪榮宏)이 남자 주인공 천청보 역을 맡았고, 영화배우 가오후이쥔(高慧君)이 여자 주인공인 천청보의 부인 장제(張捷)역을 연기했다. 극본에서 시공을 넘나들 수 있는 여행자(아칭(阿慶))를 서술자로 설정한다. 아칭 역시 현실에서 미술학과를 졸업하고 무엇을 해야 할지 고민하는 사람이다. 아버지가 남기고 간 우편물을 통해 관중을 화가의 일생으로 이끌고 간다. 노래와 춤 이외에, 이 뮤지컬은 각종 장르를 통해 일제 강점기의 대만과 일본, 중일 전쟁시기의 상하이 그리고 광복 전후의 대만 등 역사

를 찬찬히 훑어볼 수 있도록 만든다. 음악 역시 대만 초기에 유행했던 가요와 일본 엔카(演歌), 30년대에 상하이 재즈 등을 통해 대만이라는 지역의 생활 궤적을 하나씩 되짚는다. 극의 구조를 살펴보면, 아칭이 허구로 만들어 낸 '낯선 익숙한 그림(陌生的熟悉圖像)'(44)이 무대 위에서 천청보의 복제 작품을 통해 지난날을 재현한다. 그림이 뮤지컬의 중심이 되는 것은 흔한 사례가 아니다. 서양 예술가 아르놀트 쇤베르크(Arnold Schoenberg(1874-1951)) 혹은 칸딘스키(Wassily Kandinsky(1866-1944))는 음악과 그림을 창작한 바 있으며, 또한 이 두 예술을 연계한 글을 발표한 적 있다. <나는 도란의 화신>에서는 그림에 그림을 겹쳐 중복된 영상을 만들어 낸 것이 특징이다.

뮤지컬에서는 20세기 초 대만 지아이시의 풍경을 도쿄(東京), 상하이, 시카고와 광복 후 아름다운 대만을 상상하며 펼쳐낸다. <나는 도란의 화신>의 마지막 막은 천청보가 1947년 3월 25일 이른 아침에 평화의 사자로 지아이시 2·28사건을 해결하기 위해 고군분투했으나, 어떠한 공개 재판도 거치지도 않은 채 지아이시 기차역 광장에서 총살당한 데에서 멈춘다. 이 화가는 일찍이 그의 작품 <서호(西湖) / 끊어진 다리에 쌓인 눈(斷橋殘雪)>으로 중국을 대표해 시카고 세계엑스포에 참가한 적 있다.(76) 그러나 뮤지컬이 광복 전야를 회고할 때, 군중이 장차 다가올 시대를 노래하는 중에 사람들의 신분이 바뀌고 일종의 새로운 아름다운 세계를 상상하는 것으로 상정된다. "청나라 시대에 태어나 식민을 겪고, 꽃을 따 보지도 향을 맡아 본 적도 없이 / 광복 이후에 국민이 되어, 봄바람에 꽃향기 은은히 퍼지네 / 오늘을 축복하는 노랫소리가 라디오에서 들리니, 모두가 국기를 흔들며 노래 부르네 / 아~~ 맑은 날 꽃이 가득하다! / 집집마다 폭죽을 연이어 터트리네, 거리마다 사람들의 입가에 웃음이 걸려있네 / 공연 보따리는 풀고 풀어도 끝나지 않네. 소망과 평화와 행복의 세상이 한 데 모였구나."(105) 이 노래는 식민지 시대와 후식민지 초기의 심경의 변화를 새롭게 해석한 것이다. 무대 위에서 색색의 나부끼고 있는 깃발은 새로운 세상이 도래했음을 알릴뿐 아니라, '남은 민족(遺民)'의 상황을 나타내고, '사람(人)'의 존재와 허무를 현실로부터 이해한 것이다. 특히, 겹겹이 쌓인 정치적 변화나 역사적 사건에 있어 <나는 도란의 화신>은 예술적 환상을 관찰의 힘으로 만들어, 회화 작품을 온 힘을 다 해 봄으로써 '마음속의 고충'을 전환시킨다(111). 사람들은 이를 관람하면서 자유민주의 아름다운 세상에 대한 주체적 의지를 고취시킨다.

극의 마지막은 생기 있고 활기찬 한 폭의 그림과 같이 생동감 있게 춤을 춘다. <나는 도란의 화신>은 대만 섬의 역사와 지리적 공간을 펼쳐내어 눈부신 발전과 자유로운 에너지로 표현한다. 가장 마지막 무대에서 남자주인공인 훙룽훙이 노래를 부르는 중에 관중도 소리 높여 따라 부른다. "봄날의 풍경에서 색을 빌려오니, 붉고 파랗고 하얀 색도 있네 / 산도 보고 물도 보고 구름도 보고, 꽃도 보고 단풍잎도 보고 숲도 보는구나 / 마음속에 간직한 아름다운 그림을 그리네, 우리를 돌봐주는 하늘에 감사하네. / 가장 애틋한 것은 고향 사람과 흙이구나."(116) 자연만상은 회화색채와 교차하면서 다채로이 끝없이 물들여가는 가운데, 열정과 용기 뿐 아니라 부드러움과 자유까지 담게 된다. 이를 토대로 예술은 사람이 역사와 마주하도록 인도하고, 시를 낭송하는 예술 역시 오랜 세월의 힘을 압도하고 있다. 천청보의 일생을 캔버스로 보면 뮤지컬의 춤과 노래는 생명 속에 간과할 수 없는 세계성을 이끌어 낸다.

6. 포스트 모더니즘 판타지 장르: 선풍(禪風)가자희 뮤지컬 〈여래도 그대도 저버릴 수 없소〉

대만은 뮤지컬 제작에 있어서 브로드웨이 뮤지컬을 모방한 것 외에 유행음악, 전자 락앤롤, 현대풍 고전음악, 서양 오페라, 인형극, 무용극 등 다양하게 흡수하였다. 그 외에 대만은 자생적으로 장르를 뛰어넘은 발전을 보이는데, 즉 각 극단이 계속적으로 발전시킨 각종 극의 종류를 변화하고 조합한 것이다. 시장규모가 아직 형성되지 않았고, 문화 자본경제가 위축되었기 때문에, 전체적으로 대만 뮤지컬은 브로드웨이와 같은 형식으로 발전하지는 못했다. 극단은 공연을 키운다는 생각으로 지방을 다니며 순회공연으로 제작경비를 마련했으며, 국가 문화부와 사설 재단의 찬조를 받아 극단을 운영했다.

수많은 극단 가운데 상허(尙和) 가자희 극단은 근 20년 동안 많은 극을 제작했다. 가자희 극단은 전통극을 새롭게 각색한 <뤄수이강의 가을(洛水之秋)>(1998), 대만어 문학 전통극을 각색한 <성루패시(聲樓霸市)>(2000), 대만어 가자희의 새로운 시극(詩劇) <유성 해왕자(流星海王子)>(2003), 원주민 구전 가자 뮤지컬 <파랭공주(巴冷公主)>(2008), 번역극과 셰익스피어극 형식을 조합한 <욕망 전당포(慾望當舖)>(2010), <석가모니의 눈동자(牟尼之瞳)>(2011), 청춘 유행 가자극인 <청공의 섬(晴空之島)>(2013), 경계를 넘는 대만어 뮤지컬 <바이샹란>(2010)과 <관세음보살 늙은 어머니(觀音老母)>(2013)와 국가극원(國家劇院)에서 연출한 <반인(半人)>(2015) 등 많은 극을 제작했다. 이렇게 다양한 종류의 레퍼토리와 창의적 편곡, 각종 '변종'의 자극 등은 연극 자체가 위축되고 있는 문화경제시장 속에서도 공연예술의 방식이 남대만(南台灣) 속에서 독자적인 활력을 가지도록 만들었다.

극단들은 독특한 방식으로 운영을 하는데, 다양한 종류의 운영 방식이 존재한다. 그 중 많은 어려움을 겪어왔던 유명한 가족극단 배경을 가진 금기연사(金枝演社)의 왕룽위(王榮裕) 단장은 이러한 혼잡함을 거론한 바 있다. 특히 <호별자(胡撇子)>에 대한 관점을 언급했을 때, 그 역시 제목과 들어맞게 "호별자는 하늘을 나는 말과 같이 호방하게, 자유롭고 거리낌 없이 공연하는 형태를 띄고 있다. 대만 문화 속에 '대나무 끝에 요리 칼을 걸고 싸운다'의 특성과 동일하다. '대나무 끝에 요리 칼을 걸고 싸운다'는 대만 문화 속에 콜라주적 묘사를 반영한다. 대만은 많은 국가와 다른 종족의 지배를 받았기 때문에, 그들 모두가 대만 문화 속에 잔재로 남아 콜라주적 문화성이 형성되었다."(18) 극장과 극의 종류가 화려하게 총출동한 '역사 리모델링'의 특성은 소규모 시장이 반드시 직면해야 할 도전이고, 불교가 창작한 가자 선풍 뮤지컬(歌仔禪風音樂劇)인 <여래도 그대도 저버릴 수 없소>(2013)의 동기이기도 하다.

가자 선풍 뮤지컬과 같은 극은 동양과 서양의 극본이 결합되어 뒤섞인 것이 장점이다. 신화에서 나오는 기이한 동물은 일반적이고, 상허 가자희의 량웨링(梁越玲) 단장은 가자희 전통적인 곡조와 현대 극장 및 일상생활의 어휘를 융합해 극본을 창작했다. 서양 뮤지컬 배경 출신의 쩡후이청(曾慧誠) 연출가와 리저이(李哲藝) 선생 등이 협력하여 작곡을 했다. 제작진의 라인업 역시 각계 예술단에서 모셨다. 이 외에도 <여래도 그대도 저버릴 수 없소>는 이야기 선(禪)과 신체적 선(禪)의 개념을 차용하였다. 여기서 '선풍(禪風)'의 가자희는 시공을 넘나드는 판타지적으로 표현했다. 비록 당대 대만 문화 혹은 전 세계적 문학과 문화이론이 발전하는 구조에 있어서, '포스트모더니즘'은 이미 역사 고전의 어휘가 되었다. 그러나 문화예술이론을 다시 회고할 때에, 갈수록 새로워지고 다양한 것들을 망라하여 다시 모습을 드러내는 것을 쉽게 발견할 수 있듯이, 주인공 승려 두 명의 공연은 각 개인의 심성을 지속시키고 융합하여, 불(佛)과 선(禪)을 또 다른 반(反)이성의 자각으로 완성했다. 노래 공연 중에는 이질적인 스타일을 유지하여 장면마다 진기한 분위기를 연출했다. 연극적인 특성을 표현하는 건 상당히 복잡하다. 물론, 관중은 심오하고 다양한 종교학과 종교역사학, 선종, 가자희 곡조, 각색한 음악의 배치와 춤 등을 일목요연하게 알기 어렵다. 무대 위의 동선과 조명을 적절히 통제하는 것 역시 쉽게 되지 않는다. 현대적인 극본에서 막을 바꾸고 리듬감을 조정하는 것 역시 치밀함이 필요하다. 이와 같은 서양 뮤지컬의 힘은 무대를 블랙박스 극장 안으로 우회하여 구현시켰다. 역으로, 관중들이 익숙했던 전통 가자희 속의 비극(곡조)을 옮겨와 무대 위의 예술성과 분위기를 장악할 수 있게 했다.

한 단계 더 나아가 살펴보면, 당대 대만 극의 다양한 스타일의 발전은 관객이 익숙한 극인지 상관없이, 가자뮤지컬은 공연한 후 즉각적으로 공감을 얻기가 쉽지 않아 오히려 조절과 연구가 필요하다. 하지만 소재는 탐구와 번역이 강조되기 때문에 근본과 자기 각성을 건드릴 필요가 있다. 게다가 자막과 <여래도 그대도 저버릴 수 없소>가 최대한 시공을 흔들고 있기 때문에 이렇게 거대한 가자뮤지컬은 속세와 세상 간을 무대 위의 조명으로 연결하여 역사를 다시 회고하는 금빛 연꽃잎이 뭉게뭉게 생겨나게 만들어냈다. 불교의 역사와 경계(구자왕조(龜兹王朝)와 조선시대)를 뛰어넘는 (유심조(唯心造) 세계관으로 당대 무대를 재현할 수 있었다.

신체 표현 방법으로는 다른 문화의 노래와 춤을 제외하고 신장(新疆)춤, 민족무용, 현대무용과 가자희의 걸음과 동작 등을 결합한 것들이 있다. 극 중에 불교학과 불교의 수련 운동이 서려있어, 인간의 생로병사의 경험과 득도의 과정이 담겨 있다. 두 대가의 만남과 대화에서 신체와 지각은 하나의 움직이는 무용성(性)으로 연기된다. 이 순회에서 생겨난 불교의 수련 운동은 이야기와 신체 동선(動禪)이 번갈아가며 작용함으로써 몽환적인 분위기를 자아낸다. 동시에, 서사의 흐름은 기나긴 경전의 번역과 도를 추구하는 정신의 창조적 행보로 가득 차 있다. 대화중에는 역사의 엇갈림의 투사성이 만연하다. 대화를 통해 수시로 심성을 담금질하고 더 나아가 사람과 포스트모더니즘 생활의 '기술(技術)'을 연결시켜 나간다. 이 기술성의 조작은 종교가 개인 생활과 생명 실현의 장이 되게 한다. 또한 심성의 수행을 부각시킨다.

선풍 가자희 뮤지컬인 <여래도 그대도 저버릴 수 없소>는 당대 대만 문화에서 반드시 마주해야 했던 인문사회적 복잡성을 문화번역의 느릿한 기다림을 거쳐 구전 설찬연화(舌燦蓮花)처럼 전달했다. 뮤지컬은 대만의 역사를 세계 속에서 되짚는 데서 시작하여, 인도에서부터 중원으로 불교문화가 전해져 동아시아 각지에 분포되어 각자 자신만의 형태를 만들어 온 자취를 따라간다. 하지만 깨달음의 의식 및 자아에 내재된 각성의 의지가 이 가자희 뮤지컬에서는 계급, 성별, 학력, 신분, 사회적 지위 등 다양한 정체성 혹은 시공의 한계를 초월한다. <무애가(無涯歌)>는 세상의 모든 사람이 선법(善法)을 통달하는 것과 살아있는 지혜를 수용하는 것, 번뇌가 없는 마음의 활동 등의 차이를 서술한다. 글자들이 하늘에서 선녀가 꽃을 뿌리듯 보편적인 포스트모던의 기이하고 환상적인 가능성을 표현해냈다.

뮤지컬 <여래도 그대도 저버릴 수 없소>에서 대만어 가자희는 공상 과학을 융합하고 시공을 초월한 상상의 무대를 꾸몄다. 금강경(金

剛經)의 한 구절인 "일체 모든 것에는 진리라는 법이 있다", "꿈이나 환영 같고, 물거품이나 그림자에 불과하다", "이슬 같고 또한 번개 같다", "마땅히 이와 같이 보아야 한다."를 각각 네 막의 주제로 삼았다. 쿠마라지바(鳩摩羅什, 334-413) 대사와 원효대사(617-686)의 천년 설화를 창작해냈다. 수행의 여행 과정에서 겪는 선악의 기이한 변화를 서술했다. 이 극은 인연의 시작부터 인연이 끝날 때까지의 내용을 담고 있는데, 그 내용은 구자(龜茲) 왕조의 승려인 쿠마라지바가 어떻게 전쟁 포로가 되고, 계율을 어기고 아내를 얻었으며, 또다시 실크로드 여정에서 온갖 고초를 겪을 때, 우연히 300년 후 당나라로 법경을 구하러 가는 원효대사를 만나게 되었는지에 대한 것이다. 두 사람의 만남을 통해 모든 것은 마음이 지어내는 것(一切唯心造)이란 깨달음을 얻은 원효대사는 법경을 구하러 가는 것을 관두고, 세상의 모든 것은 자신에게 달려 있음을 설법으로 삼았다.

이 두 사람의 만남은 시간적으로 결코 가능한 일이 아니다. 십육국 시기 불교 역경(譯經)의 고승과 신라시대 해동종(海東宗)을 서로 잡아당기고 비틀어내어 시공을 초월한 새로운 무대를 창조해냈다. 시공의 교차로 전개된 포스트모더니즘적인 시공으로 이 극을 설명한다면, 이렇게 뒤틀린 시공의 허구 세계 속에서 현대성을 직면할 때 인간은 이성으로 허구의 세계를 받아들이며, 비현실적인 새로운 국면을 창조해낸다는 것을 발견할 수 있다. 새로운 허구 세계 속에서는 더 많은 불확정성이 전개되지만, 사물은 상대적으로 상호성과 침투성이 뚜렷해지면서 인간의 행위와 사상 아울러 자신에 대한 고찰을 통해 몇 가지의 구조로 새로이 재편되어 다시 인류사회 성패의 인과를 구성한다. 이러한 포스트모더니즘의 창의와 허구 간의 간극이 극 중에 난무하다. 다시 말해, 시공의 초월에서 생성된 분열은 결국 다시 속세와 세상을 결합시킨다. 불교의 경전 혹은 종교에 대한 신앙의 상상, 결혼, 군권의 비(非)절대적인 신성성(神聖性)과 글자 표면상의 의미를 막론하고 모두 서술하는 과정에서 고의로 사라지거나 와해시켜, 아집(我執)과 허가(虛假)를 뒤집어 엎어버린다. 불교에서 말하는 공무(空無)는 속된 것이 없는 것으로, 반드시 청정무구함을 추구해야 한다. 하지만 뮤지컬 <여래도 그대도 저버릴 수 없소>에서는 풍자적 형상으로 탐욕(貪), 분노(瞋), 우매함(痴) 등으로 사람을 가두는 망념의 감각기관을 반복적으로 재현한다. 다시금 사람이 자신의 본능을 대면하게 하여, 광적으로 요란하고 황량한 원시로 돌아가 생명에 충만한 육체의 화려함과 유희 세계에 구애받지 않도록 한다.

마지막으로 세계성이 형성되는 과정 속에서 역사적 사건이나 긴 역사가 사라져 융합되는 현상이 <여래와 그대를 저버릴 수 없소>에서는 허구적 공간에서 어떻게 나타나는지에 대한 연구도 탐구해볼 만 하다. 잎이 없는 시든 나무를 무대 중앙에 배치하여 사계절의 변화를 조명으로 표현한다. 의복의 과장된 색채와 거대한 투구 등은 춤추고 노래하는 뮤지컬 무대에서 오히려 육신의 연약함을 잘 드러내 준다. 정신세계는 <무애가>의 마지막 구절인 "꽃이 피고 꽃이 지는 사이, 우주 만상"에서 피어난다. 이 같은 포스트모던의 환상은 시각적 측면을 강조함으로써 관중이 사유를 전환할 수 있도록 만들어 준다. 뮤지컬 연출에 따라, 관중은 이미 사라져 버렸지만 원래 존재했던 정법(正法)을 글자 표면상의 의미나 이성적으로 인지할 수 있는 범위 속에서 추구하고자 한다.

자막 번역이 없었다면 위에 기술한 여섯 편의 뮤지컬 작품을 관람하거나 감상하기는 불가능했을 것이다. 언어와 극본의 복잡함 그리고 식민과 가상의 공간은 대만 뮤지컬의 특색 중 하나이다. 이러한 복잡함은 여러 종류의 언어를 통해 표현되어 복잡하고 기이한 대만 상상을 만들어냈다. 대만 뮤지컬의 다양한 창작 형식, 독창적인 노래 방식으로 전달되는 정감, 대만의 정치, 동남아시아 및 세계의 경제, 식민지 역사, 시공 등등이 뮤지컬 속에 표현되었다. 이렇게 여러 가지를 포함하는 뮤지컬 자체에 문학 세계의 감정과 능동성도 포함되어있어, 뮤지컬 속에 신구(新舊) 세계를 그리려는 상상력이 시도되었다. 이는 아시아 역사의 청사진을 이해하고자 할 때 빼놓을 수 없는 연구 분야이다. 이렇게 여러 가지 형태의 대만 뮤지컬을 융합하면, 앞으로의 중국어권 뮤지컬 시장에서 서양의 뮤지컬에 뒤처지지 않는 문화생산에 참고가 될 본보기가 될 것이다.

(오소정 옮김)

참고 자료

제1장 한국의 대만문학 연구: 주체 위치의 설정과 대만 내부 갈등 극복 가능성

* 이 글은 『중국현대문학』 제73호, 한국중국현대문학학회, 2015.6.에 같은 제목으로 실린 것이다.

1. 한국 학자의 대만문학 연구

고운선, 「1960-70년대 王禎和의 초기 단편소설 연구」, 『중국현대문학』 제59호, 2011.

김경남, 「해방 직후의 한국 대만 양국의 문학적 과제와 문단 현황」, 『중국현대문학』 제7호, 1993.

김계자, 「근대 일본문단과 식민지의 문학자: 김사량과 룽잉쭝을 중심으로」, 『아시아문화연구』 제22집, 2011.

김미란, 「타이완의 '대륙상상'과 양안(兩岸) 결혼: 대륙출신 배우자에 대한 시민권 논의를 중심으로」, 『중국현대문학』 제54호, 2010.

———, 「타이완의 젠더화된 新·舊이민과 양안(兩岸)결혼」, 『중국어문학논집』 제68호, 2011.

———, 「탈냉전기 타이완의 '중국 상상'과 민족주의: 개방담론과 귀속감을 중심으로」, 『중국현대문학』 제60호, 2012.

김상호, 「痛苦的美學: 陳千武和金光林的戰爭傷痕詩之比較研究」, 『중국현대문학』 제23호, 2002.
———, 「論『笠』詩刊創辦期陳千武的詩」, 『중국현대문학』 제24호, 2003.
———, 「‘內心’的獨白, ‘外界’的故事: 論巫永福詩中的節制和觀照」, 『중국현대문학』 제26호, 2003.
———, 「包容的美學: 論九〇年代初期陳千武的詩」, 『중국현대문학』 제27호, 2003.
———, 「與張赫宙楊逵與張赫宙普羅小說之比較研究: 以「送報伕」與「餓鬼道」爲例」, 『중국현대문학』 제30호, 2004.
———, 「李光洙與魯迅的民族改造小說之比較研究: 以『無情』和『吶喊』爲例」, 『동아인문학』 제8호, 2005.
———, 「戰後現代詩人的台灣想像與現實」, 『중국현대문학』 제34호, 2005.
———, 「論巫永福的詩: 從祖國意識談起」, 『중국현대문학』 제38호, 2006.
———, 「論鄭淸文小說裡的悲劇性: 以「永恆的微笑」與「黑面進旺之死」為中心」, 『동아인문학』 제11호, 2007.
———, 「賴和與朝鮮‘詩僧’韓龍雲民族意識新詩之比較研究」, 『동아인문학』 제13호, 2008.
———, 「想像的美學: 新詩呈現的民間故事意象」, 『동아인문학』 제16집, 2009.
———, 「孤獨與想像的美學 — 論周夢蝶的詩集『孤獨國』」, 『동아인문학』 제20호, 2011.
———, 「白石與龍瑛宗詩所呈現的內心意識比較研究」, 『동서비교문학저널』 제29호, 2013.
김순진, 「朱天心小說的邊緣意識: 以「我的朋友阿里薩」爲中心」, 『중국현대문학』 제34호, 2005.
———, 「殺夫와 救母 그리고 왜곡된 진실: 타이완 여성 작가 리앙의 殺夫 읽기」, 『외국문학연구』 제28호, 2007.
———, 「李昂 소설을 통해 본 국가와 섹슈얼리티: 『迷園』을 중심으로」, 『중국현대문학』 제45호, 2008.
———, 「타이완 문학에서 드러나는 에스닉 상상과 국가 정체성」, 『중어중문

학』 제53집, 2012.

———, 「과거의 구원과 현재의 수용: 타이완 외성인 2세 작가 張大春, 朱天心, 平路의 작품을 중심으로」, 『중국현대문학』 제65호, 2013.

———, 「권정생과 황춘밍 동화 비교」, 『중국어문논역총간』 제34집, 2014.

김시준, 「대만현대문학의 역사와 동향」, 『중국현대문학』 제7호, 1993.

김양수, 「일제시대 한국과 대만 작가의 이중언어 문학」, 『중국어문논총』 제23집, 2002.

———, 「戰後臺灣文學與中國現代文學的傳統: 以陳映眞爲個案」, 『國際中國學研究』 제6집, 2003.

———, 「日帝時期韓國和臺灣接受魯迅之比較」, 『國際中國學研究』 제7집, 2004.

———, 「'타이완문학특집' 기획 의도」, 『중국현대문학』 제34호, 2005.

———, 「鄭清文「三腳馬」裏的殖民地記憶」, 『중어중문학』 제39집, 2006.

———, 「타이완 작가 중리허(鍾理和)의 만주 체험과 조선인」, 『중국현대문학』 제39호, 2006.

———, 「한국과 타이완 문학 속 '광복'의 기억」, 『중어중문학』 제48집, 2011.

김 원, 「대만문학 발전과정을 통해 본 대만문학의 전망」, 『아세아문화연구』 제10집, 2006.

———, 「라이허의 작품세계와 타이완 신문학」, 『아시아문화연구』 제20집, 2010.

김정욱, 「1930년대 조선과 대만의 노동자제재 소설 초탐: 인물형상과 갈등의 성격을 중심으로」, 『중국현대문학』 제7호, 1993.

노혜숙, 「李昂의 「殺夫」」, 『중국문화연구』 제17집, 2010.

박남용, 「지미(幾米) 그림책에 나타난 도시인식과 상상력 연구」, 『세계문학비교연구』 제41집, 2012.

박재우, 「韓國的臺灣文學研究的歷史與特點」, 『중국현대문학』 제32호, 2005.

———, 「일제시기 한국과 대만 문화 상호작용의 또 다른 공간: 중리허(鍾理和)의 만주체험과 한인제재소설 『버드나무 그늘』의 의의」, 『외국문학연구』 제25호, 2007.

송승석, 「'타이완문학'의 중국결(中國結)과 타이완결(台灣結): '타이완문학 본토론'과 '중국문학론'의 대화」, 『중국어문학논집』 제18집, 2001.

———, 「수탈과 저항의 신화: 타이완 '황민문학'(皇民文學) 연구에 대한 일고찰」, 『중국어문학논집』 제23집, 2003.

———, 「순혈주의에 대한 패배/도피: 천훠취엔(陳火泉)의 「도(道)」를 중심으로」, 『중국어문학논집』 제42집, 2007.

———, 「식민지타이완의 이중어상황과 일본어글쓰기」, 『중국현대문학』 제60호, 2012.

신민영, 「타이완 소설「道」에 나타난 이중 억압 기제와 식민지인의 자기 정체성 연구」, 『인문연구』 제69호, 2013.

신정호, 「臺灣文學之韓國認識: 二十世紀前半期東亞文學的一風景」, 『중국현대문학』 제32호, 2005.

———, 「타이완의 현대사 전개와 2·28문학」, 『인문과학연구』 제30집, 2012.

신진호, 「양규의 「모범촌」과 박영준의 「모범경작생」: 1930년대 대만과 조선 농촌 현실의 형상화」, 『중국현대문학』 제7호, 1993.

양태근, 「葉石濤를 통해 본 강제된 문명으로서의 식민지 대만과 '대만문학'」, 『중국현대문학』 제56호, 2011.

윤은정, 「재타이완(在臺灣) 중국인 시문학에 나타난 문화적 정체성: 1950-60년대 향수시를 중심으로」, 『세계문학비교연구』 제18호, 2007.

이숙연, 「閨秀文學之外: 臺灣80年代以後女性小說觀察」, 『중국어문학지』 제11권, 2002.

———, 「小說新視野: 張大春的『公寓導遊』·『四喜憂國』」, 『중국인문과학』 제30집, 2005.

———, 「浮城·台北: 外省作家的"台北"書寫策略與屬認同探索」, 『중국인문과학』 제33집, 2006.

———, 「80年代臺灣都市小说中的新空间书写策略」, 『중국인문과학』 제36집, 2007.

———, 「臺灣文學文本的多語書寫策略」, 『중국현대문학』 제41호, 2007.

———, 「家國·歷史·性別: 平路小說的臺灣關懷」, 『중국인문과학』 제48집, 2011.

———, 「歷史·文學與主體性: 多元文化視域下的臺灣原住民長篇史詩小說研究」, 『중국인문과학』 제55집, 2013.

임우경, 「민족의 경계와 문학사: 타이완 신문학사와 장애령을 중심으로」, 『중국어문논집』 제25호, 2003.

임춘성, 「포스트냉전 시대 타이완문학/문화의 정체성」, 『대만연구』 제1호, 2011.

장동천, 「대만 '향토문학' 서사와 '신전영' 운동: 본토주의 문화의식의 형성과 확산」, 『중국어문논총』 제31집, 2006.

조영현, 「李喬의 「泰姆山記」에 나타난 타이완 본토성 탐구」, 『중국문학연구』 제42권, 2011.

주재희, 「'대만 중국인'의 정체성 미망: 陳映眞 소설을 중심으로」, 『중국연구』 제27권, 2001.

———, 「진영진 문학관의 전후 대만문학사적 의의」, 『중국연구』 제28권, 2001.

———, 「진영진 전기소설의 서사특색」, 『중국학연구』 제22권, 2002.

———, 「理念的相殘·希望的敍事: 試論黃皙暎的『悠悠家園』和陳映眞的三篇'鈴瑺花系列小說'」, 『중국현대문학』 제34호, 2005.

———, 「진영진(陳映眞)의 「충효공원(忠孝公園)」을 통해 본 타이완의 일제(日帝) 잔영(殘影)」, 『중국연구』 제53권, 2011.

천현경, 「중국의 대만문학 연구 초탐」, 『중국현대문학』 제20호, 2001.

최말순, 「1930년대 대만문학 맥락 속의 장혁주」, 『사이間SAI』 제11권, 2011.

———, 「민족에서 개인으로: 1950년대 냉전대만의 문학풍경」, 『중앙사론』 제38집, 2013.

2. 한국에 발표된 해외 학자의 연구

蔡欣欣, 「臺灣國高中戲曲敎育的現況與展望」, 『한국어문교육』 제14권, 2013.

陳建忠, 「從皇國少年到左傾青年: 台灣戰後初期(1945-1949)葉石濤的小說創作與思想轉折」, 『중국현대문학』 제34호, 2005.

陳映眞, 「臺灣近現代文學思潮之演變」, 『중국현대문학』 제7호, 1993.

陳國偉, 「자본주의와 신분의 재형성: 계엄 해제 이후 타이완소설에 나타난 자기 정체성의 전환」, 『한국문학연구』 제35호, 2008.

高嘉勵, 「情感之島: 發現自我與帝國的殖民地之旅」, 『대만연구』 제5호, 2013.

黃錦樹, 「국적 없는 화문문학 — 재대 마화문학의, 역사에 편입되기 전의 역사, 혹은 대만문학사 중의 비대만문학: 문학사 비교 강령 한 가지」, 『문학과 사회』 제18권 3호, 2005.

蔣淑貞, 「臺灣文學的後現代觀念: 兼論當代女性小說」, 『비교문학』 별권, 1998.

金宗洙, 「試論大陸與臺灣的新文學早期主題結構及其特點」, 『중국현대문학』 제7호, 1993.

李瑞騰, 「일본 통치 밑에서의 대만 신시(新詩)의 맹아: 장아군(張我軍)을 실례로」, 『한국시가연구』 제24권, 2008.

廖炳惠, 「打開帝國藏書: 文化記憶, 殖民現代, 感性知識」, 『중국현대문학』 제34호, 2005.

林保淳, 「台灣的武俠小說與武俠研究」, 『中國語文論叢』 제17권, 1999.

林瑞明, 「國家認同衝突下的台灣文學研究」, 『중국현대문학』 제7호, 1993.

劉亮雅, 「1987年以來台灣後殖民小說」, 『중국현대문학』 제34호, 2005.

呂正惠, 「戰後臺灣知識分子與臺灣文學」, 『중국현대문학』 제7호, 1993.

邱貴芬, 「鄉土文學之'後': 台灣紀錄片與另類文化願景」, 『중국현대문학』 제34호, 2005.

邱珮萱, 「臺灣散文文學意象中'原鄉'觀念探析」, 『아시아문화』 제24집, 2007.

邱貴芬, 「후식민의 바깥: 대만문학의 '대만성'을 찾아서」 『중국현대문학』 제34호, 2005.

石曉楓, 「一九九〇年代臺灣鄉土書寫的轉向: 以袁哲生、童偉格爲例」, 『중국학연구』 제44집, 2008.

松永正義, 「關于日本的臺灣文學研究」, 『중국현대문학』 제7호, 1993.

王潤華, 「瘂弦與台灣文學無國界的新地圖: 流動空間的整合」, 『중어중문학』 제48집, 2011.

吳佩如, 「台灣音樂劇中的世界性: 從歷史事件啟動」, 『대만연구』 제5호, 2013.

張錦忠, 「跨國流動的華文文學: 台灣文學場域裡的'在台馬華文學'」, 『중국현대문학』 제34호, 2005.

張文薰, 「混血/種歷史知識的再生產: 1940年代臺灣文學中的'國姓爺'故事」, 『한국문학연구』 제40호, 2011.

鄭文惠, 「문학정전과 미학교육: 대만문학교육과 정전편제연구」, 『국어교육연구』 제22권, 2008.

朱惠足, 「식민지 타이완문학에서 '고향'의 계보」, 『한국문학연구』 제31호, 2006.

Mei-hwa Sung, "Traveling Theory and Self-Fashioning: the Realist Discourse in Taiwan Fiction(1920s-1970s)", 『근대영미소설』 제13권 1호, 2006.

Fang Hsiung Dscheng, "Die Rezeption der Lukacsschen Romantheorie in Taiwan", 『독일문학』 제68권, 1998.

3. 기타

陳芳明, 「臺灣新文學史的建構與分期」, 『聯合文學』 第178期, 1999.

陳芳明 외 지음, 최말순 편역, 『타이완의 근대문학』1-3, 서울: 소명출판, 2013.

陳萬益 외 지음, 김원 옮김, 『대만문학대강』, 고양: 학고방, 2008.

林玲玲, 「歷史、種族與風土: 葉石濤的台灣文學史分期」, 『黃埔學報』 第五十二期, 2007.

柳書琴 지음, 송승석 옮김, 『식민지문학의 생태계』, 서울: 역락, 2012.

須文蔚 편, 김순진 외 옮김, 『문학@타이완』, 서울: 역락, 2014.

葉石濤 지음, 김상호 옮김, 『대만문학사』, 서울: 바움커뮤니케이션, 2013.

제2장 문화 번역과 트랜스내셔널 담론: 대만문학과 문화연구의 당대적 방향 전환

安柏托·艾可(Umberto Eco),『謝瑤玲譯, 玫瑰的名字』, 台北: 皇冠, 1983.

———,「理性與知識的狎戲--『傅科擺』如何重塑歷史」, 收入安柏托·艾可(Umberto Eco)謝瑤玲譯,『傅科擺』, 台北: 皇冠, 1992.

陳國偉,「資本、身分與文化擬象: 解嚴以來台灣小說中的新自我認同」,『The Studies in Korea Literature』 Vol. 35, 2008.12.

———,『越境與譯徑: 當代台灣推理小說的身體翻譯與跨國生成』, 台北: 聯合文學, 2013.

陳芳明,「後現代或後殖民: 戰後台灣文學史的一個解釋」, 台北: 麥田,『後殖民台灣』, 2002.

陳芷凡,「語言與文化翻譯的辯證--以原住民作家夏曼·藍波安、奧威尼·卡露斯盎、阿道·巴辣夫為例」新竹: 國立清華大學臺灣文學研究所碩士論文, 2006.

單德興,「翻譯·經典·文學--以Gulliver's Travels為例」, 收入馮品佳主編,『通識人文十一講』, 台北: 麥田, 2004.

李育霖,『翻譯閾境: 主體、倫理、美學』, 台北: 書林, 2008.

李育霖,『翻譯閾境: 主體、倫理、美學』

廖炳惠,「台灣: 後現代或後殖民?」, 周英雄、劉紀蕙編, 台北: 麥田,『書寫台灣』, 2000.

廖朝陽,「評邱貴芬'發現臺灣: 建構臺灣後殖民論述'」,『中外文學』21卷3期, 1992.8.

———,「是四不像, 還是虎豹獅象? 再與邱貴芬談臺灣文化」,『中外文學』21卷3期, 1992.8.

———,「後殖民」的台灣演繹」,『後殖民及其外』, 台北: 麥田, 2003.

———,「中國人的悲情: 回應陳昭瑛並論文化建構與民族認同」,『中外文學』,23卷10期, 1995.3.

Liu, Lydia. Translingual Practice: Literature, National Culture, and Translated Modernity–China,1900-1937. CA: Stanford University Press, 1995.

林建光, 「東京的憂鬱: 『珈琲時光』與記憶的策略」, 『中外文學』36卷2期 2007.

林泉忠, 「哈日、親日、戀日?--'邊陲東亞'的'日本情結'」, 『思想14: 台灣的日本症候群』, 台北: 聯經, 2010.

李天鐸、何慧雯, 「遙望東京彩虹橋: 日本偶像劇在台灣的挪移想像」, 收入李天鐸編, 『日本流行文化在台灣與亞洲(I)』, 台北: 遠流, 2002.

邱琡雯, 「文化想像: 日本偶像劇在台灣」, 收入李天鐸編, 『日本流行文化在台灣與亞洲(I)』, 台北: 遠流, 2002.

邱貴芬, 「發現臺灣: 建構臺灣後殖民論述」, 『仲介台灣·女人: 後殖民女性觀點的台灣閱讀』, 台北: 元尊文化, 1997.

———, 「'咱攏是臺灣人'--答廖朝陽有關臺灣後殖民論述的問題」, 『中外文學』21卷3期, 1992.8.

———, 「是後殖民, 不是後現代--再談台灣身份/認同政治」, 『中外文學』23卷11期, 1995.4.

———, 「翻譯驅動力下的臺灣文學生產--1960-1980現代派與鄉土文學的辯證」, 收入陳建忠、應鳳凰、邱貴芬、張誦聖、劉亮雅, 『台灣小說史論』, 台北: 麥田, 2007.

———, 「後殖民之外--尋找台灣文學的'台灣性'」, 『後殖民及其外』, 台北: 麥田, 2003.

石井健一ら、『東アジアの日本大衆文化』、東京: 蒼蒼社、2001.

唐諾, 「關於'巫言'」, 朱天文, 『巫言』, 台北: 印刻, 2007.

應鳳凰, 「一九九〇年代台灣文學的體制化——國家台灣文學館及台灣文學系所之設立」, 聯合報副刊編輯, 『台灣新文學發展重大事件論文集』, 台南: 國家台灣文學館, 2004.

————, 「文學一(中文)學門調查計畫成果報告」, 『人文與社會科學簡訊』 8卷2期, 2007.3.

朱惠足, 『'現代'的移植與翻譯: 日治時期台灣小說的後殖民思考』, 台北: 麥田, 2009.

http://zh.wikipedia.org/wiki/%E5%A4%A7%E8%80%81%E5%A9%86%E7%9A%84%E5%8F%8D%E6%93%8A

http://zh.wikipedia.org/wiki/%E7%8A%80%E5%88%A9%E4%BA%BA%E5%A6%BB

제3장 셰춘무(謝春木)의 기행문에서 나타난 조선인식

『臺灣』(1922-1923), 臺北: 東方文化數據覆刻, 1974.

『臺灣民報』(1923-1930), 臺北: 東方文化數據覆刻, 1974.

『台灣新民報』(1930-1932), 臺北: 東方文化書局覆刻, 1974.

蔡培火, 吳三連, 『臺灣民族運動史』, 臺北: 自立晚報, 1987.

陳芳明, 『左翼臺灣——殖民地文學運動史論』, 臺北: 麥田, 1998.

何標, 『蕃薯藤繫兩岸情』, 臺北: 海峽學術出版社, 2003.

何義麟, 『跨越國境線: 近代臺灣去殖民化之歷程』, 臺北: 稻鄉, 2006.

賴婉蓉, 『臺灣歷史與文化——謝春木及其作品研究』, 新北市: 花木蘭, 2014.

柳書琴, 『荊棘之道: 旅日青年的文學活動與文化抗爭』, 臺北: 聯經, 2009.

臺北總督府警務局, 『臺灣總督府警察沿革誌』, 臺北: 南天書局, 1995.

王白淵著, 陳才崑譯, 『荊棘的道路』, 彰化: 彰化縣立文化中心, 1995.

謝南光, 『謝南光著作選(上)』, 臺北: 海峽學術, 1999.

葉榮鐘, 『臺灣民族運動史』, 臺北: 自立晚報, 1971.

葉榮鐘, 『葉榮鐘日記』, 臺中: 晨星, 2002.

葉榮鐘, 『日據下臺灣政治社會運動史』, 臺中: 晨星, 2008.

鄭炯明編, 『台灣精神的崛起—「笠」詩論選集』, 高雄: 文學界雜志, 1989.

陳後生, 「遊朝鮮所感」, 『臺灣民報』第132號, 1926.11.21.

陳千武, 「光復前新詩的特性」, 『自立晚報』副刊, 1982.

國史館館藏, 「129000021884A, 軍事委員會侍從事, 謝南光」

黃善美, 「1920年代臺灣中國朝鮮啓蒙論述比較研究--以謝春木、周作人、李光洙為研究對象」, 國立臺灣師範大學國文學系博士論文, 2016. 6.

謝春木, 「硝子越に見た南朝鮮」, 『臺灣』第5年第2號, 1924. 5.

許俊雅, 「朝鮮作家朴潤元在臺作品及其臺灣紀行析論」, 『成功中文學報』第三十四期, 國立成功大學中文系, 2011.

고마고메 다케시 지음, 오성철 외 옮김, 『식민지제국 일본의 문화통합—조선, 대만, 만주, 중국 점령지에서의 식민지 교육』, 역사비평사, 2008.

곽승미, 「식민지 시대 여행 문화의 향유 실태와 서사적 수용 양상」, 『대중서사연구』12, 대중서사학회, 2006.

김남일 외, 『분단의 경계를 허무는 두 자이니치의 망향가—재일한인 100년의 사진기록』, 현실문화연구, 2007.

박찬승, 『한국독립운동사—해방과 건국을 향한 투쟁』, 역사비평사, 2014.

이상경, 『한국근대여성문학사론』, 소명출판, 2002.

조선총독부편찬, 『朝鮮要覽』, 조선인쇄, 1931.

박윤원, 「臺遊雜感」, 『개벽』제9호, 1921.3.

박윤원, 「在臺灣居住的我國(韓國)同胞現況」, 『개벽』제13호 창간 1주년 기념호, 1921.7.

손준식, 「식민지 조선의 臺灣 인식—『조선일보』(1920-1940) 記事를 중심으로」, 『중국근현대사학회』34집, 2007.

천정환, 「1920년대 자살 급증, 오늘날과 닮은꼴—분에 못 이겨 목매고, 가난이 고달파 동반자살」, 『신동아』, 2004년 8월호.

『四方博朝鮮文庫目録』, 東京経済大学図書館, 2010.

木下 一郎, 『謝南光(春木)氏の足跡(年表)』, 日中 4-9, 1974.9.

제4장 제국 반도와 감정의 섬: 사타 이네코(佐多稲子)의 식민지 기행문 비교

『文學評論』, 1934, 10月号, 198.

北川秋雄, 『佐多稲子研究』, 東京: 双文社, 1993.

吉野孝雄, 『文学報国会の時代』, 東京: 河出書房, 2008.

佐多稲子, 「台湾の旅」, 『日本統治期台湾文学日本人作家作品集 別巻』, 東京: 緑蔭書房, 1998 [1943-1944], 453-487.

———, 「時と人と私のこと(3)——くぐり抜けと狎れ合いと」, 『佐多稲子全集 第三巻』, 東京: 講談社, 1978, 393-403.

———, 「朝鮮でのあれこれ」, 『「戦時下」の女性文学5 女性の言葉／続·女性の言葉』, 東京: ゆまに書房, 2002 [1942], 265-274.

———, 「金剛山にて」, 『「戦時下」の女性文学5　女性の言葉／続·女性の言葉》, 東京: ゆまに書房, 2002 [1942], 275-281.

佐多稲子研究会, 「佐多稲子／年譜」, 『佐多稲子』, 長谷川啓編, 東京: 日本図書センター, 1995, 261-268.

呂紹理, 『展示臺灣: 權力、空間與殖民統治的形象表述』, 台北: 麥田, 2005.

長谷川啓, 『佐多稲子論』, 東京: オリジン出版センター, 1992.

———, 「戦時下の抵抗と屈折」, 『「戦時下」の女性文学5　女性の言葉／続·女性の言葉』, 東京: ゆまに書房, 2002, 1-7.

岡野幸江, 『女たちの記憶　〈近代〉の解体と女性文学』, 東京: 双文社, 2008.

神谷忠孝, 「序論」, 『南方徴用作家　戦争と文学』, 神谷忠孝、木村一信編, 京都: 世界思想社, 1996, 3-14.

陳榮, 「早染·文緣·執著」, 『佐多稲子』, 台北: 光復書局, 1988. 29-35.

曾山毅, 『植民地台湾と近代ツーリズム』, 東京: 青弓社, 2003.

黃昭堂, 『台湾総督府: 日本の台湾統治五〇年を総括』, 台北: 鴻儒堂, 2003.

渡邊澄子, 『日本近代女性文学論——闇を拓く』, 東京: 世界思想社, 1998.

蜂矢宣朗, 1997, 「真杉静枝と窪川稲子——『南方紀行』と『台湾の旅』」, 『天理臺灣研究會年報』第6號, 73-82.

簡江作, 『韓國歷史』, 台北: 五南, 1998.

제5장 이토 히로부미(伊藤博文)를 암살한 안중근에 대한 대만의 관점: 일기와 시 및 보도 자료를 중심으로

* 이 글의 초고는 2014년 6월 25일, 한국외국어대학교 대만연구센터와 중화민국 국립중흥대학 인문사회과학연구소가 공동 주최한 '미래를 향해 나아가다: 한국, 대만 인문사회과학의 대화' 라는 학술대회에서 발표된 바 있다.

1. 문헌 자료

『漢文臺灣日日新報』, 「獄中之安兇」, 1909年12月10日, 1版.

『漢文臺灣日日新報』, 「刺客重案」, 1910年2月4日, 2版.

『漢文臺灣日日新報』, 「刺客公判」, 1910年2月16日, 2版.

『漢文臺灣日日新報』, 「安兇師弟面會」, 1910年3月19日, 6版.

『漢文臺灣日日新報』, 1909年11月17日, 1版.

『漢文臺灣日日新報』, 「兇漢抵旅」, 1909年11月13日, 1版.

『漢文臺灣日日新報』, 「豫審告畢」, 1909年11月19日, 1版.

『漢文臺灣日日新報』, 「兇漢審鞫」, 1909年11月21日, 1版.

『漢文臺灣日日新報』, 「獄中之安兇」, 1909年12月10日, 1版.

『漢文臺灣日日新報』, 「刺客公判」, 1910年2月16日, 2版.

『漢文臺灣日日新報』, 「安之死刑」, 1910年3月29日, 1版.

『詩報』1期, 1930年10月30日.

林友竹, 「奉弔伊藤春畝公」, 『臺灣日日新報』, 1909年11月26日, 一版「詞林」

朱四海, 「弔伊藤公爵」, 『漢文臺灣日日新報』, 1909年11月14日, 六版「瀛社詩壇」

鄭鵬雲, 「弔伊藤春畝公」, 『臺灣日日新報』, 1909年11月21日, 三版「藝苑」

李逸濤, 「弔伊藤公爵」, 『臺灣日日新報』, 1909年11月27日, 一版「詞林」

魏潤菴, 「弔伊藤春畝公」, 『臺灣日日新報』1909年12月3日, 三版「藝苑」

許雪姬主編, 張麗俊, 『水竹居主人日記(二)1908-1910』, 臺北: 中央研究院近代史研究所.

廖振富,「百年風騷, 誰主浮沉?——二十世紀台灣兩大傳統詩社: 櫟社、瀛社之對照觀察」,『台灣文學研究學報』第9期, 2009.10.

黃美娥, 『魏清德全集』, 台南: 國立臺灣文學館出版, 2014.1.

2. 인터넷 자료

'百年安重根, "重返"哈爾濱?'

http://opinion.huanqiu.com/special/anzhonggen/index.html

'日本不滿中韓計劃重建安重根碑'

http://www.bbc.co.uk/zhongwen/trad/world/2013/11/131119_jp_china_skorea_about_monument.shtml

'安重根紀念館哈爾濱落成, 日氣炸: 太不像話!'

http://www.ettoday.net/news/20140120/317878.htm

'南韓政府代表團首訪哈爾濱安重根紀念館', 鉅亨網, 2014.5.9.

http://news.cnyes.com/Content/20140509/KIVE3KYA5U2CA.shtml.

'1907-1948 조선 독립 운동사'

http://bbs.big5.voc.com.cn/topic-155108-1-1.html, 2014.6.16.

許介鱗, '臺灣日本綜合研究所'

http://blog.nownews.com/article.php?bid=4179&tid=126405&tyid=f, 2014.6.17.

중앙연구원 대만사연구소 '대만 총독부 직원기록 시스템'

http://who.ith.sinica.edu.tw/s2g.action, 2014.6.17.

제6장 중리허(鍾理和)의 대륙 노스탤지어와 그 정치적 왜곡의 문맥

고바야시히데오,『滿鐵—일본제국의 싱크탱크』, 서울: 산처럼, 2004.

金喆洙, 「鍾理和小說初探」,『淵民李家源博士六秩頌壽紀念論叢』, 서울: 汎學圖書, 1977.

金喆洙, 「鍾理和小說再探」,『人文科學』(8), 서울: 成均館大學校人文科學研究所, 1979.

金喆洙, 「鍾理和小說再探(續)」,『大東文化研究』(15), 서울: 成均館大學校大東文化研究院, 1982.

金喆洙, 「鍾理和的『笠山農場』研究」,『大東文化研究』(26), 서울: 成均館大學校大東文化研究院, 1991.

김태준 편,『문학지리·한국인의 심상공간—국외편』, 논형출판사, 2005.

채훈,『일제강점기 재만 한국문학 연구』, 서울: 깊은 샘, 1990.

高雄縣立文化中心,『鍾理和全集』, 高雄: 春暉出版社, 1997.

荆子馨,『成为日本人(Becoming Japanese)』, 台北: 麥田出版, 2006.

臺灣作家全集 (戰後第一代),『鍾理和集』, 台北: 前衛出版社, 1991.

應鳳凰,『鍾理和論述 1960-2000』, 高雄: 春暉出版社, 2004.

鍾理和,『鍾理和全集』, 台北: 遠行出版社, 1976.

天兒慧等,『岩波現代中國事典』, 東京: 岩波書店, 1999.

川村湊,『文學から見る滿洲』, 東京: 吉川弘文館, 1998.

下村作次郎外,『よみがえる台灣文學』, 東京: 東方書店, 1995.

高成鳳,『殖民地と鐵道』, 東京: 日本經濟評論社, 2006.

高成鳳,『殖民地鐵道と民衆生活』, 東京: 法政大學出版局, 1999.

戴國煇,『臺灣—人間､歷史､心性』(岩波新書—新赤版), 東京: 岩波書店, 1988.

戴國煇,『臺灣と臺灣人』, 東京: 研文出版, 1979.

臺灣文學研究會,『台湾文學研究の现在』(塚本照和先生古稀記念), 東京: 綠陰書房, 1999.

中見立夫外,『滿洲とは何だったか』, 東京: 藤原書店, 2004.

三谷太一郎编,『植民地化と産業化』(『岩波講座: 近代日本と植民地』之三), 東京: 岩波書店, 1993.

山城幸松外,『日本'帝國'の成立』, 東京: 日本評論社, 2003.

呂紹理,『時間と規律—日本統治期台灣における近代的時間制度導入と生活リズム變容』, 東京: 社團法人交流協會, 2006.

L.ヤング, 加藤陽子譯,『總動員帝國』, 東京: 岩波書店, 2001.

Carol Gluck, Japan's Modern Myths : Ideology in the Late Meiji Period, Princeton: Princeton University Press, 1985.

Louis Young, Japan's Total Empire : Manchuria and the Culture of Wartime Imperialism , Berkerly : University of California, 1998.

제7장 과거의 구원과 현재의 수용: 대만 외성인 2세 작가 장다춘(張大春), 주톈신(朱天心), 핑루(平路)의 작품을 중심으로

* 이 글은 『중국현대문학』 제65호, 한국중국현대문학학회, 2103.6에 같은 제목으로 실린 것이다.

권용선,『세계와 역사의 몽타주, 벤야민의 아케이드 프로젝트』, 서울: 그린비, 2009.

김순진,「대만 문학에서 드러나는 에스닉 상상과 국가 정체성」,『중어중문학』제53집, 2012.12.

김순진,「기억과 환상 : 대만 외성인 2세 작가의 대만 상상」,『중국학연구』제52집, 2010.6.

梅家玲,「'她'的故事—平路小說中的女性·歷史·書寫」,『性別, 還是國家? : 五〇與八、九〇年代臺灣小說論』, 臺北: 麥田, 2004.

박설호 편역,『발터 벤야민, 베를린의 유년 시절』, 서울: 솔, 1992.

발터 벤야민, 반성완 편역,『발터 벤야민의 문예이론』, 서울: 민음사, 1994.

발터 벤야민, 김영옥 외 옮김, 『일방통행로, 사유 이미지』, 서울: 도서출판 길, 2007.
발터 벤야민, 윤미애 옮김, 『1900년경 베를린의 유년시절, 베를린 연대기』, 서울: 도서출판 길, 2007.
발터 벤야민, 최성만 옮김, 『역사의 개념에 대하여 외』, 서울: 도서출판 길, 2008.
이용재, 「우리는 영웅을 필요로 하는가」, 『오늘의 문예 비평』 통권 57호, 2005.6.
조효원, 「발터 벤야민의 문학적 메시아주의」, 『인문학연구』제45권, 2011.12.
陳芳明, 『後植民臺灣』, 臺北: 麥田出版, 2002.
齊邦媛, 「由平路的『五印封緘』看臺灣的智性文學」, 『五印封緘』, 臺北: INK, 2004.1.
李白楊, 「論《將軍碑》的敘事時間」, 『世界華文文學論壇』, 2005.1.
劉賢漢, 「後殖民語境下的"身份認同"–論朱天心《想我眷村的兄弟們》」, 『浙江樹人大學學報』, 2010.7.
門紅麗, 「超越時間的掙扎與身份認同的危機–析張大春小說《將軍碑》與《四喜憂國》」, 『小說評論』, 2012.3.
平路, 『禁書啓示錄』, 臺北: 麥田出版, 1997.
蘇偉貞 主編, 『臺灣眷村小說選』, 臺北: 二魚文化, 2004.
張大春, 『四喜憂國』, 臺北: 遠流出版公司, 1997.

제8장 동아시아 시문학 교류 고찰(1980~2006): 한국, 대만, 일본을 중심으로

* 이 글은 필자의 『戰後台彎現代詩研究論集』(臺中: 晨星出版社, 2005年3月)에서 발췌, 번역한 것이다.

『笠詩刊』, 第十一期, 一九六六年四月
『亞洲現代詩集·第一集』, 東京: 現代詩工房, 1981.12.

『亞洲現代詩集·第二集』, 台中: 笠詩刊社, 1982.11.
『亞洲現代詩集·第三集』, 首爾: 東亞出版公社, 1984.5.
『亞洲現代詩集·第四集』, 東京: 花神社, 1988.1.
『亞洲現代詩集·第五集』, 台中: 亞洲詩人編, 1990.12.
『亞洲現代詩集·第六集』, 首爾: 東亞出版公社, 1993.6.
『'95亞洲詩人會議論文集』, 亞洲詩人會議籌備委員會編印, 1995.8.
『第一屆東亞詩書展作品集』, 首爾: 亞洲詩人會議漢城本部, 1997.3.
『第二屆東亞詩書展作品集』, 東京, 1998.
『第三屆東亞詩書展作品集』, 台中: 台中市立文化中心, 2000.1.
「第四屆東亞詩書展作品集」,『文學村』, 首爾: 夏季號, 2001.5.
『第五屆東亞詩書展作品集』, 札幌: 北海道文化財團, 2002.6.
『第六屆東亞詩書展作品集』, 台中: 台中市立文化中心, 2003.7.
『第七屆東亞詩書展作品集』, 首爾, 2004.5.
『第八屆東亞詩書展作品集』, 日本: 名古屋, 2005.4.
『第九屆東亞詩書展作品集』, 台中: 台中市立文化中心, 2006.5,
金尚浩,『戰後台灣現代詩研究論集』, 台中: 晨星出版社, 2005.3,
陳千武,『詩的啓示--文學評論集』, 南投縣立文化中心, 1997.5.
金光林、高橋喜久晴、陳千武,『東方的彩虹』, 台中: 笠詩刊社, 1989.8.
金光林,『白晝的燈火』, 首爾, 高麗苑, 1996.6.
朴相泉等人,『沙漠的慶典·華甲紀年文集』, 首爾: 文學Academic, 1989.11.
小海永二,「向二十一世紀挑戰--從現代詩的領域」,『自由副刊』, 1995.8.27.
尹石山,『韓國代表詩人選50』, 首爾: 中央日報社, 1995.12.

제9장 번역되어진 '중국': 라이성촨(賴聲川)의 상성극

呂正惠,『戰後台灣文學經驗』, 台北: 新地, 1995.

李育霖,『翻譯閾境: 主體、倫理、美學』, 台北: 書林, 2009.

沈松僑,「我以我血薦軒轅: 黃帝神話與晚清的國族建構」,『臺灣社會研究』28期, 1997.

沈曉茵,「從寫實到魔幻: 賴聲川的身份演繹」,『他者之域: 文化身份與再現策略』, 編: 劉紀蕙,台北: 麥田, 2001, 245-258.

林正杰,「戰後新生代的養成期」, 楊澤 85-91.

林懷民,「成長的歲月」,『七〇年代: 理想繼續燃燒』, 楊澤 61-66.

邱貴芬,「翻譯驅動力下的台灣文學生產」,『台灣小說史論』, 編: 陳建忠, 台北: 麥田, 2007, 197-273.

邱貴芬,「翻譯驅動力下的台灣文學生產」,『台灣小說史論』, 編: 陳建忠, 台北: 麥田, 2007, 197-273. 南方朔,「那時, 台灣才長大」,『七〇年代: 理想繼續燃燒』, 楊澤 117-126.

張釗維,『誰在那邊唱自己的歌: 一九七〇年代台灣現代民歌發展史—建制、正當性論述與表現形式的形構』, 台北: 時報, 1994.

陳芳明,『台灣新文學史』, 台北: 聯經, 2011.

楊澤 編,『七〇年代: 理想繼續燃燒』, 台北: 時報, 1994.

劉紀蕙,「斷裂與延續: 台灣舞台上的文化記憶」,『認同、差異、主體性: 從女性主義到後殖民文化想像』, 台北: 立緒, 1997, 269-308.

賴聲川,『又一夜, 誰來說相聲』,『賴聲川: 劇場4』, 台北: 元尊文化, 1999, 107-220.

———,『那一夜, 我們說相聲』,『賴聲川: 劇場1』, 289-405.

———,「後記:『那一夜, 我們說相聲』的創作過程」,『賴聲川: 劇場1』, 407-422.

———,『這一夜, 誰來說相聲』,『賴聲川: 劇場3』, 台北: 元尊文化, 1999, 181-320.

———,『暗戀桃花源』,『賴聲川: 劇場2』, 台北: 元尊文化, 1999, 99-200.

———,『賴聲川: 劇場1』, 台北: 元尊文化, 1999.

———,『千禧夜, 我們說相聲』,『世紀之音: 賴聲川劇作』, 台北: 群聲, 2005.

———, 『這一夜, Women說相聲』, 『世紀之音: 賴聲川劇作』, 台北: 群聲, 2005.

蕭阿勤, 『回歸現實: 台灣一九七〇年代的戰後世代與文化政治變遷』, 台北: 中央研究院社會學研究所, 2010.

陶慶梅, 『剎那中: 賴聲川的劇場藝術』, 台北: 時報, 2003.

萬潤龍、等, 「賴聲川談舞臺劇創意與突破 相聲不是相聲劇全部」, 『北方網』, 2008年3月11日, 網路, 2013年9月16日

樊光耀, 『魏龍豪、吳兆南相聲研究』, 台北: 私立中國文化大學碩士論文, 2001.

鍾明德, 『台灣小劇場運動史』, 台北: 揚智, 1999.

鴻鴻, 「夢想, 何以為家？有政治沒藝術, 有中華民國沒台灣『夢想家』」, 『表演藝術評論台』, 國家文化藝術基金會, 2011年10月13日, 網路, 2013年11月25日

Anderson, Benedict. *Imagined Communities: Reflections on the Origin and Spread of Nationalism*. New Ed. London: Verso, 2006.

Hobsbawm, Eric, and Terence Ranger, eds. *The Invention of Tradition. Cambridge: Cambridge UP*, 2012.

Sakai, Naoki. *Translation and Subjectivity: On "Japan"and Cultural Nationalism*. Minneapolis: U of Minnesota P, 1997.

제10장 대만 뮤지컬에 나타나는 세계성: 역사적 사건을 중심으로

1. 문헌 자료

陳玉慧, 『海神家族: 台灣文學音樂劇』, 台北: 印刻出版社, 2009.

陳玉慧, 『海神家族』再版, 台北: 印刻出版社, 2011.

葉子華, 『難忘的心愛的人: 金枝演社的胡撇子美學』, 台北: 發言權出版社, 2011.

慕羽, 『百老匯音樂劇』, 台北: 大地出版社, 2012.

Hayot, Eric. “The World and the Work of Art.” *On Literary Worlds*. Oxford: Oxford UP, 2012. 23-29.

Heidegger, Martin. “The Age of the World Picture.” *The Question Concerning Technology and Other Essays*. Trans. William Lovitt. New York: Harper, 1977.

Said, Edward W. “History, Literature, and Geography.” *Reflections on Exile and Other Essays*. Massachusetts: Harvard UP, 2002. 453-473.

———, “From Silence to Sound and Back Again: Music, Literature, and History.” *Reflections on Exile and Other Essays*. 507-526.

2. 영상 및 음향 자료

〈四月望雨: 台灣音樂劇首部曲〉, 台北: 音樂時代文化出版事業有限公司, 2009.

〈一蕊香蘭: 白香蘭音樂劇有聲故事輯〉, 台北: 亞洲唱片有限公司, 2010.

〈渭水春風: 台灣音樂劇三部曲〉, 台北: 音樂時代文化出版事業有限公司, 2011.

〈我是油彩的化身〉, 台北: 嘉義市政府, 2012.

〈不負如來不負卿〉, 台北: 尚和歌仔戲團, 2014.

찾아보기

ㄱ

가미야 다다타카(神谷忠孝) 109
가브리엘 가르시아 마르퀴즈(Gabriel Garcia Marquez) 67
가오지아리(高嘉勵) 7
가와바타 야스나리(川端康成) 67, 69
간야오밍(甘耀明) 69
게르숌 숄렘(Gershom Scholem) 211
게오르그 루카치(Ceorg Lukacs) 66
고딕 소설(Gothic Fiction) 73
고카이 에이지(小海永二) 229, 230
구룽(古龍) 73
구보카와 이네코(窪川稻子) 107
구상 229, 232
구조주의(Structuralism) 66
국적문학(national literature) 25
굴따는 여자(蚵女) 192
궁셴룽(龔顯榮) 230
궈수이탄(郭水潭) 46
권촌(眷村) 60
권택명 230
귀여니 75
규수문학(閨秀文學) 42
기타가와 아키오(北川秋雄) 108
길(路) 192
김경남 20
김광림 48, 223, 229, 230, 238, 249, 253, 255
김규화 230
김남조 229
김사량 32
김상호 22
김순진 8
김시준 20, 25
김양수 8
김용범 230
김정욱 20
김종길 229, 230
김종림 230
김종수(金宗洙) 20

꽃보다 남자(花より男子) 76

ㄴ

나리타 류이치(成田龍一) 182

ㄷ

다다이즘(DaDa) 66
다무라 도시코(田村俊子) 112
다카하시 기쿠하루(高橋喜久晴) 222, 223, 229, 238, 245, 247, 248, 255
단더싱(單德興) 64
대령에게는 편지가 오지 않는다(沒人寫信給上校) 66
대만(臺灣) 81
대만공론(臺灣公論) 125
대만문예(臺灣文藝) 55
대만문학(台灣文學) 55
대만문학사 22, 54
대만문학사강(臺灣文學史綱) 22
대만문학총간(臺灣文學叢刊) 55
대만문화협회 88
대만민보(臺灣民報) 84, 89
대만민족운동사(臺灣民族運動史) 89
대만민중당(臺灣民衆黨) 90
대만 서술 38
대만신민보(臺灣新民報) 92
대만연구 12, 53
대만 주체성 38
대만청년(臺灣青年) 88
대만청년회(臺灣青年會) 88
대만현대문학 21
덩리쥔(鄧麗君) 193
도망(奔逃) 177, 179
도화원기(桃花源記) 67
두궈칭(杜國淸) 256
두판팡거(杜潘芳格) 46

ㄹ

라쇼몽(羅生門) 73
라오서(老舍) 195
라이랑친(賴讓欽) 239
라이성촨(賴聲川) 8, 265, 266, 272, 274, 281, 284, 285, 289, 292, 294, 295, 299, 301, 302
라이신(賴欣) 230
라이안(賴洝) 230
라이허(賴和) 48, 63
란샤오(藍霄) 72
랴오빙후이(廖炳惠) 57, 60, 61
랴오셴하오(廖咸浩) 57
랴오전푸(廖振富) 8
랴오차오양 57
량웨링(梁越玲) 325
렁옌(冷言) 72
레비 스트로스(Claude Lévi-Strauss) 68, 69
롄헝(連橫) 89

루쉰(魯迅) 173, 177, 195
룽잉쭝(龍瑛宗) 32, 48
뤄이쥔(駱以軍) 69
뤄칭(羅青) 58, 59
뤼사오리(呂紹理) 127
뤼정후이(呂正惠) 20, 59
류량야(劉亮雅) 62
류허(劉禾, Lydia Liu) 65
리민융(李敏勇) 46
리싱(李行) 191
리앙(李昂) 43, 44
리위린(李育霖) 63
리위팡(利玉芳) 229
리이윈(李衣雲) 74
리이타오(李逸濤) 90
리저이(李哲藝) 325
리차오(李喬) 39
리쿠이셴(李魁賢) 46
리훙장(李鴻章) 140
린루이밍(林瑞明) 20
린야오더(林燿德) 59, 69
린젠광(林建光) 63
린차이윈 303
린하이인(林海音) 189

ㅁ

마수리(馬叔禮) 275
마쓰모토 세이초(松本淸張) 72
마오둔(茅盾) 177
마쯔나가 마사요시(松永正義) 21
멍판(孟樊) 59
모더니즘(Modernism) 51, 66
모호한 식민(ambiguous colonization) 29
무라마쓰 쇼후(村松梢風) 111
무라카미 하루키(村上春樹) 69
문덕수 230
문체질서(文體秩序) 72, 73
문화대만독립론(文化台獨論) 39
문화번역 63
문화실천 39
문화회귀론자 36
미래주의(Futurism) 66
미로의 정원(迷園) 44
미셸 푸코(Micheal Foucault) 58
미스터 팔로마(帕洛瑪先生, Mr. Palomar) 70
미스테리(新本格ミステリー) 72

ㅂ

바이샹란(白香蘭) 315
바이셴융(白先勇) 38
바이추(白萩) 46, 223, 229, 230
바진(巴金) 177
박영준 21
발라드오페라(Ballad Opera) 305
백석 48
버드나무 그늘(柳蔭) 33

번역의 현대성 65
벤야민 198, 207, 217
보이지 않는 도시(看不見的城市, Invisible Cities) 70
복로어(福佬語) 270
본성인(本省人) 36, 199
분명한 식민(distinct colonization) 29

ㅅ

사이토 요시(齊藤克) 229
사카이 나오키(酒井直樹) 293, 294
사타 이네코 109, 110, 113, 114, 115, 116, 130
사타 이네코(佐多稻子) 7, 108
살부(殺夫) 43, 44
삿갓(笠) 47
상징주의(Symbolism) 66
샤오아친(蕭阿勤) 274
샤즈칭(夏志淸) 27
서술성 트릭(敘述トリック) 72
서양 뮤지컬(Musical theatre) 305
설산비호(雪山飛狐) 73
성찬경 229
셰난광(謝南光) 90
셰쉐위(謝雪漁) 90
셰춘무(謝春木) 7, 81, 83, 100, 102, 103
소수인(minority) 51
쉐순슝(薛順雄) 230
스가 요시히데(菅義偉) 138
스웨이량(史惟亮) 268
스티븐 헨리 매도프(Steven Henry Madoff) 59
시마다 소지(島田莊司) 72
시마키 겐사쿠(島木健作) 124
시모노세키조약(馬關條約) 107, 139, 140
식민 28, 50
신문학(新文學) 21
신민회(新民會) 88
신세훈 230
신체질서(身體秩序) 72, 73
실존주의(Existentialism) 66
쑨원(孫文) 89
쑹쩌라이(宋澤萊) 69

ㅇ

아래층 손님(樓下的房客) 73
아베 도모지(阿部知二) 124
아서 코난 도일(Arthur Conan Doyle) 72
아이자와 세이시로(相澤史郞) 229, 230
아키야 유타카 227
안중근 8, 145, 149, 151, 152, 153, 154, 155, 157, 158, 159, 160, 161, 168
애드가 앨렌 포(Edaga allan Poe) 72
앨빈 토플러(Alvin Toffler) 58
야마구치 소우지(山口惣司) 229, 230
양셴(楊弦) 268

양자오(楊照) 70
양자오자(楊肇嘉) 91
양쿠이(楊逵) 21, 175
언어횡단적 실천(translingual practice) 65
에릭 홉스봄(Eric Hobsbawm) 283
에스닉 36
여성문학 45
예룽종(葉榮鐘) 89, 90, 91, 92
예스타오(葉石濤) 22, 31
예청야오 92
옌상(岩上) 229, 230
오리 키우는 집(養鴨人家) 192
오카노 유키에(岡野幸江) 131
와타나베 스미코(渡邊澄子) 108, 116
왕바이위엔(王白淵) 86
왕전허(王禎和) 40, 63, 184
왕쥔옌(汪俊彥) 8
외성인(外省人) 36, 199
요시노 다카오(吉野孝雄) 109
우융푸(巫永福) 46
우줘류(吳濁流) 55, 239
우페이루(吳佩如) 9
움베르트 에코(Umberto Eco) 66, 69
원향인(原鄕人) 177, 179
웨이더성(魏德聖) 141
웨이칭더(魏淸德) 90, 92, 162, 164
위광중(余光中) 185
위다푸(郁達夫) 177
유성화원(流星花園) 76
유중하 20
음악희극(Musical Comedy) 305
이미지즘(Imagism) 66
이시이 켄이치(石井健一) 74
이영도 75
이탈로 칼비노(Italo Calvino) 70
이토 히로부미(伊藤博文) 8, 137, 139, 145, 149, 157
이합 하산(Ihab Hassan) 58, 59
임대근 7

ㅈ

자오숑핑(焦雄屏) 192, 193
자오톈이(趙天儀) 46, 229, 230
자유중국 5
자크 데리다(Jacques Derrida) 58
잔빙(詹冰) 46, 229, 230
잔훙즈(詹宏志) 72
장궈칭(張國慶) 57
장다오판(張道藩) 178
장다춘(張大春) 8, 37, 66, 69, 70, 197, 200, 218, 219, 220
장둥팡(張冬芳) 46
장리쥔(張麗俊) 145, 148
장미의 이름(The name of rose) 66
장밍(張鳴) 90
장샤오훙(張小虹) 63
장시궈(張系國) 70
장아이링(張愛玲) 27, 212
장원환(張文環) 55

장웨이수이(蔣渭水) 318
장이머우(張藝謀) 138
장제스(蔣介石) 144, 209
장쯔더(江自得) 230
장 프랑소와 료타르(Jean-François Lyotard) 58
저우멍뎨(周夢蝶) 47
저우싱츠(周星馳) 77
저우제룬(周杰倫) 77
정신분석(Psychoanalysis) 66
정진규 229
정처우위(鄭愁予) 46
정체성 35, 50
종족 정체성 36
종톄민(鍾鐵民) 180
주바다오(九把刀) 73
주체 위치(subjective position) 22
주톈신(朱天心) 8, 37, 38, 67, 69, 197, 200, 208, 210, 211, 218, 219, 220
주톈원(朱天文) 38, 68, 69, 70
주한타이베이대표부 13
주후이쭈(朱惠足) 63
중국현대문학 24, 52, 53
중리허(鍾理和) 8, 33, 90, 173, 175, 186
중리허전집(鍾理和全集) 176
중밍더(鍾明德) 59
중산유(中山侑) 55
중야오광(鍾耀光) 307
중외문학(中外文學) 57
지칭(旣晴) 72
진융(金庸) 73
쩡후이청(曾慧誠) 325

ㅊ

차이슈쥐(蔡秀菊) 230
천궈웨이(陳國偉) 7
천밍타이(陳明台) 256
천밍타이(陳明臺) 230
천위후이(陳玉慧) 308
천이송(陳逸松) 55
천잉전(陳映眞) 20, 61, 186, 187
천자오잉(陳昭瑛) 57
천즈판(陳芷凡) 63
천청보(陳澄波) 321
천쳰우(陳千武) 46, 48, 82, 222, 223, 229, 230, 238, 241, 242, 255
천팡밍(陳芳明) 27, 57, 59, 61, 81
천허우성(陳後生) 90
청룽(成龍) 77
초현실주의(Surréalisme) 66
추구이펀(邱貴芬) 27, 57, 61, 63, 267
추류샹(楚留香) 73
충야오(瓊瑤) 73

ㅋ

카미오 요코(神尾葉子) 76
카프카 217

ㅌ

타이무산(泰姆山) 40
탕눠(唐諾) 70
토요시마 요시오(豐島與志雄) 111
통독논쟁(統獨論爭) 26
트루먼 카포티(Truman Capote) 68
티파니에서의 아침을(Breakfast at Tiffany's) 68

ㅍ

펑거(彭歌) 185
페미니즘 45
포스트모더니즘(Postmodernism) 52, 58, 59, 61, 66
포스트콜로니얼리즘 57, 59, 61
푸보(傅博) 72
프랑스신소설(The French New Novel) 66
프랑크푸르트 학파(Frankfurt School) 66
프레드릭 제임슨(Fredric Jameson) 58
필부대(筆部隊) 109
핑루(平路) 8, 37, 70, 197, 200, 216, 218, 219, 220

ㅎ

하라 오사무(原子修) 230
하마다 야효우에(濱田彌兵衛) 126
하마모토 히로시(濱本浩) 111
하세가와 게이(長谷川啓) 108
하이자오 7번지(海角七號) 74
한국외국어대학교 대만연구센터 53
한성(漢聲) 268
한용운 48
해체주의(Deconstruction) 66
향토문학 51, 186, 268, 283
허세욱 20
허영자 230
허우샤오셴(侯孝賢) 63
현진건(玄鎭健) 174
혈해표향(血海飄香) 73
협죽도(夾竹桃) 175, 183, 186, 187, 189
홍중저우(洪中周) 230
홍치셩(洪棄生) 89
환상적 리얼리즘(Magical Realism) 66
황민문학(皇民文學) 29, 31
황선미 7
황인수기(荒人手記) 68
황춘밍(黃春明) 184
황치춘(黃琪椿) 57
황판(黃凡) 70
후기구조주의(Post-structuralism) 66
후스(胡適) 179

대만 문학
식민의 기행부터 문화의 지평까지

초판 인쇄	2017년 8월 25일
초판 발행	2017년 8월 30일

엮은이	임대근 · 천궈웨이(陳國偉)
발행인	김인철
총괄 · 기획	가정준 Director, University Knowledge Press
편집장	신선호 Executive Knowledge Contents Creator
도서편집	김민정 Contents Creator
전자책편집	이리나 e-Contents Creator
재무관리	김은혜 Managing Creator
마케팅 파트장	백승이 Chief Marketing Creator
마케팅	박종원 Marketing Creator
발행처	한국외국어대학교 지식출판원 02450 서울특별시 동대문구 이문로 107 전화 02)2173-2493~7 팩스 02)2173-3363 홈페이지 http://press.hufs.ac.kr 전자우편 press@hufs.ac.kr 출판등록 제6-6호(1969. 4. 30)
디자인 · 편집	(주)이환디앤비 02)2254-4301
인쇄 · 제본	상지사피앤비 031)955-3636

ISBN 979-11-5901-234-1 93910 정가 20,000원
ISBN 978-89-7464-906-7 (세트)

*잘못된 책은 교환하여 드립니다.

HU;NE은 한국외국어대학교 지식출판원의 어학도서, 사회과학도서, 지역학 도서 Sub Brand이다. 한국외대의 영문명인 HUFS, 현명한 국제전문가 양성(International +Intelligent)의 의미를 담고 있으며, 휴인(携引)의 뜻인 '이끌다, 끌고 나가다'라는 의미처럼 출판계를 이끄는 리더로서, 혁신의 이미지를 담고 있다.